張海鵬文集

第二卷

中国近代史基本问题研究与探索

张海鹏　著

社会科学文献出版社
SOCIAL SCIENCES ACADEMIC PRESS (CHINA)

目 录

20世纪上半叶中国近代史史书的编纂*

带有通史性质的中国近代史著作的编纂，早在20世纪初就开始进行了。初步收集到的1949年以前出版的中国近代史的各种早期版本，大致如下：

1. 陈光宪：《中国近世史》，北京，汉英图书馆，1910年印本。

2. 刘彦：《中国近时外交史》[①]，上海，华昌印刷局，1914年再版。

3. 李泰棻：《中国最近世史讲义》[②]，北京，国立北京师范大学校印本，不全，出版年代不详。

4. 李泰棻：《中国最近世史》，全二册，台北，文海出版社，1990年影印版，原版不明。

5. 李泰棻：《中国近百年史》，全三册，上海，商务印书馆，1924。

6. 孟世杰：《中国最近世史》，全四册，天津，天成印字馆，1926。

7. 颜昌峣：《中国最近百年史》，上海，太平洋书店，1929。

8. 王藹棠：《中国近百年史问题研究》，北平，华美印刷公司，1929。

9. 高博彦：《中国近百年史纲要》，两册，北平，文化学社，1930、1934。

10. 邢鹏举：《中国近百年史》，上海，世界书局，1932年8月。

11. 孟世杰：《中国近世史纲·分析表解》，北平，百城书局，1932。

---

* 本文是《中国近代通史》第一卷第一章的一部分，曾单独列出在中研院近代史研究所做过讲演。

① 本书完成于宣统三年六月，虽名为外交史，却是著者看到的最早且较为完整的一本中国近代史，或者帝国主义侵华史，故列在此。我看到的是1914年2月再版本，初版应在此前。

② 这似乎是最早的一本中国近代史大学讲义，本书史实叙述到20世纪20年代初，作为讲义在校内印刷当在此时。可见我国大学在20世纪20年代已经有中国近代史课程的设置。

12. 魏野畴[①]:《中国近世史》,上海,开明书店,1930。

13. 李鼎声[②]:《中国近代史》,上海,光明书局,1933。

14. 朱其华:《中国近代社会史解剖》,上海,新新出版社,1933。

15. 罗元鲲:《中国近百年史》,两册,上海,商务印书馆,1933。

16. 陈怀:《中国近百年史要》,广州,中华出版社,1933。

17. 杜冰波:《中国最近八十年来的革命与外交》,两册,上海,神州国光社,1933。

18. 陈恭禄:《中国近代史》,上、下卷,大学丛书,上海,商务印书馆,1935。

19. 陈恭禄:《中国近百年史》,上海,商务印书馆,1936。

20. 何干之:《近代中国启蒙运动史》,上海,生活书店,1937。

21. 韩启农:《中国近代史讲话》,上海,新知书店,1937;新华书店,1942。

22. 蒋廷黻:《中国近代史》,长沙,艺文研究会,1938。

23. 现代历史社编《中国近百年史》,1939。

24. 曹伯韩编著《中国现代史常识》,桂林,石火出版社,1939。

25. 中国现代史研究会编《中国现代革命运动史》(上),大众日报社翻印,1940 年 1 月;华北新华书店,1947。

26. 张健甫:《中国近百年史教程》,桂林,文化供应社,1940 年 5 月初版。

27. 平心:《中国现代史初编》,香港,国泰出版公司,1940 年 8 月。

28. 华岗:《中国民族解放运动史》,全二卷,三联书店,1940;第一卷增订本,1951;此书第一卷又经改编,题为《中国近代史》,1949 年 4 月新华书店出版。

29. 郭廷以:《近代中国史》,重庆,商务印书馆,1941 年初版。

---

① 据新华社 2005 年 3 月 12 日电:魏野畴,1898 年生,陕西兴平人。1921 年编写了《中国近世史》(1930 年出版),1923 年初经李大钊介绍加入中国共产党。是中国共产党早期的优秀党员和宣传活动家。据查,王子修为魏野畴《中国近世史》所作的序言说:"魏君野畴,不但是一位治史学的专家,而且是一位革命的理论家和革命的实行者。他在思想上和行动上曾领导着一般的革命的青年,走向革命的大道,现在他已经为革命而牺牲了性命。"

② 李鼎声,原名李平心,1927 年 2 月加入中国共产党,是一位接受马克思主义的社会科学家和历史学家。他编著的《中国近代史》,曾被解放区翻印作为八路军、新四军的历史教材。见桂遵义、周朝民《平心传略》,载罗竹风主编《平心文集》第一卷,华东师范大学出版社,1985,第 10 页。

30. 卢豫冬:《中国近代政治发展史》，一般书店，1941。

31. 李剑农:《中国近百年政治史》，蓝天启明书局，1942；商务印书馆，1947。

32. 陈安仁:《中国近代民族复兴史》，重庆，青年出版社，1943。

33. 郑鹤声:《中国近世史》，前编第一分册、前编第二分册，重庆，南方印书馆，1944—1945；又《中国近世史》，上、下册，中央政治学校印本，1944；上海书店翻印民国丛书第四编，第 75—76 辑。

34. 曹伯韩:《中国近百年史十讲》，实验书店，1946。

35. 陶官云:《中国近百年史话》，渤海新华书店，1946。

36. 刘熊祥:《现代中国建设史》，重庆，史学书局，1946。

37. 金兆梓:《近世中国史》，上海，中华书局，1947。

38. 范文澜:《中国近代史》，上编第一分册，华北新华书店，1947；作者又化名武波在重庆读书出版社出版《中国近代史》，1947；1949 年 5 月作者完成的修订本于 1951 年由人民出版社再版。

39. 曹伯韩:《中国现代史读本》，香港，文化供应社，1947。

40. 胡绳:《帝国主义与中国政治》，香港，生活出版社，1948。

41. 宋云彬:《中国近百年史》，上海，新知书店，1948。

42. 中国历史研究会编《中国近代史研究纲要》，光华书店，1948，哈尔滨再版。

43. 李絜非:《中国近世史》，大学丛书，文通书局，1948 年贵阳初版、上海第一版。

44. 华北大学历史研究室编《中国近代史》，上编《鸦片战争至五四运动》，初中二年级历史暂用课本①，新华书店，1949 年 3 月。

---

① 这本 1949 年 3 月出版的初中二年级历史暂用课本，是应新中国中学历史教学急需编写的，是自 20 世纪初以来各种中国近代史版本中第一次标举“鸦片战争至五四运动”的中国近代史教材，预示了此后中国近代史读物编写的基本方向。这本中学课本，是中共中央宣传部下达任务，华北大学历史研究室组织编写的。华北大学历史研究室当时在河北省正定城内，它是中国社会科学院近代史研究所的前身。据了解情况的彭明回忆:“第二次见范老，是在河北平山县西柏坡（中共中央所在地）附近的一个村庄。当时全国解放在即，中共中央宣传部急需编写全国通用的政治、历史课本。正好那时范老在中央所在地附近的一个地方养眼疾，因此中央宣传部请范老从华大研究部历史研究室派一些编选人员。这样，我从 1948 年 11 月至 1949 年 2 月，就随王南、荣孟源、刘桂五几位先生到了西柏坡中共中央宣传部，帮助工作。”见彭明《范文澜治史的我见我闻》，《文史知识》2000 年第 12 期。

以上，1949 年以前编纂出版的中国近代史的各种版本，在中国社会科学院近代史研究所图书馆、北京师范大学图书馆、北京大学图书馆、清华大学图书馆共找到 79 种，虽尽可能搜集，但难免遗漏；此处列出较具代表性的 44 种。

考察目前搜集到的 1949 年以前出版的 44 种中国近代史书，我们可以看到其编纂有如下情形：

第一，这些公开出版的中国近代史读物，大多是学校教材，部分是针对不同读者对象的通俗读物。不管是大中学校教材，还是针对不同层次读者的通俗读物，作者都有对读者进行中国近代史教育的明显的目的性，都指出了帝国主义列强侵略中国的由来及其过程，希望读者了解近代中国历史发展的去向，希望对读者进行爱国主义教育。孟世杰在 1926 年出版的《中国最近世史》绪论中，首先指出研究中国近代史的必要性："人民之于国，犹子弟之于家。子弟不知其家，不能保家！人民不知其国，不能报国！东西洋各邦，莫不以国史教民，即所以使知其国。然，远史事远代湮，不如近史关系深切，故最近史尤为各国所重。吾国民不欲知其国积弱颓败之根源，与夫振衰起废之术则已，如欲知之，不可不研究中国最近世史。"[①] 沈味之在《近百年本国史》开卷引言中指出："最近的一百年中，各国的势力，渐渐侵入，无法抵御，竟至受尽了外人的欺侮，这是很可痛的！依此说来，不是中国的生死关头吗？我们既生在这中国生死存亡的紧要时代，怎么可以不去注意那国中的大事呢？"[②] 颜昌峣在 1929 年出版的《中国最近百年史》自叙中开宗明义就说："我国近百年来，外受帝国主义之压迫，内蒙清室官僚民国军阀之抑制，国权丧尽，利源外握，使吾四万万民族生机沦于将烬，吾五千年光荣之历史，暗淡无色。幸近民族自决风起云涌，我国民运应时而兴，两三年间，打倒帝国主义、取消不平等条约之标帜，风靡全国。"[③] 这个序言，说明了该书写作的时代背景，提示了读者阅读本书的宗旨。罗家伦给郭廷以的《近代中国史》作的"引论"说："要知人类或民族过去的来历和演进，现在的地位和环境，以及他将来的生存和发展，都非研究它近代的历史不可。这不是说远的古的不要研究，或是

① 孟世杰：《中国最近世史》第一册，天津，天成印字馆，1926，绪论。

② 沈味之：《近百年本国史》，上海，世界书局，1929，第 1 页。

③ 颜昌峣：《中国最近百年史》，上海，太平洋书店，1929，自叙。

研究了也不重要，乃是说近的切的更当研究，尤为重要。所以做近代的人，必须研究近代史；做中国近代的人，必须研究中国近代史。”[①] 李洁非说：“吾人欲明了已往的事迹，现时所处的地位，和今后建设的途径，非有信实的历史叙述近世政治、外交、社会、经济嬗变之经过，则几为不可或能。”[②] 魏野畴说明他作中国近世史的目的是：“为解释过去，明白现在，指挥将来，不是死记过去的。”[③]

由于中国近代史读物的强烈的现实性，站在不同阶级立场、代表不同党派、运用不同史观的著作，对一些史实的记述和评价，可能有截然不同的做法和观点。例如，代表国民党主流意识形态，蒋廷黻在他的《中国近代史》一书中，贯穿了蔑视民意、民心的基本倾向，对于林则徐在广东禁烟中贯彻“民心可用”给予了严厉的批判，对奕䜣、文祥、曾国藩、李鸿章的洋务主张给予了高度颂扬，对于九一八事变后国人和政党（蒋廷黻称为“反动分子”）要求抗日的呼声给予了抨击[④]。与此相反，持唯物主义历史观或者进步历史观的作者，则相当重视人民群众特别是底层群众的历史作用，正面肯定太平天国、义和团等群众运动的历史进步作用，肯定林则徐的“民心可用”。平心在所著《中国现代史初编》自序中明确标举：“中国现代史应当以争求进步的人民大众为主角，这是不可争辩的真理。”[⑤] 陈安仁指出：“往古的历史，每载帝王的起居，一家一姓的谱系，而于人民参与社会和政治的行动，则忽略而不详。这样的政治史，是不具生命的，是没有生动的。”[⑥] 针对当时主流意识形态对曾国藩等人的高度颂扬，有些作者则对曾国藩展开了无情的批判。最早指出曾国藩是屠夫、国贼的，是《中国近代社会史解剖》一书的作者朱其华。这位作者评价曾国藩说，他是“圣贤道统的继承人，宗法社会的拥护者，屠杀民众的刽子手，对外妥协的卖国贼”，说李鸿章“是封建统治的重臣，是帝国主义暴力屈服下的顺奴”[⑦]。范文澜在 1944

---

① 郭廷以：《近代中国史》，重庆，1941 年初版；台北，商务印书馆，1963，引论。

② 李洁非：《中国近世史》，贵阳，文通书局，1948，第 2 页。

③ 魏野畴：《中国近世史》，上海，开明书店，1930，第 11 页。

④ 蒋廷黻：《中国近代史》，长沙，艺文研究会，1938，第 29、33、35—36、69、103、107—108、127 页。

⑤ 平心：《中国现代史初编》，香港，国泰出版公司，1940，自序。

⑥ 陈安仁：《中国近代政治史》，上海，商务印书馆，1934，第 8 页。

⑦ 朱其华：《中国近代社会史解剖》，上海，新新出版社，1933，第 110、147 页。

年发表了论文《汉奸刽子手曾国藩的一生》，对曾国藩以组织湘军镇压太平天国起义的一生政治活动展开了无情的批判，并且作为附录刊载于他的《中国近代史》，对1949年以后的中国近代史研究有着重大影响。

李鼎声在《中国近代史》序论中，公开声明他遵循的是一种新的历史观。他认为历史学不再单纯的是一种记载的科学，“它不仅要记述人类在与自然斗争及创造自己的历史过程中的种种活动，而且要说明此活动历史的条件与原因，解释历史上各种重大事变的因果关系以及指出在何种情况之下一种旧的社会为新的社会所代替”；历史学任务的改变，决定了传统的“那种以帝王、圣贤、英雄为中心，专门记载朝代兴亡治乱的历史体系和那种偏重于人类文化生活的记载，而不能说明文化兴衰递嬗的全过程的历史编制，不能合理的存在了”；“中国历史是全人类历史的一部分”，研究中国历史的主要任务，“乃是要考察中国社会在全人类历史之一般的进程中，特有的发展路线，同时要解释中国历史上许多重大事变，如民族的分合斗争、社会形态的转变、交替，各阶级的分化战斗，各种文化制度与意识形态的递嬗变化等等发生的原因与其成果，说明中国文化与世界文化的交汇影响。只有这样，中国史才能成为人类一般历史的一个支流，才能帮助我们了解中国民族的内在变化与外在关系，而变成我们一种有用的智识的工具”①。

第二，关于中国近代史的开端，绝大多数作者主张以鸦片战争为起点，这是考虑到鸦片战争以后的中国社会发生了重大转变，理由是很充足的。李鼎声认为中国近代史指的是“自鸦片战争直到今日的中国历史”，明末清初不是中国近代史的开端，鸦片战争才是中国近代史的发端。因为明末清初不过是两个朝代的交替期，不能代表一个重大的历史转折时期；鸦片战争是中国开始为国际资本主义的浪涛所袭击，引起社会内部变化的一个重大关键。鸦片战争后，中国日益走上殖民地化的途程，在国民经济上，阶级阵容上以及思想文化上都表现出巨大的历史转变②。华岗更详细说明了以鸦片战争作为中国近代史开端的理由：

> 本书从鸦片战争开始，因为鸦片战争为中国近代史的起点，此后中国民族与中国社会所发生的一切动乱和变迁，都以鸦片战争为

① 李鼎声：《中国近代史》，上海，光明书局，1933，第1—2页。

② 李鼎声：《中国近代史》，第4页。

出发点。鸦片战争不仅是中国开始被国际资本主义的浪涛所冲击，而且从此引起了中国民族内部的重大变化。鸦片战争不仅开始改变了中国社会的性质，即由闭关的封建国家，开始向半封建社会推移，由独立国开始向半殖民地国家推移；这样，就使中国在国际关系上、在国民经济上、阶级阵容上以至文化思想上，都体现了空前巨大的变化。从此，中国民族与中国人民就陷入被帝国主义列强侵略与任意奴役的悲惨命运，但也因此促进了中国民族与中国人民的觉醒，唤起了前仆后继不屈不挠的解放斗争。①

范文澜、宋云彬所著的中国近代史，也都是以鸦片战争为起点的。以上，李鼎声、华岗、范文澜、宋云彬等人都是共产党人，也许人们会误会，以为以鸦片战争为中国近代史的起点，是共产党人的看法。其实不然。许多不是共产党人的作者，对这个问题也具有相同的意见。例如，1926 年出版的孟世杰著《中国最近世史》，也是以鸦片战争作为起点的，他在叙论里说："鸦片一役，开对外战争之端，创门户开放之局，藩篱尽撤，外力交侵，实为近百年忧患之种原。故论中国最近世史，要起于鸦片战争。"② 又如 1935 年陈恭禄著《中国近代史》、1938 年蒋廷黻著《中国近代史》、1940 年张健甫著《中国近百年史教程》③、1947

① 华岗：《中国民族解放运动史》第一卷增订本，三联书店，1951，"增订本自序"，第 6—7 页。本书是在 1940 年鸡鸣书店版本上修订的，序言写于 1950 年 1 月，关于近代史开端的端点，反映了作者 1940 年的认识。

② 孟世杰：《中国最近世史》第一册，叙论，第 1—2 页。

③ 张健甫在《中国近百年史教程》第一讲第一节鸦片战争的历史意义中说道："1840 年（清道光二十年）的中英鸦片战争，是国际资本主义第一次敲破中国门户的战争，是中国历史上划时期的战争。由于这次战争，一方面丧失了中国独立自主的尊严，门户开放，领土破碎，主权割裂，招致近百年来帝国主义列强的政治侵略，经济侵略，武力侵略，由通商关埠到瓜分共管，终而酿成今日日本帝国主义鲸吞独占的局面；一方面使中国社会发生空前急剧的变化，由纯封建的农业社会，降而为半殖民地半封建的社会，使中国无论在经济上、政治上、文化上，乃至一切社会形态上，都截然划分出古代中国与近代中国的界线来。把中国从闭关自守的锁国政策之下，搬上现代的国际舞台，并且成为国际舞台的主角之一。谁也不能否认这是从鸦片战争开其端绪的。因此，鸦片战争，不但暴露中国封建社会的弱点，不但暴露清廷昏聩腐败的弱点，而且也替后日帝国主义侵略中国做了开路先锋，不但撕破了古装中国的龙袍补衮，红缨大帽，同时也替中国披上新式的外衣。从这以后，中国因为在国际资本帝国主义侵略之下，社会经济，日益走上殖民地化的过程，农村破产，农民失业，这是中国历史上空前的一大变局，这是近百年中国历史的开端。"见该书第 1—2 页，桂林，文化供应社，1940。这里把近代史开端的理由讲得再清楚明白不过了。

年金兆梓著《近世中国史》、1948年李絜非著《中国近世史》，都是这样的主张。

也有部分作者把中国近代史的开端放在明末，认为新航线的开辟是欧洲近代史的开端，也是中国近代史的开端，如郑鹤声认为："自新航路发现以来，世界交通，为之大变，人类生活与国际关系，较之中古时代，显有不同之处，是即中古史与近世史之所由分界也。近世史之演变，有'经往开来'之趋势，其一切表现，皆在根据往古事迹而发扬光大之。且推陈出新，由此而孕育未来之局势。每一民族思想为其演变之原动力。故近世史之范畴，实包括近三四百年之历史，无论中西，大都皆然。"[①] 郭廷以也把近代中国历史的开端放在16世纪初的葡人东来[②]。这种把中国近代史开端比肩欧洲近代史的想法，是希望借此说明中国近代种种巨大变化的由来，自有其著述的理由。但是，欧洲资本主义发生、发展的历史，及其影响到中国，其间经历了极其复杂的历史过程，就中国历史来说，从明末到鸦片战争前夕，有着300年之久的历史过程，在这个过程中，固然不能说欧洲的近代历史对中国毫无影响，但是要指出，这种影响对于中国自身的历史发展是微不足道的。一部中国近代史，把明末到有清一代的历史全要讲到，我们还是不能进入近代中国历史的主题。这从著作的技术性要求来说，也是不无困难的。郭廷以的《近代中国史》长编两卷只作到了鸦片战争前夕，郑鹤声的《中国近世史》是中央政治学校的讲义，其南方印书馆的版本从明末写到清朝康雍乾年间，中央政治学校的印本，上册与南方印书馆版本基本相同，下册从鸦片战争讲到辛亥革命。本来要叙述中国近代史，但大部分篇幅用在叙述鸦片战争以前的历史，鸦片战争以后的历史却叙述简略。这些作者在抗战期间从事撰述，劳碌奔波，困苦莫名，难竟全功，是可惜的；但这与中国近代史的起点定的不合适，不无关系。

第三，关于中国近代史的下限。考察1949年以前出版的带有通史

---

① 郑鹤声：《中国近世史》，重庆，南方印书馆，1944，编纂凡例。

② 郭廷以编著《近代中国史》，例言。按郭著《近代中国史》，据著者例言说明，该书"仿长编体，又可称之为史料选录或类辑，绝不以历史著作自承"。这里仅取其近代史开端的主张为例。有趣的是，替郭廷以作了长篇引论的罗家伦，似乎还是主张鸦片战争是中国近代史的开端，他在"引论"中说："如果史学家从'鸦片战争'开始讲中国近代史，也不过是为研究便利，和认定这件事对于中西短兵相接后，所发生的各种影响的重要性起见，把它当作一个重要时期的开始而已。"

性质的中国近代史著作，不管其书名叫作《中国近代史》，或者《中国近世史》《中国最近世史》，或者《中国近百年史》《中国现代史》，绝大多数都没有明确“中国近代史”这个概念的定义，没有明确中国近代史的下限，绝大多数是从鸦片战争讲起，终止于该书出版前。如果就此下定义，可以说中国近代史，是自鸦片战争以来的中国历史。所以相当多数的中国近代史书，都名为《中国近百年史》。稍晚出版的，如金兆梓编著的《近世中国史》，叙述到抗日战争的爆发[①]；宋云彬编著的《中国近百年史》，叙述到 1946 年政治协商会议决议的破裂[②]。也有个别作者撰述中国近代史，从清兵入关写起，终止于民国建立，主张“自民国成立后，则属于现代的范围”[③]。那时候撰写中国近代史的作者们，对于中国近代史，或者中国现代史，并没有明确的概念区分。典型的例子是李鼎声的书，1933 年出版的名为《中国近代史》，1940 年出版的名为《中国现代史初编》；曹伯韩的书，1939 年出版的名为《中国现代史常识》，1946 年出版的名为《中国近百年史十讲》，1947 年出版的名为《中国现代史读本》，以上这几本书的开端，都是从鸦片战争写起。可见，他们并不认为中国近代史、中国现代史有什么本质的差别。

1947 年华北新华书店出版的范文澜著《中国近代史》上编第一分册，出现了关于中国近代史时限的完整定义，表现了一个马克思主义的历史学家对中国近代史学科的创造性贡献，是中国近代史学科开始趋向成熟的一个标志。范文澜把 1840 年以后的中国社会定义为半殖民地半封建社会，把 1840—1919 年的中国历史划为中国近代史的旧民主主义革命时期，把 1919 年五四运动以后的历史称为中国近代史的新民主主义革命时期，这虽然是从革命史的角度定义中国近代史，却对于整个中国近代史的时限给出了科学的、符合学术规范的规定。范文澜的书是 1945 年完成写作，1947 年出版的，那时他还不可能预计新民主主义革命到 1949 年获得最后胜利。但是他在该书的“说明”中劈头就说：“《中国近代史》分上下两编，上编叙述旧民主主义革命时代，下编叙述新民主主义革命时代。上编又分两个分册，1840 年至 1905 年为第一分册，1905 年至 1919 年为第二分册。本书是上编的第一分册。”该书

① 金兆梓：《近世中国史》，上海，中华书局，1947。

② 宋云彬：《中国近百年史》，上海，新知书店，1948。

③ 陈安仁：《中国近代政治史》，第 148—149 页。

目录明确标明："上编　旧民主主义革命时代——鸦片战争至五四运动。"[①] 他的志愿未遂，上编第一册只写到 1901 年《辛丑条约》的签订，以后便没有可能再写下去。半部中国近代史，虽然留下了遗憾，但是中国近代史学科的大框架，基本上奠定下来了。

根据范文澜的设计，华北大学历史研究室（中国社会科学院近代史研究所的前身）荣孟源、刘桂五等学者在 1948 年编写了初中历史课本《中国近代史》上编，明确标举"鸦片战争至五四运动"。这本课本的编辑说明指出："本书为初级中学中国近代史课本。全书分二编：上编叙述旧民主主义革命时代（1840—1919）；下编叙述新民主主义革命时代（1919—1945）。"[②] 这本课本是一个完整的《中国近代史上编》，它不仅为新中国建立之初迫切需要的初中历史教材解了燃眉之急，而且是对 1949 年以前中国近代史书编纂体系的一个良好的总结，也为新中国建立以后的中国近代史研究指出了基本的方向。

第四，这些中国近代史读物一开始就表现出创新新史学的趋势，努力摆脱，或者基本上摆脱了中国正统史学（纪传体）的旧有格局，普遍采用了自西方传入的章节体，当然也有一些还留下了纪事本末体的痕迹；1920 年代起的出版物，均放弃了文言，采用了语体文来进行表达。但是这些著述体裁各异，体例不同，观点分歧，引文、注释均缺乏学术规范，很少或者基本不能引用档案史料，说明中国近代史史书编纂还处在起步阶段、创始时期。也有个别作者，无论是史观或者是体裁，仍是传统的，写作以歌颂当今为主的正统史学。如宣统元年十二月北京汉英图书馆出版的陈光宪著《中国近世史》，就是这样一本书。全书不过 31 页，作者完全站在清朝统治者立场上看待中国的近世史。作者在简短的绪言中明确表明了这一点："我朝建国逾三百年，内政殷繁，不可枚举，而武功者，立国之基础；文学者，保国之元气；百务咸理，有大政以为之纲维；各国通商，有外交以为之联络。兹编所载，曰武功，曰文学，曰大政，曰外交。文辞之繁简，不必从同；大事之源流，但期尽举；其余典章制度，概不暇及云。"本书篇目，共列出武功一到五，文学一，

---

① 范文澜：《中国近代史》（上编第一分册），华北新华书店，1947。有趣的是，该书说明宣布第一分册截至 1905 年，实际上写到 1901 年，1947 年以及此后的各种版本都是如此。可见第一分册也不是完整的本子。

② 华北大学历史研究室编《中国近代史》上编，新华书店，1949，编辑说明。

大政一，外交一到四。这是我看到的第一本标明“中国近世史”的历史书，写作在清朝统治即将结束的前夜，它是新史学开始之前旧史学的尾声。

由于中国近代史这个历史时期尚在发展过程之中，著述中国近代史的作者们，包括一些接受马克思主义的作者们，看不到这段历史的完整过程，难以把握近代中国历史发展的规律，使他们在史实的选取上，在历史过程的分期上，在历史前进方向的判断上，在研究方法上，在今天看来，都有许多幼稚之处。

在史实的选取方面，最大的问题，是大多数作者对于中国共产党的历史，对于国共关系的历史，采取了公然漠视的态度。1930 年代出版的中国近代史著作，除了李鼎声的《中国近代史》和现代历史社编印的书简略地提到共产党的活动外，其他的书或者稍有涉及，或者完全回避。其中现代历史社编印、未署作者的《中国近百年史》，表达了中国共产党人对中国近百年史的看法，第一次提到了中国共产党的成立经过和工人运动的发展，提到国共合作和大革命，以及南昌起义和广州起义，在叙述武汉时期的中国共产党时，大量引用了共产国际的文件。1940 年出版的张健甫的《中国近百年史教程》，基本观点是不错的，对近百年中国社会的认识表现了作者的进步倾向，但是作者也完全没有提到共产党的活动。该书第八讲“中国国民党的改组与北伐”、第九讲“从九一八事变到七七全面抗战”，应该有共产党出现的地方，均无一字涉及；只在第十讲“一百年中国历史的回顾与前瞻”中，提到九一八事变后，“因为中国内部统一团结尚未完成，所以初期的中日交涉，中国隐忍退让，迨至日本进逼不已，中国内部的统一团结完成了，才有七七全面地争取民族独立生存的神圣的抗战，中国全面抗战的胜利，无疑的要结束近代一百年的耻辱，另写历史的新页”。这里所谓“中国内部的统一团结完成了”，显然是指国共合作的形成，抗日民族统一战线的建立，但是作者回避了①。1940 年代末出版的金兆梓的书，主要叙述近代中国的政治、外交史，也辟出篇幅叙述文化艺术、社会经济和教育。安排较全，叙事较平稳。但是，有关中国共产党的历史基本不涉及，或者尽力回避。个别地方不得已偶一提及，也采取了不客观、不公

① 张健甫：《中国近百年史教程》，第 342 页。

正的态度。检读起来，该书只有下面四处提道：1. 在叙述中国国民党第一次全国代表大会时，提到 1922 年苏联代表越飞派人来沪接洽，谓中国革命，需要三民主义，当时中国共产党员以个人资格加入中国国民党，参加革命工作；2. 在叙述 1926 年春准备北伐时，提到是时党内共产派与非共产派忽发生裂痕，旋由蒋中正先生本着两不偏袒的态度，以非常迅速的手段解决了，总算没有阻碍北伐的大计；3. 叙述 1927 年 3 月南京事件时，根据当时的歪曲报道，提到有共产党人煽动少数军队，对于在南京英、美、日等国领馆，及英、美、日、法、意等国侨民，加以侵害；4. 叙述中苏关系时，提到 1927 年 12 月广州事变发生，实由于广州的苏联领事馆及其国营商业机关指挥中国共产党人在广州暴动①。此外有关中共历史和国共关系，完全回避。书中设对日抗战一章，且有“中国之团结”一目，居然完全不提共产党，不提国共合作导致了“中国之团结”。本书发行于 1947 年 10 月，这时候，国民党政府发动的全面内战已经一年，反映在出版物上，中国共产党的历史以及国共关系，当然是十分敏感的话题。作者对中国共产党历史的处理，是那个时代反共思潮在中国近代史书编纂中的反映。李絜非的《中国近世史》出版于 1948 年，无一字涉及中共历史。遗漏重大历史事实，不能反映历史的真实面貌，是这类中国近代史书的重大缺陷。宋云彬在《中国近百年史》序言中说：“现在坊间出版的中国近代史，大都是抗战前编写的，没有把轰轰烈烈的抗战史写进去；并且为了避免触犯当道，对于大革命前后的史实的叙述，往往转弯抹角，很少能秉笔直书。”② 这的确是事实，虽然这个批评是很隐讳的。李絜非试图解释这一点，他在论述中国近世史研读的重要性及其限制时说道：“研读者身在所研读的对象之中，既不易识庐山真面目，更非比对于古史上然。人云遥则恩怨悉捐，世统远则是非易定。反之，身丁其世者，落笔则有所忌讳，传述亦不免偏私，使躬亲其役者，眩惑而无主，古人所谓‘恩怨尽时方论定’，即是说，近世史的写读，以史迹关切自身，自不免近视而有所体认不清，更以联系而兴起感情于其中，自不免有爱憎好恶之私，乃不能得史实之真相，做公平真确之论述。”③ 平心在《中国现代史初编》自序中也表示

① 金兆梓：《近世中国史》，第 212、218、233、243 页。
② 宋云彬：《中国近百年史》，序。
③ 李絜非：《中国近世史》，第 4 页。

了这种无奈："我自己认为最不痛快的，就是在写作时，因为顾虑环境，许多意思不能不用转弯抹角的方法来表达，许多通用术语也不能不用别的同义术语来代替。同时承发行者的好意，删去了一些较为触目的字句。这些都是在目前出版环境中不得已采取的变通办法。"[①] 很明显，政治因素，书报检查，是作者必须面对的难题。只有共产党人如华岗、宋云彬等的著作，才涉及中共的历史。他们的书在当时出版，未必不是冒风险的事。至于以现代历史社和中国现代史研究会名义编印的《中国近百年史》《中国现代革命运动史》等著作，是阐明中国共产党人对中国近代史看法的书，书上既未标明出版社，也未标明出版地和作者，在当时显然是非法出版物。这几本书有关中国共产党和中国工人运动历史的叙述，有关国共合作推进大革命，有关大革命失败的经验教训的分析，有关南昌起义、广州起义的介绍，都是其他一般近代史著作所回避的。这说明，由于时代、阶级、政治立场的不同，1949 年前的中国近代史著作，其内容之差异是非常大的。

在历史过程的分期方面，胡绳在 1954 年曾对早期的中国近代史著作给予了详尽的批评。我们现在翻阅 1949 年前的中国近代史书，发现胡绳的批评是实事求是的，是中肯的。李泰棻的近代史，不论是大学讲义，还是正式出版物，在晚清是按皇朝来分期，在民国，是按不同的统治者分期，在这方面，大抵固守着纪传体史书中"本纪"的做法。孟世杰的《中国最近世史》，按照"积弱时期""变政时期""共和时期"来分期，表面上摆脱了"本纪"的形式，实际上是按最高统治者来划分时期的，仍然没有摆脱"本纪"的作史思路。其他的中国近代史史书，大多选择若干重大历史事件逐一叙述，或合并叙述，鲜有变化。胡绳批评这种体例大致类似于"纪事本末体"，并且认为这种叙述方法"往往会错乱了各个历史事件的先后次序，拆散了许多本来是互相关联的历史现象，并使历史发展中的基本线索模糊不清"[②]。这样的批评是客观的。

在研究方法上，有些作者表现了相当的开明和前瞻。譬如，主张用唯物史观指导中国近代史写作的魏野畴，在《中国近世史》导言中指

---

① 平心：《中国现代史初编》，自序，第 3 页。

② 《历史研究》编辑部编《中国近代史分期问题讨论集》，生活·读书·新知三联书店，1957，第 2 页。

出，生成新历史——理想中的历史，需要采取科学的原理、材料和方法，要与19世纪以来发展起来的生物学、人类学、心理学、社会学、政治经济学、比较宗教学、考古学等姊妹科学（Sister Science）连接起来，应用到人类活动的事实上，写出新历史。他说："古人把历史看做记载过去事实的帐簿本，好像历史是为古人做的，使古人'青史留名'、'传诸不朽'就算了。我们才知道历史并不是要记载过去的事实怎么样，是要记载过去的事实怎么样到现在，过去已经过去了，我们做历史，并不是为古人留名声，传不朽，是要把人类过去的阴影投到现在，要人类知道他们的现在是怎么样来的。既知道现在是怎么样来的，便可预料将来了。简单说，历史不是记载过去的帐簿，是要正确记载过去，并解释过去的科学。"①

在近代中国历史前进方向的判断上，1949年以前的中国近代史著作，一般存在着比较朦胧的去向。颜昌峣在《中国最近百年史》自叙中谴责五口通商以后，强邻势力愈逼而愈亟，政府冥顽怯懦，婉转服从，苟偷权位，不惜举土地、人民、政事之三宝，敝屣弃捐，财尽能索，乃复大举外债，专事内争以后，慨叹"吾数千年酋长世袭转制之国家，人民自视若马牛犬豕禽兽然。……以如是之民，欲与世界平等自由博爱之民族，相偶相角，以共立于天演兢存之宇宙，不其难哉?"② 显然，作者在讲述中国近百年史时，对历史发展的前景甚为无奈。陈安仁在《中国近代政治史》自序中说："中国近代史，是暗澹晦暝之时期，有如欧洲黑暗时代然；惟欧洲经黑暗时代，能促进十五六世纪文艺复兴，又由十五六世纪文艺复兴，蔚为现代全盛时期。中国能否由近代暗澹晦暝之时期，促进于二十世纪光明之域，是在中国民族复兴运动成功与否以为断也。"③ 作者在该书结论中又说：入民国以来，由于清朝政治上的余毒未能扫清，由于帝国主义势力的支配未能摆脱，"遂使政治现象未有清宁的一日，而今危亡之祸，迫在目前，中国的政权，能否始终为中华民族所统有，使偌大的国家，不成为历史上的废墟，除却在政治上努力于新建设以抗拒帝国主义的支配势力以外，尚有何途?"④ 虽

① 魏野畴：《中国近世史》，第9页。

② 颜昌峣：《中国最近百年史》，自叙。

③ 陈安仁：《中国近代政治史》，自序。

④ 陈安仁：《中国近代政治史》，第149页。

然作者正确地指出了中国民族复兴运动成功与否对于促进 20 世纪中国进于光明之域的重要性，但是对于中国历史的这种前景，在当时的时代背景下，作者并不是很乐观。

代表自由主义知识分子的陈恭禄，作为一名教会大学的教授，受西方影响很大。他的政治理想以欧美发达国家的政治为楷模。他的《中国近代史》以进化史观为指导，以英雄人物为核心，这种学术方法使他对中国近代史的总体评价和对具体的历史事件、人物的评价与当时中国社会主流知识分子观点非常接近。在涉及现实时，他在某些问题上认同于国民党政权，但在内心，对中国社会的出路，既不寄希望于国民党，也不将理想寄托于共产党，他希望走一种两党之外道路。作为一个无党无派的学院派知识分子，他从自己的学术立场得出了中国社会走向的结论，表征着中国社会中间势力的代表——自由派知识分子共同的政治取向，这是时代在他著作中投射的结果。

有两种书的作者对近代历史的前景表现了明确的意见。代表国民党主流意识形态的书，如蒋廷黻的《中国近代史》，也在这方面提出了明确的主张。他在总论中指出："近百年的中华民族根本只有一个问题，那就是：中国人能近代化吗？能利用科学和机械吗？能废除我们家族和家乡观念而组织一个近代的民族国家吗？能的话，我们民族的前途是光明的；不能的话，我们这个民族是没有前途的。"[①] 笼统来说，这个主张是说出了近代中国出路的关键所在的。但是在抗日战争的高潮中，不倾心组织全民族的抗战，口头空谈中国的近代化，是另外一种唱高调的表现。况且，他著书的结论，是号召读者追随蒋介石，谨守所谓中山遗教，就能找到光明的出路[②]。显然他的结论是服从于主张片面抗战的国民党政府当局的基本观念的。

与此相反，那些对于中华民族前途抱有明确希望的作者，那些相信人民力量的作者，在撰写中国近代史书时，总是以积极前进的乐观姿态评价历史发展的前景。魏野畴在他的书的结论中说："在西方先来的杀声之中也夹带着不少的自由的声调。东方文化腐败了的弦子已经崩坏了。近几年来文字上的改革给我们一种很便利的工具，科学方法又是一

① 蒋廷黻：《中国近代史》，第 3 页。

② 蒋廷黻：《中国近代史》，第 128 页。

种降妖伏魔的法宝。战前的准备已经完竣了，造时势的大将军把大家都送上思想革命的战场。枪声作了，炮弹炸了，前线上打倒了不少的死尸。思想革命的伟业必要在我们的手中完成的!"[①] 李鼎声表明他撰写《中国近代史》的目的："暴露国际资本的群魔，怎样从中国吮吸膏血来膨胀他们自身，怎样驱使他们的鹰犬，来榨取中国广大的勤劳人口以及中国的被压榨的奴隶大众，怎样用自己的战斗力量反抗此种残酷的吸血与狡诈。"[②] 从对中国近代社会性质判断出发，他认为中国近代史是一部帝国主义侵华史，中国近代史的主题就是中国人民的反帝斗争，帝国主义的入侵，"使得整个的国民经济屈服于国际资本的铁蹄之下，而且益加深其殖民地化的创痕，结果使国内的社会关系因此起了分化，受着帝国主义驱策并维护旧的生产关系的阶级，站在一条战线上，反对帝国主义与封建剥削制度的阶级，站在另一条战线上，这样就激起了巨大的社会斗争，由对立发展所引起的突变——革命结局是要否定帝国主义与国内的旧生产关系，这便是历史发展过程的必然变化"[③]。

李鼎声（平心）在另一本书里说："中国近一世纪的历史，是人民进步势力和内外奴役制度决斗的历史。百年来的苦难把中国人民逐渐锻炼成为世界最富于奋斗精神的民族，他们忍受着辛酸创痛，沐浴于腥风血雨，为的是要把老大的衰朽的中国改造成为少壮的进步的中国。任凭那些顽固的人种偏见者对中国不肯收敛轻蔑的眼光，但是，善于创造和勇于变革的中国人民，凭着光明的自信与挺进的魄力，冲向人类历史的最前线，不是任何力量所能阻拦的。历史将为奋勇前进的中华民族作证!"[④] 我们今天读到这样充满自信的话，仍然感受到在抗日战争的艰苦岁月里，为了追求中华民族的历史进步而撰写中国近代历史著作的力量。

有的作者，在政治倾向上可能是国民党左派，对近代中国的未来发展也表现了积极前进的姿态。张健甫在展望中国的未来时指出："根据中国社会的性质，——半殖民地半封建经济的性质——无疑的，我们革命的性质，是国民革命。因此摆在我们面前的任务，也就是完成国民革

① 魏野畴：《中国近世史》，第 295 页。
② 李鼎声：《中国近代史》，第 5 页。
③ 李鼎声：《中国近代史》，第 10 页。
④ 平心：《中国现代史初编》，自序，第 1 页。

命及建设自由平等的三民主义的新中国的任务。国民革命的目标，对外是打倒帝国主义的侵略，特别是日本帝国主义所加于我们的侵略，对内要肃清残余的封建势力，特别汉奸卖国的阴谋，换句话说，就是我们要使中国脱离半殖民地半封建社会的天罗地网，建设领土主权绝对完整的独立共和国。”[①] 对于近代中国前途的这种预测，大体上符合历史发展方向。

时代的发展特点，赋予作者写作的影响是明显的。譬如，撰写于大革命时期（国民革命时期）的著作，明显地带有那个时期的时代特点。沈味之在全书最后一节“进行废约的努力”中写道：

> 反帝国主义的民族革命运动，处处受帝国主义者武力的压迫，惨酷的屠杀，国民却仍再接再厉，抱了大无畏精神，继续革命，深知帝国主义的唯一工具，是在不平等条约。……所以举国群众，知道废除不平等条约，是民族革命运动的根本要着，因此近年以来，政府和民众，一致努力一切不平等条约的废除。民族革命，继续不已，帝国主义，总有打倒之一日，那么在将来的中华民族史上，一定可以增加无尚光荣呢！[②]

这位作者在其行文之间，充满了大革命时期反对帝国主义的豪情壮志，相信中华民族一定可以战胜帝国主义。另一位国民党人，自称是“国民革命队伍里的一员健将”的印维廉，在其所著书的例言中，明确举出其编书的三个要点：

> 第一、要使全国国民，明白认识中国国民革命，已有七十八年的光荣革命史。
>
> 第二、要使全国国民，明白认识中国国民革命的对方，就是国际帝国主义，和种种不平等条约。目的在打倒国际帝国主义，废除不平等条约以求达到我民族自由解放不止。
>
> 第三、要使全国国民，明白认识中国国民革命，要打倒国际帝

---

① 张健甫：《中国近百年史教程》，第 345—346 页。

② 沈味之：《近百年本国史》，第 172—173 页。

国主义，和废除不平等条约，不可不先打倒国内国际帝国主义的工具，如专制君主、封建军阀，以及贪官污吏、洋奴买办、土豪劣绅等为虎作伥的反革命派。①

这位作者的话，至今仍使我们感受到激情和鼓舞！

前文所列44本书的作者，现在可以明确判明其政治身份为中共党员的有12人，约占全部作者的1/4。他们是：李鼎声、魏野畴、朱其华、何干之、平心、华岗、范文澜、胡绳、宋云彬；署名现代历史社编的《中国近百年史》和中国现代史研究会编的《中国现代革命运动史》，作者实际上是张闻天；署名华北大学历史研究室编的《中国近代史》，作者主要是荣孟源。其中，李鼎声和平心是同一人。朱其华后来脱离共产党，成为托派②。还有几位，如韩启农、曹伯韩，从他们的著作的政治倾向来看，似乎倾向于当时共产党人的立场。但是现在还没有材料证明他们也是共产党人。这些共产党人撰写的“中国近代史”，大体上本着新的历史观即唯物史观为指导，比较全面地观察近代中国的历

① 印维廉：《中国革命史》，上海，世界书局，1928，第2—3页。

② 朱其华其人，情形很复杂。陈玉堂编《中国近现代人物名号大辞典》记载朱其华简历：“朱其华（1907—1945），浙江海宁人（生于上海），本名朱雅林（柳亚子致其信称），字亚领，乳名朱六宝（因排行第六），学名朱骏先（也为谱名），又名朱佩我（一作字），朱新繁（一作号），著《中国资本主义之发展》《中国农村经济关系及其特质》《中国革命与中国社会各阶级》等署名，均出版于1930年，字其华，号心凡，笔名亦明（1932年《读书杂志》）、李昂（著《红色舞台》署名，1946年北平胜利出版社）、柳宁（见1937年西安《抗战与文化》，任主编。著《一个无产者的自传》亦署，1941年重庆胜利出版社）。童年时，曾在印刷厂当学徒，1921年加入中国共产党，曾是中共一大代表（？仅见其自传，供参考），从事工人运动。第一次国共合作期间，受命参加国民党，任广东革命政府俄国高等顾问鲍罗廷翻译，并被派于黄埔军校政治部工作。1926年参加北伐，任第四军政治部宣传科长。次年，宁汉分裂，和高一涵等到南昌参加起义，先后任总政治部组织处和宣传处处长。南昌起义失败后，调任中共中央政治局秘书，受命起草《八一宣传革命大纲》，此后，参加了八七会议。广州起义失败后，转赴港、沪。1928年受命赴苏出席中共第六次代表大会，到达伊尔库茨克后因故折回上海。1929年被任命为红十四军司令（以江苏南通为基地），未就，返沪，从此脱离共产党（被中共列为十个主要托派分子之一。十人中，朱其华、柳宁实为一人）。后与叶青、陶希圣等在一起，参加读书杂志工作。抗日战争爆发后，在西安国民党中央军校七分校任少将政治总教官。与叶青共事，主编《抗战与文化》。1941年被指控有通共嫌疑而被捕下狱。1945年被放火烧死（一说枪决）。其著作还有《中国社会史解剖》、《中国经济危机及其前途》和《资本主义的发展及其没落》等。”此人翔实履历尚有待证明。

史，对中国近代社会的性质（半殖民地半封建社会）和革命性质（旧民主主义革命和新民主主义革命），有着大体相似的看法；往往能够从社会经济发展的角度观察社会政治和思想文化的发展；能够从阶级分析的方法，看待近代中国社会的政治斗争；能够从社会基层民众的角度分析劳苦大众在历史发展中的作用；对近代中国的历史前景抱有强烈的期望，虽然很粗糙，但大体上形成了中国近代史研究的学术框架。他们在写作中富于激情，富于论战性、批判性和针对性，往往使对于社会现象不满的青年读者感到很大的启发性。当然，在这些作者写作的当时，不可能考虑到如何建立中国近代史研究的科学的学科体系问题，这些问题只有留待后来的研究者去完成。但是，这些作者研究、观察中国近代史的基本方法和角度，曾经长期影响了 1949 年以后中国大陆的中国近代史研究者，则是无可讳言的。

为什么说鸦片战争是中国近代史的开端*

鸦片战争前的世界形势

1840 年，是英国对华发动侵略战争的一年。这个战争，历史上称作鸦片战争。鸦片战争，中断了中国社会历史独立发展的进程，使中国开始走上半殖民地半封建社会的道路，成为中国近代历史的开端。我们在叙述如何认识鸦片战争打开中国大门的历史意义之前，先看看那个时候的世界形势。

1640 年，英国发生资产阶级革命；再过 149 年，法国也发生资产阶级革命，资本主义制度在世界上确立起来。欧洲主要资本主义国家在资产阶级革命胜利前后，积极向海外进行殖民扩张。它们依靠国内打下基础的先进生产力，采取海盗式掠夺、直接搜刮、贩卖奴隶、走私鸦片以及发动殖民战争、争夺海上霸权等暴力掠夺手段，从亚洲、非洲、美洲攫取大量财富，是资本主义原始积累的重要来源之一，大大加速了欧洲资本主义的发展。历史事实证明，给人类带来了光明的欧洲先进的资本主义文明，是伴随着对亚洲、非洲、美洲等地区广大国家和人民的殖民掠夺发展起来的。一边是资本主义国家，愈来愈富有；一边是被掠夺

---

* 原载林甘泉、张海鹏、任式楠主编《全国干部学习读本：从文明起源到现代化——中国历史 25 讲》，人民出版社，2002；转载于沙健孙、龚书铎主编《“中国近现代史纲要”课疑难问题解析》，高等教育出版社，2007。

的殖民地半殖民地国家和地区，愈来愈贫穷。这就是17世纪中叶资产阶级革命以来的世界财富分布图。自18世纪60年代起，“工业革命”首先在英国开始，此后半个多世纪，资本主义机器生产在英、法、美等国逐渐居主导地位。社会生产力的飞速增长，对产品市场和原料来源的要求越来越强烈，争夺殖民地的斗争也就越来越激烈。到19世纪30年代，非洲大陆的北部和南部、美洲的加拿大、大洋洲的澳大利亚和新西兰、亚洲的西南和东南部，已经或者正在变成资本主义列强的殖民地、半殖民地。世界上不同的国家和民族日益增多地被卷进资本主义世界市场的旋涡里面。

在19世纪30年代，主要的资本主义强国或宗主国是英、法、美等国。西班牙、葡萄牙、荷兰则是老牌的海上殖民帝国，早在17世纪已经衰落了。他们的殖民地或者被英、法等国夺取，或者刚刚摆脱殖民统治而独立，如拉丁美洲的大部分国家就是在19世纪20年代从西班牙、葡萄牙的殖民统治下独立出来，并在30年代或稍后一些发展成为资产阶级共和国的。但西班牙仍领有菲律宾，荷兰仍领有荷属东印度（今印度尼西亚），葡萄牙仍领有非洲的安哥拉等地。

英国在18世纪中叶开始工业革命，迅速发展成为当时世界上最先进的工业国。英国资产阶级一面对内加强阶级剥削和压迫；一面对外加紧发动侵略战争，到处扩张殖民地，开辟新的市场。在亚洲，英国东印度公司早在17世纪就占领了印度的马德拉斯、孟买和加尔各答，18世纪中叶，英国又直接出兵占领孟加拉。到19世纪30年代，除中部、北部若干土邦外，整个印度都成了英国的殖民地。此后，印度成了英国侵略亚洲国家的后方基地。印度沦为殖民地，对西方资本主义世界和对中国都产生了深远影响。英国用来打开中国大门的特殊商品鸦片，主要产地就在印度的孟加拉。1824年，英国又把马来亚的槟榔屿、马六甲和新加坡合并起来，建立海峡殖民地。北美的加拿大和大洋洲的澳大利亚在18世纪成了英国的殖民地。新西兰也在1839年接受了英国的统治。19世纪初，英国取得了西非洲的冈比亚、塞拉勒窝内和黄金海岸等殖民地以及南非的开普殖民地。大约统计，19世纪前期，英国拥有的殖民地领土为200多万平方公里，人口达1亿，掌握着资本主义世界的霸权。

法国大革命为法国资本主义发展扫清了道路，工业生产迅速上升。

法国成为仅次于英国的资本主义国家。18 世纪中叶，在英法争夺殖民地的七年战争期间，法国在北美和印度的殖民势力大部被英国逐出，但仍保有非洲的塞内加尔殖民地和南美洲的法属圭亚那，并在 1830 年出兵北非的阿尔及利亚，以阿尔及利亚为殖民地。同时在中南半岛上的越南打开侵入亚洲的缺口。占领越南，侵入中国，成为法国殖民者的目的。北美十三州原是英国殖民地，1775—1783 年，反对英国殖民者的北美独立战争取得胜利，建立了美利坚合众国。美国的资本主义虽比英、法落后，但发展很快。1803 年、1819 年美国分别从法国、西班牙购得大片肥沃土地，领土一下扩大了一倍多。美国商人活跃于世界各地。不久美国就成了英国侵华的帮凶。俄国是一个长期处于封建农奴制统治下的欧洲国家，直到 19 世纪前半期封建势力仍占统治地位。沙皇俄国从 16 世纪末期就推行对外扩张政策，17 世纪中叶，俄国兼并乌克兰，征服西伯利亚，把活动范围推进到中国的黑龙江流域。18 世纪，俄国把白俄罗斯、波罗的海沿岸地区并入俄国版图。19 世纪初，俄国又吞并了波兰、芬兰、北高加索、比萨拉比亚等地。19 世纪 40 年代，俄国势力就侵及中国的东北和新疆地区了。

以上英、法、美、俄四国，是中国近代史初期侵略中国的几个主要国家。此外，德国在 19 世纪 30 年代，资本主义才有比较快的发展，但德国还处在四分五裂中，未能统一起来。日本是中国的东邻，自 17 世纪以来一直处在德川家族封建军事专政下。鸦片战争后，日本受到震动，开始发动改革。19 世纪六七十年代后，日本的资本主义才得到发展。此后，德国和日本也加入了对华侵略的行列。

鸦片战争以前，世界上的国家除了资本主义宗主国及其殖民地外，还有一类是独立国家。独立国家中最大的就是处在亚洲东部的清帝国。大清帝国立国二百年，经历了康熙、雍正、乾隆三朝的旺盛时期，便开始走下坡路了。清帝国自居天下中央，实行自我封锁，完全不知道中国以外的世界是什么样子。本来自明代末年开始，中国的社会经济发展开始落后于西方，当西方国家正在发展资本主义生产力的时候，中国还蜷缩在封建社会的窝壳里不能前进。中国的封建社会已经到了它的末期，完全缺乏对内对外的应变能力了。除了中国外，在亚、非、欧三洲的接合部，还有一个庞大的奥斯曼帝国，那是一个松散的联合体，它的强盛时期已经过去。其中希腊已经在 1830 年独立出来，阿尔及利亚也在同年成为法国的殖民地，埃及不久也要摆脱帝国的控制。奥斯曼帝国正在受到列强的侵略。

世界上完全没有被殖民者践踏的大片土地，除了非洲荒漠的腹地外，就是中国了。但是英国的大炮已经对准它了。马克思早就说明资本主义原始积累的主要因素，并指出："跟踵而来的是欧洲各国以地球为战场而进行的商业战争。这场战争以尼德兰脱离西班牙开始，在英国的反雅各宾战争中具有巨大的规模，并且在对中国的鸦片战争中继续进行下去，等等。"[①] 从国际环境讲，英国侵略中国的鸦片战争，是这种世界形势的必然产物，也是中国国内形势的必然产物。鸦片战争以后，近代中国历史上发生的一系列变化，就是以这个形势为背景一幕一幕地展开的。

鸦片走私贸易对中国朝野的冲击

很早以前，英国就寻求与中国通商。自 17 世纪开始，英国就从中国采购茶叶，以后还从中国采购土布。但是英国产品并不受中国欢迎，英国拿不出多少东西与中国交换。东印度公司自中国输往英国的茶叶，1760—1764 年为 42065 担，到 1830—1833 年达到 235840 担，是前者的六倍[②]。英国自中国输入土布，1817—1818 年度值 395237 两白银，1830—1831 年度值 386364 两白银，英国输出中国的棉纺织品则较少，1821—1822 年度值 9807 两白银，1830—1831 年度值 246189 两白银，入超很大[③]。进口多于出口，形成巨大的收支逆差。开始英国是从国内运白银到中国来平衡逆差。18 世纪 70 年代以后，英国商人找到了鸦片作为平衡逆差的工具。根据中国近代经济史专家的研究，在 1837—1839 年，英国销华合法商品的总值平均每年不过 91 万多镑，从中国进口的商品总值，平均每年高达 427 万多镑，入超平均每年超过 330 万

① 马克思：《资本论》卷一，《马克思恩格斯全集》第 23 卷，人民出版社，1972，第 819 页。

② 参见萧致治主编《鸦片战争史》上册，福建人民出版社，1996，第 131 页。

③ 参见严中平等编《中国近代经济史统计资料选辑》，科学出版社，1955，第 13 页。

镑。这个巨大逆差就是依靠走私鸦片来平衡的[①]。走私鸦片，成为中英贸易的生命线。

从19世纪20年代起，英国运进中国的鸦片激增。据估计，1820—1824年，每年平均输入近8000箱；1825—1829年，每年平均输入12576箱；1835—1838年，每年平均输入35445箱；1838—1839年，输入鸦片超过了4万箱。每箱鸦片售价通常是600—800元，有时高达1000元。鸦片烟价，不但抵补了英国贸易的逆差，而且大有盈余。白银的流向开始改变。据印度孟买、加尔各答和马德拉斯三处海关记载，1833—1839年的六个年度里，中国平均每年流出白银420万两。估计鸦片战争前夕，中国每年全部白银流出量在1000万两以上[②]。

很早以前，清政府就禁止鸦片入口，但是实际效果不大。英、美等国鸦片贩子有本国政府支持，不顾清政府禁令，勾结中国沿海私贩，大量贿买清朝各级官吏，把鸦片偷偷运进中国。沿海一带负责查拿烟贩的官吏，直至皇帝任命的海关监督、巡抚、总督，大部分明里挂着禁烟的招牌，暗里收受贿赂，包庇、纵容鸦片走私，甚至远在京城的衙门官员和皇帝，也直接间接从鸦片走私得到好处。在这种情况下，外国烟贩有恃无恐地破坏中国政府的禁烟。马克思曾经一针见血地指出："中国人在道义上抵制的直接后果是英国人腐蚀中国当局、海关职员和一般的官员。浸透了天朝的整个官僚体系和破坏了宗法制度支柱的营私舞弊行为，同鸦片烟箱一起从停泊在黄埔的英国趸船上偷偷运进了天朝。"[③]

大量鸦片毒品走私入口，不仅造成了白银外流、国库空虚，而且造成了严重的社会问题。据1835年的估计，全国吸食鸦片的人数达到200万，大多数是官僚、地主等剥削阶级以及依附剥削阶级的人。官僚、士兵吸食鸦片，走私和贿赂公行，吏治进一步腐败。统治阶级遭受腐蚀而遇到内部瘫痪的危机，不能不引起清朝统治者的严重关注。

清朝统治阶级内部关于如何对待鸦片问题展开了针锋相对的讨论。有两种相反的意见发表，一种是弛禁论，一种是严禁论。弛禁论的代表

① 引自严中平主编《中国近代经济史1840—1894》上册，人民出版社，1990，第18页。

② 参见中国社会科学院近代史研究所编《中国近代史稿》第1册，人民出版社，1978，第29—30页。

③ 马克思：《鸦片贸易史——二》，《马克思恩格斯选集》第2卷，人民出版社，1972，第26页。

者是中央政府的太常寺少卿许乃济。他曾任广东省按察使，常与广东地方官绅私下议论禁烟问题，据此写成《弭害论》在民间传播，地方官绅等也各写成文章流传，隐然形成一种弛禁的舆论。但最早向皇帝提出弛禁问题的是广东的官员。1834 年 10 月，两广总督卢坤回复道光皇帝，认为按照皇帝上谕驱逐停泊在伶仃洋的英国鸦片趸船是办不到的，同时他把广东官绅的私下议论作为奏折的附片上报给皇帝，试探皇帝的态度。他在附片里说，鸦片走私“势成积重，骤难挽回”，经过多次“周谘博采”，了解到广东名士私下议论，有三种意见：一是“准其贩运入关，加征税银，以货易货，使夷人不能以无税之私货为售卖纹银者”；另一种意见是“弛内地栽种罂粟之禁，使吸食者买食土膏，夷人不能专利，纹银仍在内地运转，不致出洋者”；第三种意见认为“内地所得不偿所失，不若从此闭关，停止外夷贸易”。[①] 但是卢坤对“闭关”的意见做了明确驳斥，表示“万无闭关之理”，对前两种意见未示可否，显然是作为正面看法，提供皇帝参考。道光皇帝对官绅的这种私议，未加评论。第二年，还废止了每年奏报一次禁烟情况的制度。弛禁派受到鼓舞，即连续有人奏请弛禁鸦片。最重要的奏报是 1836 年 6 月由太常寺少卿许乃济提出的一奏一片，正式提出了“弛禁”鸦片的建议，实际上就是前此广东官绅的私议。他的建议主要是：一、“准令夷商将鸦片照药材纳税，入关交行后，只准以货易货，不得用银购买”；二、“如官员、士子、兵丁私食者，应请立予斥革，免其罪名，宽之正所以严之也”，“其民间贩卖吸食者，一概勿论”[②]；三、“宽内地民人栽种罂粟之禁”，“内地之种日多，夷人之利日减，迨至无利可牟，外洋之来者自不禁而绝”[③]。许乃济的弛禁奏折使国内外的鸦片贩子受到鼓舞。英国鸦片贩子查顿控制的《广州纪事报》将许乃济的奏折全文发表，查顿并预计这个奏折将为皇帝批准，此举将带来鸦片贸易的合法化，并将刺激鸦片贸易的大发展。道光皇帝把许乃济的奏折发给各地大

---

① 卢坤：《奏请对英人私贩鸦片一事应暂为羁縻约束再图禁绝片》，中国第一历史档案馆编《鸦片战争档案史料》第 1 册，上海人民出版社，1987，第 166 页。

② 许乃济：《奏为鸦片烟例禁愈严流弊愈大应急请变通办理折》，《鸦片战争档案史料》第 1 册，第 202 页。

③ 许乃济：《奏请弛内地民人栽种罂粟之禁片》，《鸦片战争档案史料》第 1 册，第 203 页。

员讨论。两广总督邓廷桢立即表示支持，认为“弛禁通行，实于国计民生均有裨益”[①]。但是反对弛禁的奏折有三份之多，对许乃济的主张做了全面驳斥[②]。道光采纳了反对弛禁的意见，坚定了禁烟的决心。此后，两广总督邓廷桢也收回了弛禁主张，在广东实施禁烟措施。但是究竟如何禁，一时拿不出办法。

严禁论的代表是鸿胪寺卿黄爵滋。1838 年 6 月，黄爵滋奏请严禁吸食鸦片，他建议，皇帝颁下谕旨，限一年内戒烟，如一年后仍然吸食，是“不奉法之乱民”，可以处以死刑；文武大小各官如逾限吸食者，应照常人加等，子孙不准考试；“其地方官署内官亲幕友家丁，仍有吸食被获者，除本犯治罪外，该本管官严加议处”[③]。道光将黄爵滋奏折批转各地讨论，并且很快收到了各地督抚将军大臣的议复奏折 29 件，除林则徐等八位督抚同意黄爵滋重治吸食的意见外，其余主张加重处罚，但不必杀头；还有 19 人主张禁烟的重点在查禁海口，切断毒源，而不同意重治吸食[④]。林则徐的奏折，分析了鸦片泛滥对社会经济的破坏，驳斥了反对严禁吸食的种种主张，明确指出法当从严：“若犹泄泄视之，是使数十年后，中原几无可以御敌之兵，且无可以充饷之银。”[⑤] 1839 年 6 月，清政府吸收这次讨论的精神，本着法当从严的原则，制定了《严禁鸦片烟条例》，对兴贩、吸食鸦片者，按罪行轻重，定出了斩立决、绞监候等各等处分。这个条例，基本上采纳了黄爵滋和林则徐的主张。

1838 年 10 月，道光命令将两年前提出弛禁主张的许乃济降级休致。11 月，召湖广总督林则徐进京，任命林则徐为钦差大臣，节制广东水师，赶赴广东查禁鸦片。1839 年 3 月，林则徐到达广州后，立即与两广总督邓廷桢、广东水师提督关天培等整顿海防，严拿烟贩，严惩受贿买放的水师官弁。他在详细了解了鸦片走私活动情况后，通知外国商人在三天内将所存烟土全部交出，听候处理。他要求外商申明：“嗣

---

① 邓廷桢：《奏请准照许乃济所奏弛禁鸦片并拟章程呈览折》，《鸦片战争档案史料》第 1 册，第 206 页。

② 参见萧致治主编《鸦片战争史》上册，第 174—178 页。

③ 黄爵滋：《奏请严塞漏卮以培国本折》，《鸦片战争档案史料》第 1 册，第 256—257 页。

④ 参见茅海建《天朝的崩溃——鸦片战争再研究》，三联书店，1995，第 90—91 页。

⑤ 林则徐：《奏为钱票无甚关碍宜重禁吃烟以杜弊源折》，《鸦片战争档案史料》第 1 册，第 361 页。

后来船永不敢夹带鸦片，如有带来，一经查出，货尽没官，人即正法，情甘服罪。”同时宣称：“若鸦片一日未绝，本大臣一日不回，誓与此事相终始，断无中止之理。”①

禁烟行动在广州雷厉风行。1839 年 4 月至 5 月，英国、美国鸦片商人共呈缴烟土 19000 多箱，计 118 万多公斤。林则徐下令将所缴烟土在虎门海滩公开销毁。从 6 月 3 日起开始销烟，销毁行动延续 20 多天。虎门销烟是中国政府发起禁烟运动、维护国家主权的一个胜利。这个胜利向世界表明中国人民的道德心和反抗外国侵略的坚强意志。天安门广场上人民英雄纪念碑的第一幅浮雕，就是 1839 年 6 月 3 日虎门销烟的庄严场面。

鸦片战争的进程与结局

林则徐命令外商呈缴鸦片的消息传到伦敦，英国资产阶级沸腾起来，特别是其中的鸦片利益集团，立刻掀起一片侵华战争叫嚣。1839 年 10 月 1 日，英国政府正式做出向中国出兵的决定。1840 年 2 月，英国政府任命懿律和义律为正、副全权代表，以懿律为侵华英军总司令。6 月，英国舰船 40 多艘，士兵 4000 多人陆续到达中国南海澳门附近海面。英国发起的侵略中国的鸦片战争正式开始。英军首先进攻广州海口，因林则徐、邓廷桢早有防备，不能得逞，便以主力北犯，7 月初侵占浙江定海，8 月上旬到达大沽口外，企图迫使清政府屈服。这时候，道光皇帝的态度动摇了。直隶总督琦善受命前往大沽口与英军谈判。琦善对英军表示要惩办林则徐等人，只要英军退返广东，便可以满足其要求。英军南返后，清廷撤去林则徐、邓廷桢职务，任命琦善为钦差大臣，到广州与英国人谈判。11 月底，琦善在广州答应了英军大部分要求。谈判未成，英军突然在 1841 年 1 月 7 日攻占珠江口的沙角、大角炮台。琦善未经清廷同意，被迫答应了割让香港、赔偿烟价 600 万元、开放广州等条件。接着，英军占领香港。这是战争的第一个段落。

---

① 林则徐：《谕各国商人呈缴烟土稿》，《林则徐全集 · 公牍》，中华书局，1963，第 59 页。

清廷得知沙角、大角炮台失守，便发布了对英宣战诏书，同时派御前大臣奕山主持广东战事。奕山未到广州，英军却先攻占了虎门和广州以南各炮台。5月，奕山到广州，稍与英军发生战事，便全部退入城内，与英军订立了可耻的城下之盟《广州和约》，规定向英军交出赎城费600万元，清军退出广州城。这是战争的第二个段落。

英国政府认为英军在华取得利益太少，改派璞鼎查为全权公使，增派援军，扩大对华侵略。1841年8月，璞鼎查率援军到达南海，随后攻占厦门、定海、镇海、宁波。1842年6月，英军攻入吴淞口，7月攻陷镇江，8月初英军到达南京江面。盛京将军耆英等奉命赶到南京求和，8月29日在英国战舰"康华丽号"上与璞鼎查签订了中国近代史上第一个不平等条约《南京条约》，结束了鸦片战争。

1843年10月，中英又签订了《五口通商附粘善后条款》（即《虎门条约》）。随后，1844年7月，中美签订《望厦条约》，同年10月，中法签订《黄埔条约》。通过这一系列不平等条约，中国被纳入了欧美殖民主义的"条约体系"，中国的独立主权遭到了严重损失，外国列强在中国攫取了大量的侵略权益：一、割让香港，破坏了中国领土完整；二、赔款2100万元；三、被迫单方面开放广州、福州、厦门、宁波、上海等五口为通商口岸，外国人在这些口岸有居住权，为日后在许多口岸建立租界设置了借口；四、协议关税权，破坏了中国关税自主权；五、领事裁判权，外国人在中国犯罪，中国不能过问，破坏了中国的司法主权；六、领海航行权，破坏了中国的领海主权；七、片面最惠国待遇以及通商口岸的自由传教权。从此，中国的大门被西方列强的鸦片和大炮打开了，闭关锁国的封建社会受到西方资本主义的猛烈冲击，封建经济开始走向解体，独立的封建的中国开始走上半殖民地半封建社会的道路。鸦片战争是中国封建社会结束的标志，鸦片战争后的社会发展道路，与鸦片战争前的发展道路完全不同。鸦片战争成了中国近代史的开端。

如何认识外国侵略与近代中国的"开关"

有一种意见说，鸦片战争打开了中国的大门，"资本主义终于打入了封建主义禁锢着的神圣王国"，是好事，应当大恨其晚，如果来得早一点，"我们中国就远不是如此的面貌了"。这种观点还认为："科学是无国界的，文明是无国籍的。难道为了'抗拒'外国，宁肯让我们中华民族退到刀耕火种不成?"它似乎要告诉人们：由于资本主义文明是先进的，资本主义列强侵略落后的封建中国时，中国只能敞开大门让其侵略，绝不能反抗，多出几个林则徐似的民族英雄也无济于事，不过延缓接受资本主义文明的时间罢了。这样提出问题，不仅涉及怎样看待资本帝国主义侵略对中国社会历史发展的作用，而且涉及中国人民要不要抵抗外国侵略的问题。这当然是一个极为严肃的问题。

提出上述观点的同志引证马克思《不列颠在印度的统治》中关于英国在印度造成的社会革命"充当了历史的不自觉的工具"的话来支持自己的论点。那么，应当如何认识马克思的上述说法呢?

对待马克思主义创始人说过的话，如同我们对待毛泽东思想的创始人说过的话一样，不能取其一点，以偏概全，而应完整地、准确地把握马克思主义的精神实质。在学术研究中，绝不能随意拈来马克思著作的只言片语，简单地往文章中一套，作为自己文章的标签。上述马克思的话，从历史发展的角度评价资本主义文明的客观进步作用，当然是正确的。马克思在那里强调的是"充当了历史的不自觉的工具"（着重点为引者所加），并不是对资本主义侵略的全面评价，也不包含无视资本主义侵略罪行的意思。全面理解马克思关于英国在印度建立殖民地体系的历史作用问题的观点，还应注意马克思说过的其他的话。马克思在谈到英国侵略印度的历史作用时，在同一篇文章里还说："印度人失掉了他们的旧世界而没有获得一个新世界。"[①] 在《不列颠在印度统治的未来结果》的文章中，马克思还特别指出：英国人"在印度进行统治的历史，除破坏以外很难说还有别的什么内容"[②]。当然，为了掠夺更多的东西，英国在印度修了铁路，办了工业，发展了资本主义生产。马克思在肯定了这一切之后，又明确指出："印度人是不会收获到不列颠资产阶级在他们中间播下的新的社会因素所结的果实的"，因为这"不仅仅决定于生产力的发展，而且还决定于生产力是否归人民所有"[③]。这就

① 《马克思恩格斯选集》第1卷，人民出版社，1995，第762页。

② 《马克思恩格斯选集》第1卷，第768页。

③ 《马克思恩格斯选集》第1卷，第771—772页。

说出了问题的实质所在。

列宁根据19世纪末20世纪初新的历史经验，即自由资本主义发展到垄断资本主义、殖民地半殖民地民族解放运动开始兴起等历史现象，提出了资本主义在全世界的胜利，必然导致两个历史趋向的理论。一方面，资本主义破坏了旧时经济体系的孤立和闭关自守的状态，把世界上所有的国家连接成统一的经济整体，体现了资本主义进步的历史作用①；另一方面，在为数无几的最富强的先进资本主义国家对世界绝大多数国家实行殖民奴役的条件下，殖民地半殖民地国家反对帝国主义的民主战争是不可避免的，进步的，革命的②。这就是说，为摆脱资本帝国主义殖民奴役的民族解放运动也是一个进步的历史潮流。这两个历史趋向是同一个历史过程的两个矛盾的方面。这个理论是我们理解资本帝国主义侵略殖民地半殖民地国家历史作用的关键。如果说发展中的资本主义国家不自觉地把资本主义推进到世界上的各个角落是起了进步的作用，那么它们用不平等的贸易关系，特别是用战争和暴力掠夺手段建立殖民地半殖民地体系，把那些国家变成自己的商品市场和原料供给地，以及为争夺和重新瓜分殖民地而爆发帝国主义战争，就是阻碍了世界上广大地区资本主义经济关系的建立和发展，所起的却是反动的作用。因此仅仅引证马克思关于英国侵略印度的那句话，并用来引申出英国侵略中国是为了向中国传播资本主义文明，由此引起的中国“开关”是进步的，是好事，似乎这样的“开关”早一点更好，那时中国的变化就更大了的观点，是曲解马克思主义的一种糊涂看法。

英国并不是为了传播资本主义文明而侵略中国的。英国要增强、充实自己资本主义的实力，就要开拓殖民地和寻找海外市场，中国就是一个最理想的对象。它为了攫取中国市场蓄谋已久，通过对华的正常贸易达不到目的，就用非法的鸦片和大炮强行打开中国的大门，以便进行野蛮的掠夺。这是中国被迫开关的直接原因。鸦片贸易是赤裸裸的掠夺，不带有任何传播资本主义文明的性质。西方有些学者把鸦片战争称为“争取平等通商权利的战争”，而讳言鸦片对中国人民的毒害，是出于对殖民主义侵略的辩护，是对可耻的鸦片贸易的美化。所谓“开关”

① 参见《列宁选集》第1卷，人民出版社，1995，第192页。

② 参见《列宁选集》第2卷，人民出版社，1995，第694—696页。

与“闭关”，指的是一国因商品生产发展水平仰赖国际贸易的程度而采取的进出口政策。一般来说，由于自给自足的封建农业经济的限制，商品生产发展水平不高，封建国家往往采取闭关自守的政策，但这并不意味着拒绝对外贸易。印度在沦为殖民地以前是一个闭关自守的封建国家，棉布出口贸易一直占重要地位。中国在清朝时代，丝茶出口贸易也很突出。鸦片战争前，清政府出于国防和国内政治、经济生活的需要，除了短暂的绝对闭关以外，1757 年以前海上开放了四个口岸对外贸易，此后虽把对外贸易港口集中于广州一地，贸易额却没有减少，而是有大幅度的增加。据有关统计资料，西方国家对中国的进出口贸易总额，从 18 世纪 60 年代初到 19 世纪 30 年代初，增加了大约三倍。可见，中国那时的“关”是并没有怎么关闭的，进出口贸易的增长情况与那时生产发展的水平是相适应的。鸦片战争打开了中国的大门，五口通商代替了一口贸易。“开关”给中国带来了什么后果呢？除了《南京条约》成为此后资本帝国主义侵略中国并与中国签订一系列不平等条约的范本，使中国走上半殖民地半封建的道路，因而从一个重要方面规定了此后中国历史发展的方向外，并没有立即给中国带来资本主义。资料表明，“开关”以后二三十年间，列强为了侵略的需要，虽在中国的开放口岸建立了若干加工工业和修造业，但都不是直接影响中国国计民生的大规模的资本主义企业。这些企业对中国封闭式的自给自足的小农经济的影响是微乎其微的。英国那时开始工业革命还不到一个世纪，它的经济实力还不允许它向中国大量输出资本主义的生产技术，所关心的主要是通过超经济的办法实现其对华掠夺。就贸易关系而言，这期间进口的棉布和棉纱较之鸦片战争前，有的只略有上升，有的甚至减少了。列强对华进行经济掠夺最得心应手的手段仍然是鸦片贸易。鸦片在中国的进口贸易中仍占第一位，由于从非法转到公开，进口数量成倍增长。后来中国兴起近代工业，当然与“开关”后西方资本主义的影响有直接关系，但主要决定于中国内部日益滋生着的实际需要。资本帝国主义的入侵，绝不是要把落后的中国变成先进的中国，而是要变成它们的半殖民地或殖民地。中国资本主义是在封建主义和帝国主义的夹缝中艰难成长的。帝国主义不是要中国发展成为它的商品竞争对手，而是要中国成为它的原料供给地和商品市场。因此，它既要在中国适当发展资本主义，又要使中国基本上保持传统的生产方式。中国资本主义之不能迅速发展和自给自足的封建经济不能迅速解体，是与帝国主义在华的政治经济利益相合拍的。资本帝国主义的侵入，并没有给中国带来资本主义大发展的前景。它对中国资本主义的发展虽然起到了某些促进的作用，更主要的是起了阻碍作用。

是否中国早点“开关”情况就会好些呢？不能一概而论，要做具体分析。如果中国封建社会内部资本主义因素迅速增长，商品生产的发展势必冲破封建经济的牢笼，寻求海外市场；那时，“开关”是中国资本主义商品生产发展的客观需要，中国可能较早成为一个资本主义社会。但实际上历史不是这样发展的。如果“开关”是指资本帝国主义强行进入中国那种“开关”，则无论早晚，情形都差不多，甚至可能更坏一些。印度是最有力的例证。早在16、17世纪期间，印度的门户就被打开，在18世纪中叶，印度成为英国的殖民地，其开关可谓早矣。印度的面貌如何呢？是不是比中国的情形更好些，比中国少受一些屈辱？稍有历史知识的人都知道，印度的情形显然不是那样。在征服印度的过程中，以及变印度为殖民地的整个18世纪内，英国在印度进行了赤裸裸的暴力掠夺，其攫夺所得，大大超过了贸易所得。印度殖民地的存在，构成了18世纪英国原始积累的重要来源。不仅如此，在把印度变成自己的商品销售市场和原料产地的过程中，英国还有意保存和利用了当地的封建土地关系，野蛮地剥削和掠夺印度农民，使那里土地荒芜，农业衰落，饥荒频仍，尸骨枕藉。印度人民不仅没有享受资本主义文明带来的幸福，反而比以往受封建统治更痛苦，陷入更赤贫的境地。历史事实就是这样：在西欧与封建主义做过殊死搏斗的资本主义文明，到了亚洲又同落后的封建主义携起手来；欧洲文明的资产阶级在亚洲干出了很不文明的事情。英国侵略印度的结果，何曾给印度人民带来什么好处?! 还有，数百万印第安人被屠杀，成千万黑人奴隶被贩卖，成百万华人“猪仔”运往世界各地，这不都是欧洲资本原始积累时期、资本主义发展上升时期创造的“奇迹”吗？可见，主动开关与被动开关，情况是绝不相同的。主动开关，主权在我；被动开关，主权为人所制。事实上，近代以来，资本主义各国包括那些口称自由贸易的先进资本主义国家，都从本国的利益出发，实行着贸易保护政策，即时而开关，时而闭关，在一些贸易上开关，在另一些贸易上闭关的政策。中国在鸦片战争后被动开关，被迫协定关税，一个主权国家的起码的权利为人所夺，中国人甚至不能主持本国管理海关的行政机关。中国的“关”是开了，可是这个“关”丝毫不能起到保护中国工、农、商业利益的作用，中国能从这个开关中得到什么好处呢？还不说从《南京条约》开始，中国几乎被迫同当时所有帝国主义国家签订了一系列不平等条约，单是赔款一项，仅从《南京条约》《北京条约》《马关条约》《辽南条约》《辛丑条约》的字面规定上略加统计，就达7.1亿多万两白银（利息不在内）；至于涉及政治、经济、军事、文化方面的所谓条约权利和领土的损失，就不是本文所能道其万一的了。我们评价中国近代开关的好与坏，绝不能撇开这些客观存在的历史事实，而凭着主观设想来发议论。

以资本主义文明先进为由，否定落后的封建国家抵抗资本主义国家的侵略，这种观点很难使人理解。以马克思主义为指导来研究历史，是不会得出这样荒唐的结论的。马克思、恩格斯虽然从历史发展的角度肯定了资本主义文明的进步作用，却丝毫也不意味着落后国家应当欢迎资本主义国家的侵略。在《不列颠在印度统治的未来结果》中，马克思期待印度人民强大到能够摆脱英国的枷锁，相信这个巨大而诱人的国家将复兴起来。马克思、恩格斯同时关注亚洲其他处于殖民地半殖民地状态的国家，对它们反对资本主义列强侵略的斗争给以高度评价。在19世纪50年代，即英国发动并导致中国“开关”的第一次鸦片战争结束后不久，马克思、恩格斯曾严厉谴责英国政府的非法的鸦片贸易政策，并密切注意当时正在进行的第二次鸦片战争的进程。马克思称这次由英国发动的战争是“极端不义的战争”；恩格斯说：“英国政府的海盗政策造成了这一中国人普遍奋起反抗所有外国人的局面”，这一起义将使我们看到“整个亚洲新纪元的曙光”①。他们去世后，列宁根据帝国主义时代的新形势，又进一步抨击资本主义工业发展很快的国家向落后国家和地区实施战争、掠夺政策，抨击它们那种欧洲式“文明传播者使命”，提出应坚决支持中国及其他东方民族反抗帝国主义侵略、压迫的斗争。马克思主义的经典作家并没有因为中国是一个落后的封建帝国，就认为中国不应抵抗处于上升时期的资本主义强国（哪怕是第一强国）的侵略。

① 《马克思恩格斯选集》第1卷，第710、712页。

用马克思主义观点考察整个世界历史，我们任何时候都不能剥夺被侵略者反抗侵略的正当权利，不能承认所谓先进国家侵略落后国家具有进步性的辩词。否则，我们将无法解释近代中国人民无数次反抗资本帝国主义侵略的悲壮史实，包括抗日战争那样全民族抵抗外敌入侵的壮举，无法解释百年来全世界殖民地半殖民地、被压迫的落后国家掀起的反抗新老殖民主义、帝国主义入侵，争取独立、自由、主权的伟大民族解放运动，无法解释世界历史的发展。

历史的矛盾运动是异常复杂的。资本主义的兴起、发展，一方面形成了把世界上所有的国家连接成统一的经济整体的进步趋势，另一方面又造成了全世界广大地域内的殖民地半殖民地国家。这些国家成为资本帝国主义掠夺的对象，它们的存在只是作了资本主义文化和文明的肥料(列宁语)，因此帝国主义的侵略又阻碍了这些落后国家资本主义的发展。由此可见，殖民地半殖民地反抗资本帝国主义的侵略和掠夺政策的斗争乃是一种进步的历史趋势，而且是一种更重要的历史趋势。这一斗争的发展与胜利，就能促进本地区资本主义的生长与发展，促进人类的解放与进步。我们看到，历史上还没有一个国家不反抗就变成了殖民地半殖民地的，也没有一个国家是在欢迎资本帝国主义侵略后迅速发展为资本主义国家的。印度在成为殖民地后，还在 19 世纪中叶爆发了一次规模巨大的全国反抗运动。中国在沦为半殖民地的过程中不断掀起全国规模的反抗运动，终于使中国避免了完全殖民地的命运。

抗拒外国侵略，就要使“中华民族倒退到刀耕火种”吗？把这样两个截然不同的命题摆在同一个天平上，显得太不合乎逻辑了。从理论上和历史实际上来说，19 世纪以后的中国，任何人和任何势力都不可能使它倒退到比封建社会更落后的社会形态上去。只有前进，才是客观上的一种不可逆转的趋势，而这种前进的方向、速度和变化情况则不同。林则徐等人反抗侵略的斗争，只能推进这一历史趋势，而不会拉它的后腿。当时中国存在着既要抵抗资本帝国主义的侵略，又要学习西方资本主义文明这样复杂的历史运动。二者似乎很不协调，但历史就是这样昭示人们的。从客观上来说，抵抗侵略是为了保持中国的民族独立，摆脱半殖民地半封建社会道路；学习西方，是为了加速中国的近代化步伐。实际上只有民族独立以后，才有真正吸取西方文明为我所用的可能。从旧民主主义革命到中国共产党领导的新民主主义革命和社会主义革命一个多世纪的历史过程，清楚地说明了这一点。

打破近代中国闭关锁国的小生产状态，发展中国的资本主义，这是一个进步，应当肯定。但不能因此否定或低估中国人民（在一定程度上也包括统治阶级中的某些有识之士）抵抗资本帝国主义的侵略以维护民族独立的积极意义。马克思主义没有给我们这样的理论根据，历史发展过程也没有为我们提示这样的实例。因此在研究近代中国“开关”的历史过程时，我们不能对近代中国的“开关”不加分析地、简单地取歌颂态度，而应实事求是地分析这种“开关”的历史原因和后果。只有这样，才能使我们的史学研究更接近历史的本来面目，并从这种研究中对历史经验有所借鉴，从而真正有益于我们的民族，有益于我们今天的对外开放政策和四化建设，而不致迷入歧途。

2001 年 9 月 4 日星期二

湘军在安庆战役中取胜原因探析*

太平军和湘军是代表不同阶级利益、性质迥异的两支军队。一方代表革命、正义，一方代表反动、邪恶。两军在战场上反复较量，胜败互见，初始很难判定谁是最后的胜利者。随着战局的逐步展开，扑朔迷离的混沌状态一旦廓清，形势立显判然。安庆战役是标志这种形势的一次决定性战役。从此以后，湘军长驱直进，胜券稳操；太平军举措失当，颓势难挽。历史事实再次证明：革命一方并不总是意味着胜利，反动一方并不总是意味着失败。

安庆战役作为太平军和湘军战场形势的转折契机和分水岭，历来受到学术界重视。从军事的角度探讨太平军在安庆战役中的战略战役措置的论文迭有发现。单是近几年中，据粗略观察，这样的文章不下10篇之多。研究者的看法或者不尽一致，但思维模式几乎是同一的：同情在太平军方面，对他们的失败不禁扼腕者再。这样的研究无疑是必要的。但战争是敌对双方的武装冲突，离开了一方，战争无由发生。我们何不换一个角度，从太平军的对立面去研究一下安庆战役呢？本文试图从湘军方面展开研究，其结论，用来观察太平军在战役中的失败，或许不无益处。

客观估量军事形势，正确决断战略方向

湘军在曾国藩、胡林翼（鄂军）领导下，稳定湖南，占据武汉后，

---

* 本文原载《近代史研究》1988年第5期，收入张海鹏《追求集——近代中国历史进程的探索》，社会科学文献出版社，1998。

亟谋将势力推进到江西和安徽。以上制下，稳扎稳打，逐步推进，是湘军对太平军作战的总的战略方针。湘军悍将李续宾率部取得了围歼太平军林启荣部于九江的重大胜利后，骄兵冒进，终于招致了年底全军覆没于三河镇的重大失败。三河败溃之役，使湘军“元气尽伤，四年纠合之精锐，覆于一旦”[①]，骄兵轻敌之风为之一扫，士气低落，不敢言战。胡林翼受命于败亡之际，复出视事[②]，首先抚恤败残，整顿营伍，调整统兵将领，招募新兵，抓紧筹饷，重点在敛兵养气，增强作战能力，同时与曾国藩[③]等湘军首脑反复检讨军事形势，重新磋商并决策战略方向。

军事形势包括在战场上争战的敌我双方。就“我”而言，同太平军作战的清兵又分湘军和清政府的经制之兵——绿营。10年来，绿营兵同太平军作战无虑千百次，却很少在重要战役中获胜。太平天国在南京建都后，军锋所向，几无对手[④]，统治地区日渐扩大，活动范围愈益宽泛。但是，在太平军第一次西征过程中，却碰到了一个前所未有的敌人——并非国家常备军的湘军。事实证明，湘军是太平军的真正劲敌，在它同太平军作战的早期战争经历中，虽然失败不少，损失惨重，但不乏在重要战役中战胜敌人的战例，并实现了将太平军逐出湖南、湖北和江西的愿望，不仅在太平军的西线战场上构筑起了一道坚固的屏障，而且为湘军进一步实施东线作战提供了可靠的后方基地。虽然经历三河之役的惨重失败，整顿之后，湘军仍具备顽强的战斗力，是清朝其他军队无法比拟的。胡林翼为请求支援军饷写给陕西巡抚的信中报告说：“所自信者，此军人才殄于三河，志气骨力或逊于前，规模肃括，质地朴谨，尚较东南各省为优。数力（月?）之后，仍可奋发有为耳。”[⑤] 此信是写给外人的，比较谨慎。写给自己人的信，就直率多了。如给李续宜的信：“天下兵将只靠吾楚耳!”[⑥] 给曾国荃的信：“涤丈当罗网高张，取天下之英才而尽罗致之。兵则暂时必应以楚人为倡，为纲领耳。”[⑦]

---

① 《复胜克斋钦使》，《胡文忠公遗集》第61卷，第17页。

② 三河战役时，胡林翼因丁母忧正在故乡守制。三河败闻，守制未满，乃奉旨复出。

③ 九江战役时，曾国藩因丁父忧在家守制，复出后因无地方实权，心中悒郁。

④ 北伐军最后失败，是由于犯了脱离根据地、轻兵冒进的战略错误，另当别论。

⑤ 《致秦抚曾卓如》，《胡文忠公遗集》第63卷，第9页。

⑥ 《致李希庵方伯》，《胡文忠公遗集》第71卷，第24页。

⑦ 《致曾沅圃观察》，《胡文忠公遗集》第73卷，第6页。

这就明确道出了湘军以镇压太平军为己任的气概，也表明，湘军将帅对绿营兵是不屑一顾的①。“国家养绿营兵五十余万，二百年来所费何可胜计？今大难之起，无一兵足供一割之用”②，教训实在太深。“天下皆须兵之地，天下无带兵之人”③，胡林翼对此大发感慨。

就“敌”而言，太平军后期的主要统兵将领，在曾国藩、胡林翼看来，只有踞守皖北安庆、桐城一带的英王陈玉成勇敢善战、知兵有方，可作对手，其部将刘玱林顽强敢拼、能打硬仗，最为曾国藩赞赏；其次能战的是侍王李世贤、辅王杨辅清、堵王黄文金。比较起来，忠王李秀成战斗力最弱；璋王林绍璋、玕王洪仁玕最不受重视。至于翼王石达开，在与湘军的早期作战中曾叱咤一时，自分兵远扰以后，失去了对全局的威胁，已不为湘军所看重。这种从战争实践中得出的观察，大体上是可信的。对太平军来说，打绿营是他们的拿手好戏，无论是正面突击还是出奇制胜，往往能取得辉煌的成果。不论是江北大营还是江南大营，都一再被击破，以至不能恢复建制；其他督抚提镇所辖的绿营兵，简直不在话下，太平天国每次扩地增城，都是在击败绿营后取得的。但是他们与湘军作战，就不那么应付裕如了，有时候免不了要触霉头。根据湘军的经验，陈玉成最怕多隆阿，李秀成最怕鲍超。战争的结果说明，多隆阿、鲍超确是陈玉成、李秀成的克星。在三河之役中大获胜仗的陈玉成本应挥胜利之师，将湘军逐出皖境。但陈玉成、李秀成二军在收复太湖后就无法前进，因为多隆阿扼守宿松，鲍超踞守二郎河，胜利之师在多、鲍守军面前又变成了败军。胡林翼闻讯后说：“贼不能乘我军气夺，并力袭我，吾知其无能为矣。”④ 李秀成在自述里对此也直认不讳。事实上李秀成直至被俘后还对鲍超心有余悸，在被问及“十一年秋，尔兵至鄂省南境，更进则武昌动摇，皖围撤矣，一闻鲍帅至，不战而退何耶”时，回答说：“先欲救皖，后知皖难救，又闻鄂兵强，故退，抑天意耳。”⑤ 又回答李鸿裔的问话说：“鲍军之冲锋猛战，曾军之

---

① 胡林翼对何桂清、和春、张国梁等绿营带兵大员多所讥评，对胜保指斥尤力，其名言如胜保“其志欲统天下之人，其才不能统一人；其在皖中每战失败，每败必以捷闻”。见《胡文忠公遗集》第65卷，第13页。

② 《复李次青》，《曾文正公全集·书札》第12卷，第4页。

③ 《[illegible]都转》，《胡文忠公遗集》第76卷，第3页。

④ 《致严渭春观察》，《胡文忠公遗集》第59卷，第[illegible]页。

⑤ 赵烈文：《能静居日记》（二），台北版，第[illegible]页。

稳练不摇，多军之应变善战，皆贼中所惮。”①

湘军、绿营和太平军的状况如此，则湘军和太平军之间的决战迟早要到来。就湘军说，李续宾精锐之师虽败残不堪，但多隆阿、鲍超统部均完好无损，正盘踞在皖鄂交界地带，虎视着皖南北。一方面，他们要雪三河败溃之耻，另一方面，湘军以夺取太平天国首都天京自任，而夺取安庆则是进军天京关键性的一步。就太平军来说，安庆是保障天京安全的锁钥，所谓“安庆一日无恙，则天京一日无险”② 确是不易之论。二破江南大营之后，太平军辟地拓疆，稳定了东部战线，回师西向，解决安庆的保障问题，也是势所必然。

湘军决心组织安庆战役，据曾国藩说，创其议者是身任湖北巡抚的湘军另一首脑胡林翼③。按胡林翼的说法，湖北决心谋夺安庆，从咸丰七年就开始了④。那时确定的战略方向虽是正确的，但由于战争经验还不够丰富，对太平军的战略战术手段缺乏深刻认识，又受总的战争形势的制约，迄未取得重要进展。咸丰九年正月，胡林翼再次提起组织安庆战役问题，即所谓三路谋皖。这大约就是曾国藩所说“其谋始于胡林翼一人”的那一次。经与各方磋商，并在同年八月与曾国藩会商于黄州，方才做出了四路谋皖的战略决断。总的计划是：组织马步精兵 5 万人（水师在外）分四路直捣皖北。一路由曾国藩率领，由石牌进围安庆；一路由李续宜率领，从鄂东北出兵，阻遏太平军从六安、霍山、商城、固始一带内犯；一路由多隆阿、鲍超率领，从太湖规潜山、桐城；一路由胡林翼率领，居中策应，从英山、霍山会于桐城⑤。这个计划随着军事形势的变化有所改变，特别是太平军占领杭州后，清廷不得已授予曾国藩署理两江总督重任，令其进援浙江之时。曾国藩率鲍超等部进入皖南祁门，拟分三路对敌，一路滨江，一路驻祁门、宁国、徽州山内，一路驻赣东北广信、贵溪一带⑥，摆出了进援浙江的姿态，实际上是在江

---

① 《李秀成自述别录》，中国史学会主编《太平天国》Ⅱ，第 844 页。

② 《洪仁玕自述》，《太平天国文书汇编》，第 555 页。

③ 曾国藩说：“楚军围攻安庆已逾两年，其谋始于胡林翼一人。”见《克复安庆省城片》，《曾文正公全集·奏稿》第 14 卷，第 18 页。

④ 胡林翼在咸丰九年正月《与各帅论兵事》书中说：“鄂之谋皖，已历二年。”见《胡文忠公遗集》第 60 卷，第 13 页。

⑤ 《致庄蕙生方伯、严渭春廉访》，《胡文忠公遗集》第 66 卷，第 5 页。

⑥ 《复胡宫保》，《曾文正公全集·书札》第 11 卷，第 18 页。

南牵制、吸引李秀成、李世贤、黄文金、杨辅清等部太平军，以保证江北兵力的展开，促成安庆战役作战计划的实现，当然也含有分散浙江太平军势的意义。因此北岸兵力不敷，四路谋皖变成三路谋皖：由曾国荃统曾国藩原统人马1万多人进围安庆为一路，由多隆阿统所部万余人进扎桐城挂车河、李续宜统乃兄残部及新募之军万余人扎青草塥为二路，由胡林翼所部成大吉、金国琛、余际昌万余人分驻潜山天堂、罗田松子关、霍山黑石渡为第三路。胡林翼老营驻太湖，居中策应。胡林翼预料："非三路分进，终是头痛医头，脚痛医脚，枝枝节节而为之，吾恐三四年未必成功。而水陆将领精力尽疲，英华衰歇，是欲速而反迟也。若蓄势审机，驻兵于贼所必争之地，使贼欲不战而不可得，则一半年之后，城邑可尽复，是似迟而实速也。"① 这个计划是经过精心谋划而后做出的，是符合战局发展和战术原则的。战役的展开及结束证明它是正确的。

胡林翼、曾国藩对这种部署是满怀自信的。他们认为自己具备了打胜这次战役的主观条件。胡林翼致庄蕙生函中分析说："同人之和，揆帅之德，天下疆吏，无此遭逢，且兵精吏饬，蒸蒸言上。天下巡抚之安稳，岂能更有第二哉！"② 这是说参战的将领们是团结一心的，湖广总督官文是支持和配合的，兵气高涨，官吏尽责，这种内部条件，是其他面对强敌的封疆大吏们不具备的，消灭太平军舍我其谁呢？

咸丰九年八月做出会战安庆的战略决策以后，政治、军事形势不断发生变化。每一次重要变化都可能动摇安庆围城的决策。这对安庆战役的决策者无疑是严峻的考验。我们且来分析一下咸丰十年、十一年出现的几次可能动摇决策计划的情况。

咸丰十年二、三月间，太平军在李秀成率领下奔袭杭州成功，旋回师天京，运动歼敌，在陈玉成配合下，再破江南大营，占领苏常，朝野震动。清廷命曾、胡救援江浙。朝命所在，对新近署理两江总督的曾国藩无疑是一大压力。这时湘军刚刚经过苦战夺取了太平军的重要据点太湖、潜山，正在休养兵力，并按预定计划分兵进入阵地，安庆已被包围。曾国藩从安庆战役关系全局考虑，坚决表示湘军"不能救援下

① 《与各帅论兵事》，《胡文忠公遗集》第60卷，第14页。

② 《致庄蕙生方伯》，《胡文忠公遗集》第65卷，第17页。

游”[①]，“仍以进攻安庆分捣桐城为上策”[②]，只有待安庆取胜，“然后有余力兼谋下游”[③]。他并奏明朝廷，力陈安庆不能分兵的理由，指出要救援江浙，也要先克安庆、芜湖，“庶得以上制下之势”，结论明确：“安庆一军目前关系淮南之全局，将来即为克服金陵之张本。此臣反复筹思，安庆城围不可遽撤之实情也。”[④] 朝命当前，敢于依据战局发展，力陈与朝命不同的战略方针，没有相当自信和勇气是不能为此的。湘军以外的其他各省督抚和带兵大员，无此胆略，当然只能在太平军进攻面前狼狈奔窜了。

十年八、九月间，英法联军逼近北京。咸丰帝奕詝北狩热河，途中谕令曾国藩等率兵北援。率部北援与围困安庆构成一对尖锐的矛盾。当时的形势是：联军打入北京，逼订城下之盟，“北援是君父之急难，不敢不遵”[⑤]，“北援理也”[⑥]；据情报，太平军即将全力西征武汉，以解安庆之围，涉及两湖江西的安全，涉及安庆围困是否能坚持下去，涉及夺取安庆、夺取金陵的战略方针的实现，“保江西两湖三省，势也”[⑦]。在“理”与“势”之间，“求不违乎势，而亦不甚悖乎理”[⑧]，成了曾、胡等人焦思苦索、反复筹商的关键所在。以此为指导，寻求两全之策，只能是：北援“但明奔问官守之义，不求补救全局之策”，“虽无裨益于北，而犹不掣动南三省之全局”[⑨]，显然全局在南而不在北。事实上，联军已近北京，即使率兵赴援，也是缓不济急。曾国藩在九月初六日拜折朝廷，表示由曾或胡二人中选派一人北援，究竟何人前去，请求朝廷明示。按曾的估计，“如蒙派出，则十月即须成行”[⑩]。实际上，此折发出后五天（尚在途中），中英北京续增条约就已签订，北援自然无须成

① 《复李希庵》，《曾文正公全集·书札》第11卷，第16页。

② 《与李申夫》，《曾文正公全集·书札》第10卷，第30页。

③ 《复李希庵》，《曾文正公全集·书札》第11卷，第16页。

④ 《通筹全局并办理大概情形折》，《曾文正公全集·奏稿》第11卷，第44页。

⑤ 《致鲍春霆镇军》，《胡文忠公遗集》第78卷，第24页。

⑥ 《复胡宫保》，《曾文正公全集·书札》第13卷，第11页。

⑦ 《复胡宫保》，《曾文正公全集·书札》第13卷，第11页。

⑧ 《复胡宫保》，《曾文正公全集·书札》第13卷，第11—12页。

⑨ 《复胡宫保》，《曾文正公全集·书札》第13卷，第14页。

⑩ 《致官中堂》，《曾文正公全集·书札》第13卷，第10页。另函又估计说：“若钦派余去，则十月奉旨，十一月底即当成行。”见《曾国藩全集·家书一》，岳麓书社，1988，第583页。

行，夺取安庆的战略方针终于坚持下来了。

最可能动摇安庆围师的是太平军从南北两岸夹击武汉的军事行动。此举声势磅礴，足可威胁安庆围城之军，使湘军首脑们策划的谋皖之术功亏一篑。这种压力来自军事形势的发展，而不是朝廷的命令，不是虚晃一枪可能济事的。从咸丰十年九月到十一年五月，由于军事形势格外紧张，考虑安庆撤围问题大约有三次之多。第一次在十年九月。由于太平军李世贤、杨辅清、刘官方等部在皖南积极活动，占领广德、宁国、徽州等府州，弄得曾国藩在皖南几无立足之地。曾国藩一再呼吁援兵，其弟曾国荃顾虑到乃兄的安全，想撤安庆围师。胡林翼不便反对，表示"如涤帅嫌南岸兵少，可以沅圃万人调去，北岸不须沅圃也"[①]，言辞间有不平之气。因为陈玉成在北岸已开始活动，北岸已成紧张情势。由于曾国藩季弟曾贞干坚决反对，曾国藩表示"季弟不欲撤安庆之围，此是至当之论，吾亦力持此议"[②]，才把这次议论搁置起来。曾国藩另在致曾国荃的信中强调指出："安庆不宜撤围，此人人意中所有之事。普天下处处皆系贼占上风，独安庆一城系贼下风，岂肯轻易撤退?"[③] 这是对敌我双方总的军事态势的清醒估计。从全局来说，太平军从二破江南大营后，占有苏南及浙江大部分地区，在苏北可自由活动，在皖南北有雄厚势力，太平军在军事上似呈上升趋势。只是在安庆周围地区，由于湘军集中了主力，太平军主力东调，形成被动局面。湘军抓住了安庆这一关键的战略地带，力图变局部优势为全局优势。从这点说，坚持安庆合围，带有明确的战略意图。第二次在十一年二月。这时陈玉成大军直趋湖北，占黄州府，进入武汉外围，湖北省城顿呈瓦解之势。因湘军主力已集中在安庆、桐城一带，武昌、汉阳、黄州附近本无兵勇，胡林翼恨自己"笨人下棋，死不顾家"[④]，忙向曾国藩表示"谋之不臧，愿任其罪"[⑤]，急调李续宜一军自安庆附近回援湖北。曾国藩认定，太平军分路上犯，其意无非援救安庆。只要安庆围师坚不动摇，不论武汉失与否，陈玉成必定要回援安庆，做好了宁失武汉，不动援安庆围师的准

---

① 《致李希庵方伯》，《胡文忠公遗集》第 78 卷，第 10 页。

② 《致沅弟季弟》，《曾国藩全集·家书一》，第 583 页。

③ 《致沅弟》，《曾国藩全集·家书一》，第 585 页。

④ 《复左京卿》，《胡文忠公遗集》第 81 卷，第 13 页。

⑤ 《复曾使相》，《胡文忠公遗集》第 81 卷，第 15 页。

备："江夏纵失，尚可旋得，安庆一弛，不可复围，故余力主不弛围之说。"[①] 这次由于敌人方面取武汉以救安庆的战略思想不坚定，战术错误，武汉未曾失守，安庆紧张形势才松弛下来。第三次在十一年四月。陈玉成率师回援安庆，在集贤关外赤冈岭[②]驻扎四垒，以悍将刘玱林为首，在关内菱湖中空地带筑垒十三座，直接威胁曾国荃、曾贞干兄弟围安庆之军。鲍超、曾国荃分别进攻关外关内太平军营垒，一度受挫。这次轮到曾国藩首先提出弛围建议了。他考虑到乃弟安全，担心多隆阿、鲍超打不赢陈玉成，敦劝曾国荃考虑"退兵弛围"之计，说："若不弛围，而足以全军又无后患，上也……若不弛围而不能全军不免后患，则又不如弛围之尚可偷安旦夕。"[③] 这次是曾国藩的意见遭到了反对，不仅曾国荃不同意，胡林翼也不同意。胡林翼的意见很明确："涤帅……欲撤安庆之围，元圃不应，厚庵恐亦不应。……今湖北江西已吃大亏，忽又撤围，殊属不值。"[④]

以上情况可见，不管如何艰苦，湘军首领们都把对安庆的包围坚持了下来。夺取安庆的战略思想，体现在对安庆实施包围，以及集中主力于安庆附近的战术思想的坚持之中。没有这种战术原则的正确坚持，战略构想的实现是不可能的。以此反观太平军，正是在这关键点上吃了大亏。是否能在战役最艰苦的时刻坚持预定计划，等待并促成战局有利于我的变化，是对军事首脑意志的一种特殊检验。

总结失败教训，灵活运用以消灭敌方有生力量为中心的各项战术原则

以书生从戎的湘军首领们并无指挥大规模战争的经验。与绿营将领比较，他们最大的特点，是善于开动脑筋，从战争中学习战争，从敌友

---

① 《致沅弟季弟》，《曾国藩全集·家书一》，第 655 页。

② 赤冈岭，应为雉冈岭，见《怀宁县志》（民国四年刊）卷 3，地在县治（安庆）西北二十三里处，集贤关外。该书所附《道光志大丰乡图》绘出此地。奏报均作赤冈岭，盖音误也。本文为行文便利起见，亦沿此误。

③ 《致沅弟》，《曾国藩全集·家书一》，第 693 页。

④ 《与李希庵》，《胡文忠公手札》第 4 册，未刊。

我三方的战争经历中，特别是从自己的战争经历中总结经验教训，丰富自己的战略战术知识，从实际的阅历与前人经验的结合中升华出有益的军事理论。这方面，胡林翼做得较为突出。咸丰九年、十年间胡林翼在考虑并制定安庆战役的作战计划时，反复回顾了太平天国起义以来清军和太平军作战的经验教训，重点研究了八年三河溃败之役和十年江南大营被歼之役的经验教训，甚至连九年石达开率太平军20万人围攻湖南宝庆城失败的经验教训也在其视野之内。通过这些总结，提出了若干重要的战术原则，并在安庆战役的全过程中坚持了这些战术原则。这些原则主要的有：谋定后战，反对急躁冒进；围城与打援；攻坚与杀敌；并力与分兵；主客与动静等。

关于谋定后战，反对急躁冒进。急躁冒进以李续宾三河之败为典型。李续宾以九江得胜之师，一月之内在皖北连克四城，在未安排好援兵的情况下，单兵冒进，导致惨败。以此为戒，胡林翼在考虑安庆战役作战时，强调谨慎从事，谋定后战。从安庆战役的全过程来看，曾国藩、胡林翼在组织指挥中确是非常谨慎的。这不仅表现在为整个战役制定了较为周密的作战计划，并根据敌情我情的不断变化相应改变计划，调整兵力部署，而且要前线营官、统将审视敌我情势，制定各自战役的或战斗的计划，随机应变，灵活运用战术原则。在安庆战役正式打响以前，胡林翼首先精心组织兵力夺取了安庆外围太平军的几个重要据点太湖、潜山、石牌、枞阳，使太平军失去了安庆东西两侧的重要支撑点，给予皖北太平军以沉重打击。陈玉成主力奉命东调，未能全力阻止湘军行动或者夺回失去的阵地，造成湘军坐大，并得以使其主力从容进入预定战场：曾国荃部包围安庆城及多隆阿部、李续宜部作为机动兵力进入桐城以西挂车河、青草塥一带，都未遇到像样的抵抗。这一步即安庆战役的第一阶段以湘军的胜利而结束，初步转变了皖北战场的两军态势：湘军实现了第一步战略计划，主动性大为增强，太平军损城折兵，优势大减。但是，湘军并未如李续宾进军三河那样以得胜之师直捣安庆，而是休养兵力，待机而动。以至曾国藩感叹，“不克乘狗逆（指陈玉成）踉跄之际进窥安庆、庐州，颇为失策”[①]，深以为憾。

从十年正月湘军占太湖到十月陈玉成率部重新出现在皖北战场，九

① 《致郭筠仙》，《曾文正公全集·书札》第10卷，第21页。

个多月皖北无大的战事，正好给湘军造成了休养兵力、部署安庆战役第二步的大好时机。胡林翼说："敛兵据险，则兵气聚而兵力可留有余；聚稻入堡塞，则野无余粮而贼股不能久驻；兵民联络，守备自严，能立于不败之地，而后可以言战矣。"[①] 在这九个多月里，胡林翼正是按他提出的言战三条件来办的。首先休养兵力培养士气，奖励各级官佐，主要将领纷纷休息，如鲍超回四川探亲，多隆阿请假养伤，李续宜、曾国荃三月以后才陆续从湖南来到皖北战场。接着招募并训练士兵，统帅部则积极筹划战略战术。曾国荃督所部士兵在安庆城东北西三面完成了前后两道长壕。胡林翼甚至以主要精力筹饷，基本上保证了湘军主力水陆马步 6 万人（后来皖南曾国藩直接统率的和左宗棠新招募的，约有 4 万之众，则由江西供饷）的后勤供应，如十年十月一次拨给挂车河、青草塥、安庆围师、枞阳太湖城守各一月之粮共 1.5 万石。并联络皖、鄂、豫边各州县官组织民兵（胡林翼语）、团练修筑堡寨，坚壁清野，准备在太平军可能出入路径进行骚扰。这些工作是确有成效的，以至于在十一年三、四月在安庆主战场展开安庆战役的第二阶段时，湘军士气高涨，战斗力旺盛，各军配合较好，终于在五月初以全歼集贤关外赤冈岭太平军精锐四垒、生擒陈玉成部下最得力将领刘玱林的重大胜利，结束了安庆战役的第二阶段。此役对湘军确是战绩辉煌，基本上改变了皖北战场上敌强我弱的态势，奠定了安庆战役胜利的基础。太平军如果还不改弦易辙，仍采用老的一套战法，以救援安庆为根本目的，即使有更多的援军（实际上已很难组织更多更好的援兵）也已无济于事了。尽管如此，湘军在组织安庆战役的第三阶段时，仍谨慎小心，不敢马虎。这一阶段值得指出的大事，是曾国藩通过刚刚建立的总理各国事务衙门通报各国政府，彻底断绝了洋商对安庆太平军的粮食接济，使城内守军处于断炊的致命境地，以致在八月初一日湘军攻陷安庆时，守军饥饿难支，城内粮食已颗粒俱无了。从战役的全过程来看，基本上实现了胡林翼最初提出的"我军不进则已，进则须求万全"[②] 的设想。

关于围城与打援。围城与打援相结合是湘军在安庆战役中运用得最有成效的一项战术原则。它是从已往的失败中提炼出来的。向荣以大军

① 《复余会亭》，《胡文忠公遗集》第 77 卷，第 4 页。

② 《致都直夫将军》，《胡文忠公遗集》第 59 卷，第 26 页。

5万围困天京3年被击溃，和春以大军7万围困天京3年再次被击溃，石达开以大军近20万围困宝庆70日同样被击溃。“贼围我而败，我围贼而亦败，如宝庆与金陵之胜负可睹矣。”[①] 四面围坚城，其注意力被围敌所牵引，“则不能顾其后与其旁，情见势绌，无一而可”[②]，一旦援敌横击旁扰，就会分散围城兵力，且可能在运动中被敌援师消灭，达不到围城目的。而且围城徒然牵缀兵力，如1万人围城，则1万人为敌所缀，“谓之无一兵可也”[③]。“十年军事，无人能运掉灵捷者，只苦顿兵坚城耳!”[④] 所以围城为非计，为危计，胡林翼甚至发誓“永不围城”[⑤]。永不围城是对单纯的围城战术的否定，并不是在任何意义上反对围城。

胡林翼认为在二种条件下可以围城：一、四面无敌，且有十倍于敌之力；二、围城与打援相结合。前一种情况无普遍意义，只有围城与打援相结合才是具有普遍意义的战术原则。所谓围城与打援相结合，围城不是目的，打援才是目的。围城以引诱援敌，打援以消灭敌人有生力量。援敌消灭了，所围之城自然可得。援敌不消灭，围城之师难以收效。这叫作：“不徒以得城为喜，而以破援贼为功。”[⑥] 在胡林翼看来，“天下兵事，只此一理：有围城之人，须先行另筹打仗之人”[⑦]。而且要以弱兵、中等之兵围城，以强兵打援。“以强兵围城，必难应命。”[⑧] 打援兵力在数量上也要超过围城兵力，“打援贼大约兵愈多而愈妙也”[⑨]，大致一兵围城，三兵打援，方能立于不败之地。

湘军在安庆战役中围城打援战术表演得相当出色。战役一开始就使用了围城打援战术。太湖就是用这种办法占领的。其间在打援兵力的部署上，胡林翼和曾国藩之间还发生了认识上的分歧以致不愉快。胡林翼于咸丰九年十一月十七日设计：请曾国藩拨出7000人合唐训方兵约万

---

① 《致严渭春方伯》，《胡文忠公遗集》第78卷，第9页。
② 《致曾涤帅》，《胡文忠公遗集》第67卷，第24页。
③ 《复蕲水蒋令》，《胡文忠公遗集》第82卷，第14页。
④ 《致庄蕙生方伯》，《胡文忠公遗集》第82卷，第20—21页。
⑤ 《致官揆帅》，《胡文忠公遗集》第71卷，第27页。
⑥ 《复多都护》，《胡文忠公遗集》第74卷，第13页。
⑦ 《致金逸亭观察》，《胡文忠公遗集》第68卷，第21页。
⑧ 《致李希庵方伯》，《胡文忠公遗集》第72卷，第6页。
⑨ 《致曾涤帅》，《胡文忠公遗集》第67卷，第11页。

人包围太湖（尚缺东面不能合围），以多隆阿、鲍超部1.8万人驻于太湖城外小池驿以打援敌，另以重兵驻天堂寨亦以备打援。胡林翼认为这设计如“官渡摧袁、虎牢擒窦，至计深机，亦不过如是”，得意非凡。“七千人之请，九顿首而出，志在赴急难以兴楚耳”①。殊不料曾国藩不以为然，认为“所议不甚妥洽”②，提出以鲍超、唐训方二军围太湖，“以六成御援贼，以四成御城贼”③，而拒不派出7000人。曾、胡之间书牍往返，颇有争执。胡原议曾部7000人须三四日内派出，因根据情报，陈玉成率部十余万将来救援太湖。一个月过去了，胡已不准备曾派兵前来。曾忽通知胡将从宿松拔营前往太湖，使胡兴奋难已。“连日得分兵喜报，巨跃三百，幕中之客，无不钦感，如龙马上山，舞蹈欢喜。胡林翼负疚在心，然闻宝庆之捷，是一幸事；闻宿松分兵，又是一幸事。”④ 后来果然以万人围城，3万人打援，击败了陈玉成援师，仗打得虽极艰苦，终于一鼓连得太湖、潜山二城，取得了一次相当辉煌的胜利。胡林翼说这是“合马步四万人之力，克复二城，而功效仍在破援贼。援贼已破，城池自得”⑤，道理至明。

安庆战役进入第二阶段，围城打援战术运用得更主动、更灵活、更有成效。原计划以曾国荃率部围安庆，以多隆阿所部围桐城，以李续宜、鲍超及金国琛、成大吉等部打援，占领太湖后，由于兵力不敷分布，决定只围安庆，不围桐城，加强打援部队兵力。胡林翼给前线统将的信说：“只应以一处合围以致贼，其余尽作战兵援兵雕剿之兵。假如围安庆则不可再围桐城，若处处合围，则兵力皆为坚城所牵缀。……假如以万人围城……仍必须留二万余人或三万人作战兵援兵及雕剿之兵，则满盘棋子皆是活著。”⑥ 这样，集中在皖北的兵力，除围城以外，打援力量相当雄厚。后来由于曾国藩新署两江，率部驻皖南，将鲍超部从江北带到江南，鲍超担负的仍是打援任务。因为，对于防止皖南太平军北援安庆，鲍超部是一支极重要的狙击兵力。再后，由于陈玉成实施西

① 《复李申甫祠部》，《胡文忠公遗集》第67卷，第8—9页。
② 《致曾涤帅》，《胡文忠公遗集》第67卷，第8—9页。
③ 《致鲍春霆总镇》，《胡文忠公遗集》第67卷，第13页。
④ 《致曾涤帅》，《胡文忠公遗集》第68卷，第12页。
⑤ 《致多都统》，《胡文忠公遗集》第77卷，第16页。
⑥ 《致李方伯多都护》，《胡文忠公遗集》第72卷，第22—23页。

征战略，率部上取武汉，武汉空虚，驻守青草塥担任打援任务的新任安徽巡抚李续宜率所部万余人上援湖北，虽然减少了皖北战场的打援兵力，从大范围来说，李部在上游打击陈玉成部，仍未改变安庆战役中打援兵力的性质。十一年四月，安庆战场上打援主力只有多隆阿一支，在军情紧急之际，曾、胡忙调鲍超、成大吉两部分别从皖、鄂来援，联合杨载福部水师，击败了集贤关外的陈玉成部援师主力。随着战局进一步展开，成大吉随胡林翼上援湖北，鲍超被调往江西，则是在湖北、江西战场上担负起了打援任务。打援兵力随战局展开灵活调动（除多隆阿坚守原阵地外，其余打援兵力均曾调动过），作为活兵即机动兵力，对于歼灭援敌的有生力量起到了重要作用，使得安庆援敌无论在皖北、在湖北、在江西、在皖南，均未取得预期作用，保证了安庆战役作战的胜利。

关于攻坚与杀敌。这个问题与围城打援有相似之处，其中心思想在于歼灭敌人的有生力量。胡林翼多次说过这样的话：善战者，杀敌为上，攻坚斯下；全军为上，得地次之。这种战术思想虽然古已有之，但从自己失败的战例中来认识会更为真切，贯彻起来也更为坚决。胡林翼认为，攻坚（攻城）易于挫伤自己的锐气，不利于消灭敌人有生力量，不是好的战法，应避免使用。李续宾三河之败，固由于轻兵冒进，也由于屡次攻坚，损耗太大，以攻坚之余，创残之遗，再攻三河之坚，岂有不败之理。由此可见，攻坚为下策。胡林翼结合历史经验，总结湘军和绿营失败教训说：“读尽一部念三史，古今兵事，有战法，无攻法。惟近九年之官军异是。贼不欲战，官军蛮攻，贼果欲战，官军一定要跑。此近年官军之情状也。昔年攻武昌，攻梅家洲，攻九江，均无计不施，无丑不备，亦可知其大概矣。”[①] 又说：“近九年兵事之误，误于官军注重于前，贼计转袭其后，官军以仰攻挫锐，贼计转以余力乘虚也。鄂之兵非不多，总无一枝人马置于活著，故机局总滞。”[②] 所以，他在安庆战役中针对太平军惯以坚城固垒诱敌于前，而以强劲兵力邀击于后的战术，坚决反对攻坚，努力保持数量较多的有战斗力的机动兵力，力图打破军事上僵滞不前的局面。十年七、八月间，驻守桐城以西挂车河一带

① 《致唐义渠蒋之纯两观察》，《胡文忠公遗集》第61卷，第3页。
② 《致王雁汀制府》，《胡文忠公遗集》第62卷，第10页。

本来预置为机动兵力的多隆阿部，屡次发起进攻桐城之役，颇有伤亡。胡林翼闻讯后，坚决反对。八月下旬最后六天之内，羽书飞驰，反对攻城，仅收在胡林翼抚鄂书牍内的就有五通之多。胡明确指示："攻坚非至谋，扒城尤非善策。驱血肉之躯与炮石相抗，精锐徒伤，士气不振"，"扒城之议，决不可行"①。告诫多："攻兵围兵，此兵家之切忌，近十一年军事之败证。若不讲守法战法，而再蹈十一年已往之陋习，则贼匪终无平定之理。"② 勖勉多："兄为大将，以审兵机、全军旅、顾大局为上策，得城与不得城均不足介意也"③，"一年不得一城，只要大局无碍，并不为过。一月而得数城，而贼来转不能战，则不可为功也"④。重申以多部为"战兵援兵及备剿之兵"⑤ 的决策。经过屡次申诫之后，多隆阿终于撤退了攻城之兵，并与桐城太平军脱离接触，作为机动兵力，严密监视来援敌军，并在十一年四月击退援敌陈玉成、林绍璋、洪仁玕、黄文金等部的作战中，发挥了重要作用，显示了在预定战场设置机动兵力这一战术原则的实践意义。

关于并力与分兵。并力即集中兵力。在战略学和战役学上，集中兵力与分兵都具有重要意义。何时何处集中兵力，何时何处分兵，都需要审势审机，细加研讨。李续宾进攻三河，失在兵分力单，以致大挫，"合计兵勇，一分于九江、湖口、彭泽，再分于蕲州、黄州，又分于桐城、舒城，所带不过五千人"⑥，这是分兵以致败的例子。和春以大军七万围困天京，可谓集中兵力，但当太平军以围魏救赵战法，运用长途奔袭、运动歼敌之术时，"闻江南大帅迟疑吝啬而不肯速分兵，又不肯多分兵，继因所分之兵败挫不力，后路旁路已陷，饷道已阻，始不得已而再分兵，则应战之兵气已挫，而围城之兵力又单，（贼）乃得乘间抵衅，以陷其营垒"⑦。这是过分集中兵力以呆兵致败的例子。

胡林翼认为，在战略方向上应集中兵力，在战役重点上也应集中兵

① 《复多礼堂都统》，《胡文忠公遗集》第 76 卷，第 11 页。

② 《复多都统》，《胡文忠公遗集》第 77 卷，第 14 页。

③ 《复多都统》，《胡文忠公遗集》第 77 卷，第 13 页。

④ 《致多都统》，《胡文忠公遗集》第 77 卷，第 10 页。

⑤ 《复多都统》，《胡文忠公遗集》第 77 卷，第 15 页。

⑥ 《查明巡抚衔浙江布政司李续宾三河镇阵亡实绩恳恩加等优恤疏》，《胡文忠公遗集》第 31 卷，第 1—2 页。

⑦ 《致李方伯多都护》，《胡文忠公遗集》第 72 卷，第 22 页。

力，打强敌如陈玉成者要集中兵力。但集中兵力不是如围城、攻坚那样，使兵力尽成呆着、笨着，而是要使集中起来的主要兵力成为机动灵活的活兵即机动兵力，方足以对付善用活兵的太平军（太平军以长途奔袭、运动歼敌的围魏救赵、攻敌必救战法，旁击横扰战法，大包围小包围之法，以坚垒诱敌于前以劲兵攻敌于后的战法，都属于善用机动兵力）。集中兵力要坚决，分兵要随机灵活。在安庆战役的战略方向上，曾国藩、胡林翼是舍得集中兵力的。他们把湘军的所有精华都调到皖北、皖南战场，集中在皖北的水陆马步各军盛时估计超过六万。人们往往嘲笑胡林翼不识时务，得安庆心切，把重兵都调到皖北，致使后方空虚，以致陈玉成轻易进入湖北，占领黄州，兵临武汉，几乎打乱了安庆战役的全盘作战计划。胡林翼自己也叫苦不迭。其实这种情况，胡林翼是有所预料的。由于兵力有限①，做出进兵皖北的部署时是冒了风险的。“进兵求战，约不过五六分可靠便应放手放胆”②，“兵事怕不得许多，算到五六分便须放胆放手，本无万全之策也”③，而且，“言军事之前，必有所忍，乃能有济；必有所舍，乃能有所全。若处处设备，即十万兵，无尺寸之效”④。处处设备，就要犯分兵的毛病，造成“处处为备，必致处处无备”⑤ 的被动局面。

在战役上也要注意集中兵力。湘军歼灭集贤关外刘玱林四垒，就是集中了优势兵力的结果。在安庆附近战场上，大战时太平军总兵力超过湘军兵力不止一倍，但在关外赤冈岭四垒，刘玱林只统带约 1200 人⑥，来攻的湘军有鲍超部、成大吉部及水师杨载福部，至少在万人以上。刘玱林所部兵是精兵，将是强将，在太平军中首屈一指，坚守四垒，血战到底，是整个安庆战役中打得最顽强的一次小战役，终因寡不敌众，粮

---

① 兵力受饷源和带兵官限制。湘军因军饷难筹，营官难觅，很难大量招募新兵。胡林翼主张“兵不在多而在精，将不在勇而在谋”，招募新兵时注意质量胜于数量。

② 《致曾钦使》，《胡文忠公遗集》第 79 卷，第 8 页。

③ 《致左季高京卿》，《胡文忠公遗集》第 79 卷，第 4 页。

④ 《复李香雪太守》，《胡文忠公遗集》第 63 卷，第 2 页。

⑤ 《致司道粮台诸公》，《胡文忠公遗集》第 74 卷，第 20 页。

⑥ 刘玱林四垒兵数，各种估计颇为悬殊。此据胡林翼十一年四月十二日致鲍超信中所做的估计。曾国荃有 4000 余人、3000 余人的说法，见《曾忠襄公全集·书札》第 2 卷，第 9、17 页。曾国藩据鲍超、成大吉报告，共歼四垒的 3800 余人，见《曾文正公全集·奏稿》第 13 卷，第 56—58 页。即使以 4000 人计算，其兵力约当湘军的 1/3。

食断绝，苦战七天，全军被歼，主将被擒[①]。多隆阿在挂车河至高河铺一线，也是集中全部兵力对付来援之敌。如胡林翼所指示的："但剿悍贼头目，须并力，不宜分兵。"[②] 桐城附近的太平军援师各部总兵力超过多隆阿部，却被多隆阿各个击破，林绍璋洪仁玕吴如孝部（十一年三月二十三日）、黄文金部（三月二十七日）、陈玉成洪仁玕林绍璋部（四月四日），先后败阵于练潭、天林庄、黄家铺等地。

并力与分兵并无固定模式，须要分兵时要果断决策，立即分兵。陈玉成部进入湖北及李秀成等部进攻皖南，李秀成进入江西、鄂南，都曾引起曾、胡等人立即分兵的决策。如鲍超分兵到皖南，李续宜分兵到湖北，后来甚至胡林翼也率成大吉部再援湖北。这些分兵是重要的[③]，不仅解决了后方的安全问题，也形成了鄂赣皖三省战略协同的局面。由于兵力不足，分兵会影响皖北战场两军力量的配比，但湘军仍然在皖北保留了相对集中的兵力，情况紧急时，还将分援皖南、皖北的鲍、成两军抽回，以加强皖北机动作战的兵力。灵活掌握兵力的集中与分防战术，是湘军取胜安庆的原因之一。

关于主客、动静。这说的是灵活运用战场机制，以我为主，以静制动，变客（敌）军为被动，伺机歼敌的一种战术。战场形势千变万化，我军有利形势，掌握不好可能变为不利；敌军有利形势，因应及时，可能使之处于被动。我围住了敌，看来我为主，但因未置打援防剿的机动兵力，敌从后方扰我或攻我必救，敌人得以以动制静，我变成被动。曾国藩指出："凡官兵无不畏抄后者，虽有三万人前进，苟闻有贼二千人

---

① 四垒被歼，人数处于劣势是原因之一，更重要的是孤垒无援。陈玉成离开集贤关后在挂车河败阵，又求援兵于皖南，无法支援。关内十三垒被曾国荃包围，也无法支援。刘玱林犯了同安庆守军同样的错误。应当弃垒而遁，避敌凶锋，保全实力，以图再战。

② 《复多都护》，《胡文忠公遗集》第 82 卷，第 15 页。

③ 论者讨论太平军二次西征的最佳方略，有西征武汉和南攻祁门孰优孰劣的争论；也有谓李秀成拒绝援助安庆，是太平军安庆战役失败的主要原因的说法。李秀成虽然拒绝过江救援安庆，但在皖南、鄂南的活动，都具有解救安庆之围的性质，都曾引起湘军严重关切并分兵；陈玉成西征武汉当然也引起湘军严重关切和分兵。问题不在于是否直接援助安庆，也不在攻武汉与攻祁门孰长孰短，问题在于太平军主帅缺乏解救安庆的坚定的战略思想，没有把攻武汉和攻祁门之战坚决打下去，也缺乏灵活的战略协同动作。在武汉、祁门还有南昌三地，如果痛击一地或同时痛击其中二地、三地，必能导致湘军更大规模地分兵，导致安庆解围。

蹑其尾，则人人狼顾。”[①] 陈玉成更善于杀回马枪，他往往于日暮收队时“截扎官军后路，逼官军寻他开仗，令官军为客，而他常为主耳”[②]。这就造成了主客易位的形势。破此技法，就要不应回马枪，不围城，不攻垒，或于围城攻垒时预置机动兵力于自己后路或敌必经之地，变敌打我后路为我打敌后路，恢复以我为主以敌为客的主动地位。攻击作战也有这种情形。“兵法总以贼来求战为上算，我去求战为下算，所谓致人而不致于人也。”[③] 我去求战，我为客敌为主。敌来求战，我为主敌为客。在安庆主战场上打陈玉成所部，湘军往往采用这种“致人而不致于人”的战法。陈玉成急于解安庆之围，又苦于粮草不济，必急躁求速战。胡林翼指示前敌将领“断不可太急，急则狗贼必遁矣”，“官军应四面包裹，不放此狗外窜，只凭垒固守，持重不战，贼必自来求战。迨其气竭力疲而后，起而破之，狗可屠也”[④]。赤冈岭四垒就是这样打下来的。十一年七月陈玉成率部最后一次来援安庆，湘军也是采取这种不急于应战、以静制动的战法。曾国藩给曾国荃一军规定的方针是“但主坚守，不主迎剿，务使援贼与城中之贼声息不通，庶皖省可期克复”[⑤]。多隆阿部也应取此种方针，但“渠每主先出队寻贼，余每主待贼来扑我”，“古之用兵者，于主客二字最审也”[⑥]。“我军若专守一静字法，可期万稳”，“所谓静者，不焦急耳”[⑦]。采用这种战法，虽陈玉成于七月下旬猛扑曾国荃部前壕，湘军抵住了。八月一日曾国荃部轰破安庆城墙，攻入城中。陈玉成眼见城内大火冲天，无法援救，只得怏怏而退[⑧]。

上述就是湘军在安庆战役中所使用的主要战术。这是总结了同太平军作战的经验而提出的，是有为而发的。但太平军未因应战场形势做出变化。攻敌必救、围魏救赵战术未能取得预期效果，堡垒战术亦未奏

---

① 《致胡宫保》，《曾文正公全集·书札》第 15 卷，第 9 页。

② 《复多礼堂都护》，《曾文正公全集·书札》第 10 卷，第 17 页。

③ 《致各帅》，《胡文忠公遗集》第 69 卷，第 6 页。

④ 《致鲍军门》，《胡文忠公遗集》第 82 卷，第 22 页。

⑤ 《曾国藩奏》，《剿平粤匪方略》第 272 卷，第 17 页。

⑥ 《致沅弟》，《曾国藩全集·家书一》，第 744 页。

⑦ 《致沅弟》，《曾国藩全集·家书一》，第 758 页。

⑧ 关于湘军明主客的战术，罗尔纲先生有详细论述，参见《湘军兵志》，中华书局，1984，第176—180 页。

效。长处被敌人钳制住了，短处充分暴露了。失败是难以避免的。

统一调度与协同作战

一次带有战略意义的重要战役作战，没有参战将帅们团结对敌、协同作战和统一调度，其结果是不难想象的。安庆战役中，湘军恰恰在这方面比太平军具有优势。

清军内部各将领间向来存在不团结因素。败不相救，胜不相让，争兵争饷，相沿成风。湘军建立不多年，带兵官以文人从戎，师生相随，情况稍好一些，但也存在矛盾和不和。安庆战役期间，多隆阿和鲍超不和，鲍超不愿听从多隆阿指挥，多隆阿嫌权小，曾国藩偏向鲍超，不很喜欢多隆阿。多鲍两军都很强，多善战，鲍凶悍，是安置在安庆战场的两支重要机动兵力。如果两人不和发展，势必影响战局的展开。只是由于胡林翼多方协调，两军才能配合作战，后来鲍调皖南直隶曾国藩，两军减少接触，才不致矛盾扩大。

配置在安庆战场的湘军统将，其官衔都较高。湘军名将李续宜以荆宜施道迁安徽按察使，旋于十一年初升署安徽巡抚，多隆阿以福州副都统奉旨总统前敌，杨载福以福建水师提督驻军安庆江面，水师统领彭玉麟十一年三月以道员迁广东按察使，鲍超为总兵，曾国荃为道员，胡林翼为湖北巡抚授太子少保，官文以湖广总督授太子少保，是胡林翼政治上的靠山，曾国藩以侍郎郁郁不乐寄军于湖北，十年六月得授两江总督并钦差大臣督办江南军务，旋兼办皖南军务，等等。这样多将领同参一役，统一事权是个大问题。胡林翼指出："事权不一，兵家所忌"①，"军事以一事权为第一要义，唐代九节度之师溃于相州，可为殷鉴"②。最近的例子，如咸丰元年乌兰泰、向荣不和，丢失永安，使太平军得以冲出广西；咸丰二年八、九月间，太平军围攻长沙，清军集中兵勇六七万，赴援的领兵大员包括军机大臣一人，总督二人，巡抚三人，提督三人，总兵十一二员挤在长沙一地，也未能阻扼太平军北趋道路。在协和

---

① 《致曾涤帅三首》，《胡文忠公遗集》第 67 卷，第 3 页。

② 《致官揆帅》，《胡文忠公遗集》第 67 卷，第 6 页。

将帅、团结内部、统一事权方面，胡林翼起到了非凡的作用。曾国藩虽是湘军的创建者，但他很难指挥多隆阿，有的小统领如赵克彰、李续焘等，也不为曾国藩所喜欢，调动起来也有阻格。曾国藩承认：“江楚皖豫诸将帅，惟润帅能调和一气，联合一家。鄙人虽有联络之志，苦于才短性懒，书问太疏，遂不能合众志以勤王事，合群力以贯金石。至于察吏理财，拙才更逊百倍矣。”[①] 当十一年七月胡林翼病危而安庆尚未攻下时，曾国藩怀念胡林翼说：“此公一身关系全局安危。近日皖北事事呼应不灵，脉络不通，恐误大事。若润帅不病，纵在鄂垣而皖江两岸处处血脉贯通也。”[②] 可见胡林翼对于湘军是何等重要。

胡林翼既善于同上级和同级搞好关系，又善于与下级搞好关系，尤善于与满族出身的官吏将帅搞好关系。胡与官文同治一城，“相处最久，相知最深”，深赞官“心地公忠，能顾大局”[③]，胡在军事、吏治、饷事诸方面都能取得官文的支持，重大事务同折上奏，功推官，过责己，避免了满汉督抚之间常有的摩擦和矛盾，关系融洽。胡推重多隆阿为“东三省第一名”加以重用，委任为皖北战场各军总统，满足其权力欲望。对于多鲍争权不和事，胡采用申多抑鲍、屈己申人办法予以解决。同时对鲍多所劝慰，允扩其军；又对多加以讽喻，批评他对鲍的评语“词义微嫌轻薄”，“不宜指摘人短处”[④]。因此多鲍都乐于听胡所用。马队副都统舒保留守湖北，一时生气，胡致函说“无论如何，弟与兄与希庵三人，永不相离，总是三人共命而已。一切不必生气”[⑤]，一语而气平。李续宾之弟李续宜，胡称赞他楚军之将，硕果仅存，建议曾国藩“当以国家爱惜保护之”[⑥]。鲍超凶鸷敢战，“询以军事，断不告饶，加以激励，转成愤气，宜委曲而暗中保全。此意不能宣布于人”[⑦]。鲍超调到皖南以后，胡林翼还不时致函。针对他的缺点，告诫他“审慎机宜，师克在和”[⑧]。曾国荃是一道员，战阵经验不多，因其是曾国藩兄弟，胡

① 《复李希庵中丞》，《曾文正公全集·书札》第 16 卷，第 12 页。

② 《复彭雪琴》，《曾文正公全集·书札》第 16 卷，第 16 页。

③ 《致鄂中僚友》，《胡文忠公遗集》第 59 卷，第 19 页。

④ 《复多都护》，《胡文忠公遗集》第 68 卷，第 6—7 页。

⑤ 《复舒辅廷都护》，《胡文忠公遗集》第 79 卷，第 19 页。

⑥ 《致曾涤帅》，《胡文忠公遗集》第 60 卷，第 1 页。

⑦ 《致曾涤帅》，《胡文忠公遗集》第 67 卷，第 17 页。

⑧ 《复鲍春霆军门》，《胡文忠公遗集》第 79 卷，第 7 页。

林翼也曲尽逢迎。本来曾带万余人围安庆，只是一支弱兵，胡林翼正是把他当作弱兵用的。但胡致函却吹捧他“非强将如亚夫，断不能如此坚定”呀，“围师视剿兵较难”呀，“自古以来，惟强兵能力及三面，公乃力顾四面”呀，还说曾国荃来信“自谦为弱将弱兵，殆高林先生所谓弥谦弥伪”[①] 呀，实际上，这里倒是透出胡林翼的一分伪来的。

胡林翼与曾国藩的关系更是亲密无间。曾国藩虽是湘军的创建者，却命运多舛，在湘在赣均受排挤，在朝廷又受到怀疑，迄无疆寄之命。胡林翼却早在咸丰五年已获署湖北巡抚（六年实授）。胡对曾寄予满腔同情，说“此老有武侯之勋名而尚未得位，有丙吉之阴德而尚未即报，是可慨也”[②]。九年六月，因顾虑石达开可能入川，胡林翼借机说服官文密奏朝廷，请命曾国藩援川，实际上希望朝廷任命曾为四川总督。不料上谕只令曾入川督军，不令督川。曾不愿入川为客，胡林翼即商之官文，留曾合力谋皖，并共定四路谋皖大计。曾国藩于十年三月回忆说：“敝军自去年八月移于鄂境，与湖北各军共图皖事，官胡二公忠正博大，无一切猜忌气习，较之往年在江在湘疑谤交集，情形迥别，志得少纾。”[③] 胡林翼不仅拨兵于曾，且保证曾军饷项。当曾国藩得授两江总督并钦差大臣后，两人共同指挥安庆战役，互相尊重，即小有不怿，亦很快得到谅解。曾国藩虽曾批评胡“主意不甚坚定”，且借左宗棠之口说胡“多谋少断”[④]，但在军事上仍尊重胡的意见。在安庆战役紧张时刻，曾国藩老营驻皖南东流，胡林翼老营驻皖北太湖，绾毂相连，信使往返，无日无之。统帅部的团结推动了将领间的团结。李续宜与多隆阿两部驻地相近，关系甚好。胡林翼告诉曾国藩：“希与多之和睦，如一鼻孔出气。希庵夜宿多帐中，并不归营，亦奇境也。”[⑤] 曾感到高兴，“希帅与多公和衷，此最好消息”[⑥]，“前敌数公相得益彰，在后路者可以高枕无忧，天下至乐，孰大于是”[⑦]。两军合作，打败了十年冬陈玉

---

① 《复曾沅圃观察》，《胡文忠公遗集》第 82 卷，第 21—22 页。
② 《致李希庵》，《胡文忠公遗集》第 65 卷，第 20 页。
③ 《与陈俊臣》，《曾文正公全集·书札》第 10 卷，第 39 页。
④ 《复李希庵》，《胡文忠公遗集》第 13 卷，第 15 页。
⑤ 《复曾制军》，《胡文忠公遗集》第 79 卷，第 20 页。
⑥ 《批朱云岩》，《曾文正公全集·书札》第 10 卷，第 43 页。
⑦ 《复胡宫保》，《曾文正公全集·书札》第 10 卷，第 44 页。

成为解安庆之围进行的第一次军事行动。因此安庆战役中湘军的指挥权始终是统一的，主要将领是团结的。只要看到湘军各部调动频繁，均能令行禁止，就可对这种统一的事权深信不疑。而且，胡林翼以湖北巡抚驻军皖北，李续宜以安徽巡抚驻军湖北，曾国藩以两江总督而指挥鄂军，各部调动灵活，各地协同作战，没有各将帅之间的协和无间，是做不到的。可以说，是这种统一的指挥权，从领导体制上保证了安庆战役的胜利。

以此反观太平军，恰成鲜明对照。太平天国后期政治上呈衰败蜕变之象，像前期那样在军事上的统一指挥局面难以形成。洪秀全大封诸王的结果，据湘军掌握的情报，已造成诸王不相下的局面。在安庆战役正在展开的时刻，太平天国辛酉十一年二月二十一日（咸丰十一年二月二十二日）天王发布诏旨，“替朕调拨交玉胞，业颁诏旗印八方。疆土广开胞回福，另命节钺征边疆。执六合印率征剿，各军听令扶山江”[①]，是赋予英王陈玉成调拨部队，秉钺出征的大权；同诏旨又“交权甥胞管万邦，见军听令听朕样”，似乎在英王之上代表“朕”发布军令的还有一位“甥胞”；同时英王位居玕王之下，玕王还有一个“精忠军师”的头衔。由此看来，陈玉成是否能执行调拨军队的最高权力还要打问号。从安庆战役期间湘军剿获的太平军大量“伪文”（太平军作战命令、通报等类文件）来看，咸丰十年十二月江北太平军庐江守将陈时永曾求援于忠王李秀成，遭到拒绝；天京也曾令杨辅清、李秀成北援安庆，未得执行[②]。据曾国荃俘获的王丈扩天义张立邦供，陈玉成了动员杨辅清来援，除赴天京求援外，还担心杨辅清“不肯北渡，又亲往宁国求之，始允其请”[③]，可见陈玉成执行调兵权力何其困难。此次陈玉成亲往宁国，正是刘玱林在赤冈岭“孤垒无援”悉遭歼灭之时，调动不灵带来的损失何其巨大！据李鸿章获得的情报，璋王、玕王、忠王、侍王等与英王貌合神离，“外畏之而中恨之”[④]，陈玉成的指挥权实在有限。璋王林绍

① 《天王诏旨》（F. O. 682/27/1），《太平天国文献史料集》，中国社会科学出版社，1982，第9页。

② 参见《曾国藩全集·家书一》，第615、627页。

③ 《复李少荃》，《曾忠襄公全集·书札》第2卷，第19页。

④ 《致沅弟》，《曾国藩全集·家书一》，第701页；又《复胡宫保》，《曾文正公全集·书札》第15卷，第28页。

璋拒绝服从陈玉成前来练潭面议会剿机宜的命令，擅自移营鱼塘冈[①]，就是有力的证明。陈玉成致书璋王，指摘他“反复无定，将官不能用命”，“一战未开，即行自退”，“轻举妄动，自惑军心”[②]，批评何其严厉。此函为湘军夺得，曾国藩说：“观狗酋伪文，林绍璋之讳败，与将来之诸酋不和，皆官军之利也。”[③] 湘军的确利用了太平军诸王不和，各自为战，虽战略方向上是在为解救安庆之围而行动，实际上各怀目的，没有统一指挥，缺乏各地区战略协同，安庆正面战场各部援兵缺乏有机联系，因而灵活运用兵力各个击破了为解援安庆而行动的各部太平军，取得了安庆战役的彻底胜利。可见诸王不相下所带来的政治上、军事上的弊端是多么严重。

安庆战役是湘军为同太平军决战组织得很好的一次战略性行动，完全实现了预定的战略目标。其战果之辉煌、胜利之巨大、影响之深远，在湘军建军史上是无有前例的。它不仅彻底巩固了湘军的后方，尤其重要的是奠定了湘军东取天京的雄厚基础。不要多久，湘军水陆各军就进薄天京城下，再一次演出了围城打援的活剧。这一次进围天京，与上一次江南大营败溃，相差刚好两年。同是围城，局面大不相同。人们已经看到，太平军失去了皖北和安庆，损失了陈玉成这样的强将及其所率领的精兵，会造成什么恶果。这个恶果是二次西征失败后的自然产物，它不是东取苏常的胜利所能弥补的。

对于湘军来说，安庆战役的胜利，与他们坚定的战略思想，正确而又灵活多变的战术原则，以及成功的指挥艺术，是分不开的。拿它与太平军加以比较研究，可以看出胜利与失败的原因所在。对双方的战略战术认真加以研究，会给人们很多启示。如果我们能平心而论，摆脱感情羁绊，超然于二者之上，我们会从中看出许多对人们有益的历史经验。这正是写作本文的一点微意。

---

① 鱼塘冈，应名雨坛冈，见《桐城续修县志》（道光本）卷4《营建志》，地在桐城县南八十里拨茅山麓，明张伯诚在此建有祷雨坛，故名。今属枞阳县。陈玉成致林绍璋函因音讹作鱼圹冈。有的文章以鱼圹冈为古名，以雨坛冈为今名，实误。

② 《英王陈玉成望章王林绍璋仍照前议万勿移营书》，《太平天国文书汇编》，第249—250页。

③ 《致沅弟》，《曾国藩全集·家书一》，第869页。

洋务活动及其现代的解释*

一　“洋务运动”名称的由来

对于多少知道一点中国近代史知识的人来说，“洋务运动”这个词是耳熟能详了。但是这个词，不是历史上所固有的，是后来研究历史的人创造的。据有人考证，第一个使用这个词的是何干之，他是一个马克思主义的历史学家，他在1938年出版的《近代中国启蒙运动史》中用了这个词。在新中国建立以前，使用这个词的学者并不多。1961年，当时的中国科学院近代史研究所编辑了一套历史资料，是中国史学会主持的中国近代史资料丛刊之一，因为主要涉及清朝同治、光绪年间引进西方机器，开办军用和民用工业的事，几经讨论，最后把这套资料书定名为《洋务运动》。此后，这个名词就广泛使用起来了。

虽然大多数学者使用这个名词，但学术界还是有不同意见。台湾和香港学者一般不采用这个名词，他们叫“自强新政”或者“自强运动”。我们大陆的学者也有反对使用“洋务运动”的。范文澜著的《中国近代史》称之为“所谓的‘自强’新政”。刘大年主持的《中国近代史稿》称为“洋务活动”。还有学者主张定名为“洋务新政”。有的学者在文章中直接使用“同光新政”。

在晚清，人们把曾国藩、李鸿章、左宗棠等镇压太平天国成功叫作

* 本文是应邀为“部级领导干部历史文化讲座”准备的。2004年5月22日在国家图书馆文津街分馆作了这次讲座。国家图书馆编《部级领导干部历史文化讲座》，国家图书馆出版社，2005。

“同治中兴”，把同治光绪年间的“借法自强”活动称作“同光新政”。所谓“借法自强”，是震惊于西方人的坚船利炮，表示要借用西方人的方法制造轮船和枪炮，以图“自强”。但是，在同光时期的当事人怎么称呼所谓“洋务”和“自强”呢？

关于洋务，当事人有明确的所指。下面是几个相关的例子：

> 1863 年 5 月，李鸿章致曾国藩：洋务最难着手，终无办法。惟望速平贼氛，讲求洋器。中国但有开花大炮、轮船两样，西人即可敛手。
>
> 1866 年曾国藩：目下中外之患，自以洋务为最巨。
>
> 1867 年奕䜣：溯自洋务之兴，迄今二三十年矣。
>
> 1870 年曾国藩：道光庚子（1840）以后办理夷务，失在朝和夕战，无一定之至计，遂至外患渐深，不可收拾。皇上登极以来，外国强盛如故，惟赖守定和议，绝无更改，用能中外相安，十年无事。
>
> 1871 年奕譞：惟夷务则不然，盖其患甚久，其基甚固。
>
> 1874 年李鸿章：自有洋务以来，叠次办结之案，无非委曲将就。
>
> 1880 年左宗棠：自洋务兴，中国为岛族所轻侮。
>
> 1882 年张佩纶：道咸以来，天下有大患四，曰：粤、捻、回、洋。今为中国患者，独以洋务耳；而东洋之患，且更逼于西洋。

由上面所举例证看出：在 19 世纪 60—80 年代，“洋务”是指处理由于外国侵略所引发的事项。最初，这类事务被称为“夷务”。因为“夷”对外国人有轻侮、小看的意思，在对外交涉中，外国人不愿意被称为“夷”。1860 年生效的中英《天津条约》规定“视公务应需，衙署相见，会晤文移，均用平礼”，就是要求中外文书平等，对英国人不能用“夷”字，所以此后在对外交涉中就用“洋务”代替“夷务”。所谓“洋务”是指与外国发生战争、谈判、签条约、鸦片贸易、传教、通商、外国人在华的民刑案件等。开始，购买、制造机器等，并不叫“洋务”，而叫“制器”，叫“借法自强”。当然，“夷务”这个词也没有立即取消。光绪初年编的同治朝处理外交事务的官方档案文书，仍仿道光朝、咸丰朝，叫作《筹办夷务始末》，收录了清政府与西方各国打交道的文献。开初，办理洋务不是一个好差事，因为对外交涉总是失败受辱，名声很坏。1867 年守旧派倭仁反对设同文馆，慈禧让他当总理衙门大臣，他感到是奇耻大辱，闹着要辞官。过了十多年才出现变化，懂点外文、办外交的人吃香，升官很快，一些人要去钻营了。王韬说："凡属洋务人员，例可获优缺，擢高官，而每为上游所器重，侧席咨求。其在同僚中，亦以识洋务为荣，嚣嚣然自鸣得意。于是钻营奔竞，几以洋务为终南捷径。其能英国语言文字者，俯视一切，无不自命为治国之能员，救时之良相，一若中国事事无足当意者。"① 王韬的这个记述，虽不无夸大之嫌，但基本上是符合实际的。

大概到了 19 世纪 80 年代，特别是甲午战争失败后，人们逐渐把两个不同的概念弄混淆了，慢慢把引进西方机器生产、借西法"制器"也叫作"洋务"了。到了 20 世纪初，梁启超写李鸿章传的时候，把李鸿章原先处理中外关系的"洋务"称为"外交"，而把李鸿章办理军事和民用工业的事情称作"洋务"。实际上，李鸿章到死都是把办理外交称作"洋务"，而把借西法练兵、办海军等称作"裱糊破屋"。此后人们逐渐把引进西方机器生产的一套办法称作"洋务"，到 20 世纪 30 年代，随着"五四运动"这个名词的出现，一些注意社会经济变革的学者便把"洋务运动"的名称发明出来了。这时候的"洋务运动"中的"洋务"，主要是指引进西方机器那样一种新政，"洋务"的本意却有些走样了。对"洋务"概念的本意在历史进程中这种不经意的修改，影响了此后学术界的讨论。一些学者完全从经济发展的角度、从生产力的角度、从资本主义生产方式在中国的生长的角度来定义洋务运动的性质和历史作用；另一些学者则从政治和经济发展相结合的角度，从对外与对内政策相结合的角度，从 19 世纪 60—90 年代阶级斗争和政治发展的角度来评价洋务运动，因而得出了不相同的结论。

二　洋务活动的简史

洋务活动是发生于清朝同治、光绪年间，即 19 世纪 60—90 年代的故事。那时候，清朝统治阶级面对太平天国农民起义和第二次鸦片战争

---

① 王韬：《弢园文录外编 · 洋务上》，第 32 页。

英法联军的侵略，通过 1860 年《北京条约》的签订，认识到国内农民起义对统治阶级来说威胁更大，决心进一步与外国侵略者相勾结，引进西方国家的机器开辟新型军事工业，以彻底镇压农民起义，由地方大员发起以洋务为中心的求强求富活动。

1860 年 10—11 月，中英、中法、中俄《北京条约》分别签订。在条约签订以前，列强在支持清朝政府或太平天国之间是有摇摆的。当列强发现它们不能从太平天国起义者那里拿到比清朝政府更多的在华权益的时候，他们下决心支持清朝政府。《北京条约》一签订，俄国和法国首先提出愿意协助清朝政府镇压太平军，他们可以提供枪炮武器，他们在华的军队可以交由清政府指挥。清政府讨论“借师助剿”问题，政府大员中有人赞成有人反对，由于英国顾虑俄国、法国参战会影响英国在华利益，不愿意支持“借师助剿”，政府放弃了“借师助剿”的打算，但上海等地方政府方面积极与列强联络，组成了洋枪队、常胜军等由外国人训练指挥的军队，用洋枪洋炮武装起来。1862 年以后，这些外国人指挥的军队，在镇压太平军的作战中发挥了有力作用。

在这种背景下，开展洋务活动的两件奏折得到了批准。

一件是 1861 年 1 月 13 日由钦差大臣恭亲王奕䜣等提出的《综计全局折》。这件奏折中关键性的话是：

> 自换约后，该夷退回天津，纷纷南驶，而所请尚执条约为据。是该夷并不利我土地人民，犹可以信义笼络，训服其性，自图振兴，似与前代之事稍异。……臣等就今之势论之：发捻交乘，心腹之害也；俄国壤地相接，有蚕食上国之志，肘腋之忧也；英国志在通商，暴虐无人理，不为限制则无以自立，肢体之患也。故灭发捻为先，治俄次之，治英又次之。[①]

另一件是由两江总督曾国藩在 1861 年 8 月 23 日提出来的。这件奏折说：

① 咸丰朝《筹办夷务始末》第 71 卷，咸丰十年十二月初三日钦差大臣恭亲王等奏，第 18 页。

> 购买外洋船炮，则为今日救时之第一要务。……轮船之速，洋炮之远，在英法则夸其所独有，在中华则震于所罕见。若能陆续购买，据为己物，在中华则见惯而不惊，在英法亦渐失其所恃。……况今日和议既成，中外贸易，有无交通，购买外洋器物，尤属名正言顺。购成之后，访募覃思之士，智巧之匠，始而演习，继而试造，不过一二年，火轮船必为中外官民通行之物，可以剿发捻，可以勤远略。①

这两件奏折决定了洋务新政的基本施政方针：第一，在对待外国侵略和国内农民起义的政策上，消灭"发捻"放在第一位，治理外国侵略放在第二位；第二，把购买外洋船炮作为"救时第一要务"提了出来，先购买、后试制外国船炮的目的，是"可以剿发捻，可以勤远略"。在后一点上也是把镇压农民起义放在第一位，把对付外国侵略放在第二位。此后的洋务活动，就是按照这个方针进行的。

为了贯彻这两个奏折所体现的方针，1861 年在中央政府成立了总理各国事务衙门，在地方，曾国藩在安庆湘军内部建立了安庆内军械所。总理各国事务衙门职掌广泛，举凡对外交涉的一切事务，谈判签约、通商贸易、海关税务、向外国采购洋枪洋炮、办机器、造轮船、练兵、电报邮政、铁路等，还掌管总税务司和京师同文馆（1861 年成立的培养外语人才的学校）。总之一切涉外的洋务新政，均由总理衙门管理。总理各国事务衙门和安庆内军械所的成立标志着洋务活动的开始。

19 世纪 60—90 年代的洋务活动，大体上来说，办了下面几件事情：

第一，军事工业的兴建。从 19 世纪 50 年代起，国内农民起义蜂起，西北有回民起义，西南有各少数民族起义，中原腹地有捻军起义，而以发起于广东、广西，占领江南重镇南京为首都的太平天国为清政府的致命威胁。因为把镇压太平天国等农民起义确定为首要任务，所以曾国藩、李鸿章、左宗棠等首先抓住军事工业的兴建。在 19 世纪 60—70 年代，洋务派主要抓了官办军用工业，以制械、造船为中心，配合操练

---

① 《复陈购买外洋船炮折》，咸丰十一年七月十八日，《曾文正公全集·奏稿》第 17 卷，第 10—11 页。

新军，购买炮舰。这是所谓“自强”。19 世纪 70—80 年代，开始抓民用工业。这是所谓“求富”。

表 1　清政府经营近代军用工业概况（1861—1894 年）

局名	所在地	设立年	创办人	主要产品
安庆内军械所	安庆	1861	曾国藩	子弹、火药、炸炮
上海洋炮局	上海	1862	李鸿章	子弹、火药
苏州洋炮局	苏州	1863	李鸿章	子弹、火药
江南制造局	上海	1865	曾国藩 李鸿章	兵轮、枪炮、水雷、子弹、火药和机器。设有炼钢厂
金陵制造局	南京	1865	李鸿章	枪、炮、子弹、火药
福州船政局	福州	1866	左宗棠	专业修造轮船
天津机器局	天津	1867	崇厚	枪、炮、水雷、子弹、火药，设有炼钢厂
西安机器局	西安	1869	左宗棠	子弹、火药
福建机器局	福州	1870	英桂	子弹、火药
兰州机器局	兰州	1872	左宗棠	子弹、火药
广州机器局	广州	1874	瑞霖	子弹、火药，修造小轮船
广州火药局	广州	1875	刘坤一	火药
山东机器局	济南	1875	丁宝桢	枪、子弹、火药
湖南机器局	长沙	1875	王文韶	枪、开花炮弹、火药
四川机器局	成都	1877	丁宝桢	枪、炮、子弹、火药
吉林机器局	吉林	1881	吴大澂	子弹、火药、枪
金陵火药局	南京	1881	刘坤一	火药
浙江机器局	杭州	1883	刘秉璋	子弹、火药、水雷
神机营机器局	北京	1883	奕譞	不详
云南机器局	昆明	1884	岑毓英	子弹、火药
山西机器局	太原	1884	张之洞	洋火药
广东机器局	广州	1885	张之洞	枪、炮、小轮船
台湾机器局	台北	1885	刘铭传	子弹、火药
湖北枪炮厂	汉阳	1890	张之洞	枪、炮、子弹、火药

资料来源：孙毓棠主编《中国近代工业史资料》第 1 辑；中国史学会主编《中国近代史资料丛刊·洋务运动》第 4 册。按：天津机器局在 1867 年初建时称“天津军火机器局”，1870 年改称“天津机器局”，1895 年后改称“北洋机器局”。

以上军工企业共有大小 21 个，安庆内军械所、上海洋炮局、苏州洋炮局随后就合并到上海、南京等几家大军工企业内，所以不计在内。其中，江南制造局、金陵制造局、福州船政局、天津机器局，加上后来张之洞在汉阳开办的湖北枪炮厂，是新的大型军用企业。其他各省开办的规模较小，主要供应各省镇压人民起义之用。正是在这些军用工业支持下，在外国侵略者合作下，曾国藩、李鸿章领导的湘军、淮军（大部分淮军已经用新式枪炮武装起来）在 1864 年打败了太平军，随后两年彻底消灭了太平军余部；1868 年，经过两任大将曾国藩、李鸿章先后指挥，动员了湘淮军的主力，彻底镇压了捻军，完成了曾国藩所谓“可以剿发捻”的任务。但是此后对外反侵略的斗争，一概打了败仗，所谓“可以勤远略”，不过是挂在嘴上说说而已。李鸿章说过：“居今日而曰攘夷，曰驱逐出境，固虚妄之论，即欲保和局、守疆土，亦非无具而能保守之也。……我之造船，本无驰骋域外之意，不过以守疆土、保和局而已。”[①] 这是对所谓“勤远略”的很好的注解。

表 2 洋务军用工业耗费资金概略统计

单位：两

局名	年代	共计年数	收入总数	支出总数
金陵机器局	1879—1891	12	1428161	1427667
（附）金陵火药局	1885—1892	7	351762	350404
福州船政局	1866—1895	29	1414825	14234570
天津机器局	1867—1892	25	7246894	7083458
山东机器局	1876—1892	16	600860	688336
四川机器局	1877—1893	16	241870	892978
吉林机器局	1881—1891	10	847400	780881
浙江机器局	1883—1887	4		167936
汉阳枪炮厂	1890—1895	5	2958162	2818487
总计			15089934	28444717

资料来源：张国辉《洋务运动与中国近代企业》，中国社会科学出版社，1979，第 67 页。

第二，近代海军的建立。随着中国边疆危机的加深，塞防、海防问

① 《筹议制造轮船未可裁撤折》，同治十一年五月十五日，《李文忠公全集·奏稿》第 19 卷，第 45—48 页。

题的讨论，建立近代海军的任务提上了日程。

1860 年代初，政府准备引进外国船舰，建立一支海军舰队。那时候，管理中国海关的总税务司为英国人李泰国，总理衙门决定派李泰国回英国采购炮舰。1863 年，这支舰队采购完成，由英国人阿斯本率领来华，阿斯本宣称这支舰队的指挥权只能由他本人担任，引起反对，谓之阿斯本舰队事件。后来获悉，总理衙门与阿斯本订立了分赃协定：如阿斯本舰队协助攻陷金陵，抢得太平天国的财物，“就十分而论，以三分归朝廷充公，三分半归阿斯本分赏外国兵弁，三分半归中国兵弁作赏。如系阿斯本克复，并无官兵在事，则七分归阿斯本充赏”①。曾国藩、曾国荃兄弟的所部湘军已经包围了南京，根本不希望阿斯本舰队抢了攻占南京的头功，甚至也不愿意李鸿章的淮军参与围攻南京的战斗，公开表示反对组成阿斯本舰队，清政府不得不赔了不少银子，最终遣散了阿斯本舰队。这一次试建海军舰队的努力泡汤了。

过了十年，发生了 1874 年日本出兵台湾事件以后，清政府感到海防的威胁，再次决心建设海军，决定每年从关税和厘金项下拨出 400 万两白银由南北洋海防大臣掌握，用作建设海军之用。这部分钱大部分为李鸿章用来建设北洋海军。李鸿章的方针立足于买船。大约 1883 年以前的船都是从英国买的，1886 年以后从德国买了一部分。主力舰都是从德国和英国买的，也从法国和美国买了一些。江南制造总局和福州船政局也造了一批比较小的船。到 1895 年，共拥有 60 多艘兵船，形成了广东水师、福建水师、南洋水师和北洋水师等四支规模不等的舰队。北洋水师最大。北洋水师的主力舰有定远、镇远（各 7400 吨）、济远、经远、来远、靖远、致远等，都在 2300 吨以上。其他水师的兵船吨位较小，大的 1000 多吨，小的几百吨。1888 年北洋海军成军以后，李鸿章主动将海军经费用去修筑颐和园，再也没有购置新的海军舰只。

1891 年、1894 年，海军进行了两次会操。第一次会操后，李鸿章报告说：“但就渤海门户而论，已有深固不摇之势。”② 第二次会操后，李鸿章又吹嘘说：“京师东面临海，北至辽沈，南至青齐，二千余里，

① 《总署致李鸿章函》，同治二年五月二十四日，《海防档》第 1 册。

② 《巡阅海军竣事折》，光绪十七年五月初五日，《李文忠公全集·奏稿》。

一气联络，形势完固，已无可蹈之隙。”[①] 不过几个月，这个吹嘘就彻底破裂了。

第三，洋务派控制的民营企业。19 世纪 70 年代以后，由于官办的军事工业不采取市场形式，就需要大量资金维持才能运转，而这种资金难以为继。这就需要采取市场形式的民营企业，获得利润来支持官办军事工业。所以就有“求富”口号的提出，以“求富”来支持“自强”，为了“自强”而“求富”。另外，由于军事工业的开展，造船，造枪炮，需要钢铁，需要煤炭，需要解决运输问题，需要解决通信问题，这样，航运、采矿、电讯、纺织的实际需要，促进了这些领域的民营企业的发展。洋务派“求富”本是为了解决“自强”的资金问题的，不想，这些发展却客观上促进了中国资本主义生产方式的发展。“官督商办”是这些民营企业的主要经营形式。

李鸿章早已看出官办军用工业难以持久，需要商办企业出而维持。1871 年总理衙门鉴于负担沉重，想撤办福州船政局，或者“招商雇、买官局轮船”，以为舒缓经费之不足。1872 年初，李鸿章致函福建巡抚王凯泰，说：“前雪帆阁部（按：指宋晋）有停造轮船之奏，未知执事如何筹复。总署函商官轮招商雇买，以资周转，想已并达尊处。若不停造，或备漕运，或交商货，亦是流通之法。惟闻华商以官轮装运无多，驾驶不善，未敢倾重资以受牵制。现饬津沪各关道集议，尚难遽定妥策。沪局系雇用洋匠，由我主政，行止尚易操权。左帅初定闽局合同，似有欲罢不能之势。或尽议定制造若干只，工竣即行截至。闽船创自左公，沪船创自曾相，鄙人早知不足御侮，徒添糜费，今已成事而欲善其后，不亦难乎！”[②] 这段话告诉我们，到 1871 年的时候，江南制造局、金陵制造局、福建船政局实际上都办不下去了，“御侮”也谈不上了，它的产品如果不招商雇买，只好停办。

（1）轮船招商局的产生。

那时候，外国轮船航运公司控制了中国的水上运输，英国的怡和、太古，美国的旗昌，把持了长江和沿海运输。旧式的沙船运输业资金少、运量低，难以抵御。买办商人和一些沙船主人把资金投向洋商，连

---

① 《直隶总督李鸿章等奏》，光绪二十年四月二十五日，《中国近代史资料丛刊·洋务运动》第 3 册。

② 《李文忠公全集·朋僚函稿》第 12 卷，第 2 页。

传统的漕粮运输都难以为继。这是民族航运业兴起的背景。

轮船招商局在1872年11月成立于上海。最初由李鸿章和旧船运业商人朱其昂等投资，官款成分较重。由于资金困难，运转为难。随后，吸收上海买办商人唐廷枢、徐润等加入，局面改观。此后买办投入的资金占了大多数。李鸿章任命唐廷枢为总办，徐润、朱其昂、盛宣怀为会办，唐廷枢、徐润负责轮运和招股业务，朱其昂、盛宣怀负责漕运和官务。轮船招商局在国内外19个商业港口设立了分局。它是一个很大的企业，面临内外多种矛盾。与帝国主义在华运输企业争夺利益，存在着矛盾，但是掌握有利地位的是外商企业；企业内部掌握大权的官僚买办和中小投资者之间存在着矛盾；官僚和买办之间存在着矛盾；企图掌握企业主导权的洋务派官僚之间也存在着矛盾。1880年代，官僚、买办之间的矛盾难以克服，1883年唐廷枢、徐润出局，官僚盛宣怀掌握了招商局大权。1884年和1894年，一次中法战争，一次甲午战争，轮船招商局为了避免支援反侵略战争的义务，先后两次把企业出售给外国企业，事后收回。这种借外国势力的庇护，逃避承担反侵略战争义务的行为，是违背民族利益的可耻行为。实际上，轮船招商局成了以李鸿章为首的北洋集团的私产。李鸿章在航运业方面不许民间“另树一帜”，招商局的垄断作风明显抑制了民间商人兴办航运业的积极性。

（2）煤矿开采业。

表3 1875—1895年近代煤矿业简况

开办年	煤矿名称	经营性质	创办人
1875	直隶磁州煤矿	官办	李鸿章
1875	湖北广济兴国煤矿	官办	盛宣怀
1876	台湾煤矿	官办	沈葆桢
1877	安徽池州煤矿	官督商办	杨德　孙振铨
1878	直隶开平煤矿	官督商办	李鸿章　唐廷枢
1879	湖北荆门煤矿	官督商办	盛宣怀
1880	山东峄县煤矿	官督商办	戴华藻
1880	广西富川、贺县煤矿	官督商办	叶正邦
1882	直隶临城煤矿	官督商办	钮秉臣
1882	江苏徐州利国驿煤矿	官督商办	胡恩燮　胡碧澄
1882	奉天金州骆马山煤矿	官督商办	盛宣怀

续表

开办年	煤矿名称	经营性质	创办人
1883	安徽贵池煤矿	官督商办	徐润
1884	北京西山煤矿	官督商办	吴炽昌
1887	山东淄川煤矿	官办	张曜
1891	湖北大冶王三石棉矿	官办	张之洞
1891	湖北江夏马鞍山煤矿	官办	张之洞

资料来源：张国辉《洋务运动与中国近代企业》。

（3）电报和铁路。

电报线路的架设，一开始大家都是反对的。后来认识到军事上的需要，电报线路的架设方才展开。首先是由李鸿章在1879年架设的天津大沽线开其端的。1882年，成立电报招商局，官督商办，李鸿章任命盛宣怀为总办，在国内架设商线。一些地方官僚在各自管辖区域也架设了一些官线。

表4 国内主要电线设立简表（1879—1894）

年份	电线名称	经过主要城市	长度（公里）	经费（两）	企业性质	主办人
1879	天津大沽线	大沽—北塘—天津	40		官办	李鸿章
1880	天津上海线	天津—循运河—镇江—上海	1500	178700	官督商办	盛宣怀
1882	苏浙闽粤线	苏州—湖州—嘉兴—杭州—绍兴—宁波—台州—温州—福州—泉州—潮州—惠州—广州	3000	400000	官督商办	盛宣怀
1883	天津通州线	天津—通州	90	10000	官办	李鸿章
1883	广州龙州线	广州—梧州—龙州	1000		官督商办 官办	盛宣怀 张树声
1884	山海关奉天线	山海关—营口—旅顺—奉天		20000	官办	庆裕
1885	四川云南线	汉口—泸州—成都—蒙自	2500	300000	官督商办 官办	李鸿章 岑毓英
1885	奉天珲春线	奉天—吉林—珲春	1000	130000	官办	希元 李鸿章

续表

年份	电线名称	经过主要城市	长度（公里）	经费（两）	企业性质	主办人
1885	天津保定线	天津—保定	150	19000	官办	李鸿章
1886	台湾陆线	基隆—淡水—台北—安平	400	30000	官办	刘铭传
1886	福州台湾水线	福州—台北—澎湖—安平	250	153000	官办	刘铭传
1887	吉林黑龙江线	吉林—伯都纳—齐齐哈尔—黑龙江—大黑河屯	900	100000	官办	恭镗
1887	云南贵州线	毕节—大定—黔西—清镇—贵阳	200	20000	官办	岑毓英 潘霨
1887	梧州桂林线	梧州—昭平—平乐—阳朔—桂林	320		官办	张之洞
1887	钦州东兴线	钦州—防城—茅岭—东兴	160		官办	张之洞
1887	琼州黎岗各线		约700		官办	张之洞
1888	昆明腾越线	昆明—腾越	800		官办	岑毓英
1888	九江庾岭线	九江—南昌—吉安—赣州—庾岭	900		官督商办	盛宣怀
1889	陕西甘肃线	保定—太原—蒲州—西安—兰州—嘉峪关	2500		官督商办 官办	盛宣怀 杨昌濬
1890	汉口襄阳线	汉口—襄阳	350		官督商办	张之洞 盛宣怀
1892	甘肃新疆线	肃州—哈密—吐鲁番—乌鲁木齐	1600	200000	官办	杨昌濬
1893	新疆南路	吐鲁番—库车—阿克苏—喀什噶尔	1900	280000	官办	陶模 李鸿章
1894	新疆北路	乌鲁木齐—伊犁	650		官办	陶模 李鸿章
1894	乌苏塔城线	乌苏—塔城	450	40000	官办	陶模 李鸿章

资料来源：根据张国辉《洋务运动与中国近代企业》表九改编。

铁路的修建起于1880年的唐胥铁路，这是为开平煤矿运煤服务的，不过几十公里的窄轨。此前，外国商人曾在1875年在吴淞修建一条短程铁路，在国内遭到普遍反对，1876年被清政府拆毁。唐胥铁路后来向南延伸到天津，向北延伸到关外。台湾在建省后，于1887年开始修铁路，到1893年从基隆修到新竹，修了77公里。1895年前，全部修了364公里铁路，对经济发展作用很有限。帝国主义各国在华掠夺铁路利权，是在甲午战争以后。国内大规模的铁路修建，发生在19世纪末和20世纪初。

（4）近代纺织工业。

近代纺织业比较重要的是两家：李鸿章控制的上海机器织布局、张之洞控制的湖北织布官局。

上海机器织布局，从1870年代开始筹备，几经曲折，到1890年才初步建成开工，官督商办企业。厂址设在上海杨树浦，占地300多亩，有纺机3.5万纱锭，布机530台。机器织布局建成投产后，利润丰厚，纺纱利润尤其丰厚。但是1893年10月一场大火，延及全厂。十年经营，毁于一旦。鉴于利润丰厚，由盛宣怀出面重新召集股份，在旧址上建成华盛机器纺织总厂，另在上海、宁波、镇江建十个分厂，实行官督商办。1894年投产，总厂有纱锭6.5万枚，布机750台。还在上海机器织布局筹办之初，1882年李鸿章上奏要求十年专利获准，即在十年内国内不准办第二家织布厂，充分体现了它的行业垄断，抑制了纺织行业内民营企业的生长。直到1892年以后，才准其他商家办厂分利。

湖北织布官局。通称湖北织布、纺纱、缫丝、制麻四局。织布局在1893年建成投产。

三　洋务活动的小结

根据最近出版的已故学者樊百川的研究，洋务派“借法”30多年，共兴办了60个使用机器的近代企业，总计投入经费约5300万两。其中军事工业21个，创办及历年增添设备经费约1500万两，其他近代企业39个，投资3700万两。以30年计算，平均每年2个，投资170余万两。如果再加上在洋务派影响和特别批准下，以官督商办名义兴办的民族资本主义近代企业，也不过共有120余个，合计投资约5800万两，平均每年4个，投资不及200万两。这样的数字不仅根本无法同西方资本主义国家比较，即使与起步差不多同时的日本相比——日本截至

1892 年的 25 年中，最后共建成了 5600 多个公司，总计资本 2.89 亿余日元，平均每年设立 225 个公司，资本 1100 余万日元，合中国银两 700 多万两——也只能算是小巫见大巫。

在洋务派“借法”活动的这同一期间，全国全部民族资本主义企业，包括以官督商办名义依附于洋务派“借法”活动的民族资本近代企业，和其他各种情况的民族资本企业，先后共兴办了近 300 个，资本共 1000 万两以上。其中以官督商办名义依附于洋务派“借法”活动的，有 60 余个，资本共 500 余万两。其他各种情况的，有二百二三十个，资本共 500 余万两。这就是说，民族资本中，只有 1/5 的企业，一半的资本，是与洋务派的“借法”活动有关，而其余 4/5 的企业，一半的资本，不但并非洋务派的“借法”活动所促成，而且正是在洋务派“借法”的垄断活动排挤下，以托庇于洋人和其他势力（如广东顺德的缫丝厂托庇作为封建宗族祠堂财产等）的办法，在崎岖的道路上挣扎生长出来的。这后一类企业，个体规模虽小，数目却较多，分布行业面尤较广，且一般都与人民生活关系密切，不像洋务派“借法”活动所办企业以军事为中心①。

我们可以把洋务活动期间兴办企业的情况概括为几条：

第一，洋务活动不是清朝廷号令全国一致举办的活动，而是个别官僚经朝廷批准兴办的活动，在全国发展极不平衡。反对洋务活动的顽固派官僚势力很大。以慈禧为代表的朝廷，居中驾驭，以有利于政权的巩固为原则，并不在乎生产力的发展。

第二，从始到终，洋务派只在引进机器方面下功夫，并不研究西方资本主义的生产方式，尤其不注意研究西方资产阶级的政治体制，始终以纲常名教的中学为体，以西方的船坚炮利为用；以对付国内人民的反叛为主，所谓“御侮”的实质含义，只是维护条约体系所产生的“和局”，遇到列强挑战，只能俯首称臣，屈辱的条约只能一个又一个签订，损失国权无数。

第三，洋务派创办的军事工业，借用洋匠，却不借用资本主义的工厂制度，完全利用传统的官办局厂的办法，委用官员管理，大量插用私人，多领干薪，用士兵充当工人，生产不计成本，产品不投入市场，资

---

① 参阅樊百川《清季的洋务新政》第 1 卷，上海书店出版社，2003，第 22—23 页。

金难以为继。

第四，洋务派创办的民用企业，多采用官督商办体制，控制并监督了商人投资，利用官许的专利，实行行业垄断，阻碍了民族资本的发生和发展，阻碍了生产力的发展。

洋务活动客观上促进了中国资本主义的产生和发展，这与李鸿章所谓“裱糊破屋”的本意是相违的。洋务活动没有能够像日本的明治维新那样，在短时期内大规模地在国内推进资本主义的生产方式，称它为“洋务运动”是名不副实的。所以，我是主张使用洋务活动或者洋务新政这样的名词的。

依据学术界的研究成果，单纯从中国近代早期现代化的历程来看，洋务活动期间，特别是它的后期，民营企业的发展在推动资本主义生产方式的出现上是有价值的，是值得肯定的。

四 何谓洋务活动的破产

所谓洋务活动的破产，是指洋务活动的结果与洋务活动的开创者树立的目标相对比而言的。实际结果与他们当初设定的目标相距甚远。“自强”的目的难以达到，“求富”的目的也未能达到。通过甲午战争的失败，通过《马关条约》的签订，国家更弱了，人民更穷了。

（1）1874 年日本侵台事件及其后果。

（2）1876 年《烟台条约》的签订。

（3）1879 年，中国的藩属国琉球被日本吞并，改名为冲绳县。清政府束手无策。

（4）1884 年中法战争，不败而败，福建水师几乎被摧毁。

（5）1894 年爆发甲午战争，次年签订《马关条约》。北洋舰队全军覆没。终清之世，海军未能重建。

洋务活动期间所树立的目标，一个也没有达到。说洋务活动的破产，是有道理的。当然这不是说，甲午战争以后，引进西方生产方式的工作没有做了，相反，随着时代的发展，规模可能更大了。

五　关于洋务运动研究的不同意见

关于洋务运动性质的争论，照我的观察，主要在信奉马克思主义的学者之间进行，这种争论由来已久。一般资产阶级学者，在 1949 年以前，以及在 1949 年以后的台湾、香港学术界，并不多谈所谓洋务运动的性质，他们只是用肯定的语气罗列多少军事工业、多少民用工业，对曾国藩、李鸿章推崇备至。20 世纪初，梁启超对洋务事业本身的作用基本上是否定的。

主张用马克思主义观点研究近代中国历史的学者，往往注意近代中国的社会性质，注意近代中国出现了什么样的新的经济因素，是什么阶级力量推动了历史的发展。因此他们的研究，往往注意洋务运动的历史地位、历史作用、本身的性质等。

20 世纪 20—40 年代：

李达在 1927 年发表的《中国产业革命概况》和 1935 年发表的《中国现代经济史概观》，曾经高度评价了洋务企业在中国近代产业革命过程中的首创意义，认为洋务企业“开始踏入产业革命的过程，渐次脱去封建的外衣，而向近代社会方向运动了”。他认为“要发展中国产业，必须打倒帝国主义的侵略，廓清封建势力和封建制度，树立民众的政权，发展国家资本，解决土地问题”。

在何干之 1938 年出版的《近代中国启蒙运动史》中，第一次出现了“洋务运动”的名词，他认为“鸦片战争以来，由曾李的洋务运动、康梁的维新运动、辛亥反正的三民政策、五四时代的文化运动、国民革命时代的及其以后的新社会科学运动等，都与一百年来中国社会的经济结构、政治形态，与中国资本主义，互相适应”。何干之把洋务运动看作中国最初的思想运动，认为洋务运动是“封建上层分子目击中国民族的危机所提出的改良政策”，“具有爱国主义的性质”。

20 世纪 30 年代邓拓发表《近代中国资本主义发展的曲折过程》，提出了完全不同的看法。他认为洋务运动期间举办的军事工业，“完全表现出封建的军事工业性质”，“实际上都只是旧的‘官局工业’的延续”，“对于社会经济基础的生产方法，仍然没有发生直接的变革作用”。他说：“从1842年到1896年，半个世纪的时间内，中国自己的机器工业，仍然不能建立，仍然不能自动转向产业资本主义的发展道路。”

1940年，吕振羽发表《创造民族新文化与文化遗产的继承问题》，认为“洋务运动在本质上并非革命运动，而是封建阶级的一种自救运动。……洋务运动在‘西学为用’方面，在学习和设立资本主义性质的事业方面，客观上是进步的，而在‘中学为体’，在维护封建统治方面，则是保守的、反动的”。“洋务运动是失败了，但他为戊戌运动开辟了道路。”

1946年，范文澜在延安出版《中国近代史》上编第一分册，1948年胡绳在香港出版《帝国主义与中国政治》。这两本著作把洋务运动放在中国近代两条政治路线的对立与斗争中去考察，认为封建势力与帝国主义相勾结，实行对内镇压对外投降的路线，把中国变为半殖民地；太平天国、义和团到辛亥革命的中国人民反帝反封建斗争，实行的是人民的革命路线。这样，洋务运动被列入反动路线一边。胡绳认为，官督商办的近代民用工业“完全在买办性的官僚资本控制之下……成为阻止民间资本自由发展的镣铐”。范文澜认为，洋务派“并不欢迎资本主义而是害怕资本主义”，“害怕洋机器落到富商大贾手中”，采取官督商办的形式进行控制和监督。官督商办是封建势力束缚资本主义发展的一种手段。洋务运动时期，资本主义并没有应时兴起。但是洋务派不得不采取近代生产方法，中国的工业显然是在进步中。

20世纪50—60年代：

20世纪50年代，学术界关于洋务运动的看法，大体上不超出范文澜和胡绳的意见。但是，范文澜本人在分析中国资本主义发展的历史时，认为“最早的官办军事工业并不是资本主义工业，但开始使用了机器。有些官办的官督商办（介于官办和官商合办之间的一种形式）的，目的在求富的工业是封建主义支配下的资本主义工业，官商合办是封建主义和资本主义混合工业，商办的工业是正规的资本主义工业”。因此他认为，中国资本主义在每一阶段的一些进步，“表现了新社会发展的趋向”。显然，他的看法较1949年前略有变化。

1962—1964年，关于洋务运动的性质发生了一场争论。上海的姜铎等人发表了几篇文章，认为“洋务派所进行的仿效西方资本主义的经济活动，尽管他的政治动机和目的是反动的，力量是微弱的，效果也是不大的，但在一定程度上，只是反映和代表了当时中国社会发展的新方向，因而在改变古老落后的封建经济，促进中国近代化生产方式的发生发展方面，不能不在客观上起着一定的积极作用”。这种主张对洋务运动的作用给予一定肯定评价的意见，在当时的争鸣中处于少数的地位。

1980 年代初以来：

随着国家改革开放的推进，把洋务运动和中国资本主义的发生发展联系起来进行考察的学者多了起来。李时岳在 1980 年发表《从洋务、维新到资产阶级革命》的文章，提出“1840 年到 1919 年的中国近代史，经历了农民战争、洋务运动、维新运动、资产阶级革命四个阶段”，这四个阶段前后紧密相连，相互交错，“标志着近代中国历史前进的基本脉络”。把洋务运动与农民战争和资产阶级革命相提并论，引起了学术界长期的争论。刘大年、胡绳等都不同意这种意见。我个人也不赞成这种意见，在 1984 年写过文章，参与争鸣。

关于洋务运动性质的争论，是四十年来争论最为热烈的议题，大体上有三派主要观点。一派认为洋务运动是帝国主义和封建主义相结合的产物，是统治阶级为挽救自身危亡而发起的自救运动，它对促使中国资本主义发生方面客观上有进步作用，但对社会生产力的发展主要起了阻碍作用。在帝国主义和封建主义的统治下，它不可能使中国走向独立的资本主义社会，因而不能认为它是近代中国进步运动和进步潮流的开端。另一派是近几年兴起的，他们把是否促进社会生产力的发展作为评价洋务运动的标准，认为洋务运动是封建势力和外国侵略者之间矛盾的产物，主要目的是抵制外国对中国的政治经济侵略，它是地主阶级向西方学习的运动，是带有资本主义倾向的地主阶级改革运动，延缓了而不是加速了中国半殖民地化的过程，因而是中国近代史上一次进步运动，其主要历史作用是积极的。第三派对上两派有所批评，既不同意它是进步的运动，也不同意它是反动的运动。这一派认为洋务运动符合中国资本主义发展的客观要求，在 19 世纪 70 年代中期就具有了“御侮”的性质并促进了中国资本主义的发展，是顺应了历史潮流的，只是到了八九十年代以后，由于中国民族资产阶级的形成和资产阶级改良思想的逐步成熟，洋务思想和洋务派才失去积极意义，而成为反动的东西。

1988 年 12 月，李时岳、胡滨发表了他们研究洋务运动史的新著作。该书副题为《晚清“洋务”热透视》，正题署《从闭关到开放》。

此书与张国辉《洋务运动与中国近代企业》，夏东元《晚清洋务运动研究》《洋务运动史》恰好标志了洋务运动史争鸣中三种不同观点。

看起来，对洋务运动的争论今后还要继续下去。要提高洋务运动研究水平，还要做出新的努力。第一，加强马克思主义的学习，切实地以历史唯物主义原理作为研究的指导思想；第二，切实地把握中国国情，真正从半殖民地半封建社会的国情出发研究近代中国的政治经济运动，研究在这一国情下，资本主义发生、发展的政治经济意义；第三，认真研究洋务运动时期各主要企业的发展状况，并观察它对政局的影响，从而判定这一运动的实际政治经济意义；第四，真正开展百家争鸣，在相互切磋和驳议中求同存异，推动研究的前进。

我以为，研究历史，需要从历史时期的国情出发，不需要以今天的国情为着眼点。今天的国情会给我们提出历史研究的任务和灵感，但是今天的国情与近代中国的国情决然不同，不能视为一体。在建设社会主义市场经济的今天，以经济建设为中心，以生产力的发展衡量社会的发展和政党的作用，是完全正确的。即使我们今天强调科学发展观，在社会发展中贯穿综合的观点、平衡的观点，其核心一点还在于生产力的发展。如果把这种观点应用到半殖民地半封建的中国，以生产力的发展为唯一的衡量，那么，近代中国一切改革和革命的努力就无法加以解释了。这样的倾向可能导致历史虚无主义的后果，难以对近代中国的历史发展逻辑做出合理的说明。

洋务活动是 19 世纪中国半殖民地半封建社会极其复杂的社会条件下的产物，面临多种矛盾。这里所讲，限于时间和条件，不可能全面，有的地方只是勾画一下，不可能展开，这是需要说明的。

19世纪中日两国早期现代化比较研究*

序　言

中国和日本两国，大体上在19世纪60—90年代，迈出了早期现代化的步伐。两国发展的结局却大不相同。研究这种不同产生的原因，很有意义。本文将从这方面做一些宏观的探讨。

一般来说，中国在19世纪发生的早期现代化过程，学术界称作洋务运动，或者洋务新政、洋务自强。日本则称作明治维新。无论是洋务运动，还是明治维新，都是一个过程。

据有的学者统计，大体上在19世纪60—90年代，在中国，洋务派总共兴办了大约60个近代企业，总投资大概5300万两银子。其中军事工业21个，投资3700多万两。以30年计算，平均每年2个，每年投资170余万两。如果再加上在洋务派影响下和特别批准下，以官督商办名义兴办的民族资本主义近代企业，也不过共有120余个，合计投资约5800万两，平均每年4个，每年投资不及200万两①。由于各个学者占有的资料不一样，估计的不完全一样，但大体上只在这个数字上下，不

---

* 本文是为2010年8月在阿姆斯特丹召开的第21届国际历史科学大会准备的，曾在"中国、日本、印度现代化比较研究"分会场摘要宣读。发表于《徐州师范大学学报》2012年第4期。收入张海鹏《中国近代史基本问题研究》，中国社会科学出版社，2013。收入本书时标题略有改动。

① 樊百川：《清季的洋务新政》第1卷，上海书店出版社，2003，第22页。

会超出很远。这样的数字实际上是一个很小的数字，所以有一些人反对使用洋务运动这个提法，道理就在这里，因为它没有成为一个运动，不是中央政府统一号令全国办起来的。

如果拿中国的洋务新政和日本的明治维新来做一个比较就会非常清楚。日本的明治维新比洋务运动稍晚几年，1868 年明治元年才开始宣布维新，中国从 1861 年开始。但实际上日本的明治维新所形成的资本主义的改革，所引进的西方资本主义的生产企业、生产方式和政治制度，成效显著。据有人统计，从 1868 年到 1892 年，日本总共建成了 5600 多个公司，总投资资本达到 2. 89 亿余日元，平均每年设立 225 个公司，资本差不多 1100 万日元，大概折合中国的银两 700 多万两①。所以日本明治维新期间，1892 年前在洋务企业这方面的成就和中国当时相比，中国方面可以说是小巫见大巫了。实际上，两国的发展水平，不在一个层次上，也不在一个社会发展阶段上。

洋务新政与明治维新的宏观比较

不同在哪里？在于日本是由以天皇为首的明治政府主动在全国推行，中国只是由地方上的几个大员，包括曾国藩、李鸿章、左宗棠以及其他对洋务有兴趣的总督或者巡抚，在他们的辖区办理。当时中国还大量存在顽固派，他们对于建立新式海陆军、建立近代军事工业、开办民用工矿交通运输业，对于学习西学，无不加以反对。像曾国藩、李鸿章、左宗棠他们给皇帝很多奏折，要求办这个或者办那个事，另外一些大臣则持反对意见。慈禧太后占据统治地位，两边的意见都听，两边都支持，看两派互相攻击，对两派皆有运用之妙，她是“居中驾驭”，重在长期保持自己的统治权力。李鸿章在私下抱怨京城里的一些人眼光狭窄。说日本国由其君主一人主持，臣民一心并力，财力人力不断增进。中国朝廷里朝议夕变，早作晚辍，前途怎样，很难预计。不知道是否能等到“嗣皇（指光绪帝）亲政”而不发生严重变故②。这充分说明：洋

① 高桥龟吉：《明治大正产业发达史》，第 24 页，转引自樊百川《清季的洋务新政》第 1 卷，第 22 页。

② 《复鲍华潭中丞》，《李文忠公全书·朋僚函稿》第 15 卷。

务新政不是中国中央政府推行的一个举国一致的行动。

日本在明治维新初期，明治政府为了集中政府权力，成立了专门负责引进、移植和发展资本主义企业的中央机构。这些中央机构，都以“激进改革派”人士执掌。1869 年日本明治政府成立了民部省（相当于民政部）、大藏省（相当于财政部）、工部省（相当于工业部），1873 年成立内务省，1881 年成立农商务省。[①] 在这些中央机构的推动下，提出了“殖产兴业”的发展资本主义生产企业的方针。这一方针从 1870 年到 1885 年，连续不断地执行了 15 年。在这一方针下，日本全力发展资本主义工业企业，包括交通运输和通信业、钢铁业、机械制造和化学工业、采矿业、纺织业、食品业、银行业；在农业方面，实施“劝农政策”，大力发展资本主义近代农业、畜牧业，大批引进西方专业人才，大力吸收近代西学知识，全面移植西方资本主义生产方式，推动了日本社会向资本主义社会转化。

反观中国，在洋务新政时期，除了按照《北京条约》要求，在中央成立总理各国事务衙门，以处理大量外交事务外，中央和各省政府机构原封未动，未能建立任何一个推动资本主义改革、引进西方学术和技术以及机器设备的专门机构，没有一个机构来设计、制定有关推动洋务新政的方针政策。洋务新政期间，引进一些西方军事企业和民用企业，招聘若干技术人才，以求“自强”，以求“富国强兵”，提出“中体西用”思想，等等，都是出自推动洋务新政的地方督抚，未能成为举国一致的政策与指导思想。洋务新政与明治维新的结果大异其趣，就是必然的了。

类似于明治维新初期的新的中央机构建立与调整，以及推进维新事业的法律、政策的起草，清政府要到它的晚期，即 20 世纪初期，才逐步提上日程。从 1903 年起陆续建立商部（后改为农工商部）、度支部（相当于财政部）、巡警部等中央机构，直到 1906 年，中央机构改革，才有了外务部、吏部、民政部、度支部、礼部、学部、陆军部、法部、农工商部、邮传部等较为完整的机构框架。1903 年以后才制定《著作权律》《公司律》《破产律》《商会简明章程》《矿产简明章程》《铁路

① 明治政府推进资本主义改革的中央机构成立和变动情况，参见万峰《日本资本主义史研究》，湖南人民出版社，1984，第 87—88 页。

简明章程》等。这些较之日本整整晚了30年。

明治政府在1871年派出了最有影响力的大臣（右大臣岩仓具视为首）组成庞大的代表团（100多人）到欧西国家考察。考察时间近两年，足迹遍及美、英、法、德、俄等十多个西方国家。这个代表团在考察期间，除了预先设想的废除不平等条约毫无进展外，对欧美资本主义社会的政治、经济、军事、文化和教育诸方面均有很大的收获。代表团此次考察的基本结论是：日本必须学习和赶上西方国家，发展资本主义要学习英国，建设军事要学习德国，强调以俄国和德国为日本"文明开化"的基准[①]。这个代表团回国后，在推动日本社会向资本主义转化方面起到了重要作用。中国呢？清政府直到30多年后，在1905年才派出五大臣出国考察政治。一年多以后，考察大臣写出了政治改革的方案，这个方案不为慈禧太后全部接受，建立内阁制搁浅。终有清之世，也没有派出过以亲王或内阁大臣领衔的代表团，对西方国家的经济、社会制度进行考察。

在发展资本主义企业的方向方面，中日之间也有着本质的区别。在中国，洋务新政初期引进的军事工业，全部是官办，此后开设的民用工业项目，大多是官督商办，也有官办，民办企业极难生长。清政府没有提出促进民营企业的任何政策，毋宁是处处在压制它。李鸿章控制的官督商办企业上海机器织布局—华盛纺织总厂的经历就是一个典型的例子。主持机器织布局的郑观应在1881年请求李鸿章给予织布局专利权，要求在10—15年内，"通商各口无论华人、洋人均不得于限内另自纺织"[②]。李鸿章依据这个请求上奏清廷，同意"酌定十年内只准华商附股搭办，不准另行设局"[③]。这就是说，10年内不准各地商人另建纺织厂，压制了商人建厂参与竞争的积极性。织布局火焚后，重建华盛纺织总厂，李鸿章又同意主持华盛纺织总厂事务的盛宣怀在总理各国事务衙门立案，要求全国"无论官办、商办，即以现办纱机四十万锭子，布机五千张为额，十年之内，不准续添"[④]。李鸿章、盛宣怀主持的官督商

① 参考万峰《日本近代史》，中国社会科学出版社，1981，第91—95页。

② 郑观应：《禀北洋大臣李傅相为织布局请给独造权限并免纳子口税事》，《盛世危言》第7卷，第9页。

③ 《试办上海织布局折》，《李文忠公全集·奏稿》第43卷，第44页。

④ 《推广机器织局折》，《李文忠公全集·奏稿》第78卷，第12页。

办企业就这样取得了垄断地位。在官督商办企业这样的专利权政策垄断下，民办企业很难在纺织企业中展身手了。轮船招商局与洋商签订的“齐价合同”也同样限制了民办轮船公司的成长。

日本实行了两个并举：引进资本主义企业与引进资本主义经济制度并举，举办官办企业与鼓励民营企业并举。明治维新初期，日本引进、移植西方资本主义生产企业同时，也引进、移植西方资本主义的经济制度，包括公司制度、银行制度、货币制度、公债和保险制度；明治初期为了倡导资本主义的生产方式，也大量举办了官办企业，其中陆军省主办的军工企业占了主导地位，据统计，到 1884 年，陆军省所属军工企业的职工人数，是工部省所属工厂人数的 9 倍，马力则是 3.5 倍①。在开办官办企业的同时，明治政府也重视发展民营企业。

清政府把民间资金吸引到官督商办企业里来加以控制，设法阻止民营企业的发展。日本政府却尽量地鼓励推动民间办企业。民间资本不足，明治政府设法调动资金来支持民间举办各种企业。自 1872 年开始成立国立银行，到 1879 年这种银行增至 153 家②。国家还改革货币制度，实行公债和保险业务，银行发行货币，大大促进了资金的融通。国家发放“劝业贷款”，发放“劝业基金”和“创业基金”，为各种民间商人提供发展资本主义企业的资金，大大缓解了“殖产兴业”中的资金困难。据统计，1870—1885 年，日本政府发放的“兴业费”达到 2970 万日元。同一时期，通过政府机构向私人企业和个人放款 80 万日元，向国立银行和私立银行放款 2900 万日元，向旧官僚和特权商人放款 310 万日元。其中向三菱公司一家就放款 186 万日元③。所以日本的资本主义企业像雨后春笋很快地成长起来。尤其是在 1880 年代，日本政府为了改变国有企业过多造成财政亏损的状况，在相当程度上改变了企业发展的方向。1880 年 11 月，明治政府颁布了“处理”国有企业的条例，确定了廉价“处理”国有工矿企业的方针。除了保留部分军工等企业外，在实施过程中，日本政府将大部分国有企业廉价处理给各类资本家。有些企业，实际上等于无偿转让。中国学者万峰认为，这些措

---

① 万峰：《日本资本主义史研究》，第 109 页。
② 万峰：《日本资本主义史研究》，第 117 页。
③ 万峰：《日本近代史》，第 150—151 页。

施，相当程度上壮大了私人资本的力量，促进了日本资本主义的成长[①]。日本学者依田熹家认为："这一事件对日本的资本主义发展和近代国家的确立有着划时代的意义。"[②] 像三井、三菱、川崎等一大批"政商"，逐渐发展成为后来日本社会的大财阀。在中国大量是官办，其次是官督商办，商人有钱，但他不敢办公司，所以在官办的名义下或者在官督商办、官商合办的名义底下来办一些公司，力量很小。纯粹商办的企业很少，而且资金也很少，缺乏资金融通的渠道，企业风雨飘摇。纯粹商办的企业面对几方面的竞争，既面对洋商的竞争，也面对官办企业的竞争，面对官督商办的企业的竞争，很难生长起来。所以，直至清末，中国未能打破半殖民地半封建社会形态，未能突破前资本主义的生产方式，未能出现资本主义企业蓬勃发展的局面。

日本在明治初期，虽然推翻了幕府统治，国内还面临许多严重的政治和经济方面的问题。在岩仓具视、伊藤博文等大臣的推动下，1872年完成"废藩置县"，彻底取消了封建领主的统治，瓦解了封建幕藩体制下的土地所有制；旧的藩主退出中央政权，不仅实现了全国政令统一，也实现了中央集权专制统治体制。随着"废藩置县"的完成，又逐步改革封建等级制度，取消了武士阶层的特权，大体上实现了士农工商"四民平等"；1871 年制定了《户籍法》，1872 年编制了全国统一的户籍[③]。与此同时，明治政府推行"文明开化"方针，1870 年制定日本第一个《大中小学规则》，1871 年成立文部省，1872 年文部省颁布《学制》，全面推动教育改革，以小学为基础，普及国民教育。1873 年明治政府进行了土地租税的改革，逐渐改变封建领主的土地所有制为地主的土地所有制，土地可以自由买卖，农民的人身获得自由[④]。以上这些改革，为推行资本主义经济制度改革准备了前提，扫除了资本主义发展的政治、经济障碍，开拓了全国统一的市场，也为工业发展准备了有一定知识基础的劳动者后备军。所有这些改革，不仅涉及政治制度，而且涉及社会经济结构，涉及学术、文化和教育的制度。通过所有改革，

---

① 万峰：《日本近代史》，第 162 页。

② 依田熹家：《日中两国近代化比较研究》，卞立强等译，上海远东出版社，2004，第 50 页。

③ 依田熹家：《简明日本通史》，卞立强等译，上海远东出版社，2004，第 215 页。

④ 参考万峰《日本近代史》，第三章。

加上随后的明治宪法体制的建立，日本社会已经脱胎换骨，不仅在社会经济结构上，而且在社会政治结构上，变成了一个资本主义社会，并且发展为军国主义、帝国主义国家。这些改革，在中国完全没有触及。教育制度的改革，中国在 20 世纪初才提上日程。至于土地制度的改革，不仅有清一代未能提出，甚至民国时期也未能实现。

日本办理明治维新的大臣，像伊藤博文他们都是在外国留过学，有的具有西方学历，对于西方资本主义生活方式、生产方式都有相当的了解。但是在中国的大臣当中，没有一个人懂得洋文，直到 19 世纪 70 年代，甚至没有一个大臣到外国去考察过，所以对于西方资本主义社会经济制度这些东西基本不懂。他们虽然办了企业，所用的方法完全是传统的封建社会的官办企业的方法，这样洋务新政的成就很难突破旧的体制。

中国大臣的困惑

这里有一个故事，是清政府大臣面临的困惑。

1884 年 6 月，中国驻日本公使黎庶昌给皇帝上了一道《敬陈管见折》，请总理衙门转奏。总理衙门碍于战情紧张（中法战争发生观音桥事变），又碍于折中建议有关修火车、派亲王出国考察等事项不宜上闻，原折退回，并未送达朝廷。

黎庶昌有感于自 1877 年 1 月随郭嵩焘在伦敦赴任以来，清廷“遣使八年，出洋诸公从未有将中外情形统筹入告者”[①]，他自己“奉使东西两洋，已逾八载，闻见所接，思虑所筹，何忍缄默不言”[②]，于是专折敬陈管见。可见，这篇折子实际上是一个有关西方国家社会政治的考察报告，针对中国社会提出了自己的政策建议。《敬陈管见折》表明一个从封闭环境中走向世界的中国人，面对中国和世界事务所作的思考。

《敬陈管见折》提出了有关改革内政的六条建议：一、水师宜急练大支，二、火车宜及早兴办，三、京师宜修治街道，四、公使宜优赐召

① 《敬陈管见折》编后记，见《拙尊园丛稿》第 5 卷，第 6 页。

② 《敬陈管见折》，见《拙尊园丛稿》。

见，五、商务宜重加保护，六、度支宜豫筹出入。所谓水师练大支，指的是建立海军部，编练海军舰队（至少百艘），保卫中国海疆。所谓火车宜及早兴办，是指赶紧修建京津铁路，建成时，“鸾驾亲临一观，是非得失自不可掩，然后明诏各省，逐渐仿行”。折中说：他曾经“在西洋目击欧土铁路，其多类似珠丝瓜络”，这些铁路，在1870年普法战争中、1879年俄土之战中都发挥了重要作用，都未听说因为有火车而发生诱敌深入之事。限于篇幅，其他几条不再解释[①]。

这六条建议，是中国最早的外交官提出的中国现代化计划。无论是办水师、修铁路、治京师、礼公使，还是发展工商、统筹度支，都要求朝廷统一办理，号令全国。办水师、治京师、礼公使，只有朝廷才能办。修铁路，要求“明诏各省，逐渐仿行”；发展工商，要求“经办大员通盘计划”，“朝廷权力明示扶持”；豫筹度支，要求“饬令各省分款核计，预约大纲”，“汇候朝廷处分”，“颁示简明章程”。显然，这个建议的真实用意，是要动员朝廷权威，全面推行“洋务新政”。那时候，顽固派反对“以夷变夏”，搬出“恪守祖宗成法”的招牌，谁也不敢反对。保守派人士如大学士倭仁主张“以忠信为甲胄，以礼义为干橹”，就是不能学习西方。果如李鸿章所说，修铁路“无人敢主持”，“两宫亦不能定此大计”[②]。洋务派的“整军经武”活动，日本政治家伊藤博文也看出“皆是空言”，“此事直不可虑”[③]。清廷对洋务派的活动尚在观察之中，并无迹象显示，“洋务新政”已成为举国一致的国策。黎庶昌正是看到了“洋务新政”只是“各省枝节而为之，徒有开办虚名”的现实，试图鼓动清廷改弦易辙，全力推行。这是《敬陈管见折》的大胆和过人之处。这个建议较清廷在1901年被迫宣布全面推行“新政”，早了十八年，其不被重视，是可以预期的。

在黎庶昌看来，“轮船、火车、电报、信局、自来水火、电器等公司之设，实辟天地来未有之奇，而裨益于民生日用者甚巨，虽有圣智，

① 参见张海鹏《追求集——近代中国历史进程的探索》，社会科学文献出版社，1998，第137—149页。

② 《复郭筠仙星使》，光绪三年六月初一日，《李文忠公全集·朋僚函稿》第17卷，第12—13页。

③ 《军机处奏》，光绪十二年正月初六日，附件，《清光绪朝中日交涉史料》第10卷，第2页。

亦莫之能违矣”[①]。“使孔子而生今世也者，其于火车、汽船、电报、机器之属，亦必择善而从矣。”又说：“向令孟子居今日而治洋务，吾知并西人茶会、音乐、蹈舞而亦不非之，特不崇效之耳。”[②] 在他看来，纵令孔、孟等圣人在今日，也是要学西法的。这所谓西法，当然包括“上下议院之法”：“凡事皆由上下议院商定，国王签押而行之，君民一体，颇与三代大同。”[③] 既然西方的“上下议院之法”，与几千年来令人景仰的中国“三代”政治有“大同”之处，难道不应当学习吗？可见，黎庶昌对西方的政治制度是向往的。

这个奏折最重要的建议是在结尾提出的：他建议皇太后、皇上“特遣一二亲贵大臣驰赴欧洲一游，经历美国、日本而归，综揽全球，虚心访察，必有谦然知我内政之不足者。臣愚以为莫如醇亲王最宜矣。如此不特目前醇亲王辅佐枢廷，处事必归至当，即异日皇上亲裁大政，顾问亦有折中。自强之本质在于是”。这是一段很重要的议论，一个很大胆的建议：洋务新政只有统于朝廷，才是自强的本质。驻英公使曾纪泽读后曾评论道：“修治京师道路及请醇邸出洋两层，弟怀之已久而未敢发。台端先我言之，曷胜快慰。假定朝廷嘉采，硕划实见施行，则中国之富强，可以计日而待。倘再因循粉饰，意见纷歧，则杞人之忧，方未已也。”[④] 可见，这两个早期外交官观察欧洲后的意见是一致的。

这个故事说明，在中国，清朝政府对于建铁路、办工商之类颇多疑虑，熟悉外情的大臣的建议，不大可能上达朝廷。这是中国那些想推行现代化计划的大臣们的困惑。这也是中日两国早期现代化起步的根本区别。

从历史发展阶段上比较中日两国的早期现代化进程

洋务新政和明治维新的最大差距是什么？在于明治政府明确认识到改革的目标是走向西方式的资本主义，洋务新政的领导者完全没有这种

---

① 《与莫芷升书》，《拙尊园丛稿》第 6 卷，第 2 页。

② 《儒学本论序》，《拙尊园丛稿》第 5 卷，第 13 页。

③ 《与莫芷升书》，《拙尊园丛稿》第 6 卷，第 1 页。

④ 《曾袭侯函》，《拙尊园丛稿》第 5 卷，第 7 页。

认识。这是因为，洋务新政和明治维新发生的时代背景不完全相同，中日两国社会经济发展的阶段不完全相同。

中国和日本学者多有拿中国的洋务新政和日本的明治维新相比较的。日本学者依田熹家著《日中两国近代化比较研究》，比较、研究了中日两国的近代化问题，特别对中国的洋务运动和日本的明治维新，从政治、经济、文化思想，从两国对近代国家的认识，从两国的产业政策、近代化过程中的文化形态，从两国的儒学，从两国的经济观等方面，作了相当全面的比较。依田氏通过比较提出鸦片战争以后，中国是向着分裂的方向走，日本是向着统一的方向走，向着统一方向走的日本形成了统一的国内市场，向着分裂的方向走的中国未能形成统一的国内市场。他认为这是中日两国近代化向着不同方向发展的基本原因①。这是一个重要的见解，尽管其中不乏可以讨论的地方，例如，关于统一市场的问题。但是，依田氏在比较的时候，忽视了中日两国经济社会发展处在不同阶段的特点。

指出这一点的是日本另一著名历史学家井上清。井上清在他的研究中指出，洋务运动和明治维新进行改革的主体的阶级性质和历史阶段不同，两者实际上不可放在一起进行比较；洋务运动和德川幕府的改革性质相同，可以放在一起比较②。我非常认同这个意见。井上清的这个见解，在他早年的著作中，就已有明确的表述。他写道："将幕府末期的中国和日本来比较，不但外部的世界史的条件，对日本有利，对中国不利，并且在民族的经济文化及政治力量的集中发展上，日本也赛过中国，就造成两国地位在不久以后的决定性的差别。"③

明治维新以后的日本，由于全国统一市场的形成，高度统一的中央集权制度也逐渐形成了，号令齐一，易于推行。中国虽然也是高度中央集权，但是国家大，保守力量强，不能突破"夷夏之防"，难以做出学习西方的决策。中国和日本虽然先后沦为半殖民地半封建社会，但最重要的是，明治政府一开始就抱着废除不平等条约的目的，寻求与列强交涉，并且逐渐形成了（特别是通过岩仓具视考察团）发展资本主义的

---

① 依田熹家：《日中两国近代化比较研究》，第19—21页。

② 井上清：《中国的洋务运动与日本的明治维新》，李薇译，《近代史研究》1985年第1期。

③ 井上清：《日本现代史》第1卷《明治维新》，吕明译，三联书店，1956，第211页。

基本思路，从政治、经济、社会、文化教育多个方面采取了发展资本主义的诸多措施。

中国在两次鸦片战争中遭到列强痛击，被迫签订了一系列不平等条约，却没有痛定思痛，另辟新路。1860 年 11 月，《北京条约》签订后，曾经占领京师的英法联军随后撤出北京，没有借战胜之威一举推翻清朝的统治，这使奕䜣等大臣大喜过望，深感“非始愿所能料及”[①]。奕䜣在给咸丰皇帝的报告中，反复申说，强化这个认识。他说：“自换约以后，该夷退回天津，纷纷南驶，而所请尚执条约为据，是该夷并不利我土地人民，犹可以信义笼络，驯服其性，自图振兴，似与前代之事稍异。”[②] 可见，清朝统治者对于英法等列强没有乘占领北京之机取代清朝廷的统治地位，是颇为感激的。通过太平天国起义和第二次鸦片战争，他们总结出的基本认识，是英国、俄国的侵略是“肢体之患”，而“发捻交乘”，才是“心腹之害”[③]。《北京条约》以后，清朝廷除了按照列强要求成立总理各国事务衙门外，在政府机构上没有采取除旧布新的任何新措施，所谓洋务新政，也只是各地督抚为之，各地建立起一批军事工业，最初的目的只是镇压人民的造反。最早主张实行洋务新政的两江总督、钦差大臣督办江南军务曾国藩 1861 年给皇帝的奏折说：“购买外洋船炮，则为今日救时之第一要务。……可以剿发捻，可以勤远略。”[④] 历史证明，清政府始终把镇压人民的反抗放在第一位，把“勤远略”即反抗列强侵略放在第二位。对于列强侵略，他们抱着“外须和戎”[⑤] 的态度，对于不平等条约，他们本着“守定和议，绝无更改”[⑥] 的方针。终清之世，清政府都没有向列强提出过废除不平等条约的要求。中国人提出废约主张是到了 20 世纪 20 年代才有的。从这一点上说，中国的洋务新政不能与日本的明治维新相比，恰恰可以与幕府末期的改革相比。

中国的洋务新政与日本德川幕府末期的改革相比较，则颇多相似之

① 《咸丰朝筹办夷务始末》第 69 卷，第 9 页。
② 《咸丰朝筹办夷务始末》第 71 卷，第 18 页。
③ 《咸丰朝筹办夷务始末》第 71 卷，第 18 页。
④ 《复陈购买外洋船炮折》，《曾文正公全集 · 奏稿》第 17 卷，第 10—11 页。
⑤ 《李文忠公全集 · 朋僚函稿》第 19 卷，第 43 页。
⑥ 《复陈津案各情片》，《曾文正公全集 · 奏稿》第 29 卷，第 49 页。

处。第一是改革背景大体相同，第二是改革主体的阶级性质相同，第三是改革内容大致相同。

日本在1853年面临美国的“黑船”事件，随后与美国等列强签订一系列不平等条约。国内有农民起义发生（尽管规模较小），同时出现“尊王攘夷”运动，幕府政权面临挑战。这时候，幕府为了维持自己的统治地位，试图加强以幕府为中心的旧的藩政体制，遇到各方面反抗，很难成功。各大强藩不服从幕府统治，努力加强藩的实力。“黑船”事件后，幕府和萨摩藩、长州藩等大藩在已有的工场手工业基础上，从西方国家引进近代企业，首先且主要是军事工业，如1853年在江户设立洋枪洋炮制作所，试造洋式军舰；1854年在长崎设立海军传习所，请荷兰海军军官讲授轮船驾驶和海军学；1857年在长崎建设制铁厂；1862年将江户的“蛮书调所”改名为“洋学所”，按照西洋大学校规，开设荷、英、法、德、俄语教学，以及天文、地理、物理、化学、数学、医学、机器等学科，培养懂得西洋知识的人才；自1863年开始创建用西式步、骑、炮三个兵种的新式陆军。萨摩藩、长州藩、肥前藩也都开始了洋枪洋炮和舰船的制造，从外国进口汽船，开办了洋学设施。1857年盛冈藩建筑洋式高炉，炼铁成功。1867年，萨摩藩在鹿儿岛建设了以机器作动力的纺织所，请英国技师指导①。到1868年，属于重工业性质的新式手工业工厂（包括机械、造船、军工和冶金等）已有30多个②。

幕府末期建设的新式军事工业，引进的西方机器生产，规模可能比中国洋务新政时期略小一点，但它的反应是迅速的，新式机器的引进，新式学校的举办，在1861年前大体已具备。中国都在1861年以后才出现。与幕府时期比较，对于列强侵略的反应，中国是迟钝的。对于西方科学知识的学习和追求，日本是积极的，中国是被动的。江户的“洋学所”，仅英文、法文班学生，1866年就有300人③。清政府1862年在北

---

① 参考井上清《日本现代史》第1卷，第二章第五目“天保改革及其后果”，第99—118页，以及井上清：《中国的洋务运动与日本的明治维新》，李薇译，《近代史研究》1985年第1期。

② 转引自万峰《日本近代史》，第51页。

③ 井上清：《中国的洋务运动与日本的明治维新》，李薇译，《近代史研究》1985年第1期。

京开设同文馆（外语学校），培养外语人才，第一年只有英文班，就读学生 10 人。到 1885 年，同文馆学生才录取了 108 名[①]。之所以有差别，是因为中日两国的文化背景不同。

日本幕府末期的改革，是为了强化幕府的统治，强化幕藩体制。但是它的改革，也有一定的积极意义。井上清评价说：幕府末期的日本，自天保改革以来，“刚在政治上开始活跃的武士、地主、商人出身的改革派中间阶层，就随着封建制度危机的加深，作为所谓尊王攘夷的志士，发展了全国性的团结，掌握了民族的与国家的统一的主导权”[②]。

中国的洋务新政，当时就称作“自强新政”，它是在外国侵略和太平天国起义双重打击下，谋求“自强”的新政，是封建统治者谋求自救的措施。李鸿章的“裱糊匠”说法，最能说明问题。他晚年对人说：“我办了一辈子的事，练兵也，海军也，都是纸糊的老虎，何尝能实在放手办理？不过勉强涂饰，虚有其表，不揭破犹可敷衍一时。如一间破屋，由裱糊匠东补西贴，居然成一净室。虽明知为纸片糊裱，然究竟决不定里面是何等材料。即有小小风雨，打成几个窟窿，随时补葺，亦可支吾对付。乃必欲爽手扯破，又未预备何种修葺材料，何种改造方式，自然真相破露，不可收拾。但裱糊匠又何术能负其责？”[③] 清政府是一间破屋，“自强”新政只是裱糊破屋，洋务派大臣不过是裱糊匠而已。他们没有想过，把破屋推倒，彻底更新。如果这样，他们就是新社会的建筑师，而不是旧社会的裱糊匠了。洋务派主观上要做“裱糊匠”，他们引进西方的科学技术、生产方式，就是引进了封建生产关系中不能容纳的社会生产力，这就必然会破坏旧的生产关系，促进新的生产关系的出现。洋务新政为资本主义近代工业在中国的出现，造成了一些客观的条件。这是中国洋务新政客观上产生的进步作用。

结 语

对 19 世纪中日两国早期现代化进行比较研究，是要研究遭受西方

① 引自樊百川《清季的洋务新政》第 1 卷，第 591、594 页。

② 井上清：《日本现代史》第 1 卷，第 118 页。

③ 吴永：《庚子西狩丛谈》，第 107—108 页。

列强侵略的国家，在东方的半殖民地半封建社会里，所谓后发展中国家，如何赶上现代化的潮流，在何种历史条件下，能赶上现代化潮流。通过以上研究，我们看到，中国的洋务新政，大体上可以与日本幕府末期的改革相比较，改革主体、改革内容大体相近；改革效果，中国尚不及日本。尽管两国都具有早期现代化的特征，但与真正的现代化进程相比较，还有距离。洋务新政与明治维新，实际上是不同历史发展阶段上的产物，难以作真切的比较。尽管明治维新算不算真正的资产阶级革命，日本和中国学者都有不同见解，但明治维新以后，明治政府逐渐采取一系列政策措施，对日本社会进行了资本主义改造，这些改造刺激了日本社会自由民权运动的发生，推动了日本向资产阶级宪政国家的转变。自由民权运动的目的虽然没有达到，却促进了日本产业政策向自由资本主义方向转换，大量国有企业廉价处理给民营企业是一个标志。这个转换，标志着日本资本主义社会的形成。可见，落后国家，后发展中国家，甚至遭受过西方国家侵略的半殖民地半封建国家，只有转换国家体制，才可能全力推进资本主义的产业政策和文化政策，才可能赶上现代化的潮流。中国在 19 世纪内完全不具备这样的条件，所以只能在半殖民地半封建社会的泥淖中越陷越深，在现代化的道路上很难有大的步伐。

析黎庶昌《敬陈管见折》*

近代早期著名的外交家黎庶昌，迄今还是一位令人感到陌生的人物。所谓著名，黎庶昌是晚清第一批驻外参赞之一，曾历任英、法、德及西班牙使馆，著有历述其参赞经历的《西洋杂志》① 一书，后又两任驻日公使。所谓陌生，迄今除了少数辞书收有黎庶昌一条及几篇传记②略述其生平事迹外，竟无一篇专门论文问世。比起在曾国藩幕府中共事的薛福成和同在英法使馆任参赞的马建忠，学术界对黎庶昌是太冷淡了，黎庶昌身后也未免太过孤独了。幸好贵州人在改革开放的大潮中记起了贵州先前还有这么一位走出贵州、走向世界的乡贤，在贵阳发起“黎庶昌国际学术研讨会”，一下把一个封闭在故纸堆中的历史人物请上国际讲台，这也算是今日贵州开放形象的某种缩影吧。

笔者欣逢时会，仅在此分析黎庶昌一篇身前身后均遭冷遇的文章，稍做评论，以引起学人的注意。

《敬陈管见折》，载于黎庶昌自编之《拙尊园丛稿》卷五。这是一篇上给皇帝的奏折，约作于光绪十年五月（1884 年 6 月），时作者正在

---

* 本文是为 1992 年 10 月贵阳“黎庶昌国际学术研讨会”而作的，原载《贵州社会科学》1993 年第 1 期。收入张海鹏《追求集——近代中国历史进程的探索》，社会科学文献出版社，1998。

① 钟叔河在为收入《走向世界丛书》的《西洋杂志》所写前言《一卷西洋风俗图》中说，《西洋杂志》自 19 世纪 80 年代起了帮助人们打开眼界的作用。查该书刊于光绪庚子年，即 1900 年，则在读者中起上述作用，应发生在 20 世纪初，而非 19 世纪 80 年代。

② 这几篇传记，据笔者所知，除《清史稿》立传外，今人撰写的，只有冯祖贻发表于 1988 年的《清代人物传稿》，似较疏阔。钟叔河的上揭文，则是专门评价《西洋杂志》的。近年贵州出版的黄万机著《黎庶昌评传》，可谓凤毛麟角了。

驻日本使署。上书前，中法签订天津《简明条约》（又称《李福协定》）[①]，奏折送到总理衙门时，适值越南战场发生观音桥事变，中法战争再起。总理衙门碍于政治原因（主要是时局变化及折中有的建议涉嫌忌讳），将原折退回，并未送达朝廷。因此该折除在少数人中传阅外，并未正式公布。光绪十九年发刊《拙尊园丛稿》时，作者羞羞答答地将它作为馀编（类似附录）收入集中。丛稿编成后，人们对此一奏折似乎再未提起。其身前身后均遭冷遇者如此。

《敬陈管见折》表明一个从封闭环境中走向世界的中国人，面对中国和世界事务所作的思考。黎庶昌有感于自 1877 年 1 月随郭嵩焘在伦敦赴任以来，清廷"遣使八年，出洋诸公从未有将中外情形统筹入告者"[②]，他自己"奉使东西两洋，已逾八载，闻见所接，思虑所筹，何忍缄默不言"[③]，于是专折敬陈管见。

管见维何？就是关于改革内政的六条建议。

六条建议是：一、水师宜急练大支，二、火车宜及早兴办，三、京师宜修治街道，四、公使宜优赐召见，五、商务宜重加保护，六、度支宜豫筹出入。所谓水师宜急练大支，是鉴于"北洋水师粗立基绪，然战舰未备，魄力未雄，实难责与西人匹敌"。考虑到中国海疆袤延万里，应练足百号兵船，以资防守，其中，以六十号分配给南北两大军，每军应有铁甲巨舰四五艘，专作攻敌之用，并建立海部（似即后来的海军衙门或海军部），统一发纵指使，庶几章程一而号令齐。关于火车宜及早兴办，强调"西洋富强之术首在轮船、火车"，认为"西法中之便官便商便民而流弊绝少者，独火轮车一事耳"，驳斥了"修筑铁路有碍民生"或"兴此巨工有关风水"的奇谈怪论。所谓京师宜修治街道，建议除宫禁外，内外两城坊巷"似宜饬下五城顺天府：听准官民共起公司，设局修理。国家岁拨经费数十万两助入之，仿照外国章程，抽收地税、房租以佐不足。将街道一律平缮，治使宽洁，广种树木，添设自来水火，以便民用。徙致豪富以实空间，置巡役以养旗丁，藉工作以消盗

① 黎庶昌在交代《敬陈管见折》的写作背景时说"甲申三月，法约既定"，所记时间有误，应为甲申四月，即 1884 年 5 月，据此推断，此折写作约在甲申五月，时作者正在驻日本使署任职。

② 《敬陈管见折》编后记，《拙尊园丛稿》卷 5，第 6 页。

③ 《敬陈管见折》，以下引此折者不再注出。

贼。务令两城内外，焕然一新，荡平如砥，则四海之人皆将悦而愿游于吾宇矣”。他认为，像这样系统地进行首都的城市建设，最容易被外国人看作振作有为的举动，又是对“国体、民生两有裨益”的事。关于公使宜优赐召见，建议皇太后、皇上每年于春秋和暖时，召见各国驻京公使一二次，接以温语，赐宴款之，则“天颜半日之谦光，转足以伸彼瞻云就日之忱，而起其肃庙雍宫之敬”。还建议在京师、天津、上海三处，特辟西式客馆一所，“不厌崇闳巨丽，辅以园圃，足备壮观，凡遇各国游历之王公贵臣及往来公使人等，延使居住，用示怀柔，未尝非外交之一助”。关于商务宜重加保护，鉴于“西人长驾远驭”，中国“大利几至尽为所有”，为了挽回利权，建议对各省煤铁厂矿的开设，应指示“经办大员通盘计划，将来源销路一一精筹奏明在案”，“如兴办火车铁路，则煤铁不患其无用矣；改铸金钱银钱，则五金不虑其不通矣；公务要件率先摘由电传，则电局不致虚设矣。凡若此类，必仰赖朝廷权力，明示扶持，庶免公司倒折之虞，即杜外人觊觎之渐，商务当日有起色。否则听从各省枝节而为之，徒有开办虚名，不闻见功实效”。关于度支宜豫筹出入，建议仿西洋办法，宜将一年全国财政应出应入之数，令各省分款核计，于前一年先行奏闻，由朝廷分成最急、次要、寻常三等，应付急需者，务期如额，“颁示简明章程，使之遵守，不足之数，然后酌取于民”。筹款办法仍仿西洋，除厘金、关税外，官民俸入之税、准票引票之税、烟酒公司之税、火车电报信局之税，皆属巨宗，若能一一推行，岁增当必不少；而鸦片烟一项不问中外所产，尤应严格重惩，无使漏网。

以上六项建议，从表面文字来看，除修治京师、优礼公使两项外，似无新意，前人早已议及，何以总理衙门以有碍时局、涉嫌忌讳而拒不奏报朝廷呢？以下试做一些分析。

第一，这六条建议不是空洞无物、无关痛痒的表面文章，而是黎庶昌实地考察、比较了东西两洋和中国现实情况，经过反复思考以后“将中外情形统筹入告”的，处处带有强烈的现实性和改革要求，照当道看来有许多实在是扞格难行的。黎庶昌在《西洋杂志》中，翔实、客观地报道了他在西洋各国考察政教、社会、风俗的经过情况，可以看出，奏折中所述西洋情况是以此为据的。说到铁路，折中说：“尝在西洋目击欧土铁路，其多类似珠丝瓜络”，而同治九年布法之战（即1870年普法战争)、光绪四年俄土之战，都未听说因为有火车而发生诱敌深入之事，要求尽快修筑京津之间铁路，告成时，“鸾驾亲临一观，是非得失自不可掩，然后明诏各省，逐渐仿行”。显然，这是正面把修铁路作为利国利民的好事，诱使“鸾驾”首肯。他完全忘了八年前清政府把吴淞铁路拆毁的故事。要“鸾驾”亲临观察“奇技淫巧”的铁路，岂非大逆不道?!说到修治京师街道，他描述西洋国家首都，“但观其街衢之敞洁，屋宇之整齐，车马之骈阗，气象亦足耸然矣，大国伦敦、巴黎姑不论，即小国如荷兰、比利时，都会亦皆壮阔”[①]，回观“中华乃自古最尊之国，京师又四海仰望之区”，其外观毕竟与西洋反差太大。他不仅建议重新修建内外两城街巷，使之焕然一新，而且连“宫禁”似也未排除在外，虽然他谨慎地使用了“宫禁未敢深议”的遁词，意思是说，如果“宫禁”可以议论的话，也应包括在修治计划之中的。这个想法过于大胆，如果说涉嫌忌讳，显是一例。说到优礼外国公使，折中说，“日本东瀛小国，尚有延辽、鹿鸣、交亲等馆以待四方宾客之至，独我中华大国通使已久，授餐，适馆，寂然无闻，臣甚愧之”，这种通过对比进行批评的语言，也过于直露了。且在建议皇太后、皇上每年春上召见各国公使时，还特别强调“斯固无待亲政之期而即可举行者也”，这显然涉及朝廷中最敏感的话题了。我们知道，两宫垂帘听政，是通过祺祥政变争来的权力，是破了祖宗家法的，而光绪登基后续行垂帘听政，则是慈禧的曲意安排，慈禧是不会轻易让光绪亲政的。事实上，光绪十三年（1887）亲政时，慈禧还要“训政”，再过两年，才名义上“撤帘归政”。黎庶昌上折时为光绪十年，离亲政之期尚早，建议皇帝在亲政之前就召见外国公使，显然也是犯讳的。又关于豫筹度支，一入手就举西洋为例，“每岁必合全国度支之数，统筹预算，详订成书，以昭示国内”，并用具体统计数字比较英国、日本和中国的岁入岁出情况，说中国“量地则不减于英国，论财则未倍于日本，出款又不可预

① 西洋各国都会，一定给了黎庶昌极深的印象。他在到达伦敦后两个多月写给朋友的信中说：“伦敦都会大于上海二十倍，街衢广阔，景物繁华，车马之声，殷殷訇訇，相属不绝。夜则万灯如昼，论者谓气局冠于欧洲，以此可以推知其国矣。”见《与李勉林观察书》，《西洋杂志》，湖南人民出版社，1981，第180页。又在五年后致乡人函中说：“彼所以夸示于我者，则街道也，宫室也，车马也，衣服也，水土也，游玩也，声色货利也。”见《与莫芷升书》，《拙尊园丛稿》卷6，第2页。

知。此所以剜肉补疮、兴此废彼，无一而能持久也”。这种批评是很有说服力的，却又是很尖刻的。

第二，这六条建议，从积极的意义来说，是由中国最早的外交官提出的中国现代化计划，并且要求清政府全面推行“洋务新政”。无论是办水师、修铁路、治京师、礼公使，还是发展工商、统筹度支，都要求朝廷统一办理，号令全国。办水师、治京师、礼公使，只有朝廷才能办。修铁路，要求“明诏各省，逐渐仿行”；发展工商，要求“经办大员通盘计划”，“朝廷权力明示扶持”；豫筹度支，要求“饬令各省分款核计，预约大纲”，“汇候朝廷处分”，“颁示简明章程”。显然，其真实用意，是要动员朝廷权威，全面推行“洋务新政”。19 世纪 60 年代以来，清政府中央和地方的一些大员发起“洋务新政”，在清政府内，始终存在着如我们今天所说的顽固派和洋务派的争论，慈禧太后居高驾驭，对两派皆有运用之妙，并不明示可否。顽固派搬出“恪守祖宗成法”的招牌，谁也不敢反对。如李鸿章所说，修铁路“无人敢主持”，“两宫亦不能定此大计”[①]。洋务派的“整军经武”活动，日本政治家伊藤博文也看出“皆是空言”，“此事直不可虑”[②]。清廷对洋务派的活动尚在观察之中，并无迹象显示“洋务新政”已成为举国一致的国策。黎庶昌正是看到了“洋务新政”只是“各省枝节而为之，徒有开办虚名”的现实，试图鼓动清廷改弦易辙，全力推行。这是《敬陈管见折》的大胆和过人之处。这个建议较清廷在 1901 年被迫宣布全面推行“新政”，早了十八年，其不被重视，是可以预期的。

第三，以上所述还可再作一点延伸分析。《敬陈管见折》呈述其建言的指导思想说：“今日所宜加意讲求者，专在整饬内政矣。《易》曰：物[③]穷则变，变则通，通则久。处今时势，诚宜恢张圣量，稍稍酌用西法，不必效武灵之变服，但当求秦穆之萦怀。中外协力图谋，犹不失为善国。若徒因循旧贯，意气相高，援汉家法度以自解，臣虑后悔仍未已

① 《复郭筠仙星使》，光绪三年六月初一日，《李文忠公全集·朋僚函稿》第 17 卷，第 12—13 页。

② 《军机处奏》，光绪十二年正月初六日，附件，《清光绪朝中日交涉史料》第 10 卷，第 2 页。

③ 疑为衍字。黎庶昌在他处亦如此用。查《周易·系辞下传》原文为：“《易》，穷则变，变则通，通则久。”无物字。

也!”整个奏折是给朝廷出主意的，上引一段话，更是直接说给皇上听的。措辞极尽封建禁网下臣僚奏事谨慎、婉曲之能事，尽量减少可能引起的风险。如借用《周易》讲变，变就是要用西法。“用西法”前加一“酌”字，已经减轻了分量，而“酌”字前又加“稍稍”二字，更是分外小心了。其实这一段话的核心是求变、用西法。用西法，不必学赵武灵王胡服骑射[①]，而要效秦穆公略地千里[②]。如果不用西法，因循旧贯，徒逞意气，恪守祖宗家法（所谓汉家法度，不仅指清朝祖宗家法，而且指两千年来列祖列宗家法），不仅国家难以治理好，而且外国侵侮的后患正未有穷期也。“中外协力同谋”，所谓中外，指朝廷内外，意即全国上下一致使用西法，则国家犹不失为善国。从这一段话里，我们看不出洋务派常用的“中学为体、西学为用”那样的思想。应该理会到，这里的“用西法”，不仅具体指社会经济方面的政策，而且从制度层面上包含了社会经济方面的管理方法。如关于豫筹度支的建议，就透露出在财政决策方面应具有某种民主化的程序。

但还是要指出，《敬陈管见折》并未明确指出在社会制度上要改采西法。是否黎庶昌在这方面缺乏知识？我们从《西洋杂志》上看到，他曾专门到德国、法国、西班牙议院考察议会政治和政党政争，到瑞士游历也注意考察瑞士政治制度。到伦敦一个多月，就参观了一次议会。比较之下，他认识到中外政治制度是不同的。“中国君主专制之国，有事则主上独任其忧”[③]，而英国富强冠于欧洲，“特其国政之权操自会堂（按会堂指议院），凡遇大事，必内外部（按指上下两院）与众辩论，众意许可，而后施行，故虽有君主之名，而实则民政之国也”[④]。“西洋民政之国，其置伯里玺天德本属画诺，然尚拥虚名。瑞士并此不置，无

① 此例似不尽合黎庶昌思想。《史记·赵世家第十三》载，赵武灵王说：“今中山在我腹心，北有燕，东有胡，西有林胡、楼烦、秦、韩之边，而无强兵之救，是忘社稷，奈何？夫有高世之名，必有遗俗之累。吾欲胡服。”可见，赵武灵王变服骑射，完全是卫国扩疆的现实需要。他又说，“夫服者，所以便用也；礼者，所以便事也。圣人观乡而顺宜，因事而制礼，所以利其民而厚其国也”，“圣人果可以利其国，不一其用；果可以便其事，不同其礼”。可见，赵武灵王是不因旧贯、不援汉家法度的典范。

② 《史记·秦本纪第五》：秦穆公三十七年，秦用由余谋，伐戎王，益国十二，开地千里，遂霸西戎。

③ 《答曾侯书》，《西洋杂志》，第188页。

④ 《与李勉林观察书》，《西洋杂志》，第180页。

君臣上下之分，一切平等，视民政之国又益化焉。”[①] 黎庶昌对西洋的考察报告，取白描手法，文字平实、客观。他虽未明白表示是否赞成“专制之国”或“民政之国”，我们还是可以看出，他在记述西洋民政之国的种种社会经济生活现象时，是取赞赏态度的。

对西方社会生活的赞赏态度，在黎庶昌的私人信函、散文和在日使任上所做的书序等文字中，有更明确的表白。如《卜来敦记》。该文是一篇游记，全文不过500字，状物写景如行云流水，不啻一篇绝好散文。位于伦敦南160余里的卜来敦，是一处旅游胜地，每年国会散会后，英国人“率休憩于此”。文章说：“英之为国，号为胜强杰大，议者徒知其船坚炮巨，逐利若驰，故尝得志海内，而不知其国内之优游暇豫，乃有如是之一境也。昔荀卿氏论立国惟坚凝之难，而晋栾针之对楚子重，则曰：好以众整，又曰：好以暇。夫惟坚凝斯能整暇。若卜来敦者，可以觇人国已。”[②] 这常使作者“叹为绝特殊胜”，虽游历欧陆各国，“而卜来敦者未尝一日去诸怀，其移人若此”。这是通过游历探讨了英国社会船坚炮巨以外的另一面。他认为，这种“每礼拜日，上下休息，举国嬉游，浩浩荡荡，实有一种王者气象”，赞仰之情溢于言表。船坚炮利和优游嬉戏反映了一个国家的两个面，表现为一种王者气象，这是一种很高的评价。中国人几千年来追求王道治国，而今连船坚炮巨与优游嬉戏或并其无，社会生活发展到当时那种样子，中国是大大落后了。“轮船、火车、电报、信局、自来水火、电器等公司之设，实辟天地来未有之奇，而裨益于民生日用者甚巨，虽有圣智，亦莫之能违矣。”[③] “使孔子而生今世也者，其于火车、汽船、电报、机器之属，亦必择善而从矣。”又说：“向令孟子居今日而治洋务，吾知并西人茶会、音乐、蹈舞而亦不非之，特不崇效之耳。”[④] 在他看来，纵令孔、孟等圣人在今日，也是要学西法的。这所谓西法，当然包括“上下议院之法”：“凡事皆由上下议院商定，国王签押而行之，君民一体，颇与三代大同。”[⑤] 既然西方的“上下议院之法”，与几千年来令人景仰的中国

① 《西洋游记第二》，《西洋杂志》，第148页。

② 《卜来敦记》，《拙尊园丛稿》卷5，第10—11页。

③ 《与莫芷升书》，《拙尊园丛稿》卷6，第2页。

④ 《儒学本论序》，《拙尊园丛稿》卷5，第13页。

⑤ 《与莫芷升书》，《拙尊园丛稿》卷6，第1页。

“三代”政治有“大同”之处，难道不应当学习吗？可见，黎庶昌对西方的政治制度是向往的。

《敬陈管见折》中为什么对西洋民政之国的情形竟不置一词呢？在社会政治制度上改采西法，的确是一个更敏感、现实政治性极强的问题。解释只能是：黎庶昌斟酌再三，没有把这个问题提出来，而采取了更为隐讳、婉曲的手法。奏折在结尾提出：“今军机为政本所在，总理衙门又洋务汇归，必宜多有数堂曾出外洋之员方足以广献替。诚使我皇太后、皇上豁达洞观，特遣一二亲贵大臣驰赴欧洲一游，经历美国、日本而归，综揽全球，虚心访察，必有谦然知我内政之不足者。臣愚以为莫如醇亲王最宜矣。如此不特目前醇亲王辅佐枢廷，处事必归至当，即异日皇上亲裁大政，顾问亦有折中。自强之本质在于是。”这是一段很重要的议论，一个很大胆的建议。曾纪泽读后曾评论道：“修治京师道路及请醇邸出洋两层，弟怀之已久而未敢发。台端先我言之，曷胜快慰。假定朝廷嘉采，硕划实见施行，则中国之富强，可以计日而待。倘再因循粉饰，意见纷歧，则杞人之忧，方未已也。”[①] 可见，这两个早期外交官声息相通，意见是一致的。

这一段重要的议论和建议，是黎庶昌个人切身经验的外在表述，是他八年来心路历程的独白。我们知道，黎庶昌出身于贵州遵义的世代书香之家，祖父、父亲、兄长都是举人，伯父还曾进士出身，唯独黎庶昌饱读经书，科场却屡屡失意。他很可能作为廪生老师章句，终老乡里。同治元年（1862），皇帝下诏“求中外直言”，给了黎庶昌一个机会，他时在京师，遂以廪贡生身份上书皇帝，条陈时务，“为一代除积弊，为万世开太平，为国家固本根，为生人振气节”[②]，一时震动台阁，轰动士林，传为美谈。朝廷鉴于王公宰相、督抚大吏、台谏诸臣面对世局混乱无以应诏，收到这个廪贡生的上书后，又谕令其殿试条陈时务，因其建议多有可采，黎庶昌被破格以知县用，并被发交曾国藩军营差遣以资造就。细读这两次上书，不过历代贤臣、士大夫所谓救世良策中荐贤才、慎保举等老一套内容。观其对于外国侵入的对策，无非“内诸夏而外夷狄”“严夷夏之大防”那一套。看他如何建议“禁罢一切奇技淫

① 《曾袭侯函》，《拙尊园丛稿》卷5，第7页。

② 《上穆宗毅皇帝书》，《拙尊园丛稿》卷1，第1页。

巧”[①] 的：“外夷以奇技淫巧炫惑中国人士，人士向风。今请将中国服色仿古五等之制定为品级，使公、卿、大夫、士、民到目可辨，则人有限制，华靡自抑；并洋货使用亦定为品级，使与中国限制同至。”[②] 以用人分五等、服色各异的办法来抵制洋货和外夷的奇技淫巧，其荒唐徒令后人笑话。它反映了长期处在封建专制社会的封闭状态下、昧于世事的封建士大夫对来自西洋的新鲜事物的束手无策。看来黎庶昌所走的仍是封建知识分子干青云而直上的老路。换言之，黎庶昌是以一个传统士人上书成功而闻名于世的。

拿黎庶昌26岁时的两次上皇帝书与他49岁时的《敬陈管见折》相比，虽愚者而知其反差极大。还是用夷狄观念来举例。上同治皇帝书，严夷夏之防的观念是十分鲜明的。上光绪皇帝书，则完全放弃了夷夏之防，要求朝廷学习西法，即用夷人之法以治夏。还在上折的前一年即光绪九年，他在东使日本任上，给一个日本友人编撰的《尊攘纪事》一书作序，回顾日本开关之后，水户氏倡攘夷之说，迫使德川幕府归还大政，以成尊王之局。“乃不旋踵明治改元，即举向所攘斥者一变而悉从之，而水户之论，绝不复闻。推移反掌，何其速也。然则，夷不夷亦因心之异视已耳，于人国无与。孔子作《春秋》，明王道，制义法，诸侯用夷礼则夷之，进于中国则中国之。可知夷狄无定名、定形，褒讥予夺，一本政教而言。非谓舍己以外，综地球七万里，而皆可禽扰兽畜也。”[③] 这是黎氏观念上的一次极大转变。今所谓夷，已非昔之所谓夷了。夷不夷，并无明确规定。你说人家是夷，人家并非禽兽之国。反过来，西洋各国也可以把夏看作夷的。这种观察，与今人说外国人是“老外”，中国人到了外国，也被外国人当作“老外”一样了。

发生转变的关键因素是，他经历了八年的出使生活。走出国门，亲自考察外国的社会生活，对一个中国官员的思想影响极大。外国的政治、经济、军事、社会、文化、地理情况究竟如何？国际会议、国际博览会如何召开？各种外交场合如何应付？这些关在家里是想象不出来的，非亲自考察，难以获得真知。这种感想，在他留下的文字中常有流露。他比较齐国人邹衍与汉朝张骞，邹衍谈天，得海外九州形似，但他

---

① 《上穆宗毅皇帝书》，《拙尊园丛稿》卷1，第1页。

② 《上穆宗毅皇帝书》，《拙尊园丛稿》卷1，第18页。

③ 《尊攘纪事序》，《拙尊园丛稿》卷5，第11—12页。

未去过海外，谈天“止于怪迂之变”；张骞通西域，三十六国之迹，“其言至今可以覆验”。邹、张二人，“一则以供游谈，一则以开汉业，成就各殊者，见与不见之分也”。所以他特别强调身履目击。他说：“处今日而谈洋务，非身之所履，目之所击，不足以为异。身履目击矣，而或不能著书，著书而或浮文剿辞、寡要鲜实，与不能施于政事，皆君子所弗尚也。”[①] 就在《敬陈管见折》中，也常常强调身履目击对认识西洋事物的重要。如提到兴办铁路的好处，他说“彼火车则非身至其地者不得乘，非己有货财者无可运”，意即只有亲自乘坐火车运载货物，才能体会到火车的重要。提到国际交涉，他说：“不知西人情伪，大事必用力争，小事可因势利导。然此非身亲其境，目验耳闻，亦难悬得要领。”实际上，任何西洋的令人不可理解的奇技淫巧、新鲜事物，只要身亲其境，目验耳闻，就可以认识它，掌握它，运用它。如《西洋杂志》中多有记述的西洋的生产技术水平和社会政治制度，在身履目击、实地考察后，不是不可了解的。正因为如此，建议朝廷派亲贵大臣如醇亲王者出外实地考察，就显得极其重要了。八年来，朝廷虽然派了一些公使驻节东西洋各国，但由于人微言轻，国内禁网太密，很少有人向国内报告国外的真实状况。第一任驻英公使郭嵩焘虽向国内反映了一些情况，却遭到猛烈攻击，“横被构陷”，家乡士子“至欲毁其家室”[②]，使他感到“万口交谪，无地自容”[③]，终于不能安于位。本来向国内报送的日记摘要一类文字，在遭弹劾后，也不敢再报了。

正是有鉴于此，黎庶昌才觉得有必要大胆向朝廷提出派醇亲王去东西洋考察。醇亲王是光绪帝的父亲，可以影响枢廷政治走向。只要他身履目击，亲自考察，就会受到感染，从而移情于彼。他的意见不仅可以左右枢廷，亦且可以镇抚百僚。派他去，就不会造成郭嵩焘的悲剧。黎庶昌虽然没有明确建议醇亲王去考察政治，但到了国外，社会政治制度必然成为考察的重点。黎庶昌明白，考察生产技术等具体洋务，是用不着派亲贵大臣前去的。他在折中用肯定的语气说道：“综揽全球，虚心访察，必有谦然知我内政之不足者。”可见，改革内政，是考察的根本

① 《游历日本图经序》，《拙尊园丛稿》卷4，第15页。
② 《办理洋务横被构陷折》，《郭嵩焘奏稿》，岳麓书社，1983，第387—388页。
③ 《俄人构患已深遵议补救之方折》，《郭嵩焘奏稿》，第397页。

目的。这就是他所说，“自强之本质在于是”。可惜此策不行，要到二十年后才有派五大臣出洋考察政治的事发生。黎庶昌的建议在清政府的政治生活中是大大超前了。他的建议之不被接受，在当时的政治气氛下，是并不奇怪的。

1992 年国庆节草成

甲午战争与中日关系*

——对甲午战争120周年的反思与检讨

序　言

今年是甲午马年，正是甲午战争120周年。甲午战争已经过去了两个甲子，在中国人的历史记忆中打下的烙印，难以磨灭。甲午战争失败成为中国历史发展的转捩点，也成为远东历史发展的转捩点，进一步说甚至成为国际局势发展的转捩点。中国在甲午战争中失败的惨痛教训，在在都引起人们深深的思考。不幸的是，当甲午战争120周年的时候，中日关系正经历着建交40年后的一次令人痛苦的倒退。个中因缘，值得今天的人们深深总结。痛定思痛，应对120年前的甲午战争历史做出检讨，算作历史与未来的对话。

回首伤痛，不是为了在伤痛上撒盐，而是为了总结历史教训。学史使人明智，认真反思历史场景，认识那场战争何以发生、何以产生那样令人不忍回首的结局，对于我们今天维护祖国领土完整与统一，更好地实现中华民族伟大复兴的中国梦，具有重要的现实意义。

以下分成八个问题做简要叙述。

1. 中日关系的历史
2. 甲午战争的历史背景

---

* 载中国甲午战争博物馆《中国甲午战争研究》2014年第3期；张铁柱、刘声东主编《甲午镜鉴》，上海远东出版社，2014。

3. 日本的战争准备
4. 清政府对战争的爆发束手无策
5. 战争进程略述
6. 中日胜败比较研究
7. 甲午战争的历史影响
8. 中日关系前景展望

一　中日关系的历史

据日本史学家井上清教授的分期，日本古代史在新石器时代和弥生时代（金石并用时代），正当中国秦汉时期。又过了六七百年，到了奈良时代和平安时代，就是中国的唐朝。公元4世纪以后，日本通过朝鲜，接触了中国文化。井上清指出："日本社会就是这样恰如婴儿追求母乳般地贪婪地吸收了朝鲜和中国的先进文明，于是从野蛮阶段，不久进入了文明阶段。"[①] 日本"倭奴"国王接受了东汉皇帝颁发的"汉委奴国王"金印。尤其在奈良时代，日本多次派出遣唐使率领大量留学生到长安、洛阳留学，吸收了中国文化中的许多东西，从文字、儒学、佛学、法律制度、行政体制、文学、庙宇建筑乃至京城设计各方面，形成了日本文化的基础。8世纪初日本最早的历史书《日本书纪》就是用汉文书写的。

近代以前一千几百年间，中日关系总体上是好的，日本知识界把中国看作老师。

但是到了16世纪末期，明朝万历年间，丰臣秀吉以武力统一了日本全国后，他的野心膨胀起来。作为日本的关白（相当于宰相），他想要征服琉球、菲律宾，还要征服朝鲜和中国，甚至提出要把北京作为日本的首都[②]。他说过，他要把日本交给他的弟弟秀长管理，他自己辅佐天皇坐镇北京，把大唐作为天皇的直辖领土。这是日本政治家最早的扩张主义的主张和野心。

① 井上清：《日本历史》上册，天津历史研究所译，天津人民出版社，1974，第20页。
② 丰臣秀吉：《二十五条觉书》，引自水野明《日本侵略中国思想的验证》，《抗日战争研究》1995年第1期。

1597年，丰臣秀吉再次侵朝，次年（万历二十六年）明朝军队应邀入朝，和朝鲜军队一起打败了入侵日军，丰臣秀吉死于朝鲜，占领朝鲜的图谋未能成功。但丰臣的这种主张一直为德川幕府时期的政治家、思想家所继承。德川幕府时期的一些思想家鼓吹占领中国，提出建立“大日本帝国”。这是近代以来所谓“大日本帝国”最早的说法。

二　甲午战争的历史背景

明治维新后，日本明治天皇立志要“继承列祖之伟业”，要“开拓万里波涛，布国威于四方”，图谋夺取琉球、朝鲜和台湾。明治维新的先驱吉田松阴提出“北割满州之地，南收台湾、吕宋诸岛”。“脱亚入欧”论的主张者福泽谕吉要求日本“应同西洋人对待中国朝鲜之方法处分中国”[①]。无疑，这是为发动侵华战争制造理论根据、提供舆论准备。

1874年日本借口琉球漂流民在台湾南部被杀事件讹诈清政府，在出兵台湾未获满意结果后，用狡猾的手段逼得总理衙门大臣承认日本此举是“保民义举”。1875年日本强行把独立的琉球王国改为日本的琉球藩。1879年日本以武力吞并琉球。因为琉球与中国之间存在藩属关系，吞并琉球遭到清政府抗议，中日之间就琉球地位问题谈判数年，成为未决的悬案。直到1887年，总理衙门大臣曾纪泽还向日本驻华公使盐田三郎提出，琉球问题尚未了结。1888年，日本已决心用战争手段解决中日关系问题，便主动放弃谈判。此后，清政府不承认冲绳县，只承认琉球国。

琉球得手，日本即把朝鲜问题提上议事日程。1873年，西乡隆盛说过：天皇“早在维新时就已考虑朝鲜一事”，“忍耐至此，乃为等待今日之到来”[②]。日军从台湾撤兵不到半年，就派军舰到朝鲜釜山进行测量，在江华岛与朝鲜军队发生冲突。日本一方面与清政府谈判朝鲜问题，另一方面压迫朝鲜订立了第一个不平等条约《江华条约》。这个条

---

① 吉田松阴、福泽谕吉言论，引自水野明《日本侵略中国思想的验证》，《抗日战争研究》1995年第1期。

② 引自井上清《日本历史》中册，第542页。

约挑拨中国与朝鲜间存在的宗藩关系，规定“朝鲜国乃自主之邦”，为日本下一步侵朝行动打开了方便之门。1882 年朝鲜发生壬午兵变后，1885 年朝鲜发生甲申政变失败，日本操纵朝鲜政局的图谋未能得逞。为此，日本派出伊藤博文到中国与李鸿章谈判，签订了《天津会议专条》，规定“将来朝鲜国若有变乱重大事件，中日两国或一国要派兵，应先互行文知照”。日本未从甲申政变中占到便宜，但取得了向朝鲜派兵的权利，这又是日本的一次胜利。

三 日本的战争准备

在搁置琉球谈判后，日本立即抓紧扩军备战，建设海陆军，为此，成立直属天皇的参谋本部，还派遣大批间谍到中国侦察敌情。1887 年春，参谋本部陆军大佐小川又次综合侦察结果，提交了《征讨清国方略》，对中国总兵力和各省军力分布做了详细报告，分析了清政府的财政、军费、海军建设、沿海和长江防御设施、官僚和国民素质，分析了日本政府财政状况、军费和海军建设、官僚和国民素质，提出“断然先发制人，制订进取计划”的侵略计划，建议以八个师团军力“攻占北京，擒获清帝”①。

1890 年，日本首相山县有朋在日本第一届国会上提出“主权线”和“利益线”概念，认为日本是主权线，朝鲜是利益线，为了确保利益线，就要进取中国。显然，日本将发动侵华战争的命题已经提上国会讲坛。在第四届国会上，天皇提出所谓“兼六合而掩八纮”②，实际上就是批准了发动侵朝侵华战争的方针。

1893 年，日本政府成立“出师准备物资经办委员会”，颁布《战时大本营条例》，这是日本迈向侵华战争的重要步骤。同时，派出参谋次长川上操六率队到朝鲜和中国各地考察，布置了军事间谍网，构思了进攻作战的细节，得出了对华作战可以稳操胜券的结论。外务大臣陆奥宗光秘密对英国交涉修改条约，并在 1894 年 7 月完成签约，英国同意在

---

① 小川又次：《清国征讨方略》，《抗日战争研究》1995 年第 1 期。

② 井上清《日本历史》下册，第 668 页。

日本对华开战时保持中立，实际上支持了日本的侵华立场。

这时候，正好朝鲜南部发生东学道农民起义，起义军打出了“逐灭夷倭”“灭尽权贵”口号，表示了反对外来侵略和封建统治的态度。1894年5月31日起义军占领全州。朝鲜政府要求清政府出兵“代剿”。日本随即知道朝鲜的请求，喜出望外。伊藤博文首相和山县有朋枢密院长把这个消息看作“天助”，是发动战争的最好借口，随即怂恿清政府出兵：“贵政府何不代韩戡乱……我政府必无他意。”① 实际上，所谓“必无他意”只是谎言。李鸿章对日本“必无他意”信以为真，派出直隶提督叶志超带2000兵力开赴朝鲜。

日本制造战争借口成功，立即于6月5日正式成立战时大本营。与此同时，派出一批日本海军开赴汉城。叶志超部清军于12日全部到达朝鲜牙山。日本一个旅团约7000人兵力利用“大演习”名义租用游船公司的轮船也进驻朝鲜仁川，与清军形成对峙，实力远超清军。

这时候，东学道农民起义事件已经平息。清政府建议中日两国同时撤兵。日本不但拒不撤兵，且继续增兵。为了拖延撤兵，日本进一步提出了改革朝鲜内政的主张，要求清政府同意。清政府认为这是干涉朝鲜内政，表示反对。7月23日清晨，日本驻朝公使大鸟圭介以“改革内政”名义，率军攻入汉城王宫，驱逐国王，组成亲日的傀儡政府。朝鲜士兵抵抗，死伤数十人。7月25日，日本海军不宣而战，在仁川附近丰岛海面击沉中国运兵船“高升号”，约800名清军死难。日本发动的侵朝、侵华战争就这样开始了。有学者认为，7月23日日军占领朝鲜王宫，是日本侵略朝鲜之战的开始；7月25日，击沉“高升号”，就把侵略矛头直接对准中国了。

8月1日，日本对中国宣战后，大本营迁到广岛，天皇以大元帅身份到广岛来统率大本营，举国一致的战时指挥体制正式形成。“集中目标，讨伐中国”的情绪，弥漫全国。

历史事实证明，甲午战争是日本蓄谋已久，经过周密准备后发动的，绝不是如有的日本学者说的偶然冲动。

---

① 引文见《北洋大臣来电》，《光绪朝中日交涉史料》第13卷，第7、8页。

四 清政府对战争的爆发束手无策

鸦片战争后，中国遭受英法美俄等欧美大国的侵略，清政府切身感受到自己的落后，对英法诸大国的强大是领教了的。但那时候的士大夫和清流派各大臣，对近邻日本是看不起的。1871 年中日之间签订《修好条规》，总理衙门没有让日本拿到中国给予欧美的那些特权，日本对此心存不满，过了几年才批准这个条约。清政府主政和清流各大臣对国际大势懵无所知，对东邻日本在明治维新后的改革发展也不求了解，对日本蓄谋发动侵朝、侵华战争的备战活动完全不了解。日本参谋本部派出要员来华考察敌情，从事种种间谍活动，包括与若干官员接触，清政府竟罔无所闻。情报人员绘制了包括朝鲜、中国东北和渤海湾在内的军用详细地形图，图上标明每一条道路和小丘。有一个欧洲人曾经获得了这样一份地图①。中日开战后，与军令部和外务省有直接联系的著名间谍宗方小太郎一直在威海卫北洋舰队基地刺探军情，中国官方发现了他传出的情报，对他发出了抓捕通报。但宗方在离开威海卫乘船到上海的途中用湖北蔡甸商人的假身份骗过了所有检查，顺利回国②。

日本大规模出兵朝鲜，暴露了他更大的侵略野心。清政府和主事的北洋大臣李鸿章手足无措，进退维艰。事前对日本的图谋缺乏基本的调查研究，对日本可能的侵略野心未能做出准确的判断，对近些年中日之间不断发生的台湾事件、琉球事件、壬午兵变、甲申政变等交涉只是就事论事，敷衍塞责，得过且过，并不追究日本动作的背后原因，对中日关系的走向未能做出认真的总结与长远的安排。

李鸿章培育的北洋舰队虽然在 1888 年成军，但 1888 年以后就不再购进新的战舰，军费捉襟见肘，弹药严重不足。在中国担任总税务司职务的英国人赫德，曾深深卷入中国政治事务，他在黄海大海战半个月前写信给中国海关驻伦敦的代表金登干，说：“北洋水师的克虏伯火炮没

---

① 见 T. Dennett Roosevelt and Russo, *Japanese War*, p. 148，转引自丁名楠等《帝国主义侵华史》第 1 卷，人民出版社，1973，第 331 页。

② 《宗方小太郎日记》，1894 年 9 月 11 日、12 月 14 日，戚其章主编《中国近代史资料丛刊续编·中日战争》第 6 册，中华书局，1993，第 123、132 页。

有炮弹，阿姆斯脱郎的火炮又无火药。冯·汉纳根……需要有足够打一场几个钟头之久的大海战的炮弹，现在还没有到手。”[①] 据《泰晤士报》驻东京记者布林克莱（Brinkley）报道，日本在战前储存的弹药“比在一次对华战争中可能耗去的还要多”[②]。慈禧太后为了修建圆明园，以及为了仿效乾隆，要作60岁大庆，挪用军费，而且令大小官吏贡献年俸若干，完全不顾民心向背，不顾大战当前，一意粉饰太平。李鸿章管得了北洋舰队，却管不了南洋舰队。兵员分布在全国各地，动辄请奏，调动不便。有人说，甲午战争中，李鸿章以一人敌日本一国，怎么可能打赢战争。

清政府内各大臣意见相左，主战、主和争论不休。帝党、后党围绕主战、主和相互攻讦。为了巩固光绪皇帝的地位，帝党主战。主战人士拿不出克敌制胜办法。慈禧太后为了不耽误自己的60岁大庆，支持李鸿章对日妥协。御史言官主战，他们没有实权，不敢得罪慈禧太后，把攻击的矛头对准了李鸿章。朝廷和政府难以形成对日作战的领导核心。

面对日本大举出兵，李鸿章显然不相信日本会先开仗，他劝告日本派兵人数不要多，不可深入内地，日本答复“唯行其所好而已”，日本的军事行动不受中国政府约束。日军占领朝鲜王宫，李鸿章让官兵相信所谓万国公法，说什么“我不先开仗，彼谅不动手”，“谁先开仗，即谁理绌”[③]。中国提出中日同时撤兵，日本拒绝。在撤兵和改革朝鲜内政问题上，中日之间不能取得共识，李鸿章以为，单凭外交上的折冲樽俎，就可以“保全和局”，没有作厚积兵力打仗准备。俄国参与调停，英国参与调停，美国也参与调停，法国德国在观望。无论是参与调停还是观望，都是从自己在华和在远东的利益着想，并不是从中国的利益出发。俄国驻中国公使积极参与调停，俄国驻朝鲜代理公使私下甚至劝日本早点开战，免得中国做好了准备。英国表示绝对不会采取威胁手段强迫日本撤兵，英国甚至劝告清政府妥协，承认日本对朝鲜的侵略要求，以免发生战争。清政府自己不做备战准备，不把外交寄托在自己实力基

---

① 《赫德致金登干函》，北京，1894年9月2日，陈霞飞主编《中国海关密档·赫德、金登干函电汇编》第6卷，中华书局，1995，第112页。

② A. M. Pooley Ed. , *Secret Memoirs of Count Hayashi*, p. 44，转引自丁名楠等《帝国主义侵华史》第1卷，第331页。

③ 《复叶提督》，《李文忠公全书·电稿》第16卷，第14、15页。

础上，“保全和局”的调停外交不能获得实效。日本外交则是利用英俄矛盾，谋求英俄中立。日本外交成功了。战争即将开始，清政府及其外交部门一直在等待调停，一个半月时间过去了，基本上未做军事上的准备，这场战争的结局，是不难预计的。

赫德（R. Hart）在战争爆发时就说过：“战争骇人地向毫无准备的我们袭来，李鸿章所吹嘘的舰队、要塞、枪炮和人力，都已证明远非一般所期待得那样厉害。”① “外交把中国骗苦了，因为信赖调停，未派军队入朝鲜，使日本一起手就占了便宜。”②

五　战争进程略述

这场战争为时八九个月。战争进行中，在李鸿章消极防御作战方针的指导下，仗也打得很窝囊。丰岛海战后，北洋海军不敢到大同江以南海域巡行，制海权拱手让给日本。

1894 年 9 月，有两场大战。一是平壤大战，另一是黄海大战。清军 1 万多人退到平壤，清军叶志超部龟守城内，不布置远局，不侦察敌情，被四路日军分进合击，予以歼灭。黄海大战，是世界上现代战舰第一次海上大战，鏖战数小时，北洋舰队小败。李鸿章报告清政府北洋舰队“快船、快炮太少，仅足守口，实难纵令海战”③，实行“避战保船”死守港口的方针，放弃了黄海制海权。10 月，日军分成两路：一路突破清军鸭绿江防线，进入辽宁境内；另一路在辽东半岛花园口登陆，进入辽东。鸭绿江沿线守军 2 万多人，未能堵住日军进攻，海城被日军包围。日军在花园口登陆差不多半个月，除了本地农民奋起抵抗外，李鸿章未组织抵抗。日军占领金州后，攻下设防的大连湾。日军进攻大连湾和旅顺，李鸿章指示“宁失湾，断不失旅”④，结果，设防的大连湾被放弃，旅顺守军 1 万多人，却有将无帅，指挥不灵，北洋舰队的基地、

① 引自丁名楠等《帝国主义侵华史》第 1 卷，第 345 页。

② 《中国海关与中日战争》，第 59 页，转引自戚其章《甲午战争国际关系史》，人民出版社，1994，第 71 页。

③ 《据实奏陈军情折》，《李文忠公全书·奏稿》第 78 卷，第 61 页。

④ 《复旅顺龚道》，《李文忠公全书·电稿》第 18 卷，第 26 页。

“铁打的旅顺”也在11月下旬被攻陷。日军攻进旅顺，兽性大发，在旅顺进行大屠杀，两万居民死难。日本外相陆奥宗光也记下了世界舆论的谴责：“日本披着文明的外衣，实际是长着野蛮筋骨的怪兽。”[①] 围攻海城的日军，与七八万清军长期对峙。老迈的刘坤一，身任两江总督、湘军统帅，可以节制各军，却不亲临前线，坐视海城在1895年2月被日军攻占。清军指挥不灵，军无斗志，节节败退，到3月上旬，兵败如山倒，连失牛庄、营口、田庄台，大量军火、辎重被日军掳去。日军占领辽西，有进取北京之势，威胁清廷安全。

一支日军2万多人于1895年1月在山东半岛荣成湾登陆。清军未在山东半岛布置防守，日军在那里登陆，没有遇到抵抗。2月攻占有坚固设防的北洋海军基地威海卫，北洋海军提督丁汝昌在等待后援无望后自杀，北洋海军全军覆没。3月，日军占领澎湖群岛，军锋直指台湾。

清军失败狼藉，海陆军主力尽失，仗是不好再打了。日本也差不多耗尽了军力。面对日本进取北京之势，列强鉴于他们在华利益，是不会高兴的。英国虽然支持日本，也不希望战争延长下去，更不希望战争引起中国国内革命发生，推翻清政府。日本也在考虑和谈，清政府早在平壤大败后就开始求和活动。1894年11月，李鸿章就派天津海关税务司、德国人德璀琳带着李鸿章写给伊藤博文的介绍信前往日本，为日本所拒。在美国撮合下，1895年1月清政府派出总理衙门大臣张荫桓等前往日本，日本指摘张荫桓等“全权不足”，拒绝谈判，甚至指名只有李鸿章来才能开谈。

当北洋海军全军覆没后，清政府已经没有条件讨价还价了。1895年3月19日，李鸿章以全权大臣名义到达日本乞和。谈判是在伊藤博文主导下进行，中方的要求基本上不予采纳。3月下旬，还在谈判中，日本海军占领澎湖。谈判时，伊藤还提出台湾问题，表明了日本夺取台湾的意向。日方还动辄以“进攻北京”相威胁，逼迫中方就范。4月17日，伊藤博文与李鸿章在《马关条约》上签字。

条约主要内容为：中国承认朝鲜为独立国；将辽东半岛、台湾全岛、澎湖列岛割让给日本；赔偿日本军费银二万万两，三年内交清；与日本订立通商行船条约及陆路通商章程；开放沙市、重庆、苏州、杭州

---

① 陆奥宗光：《蹇蹇录》，商务印书馆，1963，第63页。

为通商口岸，日本轮船可驶入以上口岸；日本臣民得在中国通商口岸任便从事各项工艺制造，又得将各项机器任便运进口，免征一切杂税；日本军队暂时占领威海卫，待赔款付清和通商行船条约批准互换后，才允撤退，威海驻兵费由中国支付。日本割占辽东半岛，引起欧洲列强不满，由于俄法德三国干涉，日本归还刚刚得到的辽东半岛，却要清政府以 3000 万两白银赎回。赔款 2.3 亿两白银，给中国带来无穷的财政负担，现代化进程踯躅难行；台湾割让，给中华民族带来了剜心的痛！

六　中日胜败比较研究

中国在甲午战争中失败，120 年来各方面人士有不同的解读。这里依据历史事实，做出一些分析。

一、中日两国社会发展阶段不同，是评估战争胜败的基础性因素。中国由一个封建社会，鸦片战争后成为一个半殖民地半封建社会。虽然在 1860 年代开展了洋务运动，但在社会发展阶段上，只可与日本幕府末期的改革相比较，改革效果，中国尚且不及幕府末期。日本通过明治维新，大力提倡与开展“殖产兴业”，不仅引进西方资本主义的生产技术，而且引进西方资本主义的社会制度，使日本迅速发展成为一个后起的资本主义国家。据统计，从 1868 到 1892 年，日本总共建成了 5600 多个公司，总投资达到 2.89 亿日元，平均每年设立 225 个公司，资本差不多 1100 万日元，折合中国 700 多万两白银①。1892 年前日本在洋务企业方面的成就和中国洋务运动时期相比，中国方面可以说是很难望其项背了。

二、国内经济政治实力不同。甲午战争前，日本已经形成了全国统一市场，颁布了宪法，召开了国会，建立了以天皇为核心的高度集权的中央统治机构，政府大臣大多留学欧洲，或者到欧美各国考察过，建立了新式陆海军，新式陆军加上预备役部队近 30 万人。社会发展阶段不同，经济成长实力相差甚大，军备实力中国不如日本，这是决定这场战

① 高桥龟吉：《明治大正产业发达史》，第 24 页，转引自樊百川《清季的洋务新政》第 1 卷，上海书店出版社，2003，第 22 页。

争成败的关键因素。

三、对战争的准备情况不同。日本要发动这场侵朝、侵华战争，做出了几代人的准备，包括政治准备、经济准备、军事准备、社会动员和国际舆论准备，设计了多种实施方案。单是对敌情的调查，可谓无所不尽其极，周到翔实。情报人员足迹遍及北京、天津、上海、汉口、广州、福州、厦门、湖南、陕西、四川以及东北各地。一些后来在日本政坛担负重要职务的人都曾到中国做过调查，如桂太郎、川上操六、桦山资纪等。所有到中国搜集情报的人回国后都提交调查报告。著名的如桂太郎等《邻邦兵备略》、驻华武官福岛安正《征清意见书》、小川又次《征讨清国方略》以及海军部的六份《征清方策》等。小川又次对中国国情民情以及兵力部署的掌握，是清政府高层官员所不及的。情报人员绘制了包括朝鲜、中国东北和渤海湾在内的军用详细地形图。反过来，清政府朝野对日本明治维新以来的情况缺乏了解，对日本几代人准备“征韩”“征清”的图谋未曾研究。驻日使馆参赞黄遵宪撰写了一本《日本国志》，刊刻后不为国内所重视，这部书的价值直到甲午战败才被士人发现。曾任驻日本公使的黎庶昌，对日本社会有相当了解，曾判断日本对中国终有一战，甲午战前要求再派他到日本赴任，揭穿日本对华战争阴谋，不为总理衙门接受，只落得终老乡里。清政府处理中日关系交涉，包括 1871 年建交、琉球事件、台湾事件、朝鲜壬午兵变、朝鲜甲申政变等，都是就事论事，不是放在欧美列强推行殖民主义侵略政策的大背景底下思考，不去追究、探讨所有这些事件的背后原因，且往往处置失当，常常堕入日本谋略的彀中，不知自拔。

四、日本组成举国一致的战争体制，包括军事、政治、后勤、外交都分别做了周到安排。“集中目标，讨伐中国”的情绪，弥漫全国。战端一开，清政府惊慌失措。清政府内各大臣意见相左，主战、主和争论不休。帝党、后党围绕主战、主和相互攻讦。为了巩固光绪皇帝的地位，帝党主战。主战人士也拿不出克敌制胜办法。慈禧太后为了不耽误自己的 60 岁大庆，支持李鸿章对日妥协。御史言官主战，他们没有实权，不敢得罪慈禧太后，把攻击的矛头对准了李鸿章。朝廷和政府难以形成对日作战的领导核心。李鸿章以北洋大臣、直隶总督处在应战的指导地位，应对谋略、调兵遣将，在在需要奏请，而且遇事掣肘，难以迅速形成决策。有人说，李鸿章以一人敌日本一国，虽然语带夸张，在某种意义上也反映了实情。

五、两国战争指导原则不同。在战争指导原则上，日本实行积极进攻的战略原则，李鸿章采取的是消极防御的战争指导方针，“保全和局”是李鸿章应对战争的不二法门。李鸿章在战争一触即发之际，不相信战争能打起来，只相信万国公法，要以理服人，“谁先开仗，即谁理绌”[①]。把应对战争可能爆发放在国际调停上。他不断请俄国、英国、美国出面调停，调停时间长达一个半月，不做战争准备。平壤大败后，李鸿章眼看局势于己不利，又忙着请列强调停和局。日本在外交上应付调停，在军事上一步也不放松，处处掌握主动。历史事实证明，在战争的每一步进展上，李鸿章都把战争的前景冀望于列强调停。调停没有把中国带进和局。

日本在战役指挥上，总是先下手为强，每一步都是先手，不给对方留下后路，直至消灭对方主力。李鸿章的战役指挥，是步步退让。“避战保船”，死守港口，放弃了渤海、黄海制海权。仗打得实在很窝囊。

日本在广岛设立战时大本营，天皇亲自坐镇，统一指挥军事和政治、外交。清政府没有建立统一的国防军，只有镇压太平天国后留下的湘军和淮军，还有练军。这些军队基本上是旧式的军队，没有统一的领导机关，各有所属，互不听调，一些将领贪生怕死，只知保存自己，没有全局观念。李鸿章指挥北洋海军，却指挥不动南洋海军；可以指挥淮军，却指挥不动湘军。叶志超部从牙山败退，还向朝廷报牙山大捷。鸭绿江沿线数万清军，互不相属，互不支援，一两天时间，防线就为日军全面突破。大连湾守将见日军进攻，放弃抵抗。旅顺是北洋海军基地，设防坚固，各守将互不统属，有将无帅，最后也被日军攻破。

六、国际环境不同。国际环境总起来讲对清政府不利。清政府与列强签订了《南京条约》《天津条约》《北京条约》《越南条款》，中国已束缚在西方列强的条约体系之中，以中国为核心的东方宗藩体系正在全面崩溃。清政府还存在中国中心观念，守着夷夏之防、宗藩体系，想以调停手段达到以夷制夷目的，缓解中国面临的紧迫局面。其实，列强在华各有利益，而且互相矛盾。李鸿章想借俄国力量对日本施压，俄国表面上答应，是为了增加俄国在远东获利的机会，一旦日本强硬，并不想

---

① 《复叶提督》，《李文忠公全书·电稿》第 16 卷，第 14、15 页。

真正去做。英国与俄国在远东的利益冲突，不想俄国在调停中起多大作用，急忙插手调停，实际上英国是支持日本对华行动的。美国也不想对日本施压。日本虽然在幕末也被迫与列强签订了不平等条约，但日本在幕府末期就开始改革，进到明治维新时期，大刀阔斧地推行“殖产兴业”式的资本主义改革，国力大增，正在争取废除不平等条约。在李鸿章调停期间，日本成功地劝说英国采取中立政策，破解了清政府的调停策略。其实，欧美列强对日本在华的侵略行动，是乐观其成的。甲午获胜后，日本与列强间签订的不平等条约就陆续废除了。

总之，清代中国处在封建社会末期，面对西方资本主义列强的挑战，完全处在下风。在国际事务上，朝野上下颟顸无能，内政一塌糊涂，赔款压力山大，经济成长乏力，贪污腐败成风，武备不兴，民气不扬。这种状况下对付成长中的资本主义小国日本，战败是必然的。

七　甲午战争的历史影响

甲午战争的结局，是清政府事前没有料到的。日本在战争中完胜，也是欧美各国没有料到的。

第一，甲午战争的失败给予中国的打击是世纪性的。从近代中国的历程中处处可见甲午失败的影响。

中国的宝岛台湾以及澎湖列岛在《马关条约》中割让给日本。清政府在洋务运动中苦心经营的台湾模范省一举被日本攫走，台湾人民失去祖国庇护，遭受长达半个世纪的苦难。为了反抗日本占领，台湾人民开展了流血的和不流血的斗争。半个世纪牺牲 60 万人的生命，台湾人民的爱国情怀，不可谓不深，不可谓不烈。

按照条约规定，清政府被迫付出 2.3 亿两白银战争赔款，三年还清，还清以前日军驻在威海卫，清政府承担三年军费 150 万两白银。清政府平均每年需付出 8000 万两赔款，相当于一年财政收入。这是清政府无法承担的。清政府只得忍痛向法俄、英德银行团，发起三次大借款，共借得外币折合约 3 亿两白银，扣除折扣、佣金，实得 2.6 亿两白银。此银交还日本外，所剩无几。三次大借款，中国除忍受苛刻的政治条件外，经济上遭受重大损失，36—45 年内，中国要付出本息远远超过3亿两白银的数额，可能在6亿—8亿。加上几年后《辛丑条约》本息差不多10亿两白银赔款，中国被牢牢捆绑在欧美和日本债务单上，国家的贫穷落后是不可解开的结了。

第二，甲午战争的胜利给日本发挥其野心带来巨大的刺激。日本从一个不怎么被人看得起的亚洲国家变成亚洲巨人，变成军国主义-帝国主义国家。通过《马关条约》的签订，不仅牢牢地把琉球控制在自己手中，也把本来属于台湾的钓鱼岛群岛控制在自己手中，霸占台湾，还在中国承认朝鲜独立的名义下实际控制了朝鲜半岛，为1910年吞并朝鲜打下了基础。中国付给日本的赔款，折合3.58亿日元。这是当时日本想都想不到的一笔巨大收入。日本内阁大臣井上馨说，看到这样大的财富滚滚而来，“无论政府和私人都顿觉无比地富裕”。这笔巨款中近2.7亿日元转入临时军费和扩军支出，用作扩充海陆军等军事费用以及扩大军事产业基础。其中建立八幡制铁所（今天属于“全日铁”）这样的大型钢铁厂，只用了58万日元。同时它还提出5000万日元作为储备金，建立了金本位制，打下了资本主义经济发展的基础①。可以说，日本的资本主义经济基础和军事工业基础以及教育基础，都是靠甲午战争中攫取的不义之财。正是在这个基础上，日本在1905年取得了对俄战争的胜利。也就是这个基础，成为此后日本制定大陆政策，在1931年发动九一八事变，1937年发动七七事变，企图一举灭亡中国的奠基石。第一次中日战争（甲午战争）和第二次中日战争，带给中国人民无尽的苦难。

第三，甲午战争出人意料的结局，刺激了帝国主义列强加大侵略中国的胃口。欧美列强看见东方刚刚崛起的小国日本打败了中国，便认为这个东方巨人已经躺在“死亡之榻”上，瓜分这个巨人的“遗产”的时机已经到来，便纷纷在中国占领租借地，划分势力范围，抢占路矿权利，控制中国经济命脉，中国名义上保持着独立的地位，实际上处在半瓜分的状态。

第四，甲午战争后，中国历史上与周边亚洲国家建立的宗藩关系体系彻底瓦解，殖民主义体系在亚洲取代了宗藩关系体系。远东以及国际

---

① 以上日元数字，参考蒋立文《甲午战争赔款数额问题再探讨》，《历史研究》2010年第3期。

格局发生变化。远东地区（包括中国与朝鲜）从此成为欧美、日本等列强关注的焦点。此后，八国联军（其中日本出兵最多）对中国的侵略，第一次世界大战（日本借口对德国宣战，进攻并占领中国山东），巴黎和会，华盛顿会议以及九国公约，李顿调查团，第二次世界大战（中国抗日战争战场是第二次世界大战东方主战场），太平洋战争，开罗会议，等等，都直接与远东，与中国相关。说甲午战争改变了世界格局，是一点都不为过的。

第五，甲午战争的失败，不仅给予中国沉重一击，同时也给中华民族猛烈的警醒！中国不能停留在老样子上，应该有所变革。1894 年 11 月，正是平壤战败和黄海海战失败后，孙中山等在夏威夷发起成立兴中会，提出了推翻清朝的主张，第一次发出了振兴中华的号召。康有为领导的戊戌维新也从反对签订《马关条约》开始。严复在天津的报纸上第一次提出了“救亡”的口号，此后，“救亡”成为所有爱国者的中心口号。

革命和维新两股力量成为甲午以后推动中国变革的主要力量，可以说这是中国旧民主主义革命的真正开端。

中华民族的觉醒还表现在开始了有意识地向西方学习的过程。甲午以前，中国朝野也好，知识界也好，对东邻日本是瞧不起的，对日本在幕府末期的改革是不大了解的，对日本明治维新后的进步也是不屑于看到的，总之对日本在近代的崛起是不重视的。中国派留学生到美国，到欧洲都比日本早。但是，1896 年，因为甲午战败的刺激，第一批 13 人的留学生去了日本。1905 年日本战胜了俄国，大出中国知识分子的意外，这一年涌到日本的中国留学生一下子达到 8000 人到 1 万人。这些年轻的留学生放下了看不起日本的身段，要去看看日本是怎样自强的，日本是怎样学习西方的，中国可以从中学到些什么。当年留学日本的青年吴玉章写道：“东亚风云大陆沉，浮槎东渡起雄心。为求富国强兵策，强忍抛妻别子情。”说的就是这样的心情。中国民主主义革命时期的许多革命者都是留日学生出身的（包括中国国民党和中国共产党的早期领导人）。他们在日本学到了，要学习西方，要改变中国，只有用革命的手段，才能救中国。马克思主义的理论，最初也是留日学生带回中国的。

从此以后，中国社会改造自身的革命就成为不可逆转的了！

第六，甲午战争的胜利刺激，使日本忘乎所以，以为日本可以主宰世界，最终落得彻底失败的结局。

日本自从16世纪末丰臣秀吉统一全国以来，就立下了志愿，要把中国的北京作为日本的都城。甲午战争以后，日本一直盯着中国。当第一次世界大战打响后，日本借口对德国宣战，出兵青岛，提出灭亡中国的二十一条，不久占领济南和胶济铁路线。今年是第一次世界大战爆发100周年，我们知道，中国派出了劳工到欧洲参与对德作战。日本却在山东，名义上对德作战，实际上对中国作战。1931年九一八事变后，日本在中国发动局部战争，不断占领长城沿线。1937年卢沟桥事变后，日本叫嚷三个月灭亡中国。但是中国在极其困难的条件下坚持了长达八年的抗战，在苏联、美国、英国的支持下，中国的抗战获得了最后胜利，日本接受了无条件投降。这是近代以来中国对外作战的第一次胜利！

日本由于甲午战争胜利冲昏了头脑，没有弄清楚第二次中日战争时的中国，已经不是第一次中日战争时的中国，中国人民的觉醒是一个决定性的条件，国共两党建立抗日统一战线，中国共产党在抗战中发挥的中流砥柱作用，都是这种觉醒的表现。

日本有识之士，日本政治家，应当反省历史，尤其应该反省明治维新以来“脱亚入欧”的历史，反省侵略周边国家的历史。

日本要想成为一个正常的国家，这个正常的国家应该是一个与邻国和平共处的国家，是一个剔除了侵略邻国野心的国家，是一个不称霸的国家。

第七，居安思危，常存战备之思，永远使自己立于不败之地。

历史经验告诉我们，甲午战争以来的中日国交的历史，战争多于和平，紧张多于友好。要创造和平多于战争，友好多于紧张的局面，中日两国人民都要经常回顾历史教训，牢记历史教训。

历史教训还有一点要注意：16世纪末以来，日本政治家常存灭我之心。这是我们在回顾甲午战争的世纪影响的时候，不要忘记的。当然，今天的中国，不是第二次中日战争时的中国，更不是甲午年第一次中日战争时的中国。但是，中国人民，中国的军人不要陶醉于自己的成绩，只有居安思危，常有战备之思，我们才能立于不败之地。

从这个角度说，120年前的甲午战争，今天还在影响着中日两国，甚至影响着国际关系！

八 中日关系前景展望

回顾120年前甲午战争的历史，客观地看待中国失败的历史教训，我们的心情是并不轻松的。从这些历史教训中我们可以得出几点认识。

第一，国贫民弱，经济落后，难免受外人欺凌。近代欺凌过中国的欧美国家（包括后起的日本），都是正在上升中的资本主义－殖民主义国家，都已经完成了或者正在完成工业化。中国当时只经历了延迟的、远不完全的早期现代化进程，根据学者研究，这个过程的力度还不如日本幕府末期的改革。对于中国这样一个历史悠久、“地大物博”又停留在封建社会末期的大国，落后就要挨打，是难以避免的。

第二，国家要避免侵略，关键在于国家强大。国家强大的基本要素有三：经济实力增长，外部势力不敢小视；社会制度优先，外国不能轻视；人民奋发向上，外国不会恣意动武。中国已经在中国特色社会主义道路上迈出了坚实步伐，国家经济总量（GDP）已经大大超过日本，居世界第二位。中国共产党领导下的多党合作协商议政的民主制度，正在获得欧美一些有识之士的关注甚至认可。中国民气的昂扬向上，同仇敌忾，是与120年前决然两途的。我们可以说，2014年的马年，不是1894年的马年，这是为120年的全部历史和现实证明了的。1894年的马年是不可能复制的。

第三，外交交涉，国际上的折冲樽俎，一切都要以国家实力为基础。19世纪90年代的中国正好缺乏这样的基础，却要谋求以夷制夷，无异与虎谋皮，实际上被外国列强玩弄于股掌之中，根本起不到以夷制夷的作用。这样的历史教训是十分深刻的！

第四，中日复交的政治基础需要尊重。1972年7月中日两国复交以后，中日两国之间共签署了四个政治性文件。这些条约和协议的基本精神在于正视过去以及正确认识历史，是发展中日关系的重要政治基础。鉴于今天安倍政权的右倾化，使中日两国关系处在1972年建交以来最紧张的时刻；又鉴于16世纪末以来，近400年间日本谋我中华的历史，尤其是第一次中日战争、第二次中日战争中，日本加给中华民族的极大损害，为使中日关系正常化，我们更要抓住正视历史和正确认识历史这一条不放。只有保证这一条，中日两国关系才能建立在正确的基础上，才有向前发展的可能。

第五，中国人和国际社会要记住抗战胜利纪念日和南京大屠杀死难者国家公祭日。日军攻进旅顺，兽性大发，在旅顺进行大屠杀，两万居民死难。日本军人对和平居民的野蛮大屠杀，是日本“武士道”精神的体现，是日本军国主义精神的体现。1937 年 12 月的南京大屠杀，以及第二次侵华战争期间在中国各地的屠杀，都是这种精神的体现。中国人民和世界爱好和平的人民定会永远记住。2014 年 2 月全国人民代表大会常务委员会通过 9 月 3 日为中国抗日战争胜利纪念日，通过 12 月 13 日为南京大屠杀死难者国家公祭日，完全体现了人民的意志，是中国人民同仇敌忾昂扬意志的体现。

第六，二战后国际安排，应该落实。至今造成中日关系紧张的钓鱼岛问题，与甲午战争有着密切关系。钓鱼岛至少在明代初年（14 世纪下半叶）就为中国人发现，为中国所管辖。但日本在甲午战争胜利确有把握的 1895 年 1 月，通过内阁决定把钓鱼岛划归冲绳县管辖。日本外务省正式发布的文件说钓鱼岛属于冲绳县，就是指此而言。但是日本内阁的决定是秘密的，从没有对外正式公布，直到 1952 年编辑《日本外交文书》才收录这个决定。所以日本窃取钓鱼岛，是偷偷摸摸的行为，是见不得人的勾当。但是，日本这种窃取行为，却掩盖在甲午战争胜利的结局中。其实，说起冲绳县，本是琉球王国，是明清两代中国的藩属国。日本吞并琉球，曾引起清政府强烈不满，交涉经年，直到 1888 年日本为策划大举侵略中国主动停止交涉，最终也被甲午战争的结局掩盖了。今天所以要重议琉球，是因为琉球主权未定。琉球主权未定，基本上是两个理由：一是因为中日之间就琉球地位的谈判，被甲午战争打乱了；再是由开罗宣言等一系列国际条约所形成的对日本领土的规定，这是二战后的一项国际安排，至今尚未落实。

第七，对中日关系抱有谨慎乐观态度。钓鱼岛争端，再议琉球，给中日关系蒙上了阴影。一些人变得很紧张，很悲观。因为我提出了琉球问题，有人甚至怀疑今后日本是否会欢迎我去日本。

其实，我对中日关系的发展没有那么悲观。

我把 1871 年以来的中日关系发展史分成几个阶段。

一、1871—1888 年，是近代中日建交的试探时期，是中国看不起日本，日本却在积聚力量准备侵略中国的时期。1888 年中国北洋海军成军，引起了日本的高度警觉，此后加快了准备侵略中国的步伐。

二、1889—1930 年，是日本策划大举进攻中国并最终形成大陆政策的时期，甲午战争发生，《马关条约》签订，台澎被割让。日本加入八国联军，是八国联军中军队人数最多的国家。占领山东，提出二十一条。1927 年召开东方会议，形成《对华政策纲领》，确立了将中国东北（所谓“满蒙”）与中国关内（所谓“中国本土”）相分离的政策，决定经营“满蒙”，为下一步大举侵略中国做准备。1928 年发生济南惨案和皇姑屯事件。这个时期是日本开始转变为帝国主义的时期，是中日关系历史上日本第一次大举侵略中国的时期。

三、1931—1945 年，是日本发动九一八事变，发动一·二八事变，发动七七事变，占领中国首都并进行南京大屠杀，企图灭亡全中国的时期，是中日关系历史上日本第二次大举进攻中国的时期，但是这一次侵略遭到了最后的失败。

四、1945—1951 年，是美国占领日本并对日本进行改造的时期。

五、1952—1971 年，日本追随美国，作为美国的外交附庸，成为美国对中国实施包围而形成的反华反共半月形包围圈的中坚一环，中日之间长期敌视，没有国家关系，只有民间外交、只经不政。廖承志、宫崎达之助在维持中日民间贸易方面起了重要作用。

六、1972 年以来，是中日建立外交关系的时期。1972（《中日两国关于恢复邦交正常化的联合声明》）、1978（《中日和平友好条约》）、1998（《中日关于建立致力于和平与发展的友好合作伙伴关系的联合宣言》）、2008 年（《中日关于全面推进战略互惠关系的联合声明》），中日之间签订了四个政治性文件，这是制约并维持中日关系的基石。2002 年日本小泉纯一郎内阁首相参拜靖国神社以后，中日关系出现不和谐因素，但到 2008 年福田康夫上台，又与胡锦涛签订了战略互惠关系的联合声明。

1871 年到 1971 年的整整 100 年间，中日之间的关系是以战争、对抗和敌视为基调的，只有 1972 年复交以来的 40 年是在平等的基础上互利互惠交往的历史，我们应当珍视这一时期的中日交往的历史。1972 年中日之间的贸易总额只有 10 亿美元，1981 年是 100 亿美元，2002 年超过1000亿美元，2011年已经发展到3449亿美元（日方统计）。2012年中日贸易总额虽然下降了4.2%，还是保持了一个相当庞大的数字（3294.5亿美元）。2013年中日贸易总额减少5.1%，为3125.5亿美元。美国超过中国成为日本最大贸易伙伴。尽管中日贸易总额大大超过中国和俄罗斯的贸易总额，但是这个大幅减少，还是令人关注的。政治上，2012年中日建交40周年的国家间的纪念活动未能按计划进行。这就出现了中日之间政治、经济同时趋冷的现象，值得中日两国政府和民间人士思考。

当然，这种趋冷，毕竟不同于1972年以前的时期，更不同于1945年前的时期。安倍（2013年12月26日）参拜靖国神社，是对受到日本帝国主义侵略的各国人民的一次忤逆，中国外交部发言人已经声明中国人民不欢迎安倍，等于把安倍放入了中国的黑名单。尽管如此，两国之间的四个政治性文件还是存在，两国的外交关系还是存在，两国的民间往来继续存在，两国间的相当规模的经济关系还是存在。

今天的中国已经不是1972年前的中国，更不是1945年前的中国，当然也不是1894年的中国。日本像从前那样欺负中国的可能性已经不大可能有了。中日之间的经济贸易联系，我判断不大可能继续大幅下降。

中日之间的历史认识问题将会长期存在，钓鱼岛争端将会长期存在。中日美三国之间的关系将会长期胶着。琉球群岛是美国在亚洲最重要的军事基地，日本正是依靠这个军事基地强调集体防卫。像有的国际关系学者估计的那样中日之间出现针对美国的所谓“战略集中原则”，在可以预测的未来还不可能。同样中美之间针对日本的“战略集中原则”也不可能出现。日美之间针对中国的所谓“战略集中原则”也是难以实现的。中美日三国之间，现在是一个等腰三角形，未来可能向等边三角形发展。未来10—20年，中美之间的经济差距将进一步减小，甚至可能出现反逆差，中美之间的政治、外交关系可能出现更大程度的改善；中日之间的经济差距可能继续拉大，而国家之间的紧张关系可能缓解。

随着中国与周边国家间的关系和国际关系进一步调整，日本或者美国在国际上和中国周边国家关系上包围中国的态势很难得逞。

日本的政局也会发生变化。日本对华友好的力量还是存在的。日本人民中认识到侵略战争对中日两国人民带来伤害的力量还是存在的。日本执政党中的自民党和公明党在修改和平宪法等问题上认识并不一致。中日之间改善关系的可能性还是很大的。日本国内爱好和平的民间力量如果不能忍耐安倍代表的右翼势力扩大，起而推翻安倍右翼内阁政府的可能性是存在的。

我的研究结论是：中日之间因为钓鱼岛问题引起的争端短期内不会解决，但是中日关系大局不会有本质的改变。钓鱼岛争端虽然涉及中日之间在东海和西太平洋主导权上的争夺，但毕竟不是中日关系的全部。中日关系回复到 1972 年前，回复到 1945 年前的可能性几乎不存在。我认为，中日之间在钓鱼岛区域发生冲突的可能性是存在的，但中日之间打仗的可能性是很小的。从长远看，现在中日之间的困难局面，将只是 1972 年建交以后中日关系长期发展中的一个有意思的插曲！

总结甲午战争以来 120 年的历史，我们应该从历史和现实的角度加以反省和检讨，去谋求中日正常关系的未来，造福于中日两国人民。

2014 年 6 月 8 日

试论辛丑议和中有关国际法的几个问题*

20世纪的史册已经翻到了最后几页。回顾90年前，八国联军之役，《辛丑条约》之耻辱，每使中国人痛心疾首。义和团运动史的研究是我国近代史学界颇见成绩的一方面，但八国联军侵华和《辛丑条约》的研究，除个别例外①，却鲜有人涉足②。从国际法角度研究辛丑议和，似尚无人提起过。本文试图在这方面做一尝试，高明正之。

19世纪中叶以后，国际法观念传入中国。美国传教士丁韪良（W. A. Martin，1827－1916）把美国人惠顿（H. Wheaton）的国际法著作（*Elements of International Law*）译成中文，经总理衙门校阅后于1865年出版③，题名为《万国公法》。光绪年间翻译出版的西方国际法著作还有德国人马尔顿（Martens）的《星轺指掌》（*Laguide diplomatique*）、美国人吴尔玺（F. D. Woolsey）的《公法便览》（*Introduction to the Study*

---

* 本文是1990年7月为中国社会科学院近代史研究所建所40周年举办的“近代中国与世界”国际学术讨论会写作的，原载《近代史研究》1990年第6期；收入近代史所科研处编《走向近代世界的中国》，成都出版社，1992；又收入张海鹏《追求集——近代中国历史进程的探索》，社会科学文献出版社，1998。

① 王树槐著《庚子赔款》（台北，1974）是就《辛丑条约》中的赔款问题做专门研究的著作，颇见功力。

② 廖一中等著《义和团运动史》、丁名楠等著《帝国主义侵华史》第2卷辟有篇幅叙述八国联军侵华和辛丑议和，此外有关论文则不多见，参见路遥编《义和团运动》（巴蜀书社，1985）首篇概述及末篇论文资料索引。近年亦无大进展。

③ 一般认为《万国公法》出版于1864年，见周鲠生《国际法》（商务印书馆，1981）和王铁崖主编《国际法》（法律出版社，1981）。查《万国公法》卷首董恂（时任总理衙门大臣、户部右侍郎）的序文，写于光绪甲子十二月，时正1865年1月，刻板印刷当在此后。

of International Law)、瑞士人步伦(J. C. Bluntschli)的《公法会通》(*Le droit international codifié*)等。那时办洋务的人士把万国公法当成办外交的至宝，以为依靠它，可以不受无穷之害。除了积极组织翻译西书，还在同文馆开设公法课程，希冀培养懂得万国公法的外交人才。但是《万国公法》出版以后，中国的外交依旧连连失利，主权日丧，公法并没有帮清政府多少忙。

但是，我们不能忽视国际法在中国的传播及其作用。八国联军之役，辛丑议和①的过程给清政府提供了一个表现其国际法知识的机会。从慈禧太后到议和大臣到一般官员，都曾执万国公法为据，提出议和中应注意的问题。透视一下辛丑议和中清政府的国际法观念，看看他们在哪些方面运用公法是有理有据的，在哪些方面未曾把握公法的基本精神，又是怎样在强权面前败阵的，当不无意义。

八国联军侵华，是以保护使馆为说辞的。1900 年 6 月 20 日，德国驻华公使克林德被枪杀，甘军和义和团攻东交民巷使馆区。这显然创下了清政府不能保护使馆、使臣的恶名。议和中，清政府首先依据万国公法就此表示道歉。议和全权大臣、庆亲王奕劻奏请朝廷说：

> 泰西公法，最重使命。遣派使臣，驻扎友邦，得享优待利益。是以中国与各国订立条约，皆首列彼此保护使臣之条，以系郑重。本年五月二十四日德国使臣克林德赴总理衙门会晤，行至中途，突有被枪击毙之事。现在各国均谓戕害使臣、攻击使馆有违公法条约……现当和局开议之始，应请特降谕旨，表明惋惜，由臣奕劻恭录行知该国使馆，俾知变起仓猝，实系保护不及，并非出自朝廷本意，庶免责言。②

① 辛丑议和是一个复杂的过程，实际上，它不是在中国政府与各国政府间进行，而是在各国政府内进行。清政府在 1900 年 8 月就任命了议和全权大臣，但不为各国承认。李鸿章于 10 月中旬到达北京，旋即向各国驻华公使提出议和节略 5 款，各国均不理睬。12 月 24 日，各国公使向奕劻、李鸿章递交了他们经过 3 个月讨论一致同意的文件，即以联合照会名义出现的《议和大纲》，双方并按公法要求相互校阅了全权证书，才算是辛丑议和的正式开始。这里所谓议和，指广义而言。

② 《奕劻等奏请降旨表明惋惜被戕德使及日本书记官片》，《西巡大事记》第 2 卷，第 20 页。

10月中旬，奕劻、李鸿章向各国驻华使馆照会议和节略5款，第一款即是“围攻使馆极违万国公法，允许嗣后永无此事”[①]。保护使馆和使臣，是万国公法规定的各国应负的责任和义务，清政府对此是有认识的。戕使节、攻使馆，违背公法，清政府在强大军事压力下，只能叩头认罪，不敢依据事实和法律，另设说辞。

其实说辞还是有的。德使克林德被枪杀事实真相究竟如何？由于缺少直接材料，迄无定论。据7月28日被处死的总理衙门大臣袁昶在日记中说：

> （五月）二十四日。昨下午三钟始发照会，夜半九国公使照会请缓期，并偕来署面议，庆邸命复以稍缓日期，尚可通融，现团匪塞满街市，止各使勿来署，上午始复照，德使未及知，贸贸然肩舆来，被神机营、虎神营兵火枪击毙。[②]

五月廿四日即公历6月20日，总理衙门首席大臣奕劻鉴于义和团“塞满街市”，不同意各使来署面议。德使未收到照会，事故发生。英国公使窦纳乐9月20日给英国政府报告此事，与袁昶说法稍有不同。他说6月19日下午5点钟收总理衙门的照会，署明下午4点，各使即开会，用首席公使名义提出答复，要求于次日上午9时与庆亲王等会晤。20日上午8时，各公使未收到回答，除克林德外，各使咸认定前往总理衙门毫无用处。各使曾向克林德指出独自前往有一定程度的危险。克林德冒险前往，事故发生[③]。此外还有种种传闻，如有说克林德系“载漪伺于路，令所部虎神营杀之”[④]；有说在总署前中了华兵的埋伏[⑤]；有说“公使先在轿中开手枪，恩海让过敌弹，即发一枪”，击中公使[⑥]；有说

① 原文为：“围攻使臣公馆，极犯万国公法之要条，为各国万不准行之事，中国一面自认此次之大误，并应许以后必不致再有如此之事。”见中国近代史资料丛刊编辑委员会主编《中国海关与义和团运动》，中华书局，1983，第37页。又见中国史学会主编《中国近代史资料丛刊·义和团》第1册，上海人民出版社，1957，第222页。

② 袁昶：《乱中日记残稿》，《义和团》第1册，第340页。

③ 胡滨：《英国蓝皮书有关义和团运动资料选译》，中华书局，1980，第96—98页。

④ 李希圣：《庚子国变记》，《义和团》第1册，第16页。

⑤ 佐原笃介等辑《拳乱纪闻》，《义和团》第1册，第137页。

⑥ 杨典诰：《庚子大事记》，《庚子记事》，中华书局，1978，第83页。

克林德在东单牌楼误触手枪机括，以致訇訇作声，附近比利时使署守兵闻声回击，“适有官兵在途，疑其击己，即还枪轰射，枪弹横飞之际，轿中人已中其一，盖即德使克林德也”[①]。

案袁昶与窦纳乐两说有一定权威性。不同之处在于：总署从公使安全考虑，曾发出照会，劝阻公使来会；英使否认收到这样的照会。变起仓促，事实真相已无法廓清。德使首先开枪一说，得之传闻，如属实，则德使责任较大。载漪指令恩海杀害，也是猜测，据李鸿章致行在电报：“询据德使面称，神机营兵恩海被获，供称，残害克使是端王传令所为，而令系何人所传，也无左证。恩海业经该使正法，可勿深究。”[②]据说恩海是庆邸派人拘获（一说是日本人捉住）交给德使的，德使未审出确供而擅自将疑犯杀害。

按照国际法规定，公使应当受到尊重。惠顿说：“国使既代君国行权，即当敬其君以及其臣，而不可冒犯。”[③] 步伦指出：“冒犯公使，即为冒犯其国，若情节较重，即为目无公法，而获罪于万国也。”但公使的权利不是无限的，公使在驻在国不能为所欲为。公法规定：“公使欲害本地人民，而人民自卫，致伤公使者，则无讨索之理。盖自护之权，贵贱皆具，而不可夺焉。”又规定：“公使擅入险地，致被伤害者，不得以违公法斥责彼国，亦不得视为有意冒犯。”[④] 揆诸史实，可做如下解释：如果德使开枪在先，致被伤害，则清政府有权拒绝讨索。或谓公使开枪在先、端王指令杀害，均无确切证据，但有一个现象是大家的共识：北京由于义和团大量进入，八国联军部分开进，形成“兵民交讧”局面[⑤]，险象环生。在反帝灭洋情绪的笼罩下，外国使臣单独外出已失

① 柴萼：《庚辛纪事》，《义和团》第 1 册，第 309 页。

② 《全权大臣奕劻、李鸿章电报》，1901 年 1 月 16 日，故宫博物院明清档案部编《义和团档案史料》下册，中华书局，1959，第 894 页。

③ 丁韪良译《万国公法》第 3 卷，第 4 页。

④ 步伦：《公法会通》第 2 卷，1899 年再版，第 25 页。

⑤ 奕劻、李鸿章替皇帝预拟的克林德碑铭文，见《义和团档案史料》下册，第 910 页。6 月 29 日以皇帝名义向各驻外大臣发出的训谕对这种形势说得更清楚：“自洋兵入城以后，未能专事护馆，或有时上城放枪，或有时四处巡街，以致屡有枪伤人之事；甚或任意游行，几欲阑入东华门，被阻始止。于是兵民交愤，异口同声，匪徒乘隙横行，烧杀教民，益无忌惮。”见《光绪朝东华录》（四），总第 4524 页。

去安全保障。按袁昶说法，总署已就此提出劝告[①]，按窦纳乐说法，虽未接到总署劝阻照会，各国公使已向德使指出单独外出的危险，德使似已注意到各使的劝告[②]。明知有险而擅入险地，致被伤害，按公法家步伦的说法，就“不得以违公法斥责彼国，亦不得视为有意冒犯”。清政府当然要因保护公使不力而致歉意，但指责它冒犯公使、违背公法、获罪万国，是根据不足的。由于事变仓促，难以查明真相，但《议和大纲》写明克林德系“奉令官兵所戕害”，把未定事实肯定下来。此语至关重要，此语果成立，杀克林德系国家之罪；此语不能成立，则德使被戕不是有意冒犯公使。前已指出，德使曾审讯恩海，并未查知“奉令”确据。所以清廷一再指示议和大臣就“奉令官兵”一句与各使磋磨，李鸿章等不敢向各使理论，只能搪塞、支掩清廷。

公使如此，使馆也有类似情形，不能简单地用围攻使馆笼统称述。清政府自1860年以来对外恐惧的心理日甚一日，不唯洋务派如此，顽固派也如此。顽固派虽不时发出排外仇外的呼声，一旦受挫，转身就变成投降派。事实表明，清政府有关保护使馆的公法知识，是并不缺少的。义和团进入京师，各国公使迅速调兵进京，借口保护使馆和眷属。6月16日内阁奉上谕：“近因民教寻仇，讹言四起，匪徒乘乱，烧抢迭出，所有各国使馆，理应认真保护。著荣禄速派武卫中军得力队伍，即日前往东交民巷一带，将各使馆实力保护，不得稍有疏虞……”[③] 显然，清政府保护使馆的措施是明确的。必须指出，早在5月底，各国已在各自使馆驻扎重兵，把使馆变成设在北京城内的外国军事据点。这是完全违背国际法的。“使臣公署，不得据之屯兵”[④]，是国际公法常识。大沽事件后，各国侵华战争宣告爆发，清军和义和团攻击使馆，实际上是对这个外国军事堡垒的进攻，从国际法角度看，不能说完全无理。

按公法，“两国遇有争执之端，应慎勿动力，以留调处之地步”。撇开不平等条约，撇开外国侵略不说，中国发生民教纠纷，中外之间就

---

① 袁昶：《乱中日记残稿》，《义和团》第1册，第340页。训谕还指出：“德使盖先日函约赴署，该署因途中扰乱，未允如期候晤者也。”此据《义和团档案史料》上册，第203页，及《义和团》第4册，第27页。《东华录》作“未克如期”，“克”显系“允”之误。

② 参见胡滨《英国蓝皮书有关义和团运动资料选译》，第98页。

③ 《义和团档案史料》上册，第144—145页。

④ 马尔顿：《星轺指掌》第2卷，同文馆，1876，第16页。

各自的权利发生争执，“按公法，皆有应请调处之理，庶免干戈”。1856年欧洲各国会盟于巴黎，订有条款，“言明嗣后遇有两国争执，必当延请友邦调处，所议不成，方可动兵”。1869年，各国再会于巴黎，调停希腊、土耳其两国争端，是有名案例[①]。就在八国联军侵华的前一年，1899年在海牙召开和平会议，缔结《国际纷争和平解决公约》，规定“为国际关系上尽量免除诉诸武力起见，缔约各国都愿尽力于国际纷争之和平解决”，“遇有重大之意见冲突或纷争事件，当于未用兵之前，缔约各国酌度情形，请友邦一国或数国斡旋或调停”[②]。这在传统国际法上，是第一次对以战争作为解决国际争端的合法手段，即所谓“诉诸战争权”的限制。公约墨迹未干，参与签字的西方大国以其对中国运用传统的“诉诸战争权”，表明了这些霸权至上主义者对海牙公约的蔑视。

就是在这种实际的战争状态下，清政府仍未放弃对使馆区的保护。6月29日，清廷训谕各驻外使臣，向各国外部切实声明，“现仍严饬带兵官照前保护使馆，惟力是视”[③]，并解释，对乱民、乱党（指义和团），不是不想痛剿，而是怕操之过急，反恐于“各国使馆保护不及，激成大祸”，并要各国放心，对“此种乱民”，清政府一定要设法相机惩办。可见，就在围攻使馆期间，清廷并未忘记剿灭义和团、保护使馆的责任。7月中旬以后，总理衙门一直在寻求同使馆官员对话，并曾设想将使馆官员接到总理衙门躲避。《议和大纲》缔结以后，清廷发布上谕表明心迹：“当使馆被围之际，累次谕令总理大臣前往禁止攻击，并至各使馆会晤慰问。乃因枪炮互施，竟至无人敢往，纷纭扰攘，莫可究诘。设使火轰水灌，岂能一律保全。所以不致竟成巨祸者，实由朝廷竭力维持。是以酒果冰瓜联翩致送，无非朕躬仰体慈怀。惟我与国，应识此衷。”[④] 这些话，不可看成求和过程中的低声下气，而是当时真实心曲的写照。如果说，围攻使馆是违背公法的表现，导致此种事实的赤裸

① 步伦：《公法会通》第6卷，第481、484章。

② 王铁崖主编《国际法》，第502页。

③ 《光绪朝东华录》（四），总第4524页。

④ 《义和团档案史料》下册，第946页。身在围中的赫德说过，如果清军决心攻击使馆的话，“我们支持不了一个星期，或许连一天都支持不了”。见马士《中华帝国对外关系史》第3册，商务印书馆，1963，第249页。

裸的武装侵略不更是违背万国公法的吗？对此，清政府是想都不敢想的。

与戕公使、围攻使馆紧密相关的是惩凶问题。凶即祸从，包括祸首和从犯。这在和议之初就被提了出来。9 月 18 日，德国通告各国，首先提出要把追究“那些被确定为在北京犯了违反国际法罪行的首要的及真正的主谋者”[①] 作为停战议和的先决条件，实际上是要追究慈禧太后和清政府的责任。英国政府考虑到，“惩办皇太后是绝对不可能的”，如果那样，“人们将冒着废弃中国整个国家组织的危险，这也是对欧洲不利”[②]。10 月 4 日，法国政府向各国政府提出 6 项建议，作为同中国谈判的基础，其第一项就是惩办由各国驻北京使节提出的罪魁祸首。各国公使对此加以讨论，一致决定对他们提出的端王、庄王、怡亲王以下王大臣 11 人处以死刑[③]，执行时要有各国外交代表临场监刑[④]。经清政府议和代表多次恳请原谅清政府的困难，同意死刑的种类及执刑办法，由清政府处理。惩办祸首一条在《议和大纲》第二款中表述为：“西历 9 月 25 日，即中历闰八月初二日，上谕内及日后各国驻京大臣指出之人等皆须照应得之罪，分别轻重，尽法严惩，以蔽其辜。”[⑤]

公法关于惩治罪犯的规定，原则上是要按本国的法律治罪。步伦的意见是：“彼国将罪犯（得罪此国者）按照地方律法惩治，此国尚以为轻，则令其本国自任之可也。”他进一步解释说：“邦国惩罪，自当按照己之律法，外国既不便令改易法度。若按法疑轻，或断为无罪，应无怨言。然可问有二：彼国律法与万国律法合否？一也。彼国有令其法院实力行之与否？二也。”[⑥] 观此，则清政府惩办罪犯，完全应按本国的法律办。9 月 21 日，美国代理国务卿致函德国驻美代办时表示，“最有效的惩罚措施就是由帝国最高当局自己去罢黜和惩办肇事者”[⑦]，这一

---

① 《外交大臣布洛夫伯爵奏威廉二世电》，《德国外交文件有关中国交涉史料选译》第 2 卷，孙瑞芹译，商务印书馆，1960，第 122 页。全文见天津社会科学院历史研究所编《1901 年美国对华外交档案》，齐鲁书社，1983，第 23—24 页。

② 《德国外交文件有关中国交涉史料选译》第 2 卷，第 126、130 页。

③ 《1901 年美国对华外交档案》，第 48 页。

④ 《英国蓝皮书有关义和团运动资料选译》，第 343 页。

⑤ 王铁崖编《中外旧约章汇编》（1），三联书店，1957，第 980 页。

⑥ 步伦：《公法会通》第 6 卷，第 467 章。

⑦ 《1901 年美国对华外交档案》，第 24 页。

意见是符合国际法原则的。清政府在议和过程中，也运用了公法的这一原则。驻日公使李盛铎走访日外部时反复说明："正法多人殊为难，且懿亲不加刑，各国通例，总宜分别办理。"[①] 廷旨针对英国坚持一律处死[②]的意见，质问："懿亲不加刑，各国通例，早经声明，何独英反齿？"[③] 应当说，《议和大纲》"照应得之罪，分别轻重，尽法严惩"[④]的规定，比照万国公法，还是有几分相近的。

但是，在1901年1月就《议和大纲》进一步谈判时，英、德公使继续坚持应对各国已指出之祸首一律处以死刑，又新提出礼部尚书启秀、前刑部左侍郎徐承煜二人亦应列为祸首。各公使尤关注对端王载漪、甘肃提督董福祥、庄王载勋的惩处。议和全权大臣的电报："各国公论，此次祸首，端一、董二、庄次。"[⑤] 清政府认为一律处死的要求与《议和大纲》"分别轻重"的规定相矛盾，又与中国有关懿亲不加刑的成法冲突，对端王等不得加以死刑；董福祥因握有重兵，护跸行在，且在甘肃、宁夏一带颇著声望，不能处死刑；认为英年、赵舒翘不够祸首，而对启秀、徐承煜的指控"均系空言，毫无实据"[⑥]。各国在讨论中意见也不一致。美、日、俄等国认为一律处死难以做到，对亲王可以减等。英、法、德坚持死刑立场。英国公使萨道义（E. M. Satow）报告本国政府说，"对照会草稿中所指名的所有那些罪犯处以死刑，应当成为今后进行任何谈判或讨论的一项先决条件"，并说，第二款是对中国政府诚意进行考验的最好条款[⑦]。德国纵容联军统帅瓦德西（Von Waldersee）以不撤兵及向京畿一带加强讨伐相要挟，迫使清政府做出让步。2月13日，清廷发布上谕，宣布对庄王赐令自尽；端王及辅国公载澜革去爵职，发往新疆永远监禁；山西巡抚毓贤正法；吏部尚书刚毅因已病故，追夺原官，即行革职；董福祥即行革职；英年、赵舒翘定

---

① 《义和团档案史料》下册，第786页。

② 参见《英国蓝皮书有关义和团运动资料选译》，第374页。

③ 《义和团档案史料》下册，第829页。

④ 必须指出，《议和大纲》中文本"分别轻重"一语，在英文本中是没有的，英文本译文见《英国蓝皮书有关义和团运动资料选译》，第432—433页；又见《1901年美国对华外交档案》，第69页。中文本与英、法、德文本，同为外交团送交中国政府者，故具有同等效力。

⑤ 《义和团档案史料》下册，第864页。

⑥ 《义和团档案史料》下册，第928页。

⑦ 《英国蓝皮书有关义和团运动资料选译》，第408页。

为斩监候；大学士徐桐、前四川总督李秉衡已身故，均革职。另又宣布革去启秀、徐承煜职务。这一谕旨，虽已在主要之点上满足了各国公使的要求，但他们仍“甚不满意”。驻华公使团一再照会中国全权大臣，对载漪、载澜应处斩监候，遣戍新疆，永远监禁，不得再行减免；对董福祥，必须定拟死罪，缓办理由仅在中国政府“闻有碍难之处”，但须立即剥夺其兵权；英年、赵舒翘须绞立决；启秀、徐承煜须正法。奕劻、李鸿章一再致电催促清廷下决心接受列强要求，说“姑息数人，坐令宗社危亡，殊为不值”，朝廷若再庇护诸臣，必将造成谈判破裂等[①]。清廷面对强权，无所措手，只得在2月21日再次发布上谕，全部接受了列强的条件，唯一的改动，只将英年、赵舒翘由绞立决改为赐令自尽。

惩办祸首问题解决以后，关于从犯惩办交涉，又迁延了很长时间。4月1日，除俄国以外的10国公使向清政府提出了“查明外省确犯重罪应请严惩各员清单”的照会，指出了各地从犯142人（其中主犯96人，尚须由中国政府调查的罪犯46人）[②]。有人指出，这些人中“大部分的证据是从中国人方面得来的传闻证据”[③]，很不可靠。清政府据实加以驳诘。各使以先办此案方可续商他款、筹议撤兵相威胁[④]，并对清政府议和大臣提及“此类惩罚中，有不符合中国法律规定的要求”，表示“我们不能予以考虑”[⑤]。经过反复交涉，公使团驳回了清政府对有关人员减免刑罚的打算。清廷被迫于4月、6月、8月先后发布谕旨，宣布对外省获咎官员110余人的惩处，包括4人斩立决、11人斩监候及充军、革职、永不叙用等。这才算最后了结了办祸从一案。

从惩办交涉的全过程，我们看到，列强各国总是把违反国际法的大帽子加在中国头上。议和大臣和清政府被这顶帽子压得喘不过气来，他们除了拿“各国通例”抵挡外，别无良策。而这种“各国通例”在西方人面前显得苍白无力。所谓“通例”，是西方大国制定的，它同意，

---

① 《义和团档案史料》下册，第951、963、966、948页。

② 《义和团档案史料》下册，第1013—1014页。96人名单见《1901年美国对华外交档案》，第254—266页。

③ 马士：《中华帝国对外关系史》第3卷，第372页。

④ 《义和团档案史料》下册，第1014页。

⑤ 《1901年美国对华外交档案》，第275页。

“通例”就有效，它不同意，“通例”奈它何？中国哪里是以平等的主权国家的地位与西方列强谈判。在西方眼中，中国并不享有公法关于“邦国惩罪，自当按照己之律法”的权利。另外，中国官员也未觉悟到自己也应具有这样的权利。中国谈判者虽懂得万国公法的某些一般说法，但并未从主权国家地位出发认真研究万国公法的各项适用条文。熟悉公法规定，以此为据与人展开斗争，虽然不一定获得实质的胜利，却可在说理斗争中令对手咋舌，以伸正义之威。

与惩办有关，还有两件案例值得特为分析。这就是联军杀直隶藩司廷雍案和德使擅杀恩海案。直隶布政使廷雍系二品大员，在李鸿章调任直隶总督前曾护理直隶总督。李鸿章在赴京就任途中，特指示廷雍“令各军勿得迎敌，并将军械收藏”，“务祈严谕将士，勿轻用武挑衅，致启不测之祸”。1900 年 10 月中旬，法军首先到达保定，廷雍派首县礼迎入境。法军统兵官答允保护保定安全，城头遍插龙旗和法国旗。廷雍执行李鸿章指示，已经把保定变成一座不设防的和平城市。几天后，在瓦德西策划下，英国提督贾尔思（A. Gaselee）率英、德、意、日等国军队 1 万余人开到，占领保定总督署，控制藩署司库，掳掠库藏银 16 万余两，洋兵“分段占据，我兵枪炮均被收去”，“四城亦派人看守，一切公事皆无从措手”。原应允“保护”的法军对此竟置若罔闻。联军旋将藩司廷雍、臬司沈家本等一应官员囚禁。至 11 月 6 日，占领军以德、法、英、意四国名义宣布，以“纵庇拳匪”名义，将藩司廷雍、城守尉奎恒、参将王占魁枪杀，臬司沈家本革职圈押。此案在清朝官员中影响很大。有人评议：“保定开门缴械，以礼相迎，可谓顺矣。而西人则曰：是中国自欲停战，非出我意，虽礼迎，而我则犹是以兵力取也。故杀廷雍等。”清廷迫于压力，于 1901 年 1 月 9 日寄谕奕劻、李鸿章，“联军戕毙藩司廷雍一案，情形极为惨酷，甚至悬首枭示，不独中国法律处置二品大员无此重典，按之西律，尤属违悖公法”，要求奕劻等据理诘责①。李鸿章以直隶总督名义向各公使提出交涉，公文被英、德、法、意公使横蛮地退了回来②。

神机营兵恩海原是枪杀德使克林德的重要疑犯。据说奕劻（一说是

① 《义和团档案史料》下册，第 702、731、722、764、857、869 页。

② 马士：《中华帝国对外关系史》第 3 卷，第 338 页。

日本人）派人捉住交给德军，德使审讯后未取得确供，即于12月31日杀于崇文门内[①]。

这两案均涉及一个问题：中国与各国是否存在战争状态？如果存在战争状态，应适用于国际法中的战争法条款。按《公法会通》第585章："敌兵倒戈而降者，应收其军器而俘之，若杀之伤之，皆属不可。"第600章："敌国敌民送人为质者，应以俘兵待之，至约束，则应酌量情形，以定宽严。"第601章："战时被俘之人，非拿获罪犯可比，既不得加以惩罚，尤不得稍有凌辱。"第565章又规定："对敌允许之事，必当遵行，若既许而背之，则为公法所禁。"又美国《行军训戒》第71章："敌人无力抵御，若擅行杀伤，或令人杀伤之者，讯有确据，则处以死罪。"第74章："敌人被俘，因公而不因私，则为国之俘，而不为擒者之俘。"[②] 廷雍拱手迎敌，缴械投降（无投降名义，有投降实质），可比照"敌兵倒戈"或"敌人无力抵御"条，既被囚禁，均应当作战俘看待。恩海可比照"敌国送人为质"条，也应作战俘待。无故杀戮战俘，显系违背公法，按当时西方规定，可以处死罪。同时，法兵答允保护于前，英、德、法兵又杀戮于后，许而背之，公法所耻，是战争中的丑行。清朝议和大臣不敢据此揭露各国违背万国公法的悖理行为，也是挺不起脊梁骨的表现。

如果不用战争法衡量，则中国有人开罪于外人，只能由中国法律惩治，外国使节或军人根本无权在中国捕杀人犯，更不用说高级官员。

问题就在于：八国联军侵华战争是不是国际法上的战争，中外之间是否存在着战争状态。

从外国看，各国不承认对中国的大举用兵是战争状态；从中国看，中国政府不敢承认它同各国处于战争状态中。分析一下6月19日总理衙门致各国公使的照会是很有意思的。这个照会被广泛解释为宣战书或最后通牒。照会全文如下：

> 为照会事：现据直隶总督奏报，称本月二十一日，法国总领事杜士兰照会内称，各国水师提督统领，限至明日早两点钟，将大沽

① 佐原笃介等：《拳事杂记》，《义和团》第1册，第295页。

② 步伦：《公法会通》第7卷，第26、31—32、19页。

> 口各炮台交给伊等收管，逾此时刻，即当以力占据，等语。闻之殊为骇异。中国与各国向来和好，乃各水师提督遽有占据炮台之说，显系各国有意失和，首先开衅。现在京城拳会纷起，人情浮动，贵使臣及眷属人等在此使馆情形危险，中国实有保护难周之势，应请于二十四点钟之内，带同护馆弁兵等，妥为约束，速即起行前赴天津，以免疏虞。除派拨队伍沿途保护并知照地方官放行外，相应照会贵大臣查照可也。[①]

我以为，这照会只是对各国水师要强行占据大沽炮台发出的最强烈抗议，说它是宣战书或最后通牒，显得证据不足。通观照会全文，并无火药气味，并未向各国宣战，也无像通常宣战那样宣布断交、逐使；请使臣及其眷属前往天津，主要是从安全措施考虑的，因为“京城拳会纷起，人情浮动”，使臣及使馆的安全难以保证。毋宁说，照会对各国并无明显敌意。唯一有最后通牒意味的地方是照会有“于二十四点钟之内”及照会发出时间标明“6月19日4时”[②] 等字样。这反映了总理衙门起草文件时的矛盾、惶惑和留后手心理。英国驻华公使窦纳乐把中国政府对各国海军主力占领大沽炮台的反应解释为宣战[③]，其实是不准确的。照会只是对各国“首先开衅”表示了谴责和抗议，并未认为外国是对中国宣战，也未正式向外国宣战。所谓“首先开衅”，是“首先挑起衅端”或“首开战端”的意思，是事实的客观描述，而不是给事物定性。6月21日的宣战诏书，也只是对内的，并未送达各国，而且荒唐到未指明何国为宣战对象[④]，从而成为一个奇怪的宣战文件。从照会到诏书，反映了清政府面对帝国主义大举兴兵侵略的刺激、“扶清灭洋”义和团的弥漫京师、政府中顽固派仇外势力占上风时游移不定的惶惑心理：对义和团，剿抚两难，对洋兵麇集的后果，殊难逆料[⑤]。因为

---

① 《义和团档案史料》上册，第152页。照会发出前两天，大沽炮台已为八国联军攻占。由于电报不通，总署发此照会时，尚未获知这一消息。

② 按《义和团档案史料》所载照会，无“4时”字样。此据《英国蓝皮书有关义和团运动资料选译》，第96页。

③ 《英国蓝皮书有关义和团运动资料选译》，第96页。

④ 胡绳最早指出并阐明了这一点，见《从鸦片战争到五四运动》下册，人民出版社，1981，第598页。

⑤ 《义和团档案史料》上册，第156页。

肯定打不赢外国，所以不能公开宣战；因为国内政治危机，又不能不摆出某种姿态。这就出现了在一个基本上无敌意的外交照会中限令 24 小时离京赴津（而不是离境），而宣战诏书既不指明向何国宣战，又不对外宣告这样一种矛盾的政治外交措置。

其实，把各国占领大沽的行动理解为对中国的宣战是符合国际法有关战争法条款的。西方近代国际法的开山格劳秀斯虽把宣战作为战争开始的必要步骤，但往后的国际法学家认为，一国对另一国宣战，或虽未宣战而侵入另一国领土，或封锁另一国的海港、海岸，就认为是战争状态的开始①。战争状态开始，通常要断交、遣使②。这些公法规定，清政府是熟知的。比较一下 1894 年（光绪二十年）清政府对日宣战的经过，可以清楚看出这一点。

1894 年年中，中国和日本因朝鲜问题发生利益冲突。7 月 25 日，日军袭击中国运兵船，两国关系急骤恶化。27 日，直隶总督致电军机处，指出“华日既未宣战，日船大队遽来攻扑，且先开炮击沉我船，实违公法”。同日，总署即电李鸿章，因日先开衅，商议布告各国照会应如何措辞；又致电驻美公使杨儒，希托美廷保护在日侨民；又致电两江总督刘坤一，“倘日船驶近浦口，即可击之”。李鸿章答总署电中还提出“暂停日本通商，日货不准进口”，反应是迅速的。隔两天，朝旨令驻日公使汪凤藻撤回所有中国驻日本使馆人员。7 月 31 日，总署照会日本驻华公使，“日先开衅，致废修好之约。此后与彼无可商之事，殊为可惜”③，实即讽示日使出境。8 月 1 日，清廷公开发布宣战上谕，宣布日本“不遵条约，不守公法，任意鸱张，专行诡计，衅开自彼，公论昭然。用特布告天下：……倭人渝盟肇衅，无理已极，势难再予姑息。著李鸿章严饬派出各军迅速进剿，厚集雄师，陆续进发，以拯韩民于涂炭；并著沿江沿海各将军督抚及统兵大臣整饬戎行，遇有倭人轮船入各口，即行迎头痛击，悉数歼除”。8 月 21 日，廷旨著李鸿章传谕朝鲜国

---

① 步伦：《公法会通》，第 522—528 章。阿·菲德罗斯等：《国际法》下册，李浩培译，商务印书馆，1981，第 515 页。

② 步伦：《公法会通》第 537 章：“战始则交谊遂绝（未战而先绝者居多）。公使在敌国境内者，或由本国召回，或由敌国遣回，是为常例。”

③《清季外交史料》第 93 卷，第 15、16、21 页。

王，清政府对日已“撤使绝交”，并“发大兵进剿，前军已抵平壤”①。

看看甲午对日宣战这一番举动，紧锣密鼓，好一派宣战的气势。其办法、程序，完全符合万国公法的规定。拿1900年6月19日照会和21日“宣战”诏书同甲午宣战比较，前者实在没有多少宣战味道，措置失宜，似乎清政府的公法知识倒退了。即使19日照会中多少有点火药味的令各使24小时内离京赴津一点，也因20日克林德被戕，各使不愿离京，总理衙门予以接受，而在实际上放弃了。清廷21日对内发布了带有“宣战”意味的上谕，29日，军机处又奉旨训谕各驻外公使，要他们把“中国万不得已而作此因应之处”的“委曲情形”，向各外部切实声明；并令“各该大臣在各国遇有交涉事件，仍照常办理，不得稍存观望”②。就是说，既没有令各使离境，也未召回驻外使臣，外交关系一切照旧，更说不上宣布废约、断绝通商等情。这就是说，清政府所谓对外宣战是不真实的，按其本意来说，清政府不可能同时对各国宣战。它虽然做出宣战的姿态，实际上不敢承认战争状态的存在。

如此说来，八国联军侵华战争真是战争史上一次非常奇怪的战争。清政府不敢承认战争状态的存在，8个侵略国家也不承认战争状态的存在。但是战争的确存在着。大沽口外停泊20多艘外国海军舰只，对中国港湾实施着封锁和包围。第一批2000余人的八国联军救援部队，以英国海军上将西摩尔（E. H. Seymour）为司令、美国海军上校麦克卡拉（B. N. McCalla）为副司令、俄国上校沃嘎克（Богак）为参谋长。他们进军北京的计划遇抵抗失败了。各国海军又组成千人海军陆战队进攻大沽炮台，并终于占领了炮台。聚集在天津租界的联军1.2万人，同天津义和团和清军展开激烈争夺战，在7月中旬占领了天津，成立了天津军事殖民统治机构。8月初，各国司令官连续召开会议，决定集中1.88万人的兵力，沿北运河分两路向北京挺进，随即占领北京。联军还在上海等地登陆。俄军除作为联军主力与他国共同行动外，还出动约20万人分五路进入我国东北，几乎占领了全东北。9月，新确立的联军统帅率德军2万人到达天津，10月进入北京，并在中南海仪鸾殿建立八国联军总司令部。瓦德西来华后，亲自筹划扩大侵略活动，仅1900年12

① 《光绪朝东华录》（三），总第3441、3449页。

② 《义和团档案史料》上册，第203页。

月以后，联军共出动46起“讨伐队”（单德军出动的就达35起）[①]，先后占领保定、张家口、正定、井陉及山东边境等地。直到1901年5月，联军的军事行动才停止下来。据统计，1900年12月联军在华兵力达到5万；另据统计，联军在华兵力最多时达到10万。以上这些，难道还不是战争吗？

这当然不能说不是战争。但各国公使均留在北京，各国也未要求中国召回自己的公使。各国对中国，中国对各国，都从未宣布采取断交、废约、撤使之类的外交关系破裂时应有的动作。

如果因此而否认战争状态的存在，就不能解释中外之间何以出现长达9个月（从1900年12月起）的议和活动。议和是结束战争的基本步骤之一。奕劻、李鸿章报告议和情况说：“窃查泰西通例，各国开战之后，原定条约即须作废，另立新约。臣等此次奉命议和，应分两端：一为各国重联旧好之总约，一为各国通商善后之分约。总约，仅止商结目前战争，提纲挈领，条款无多。分约，则通商榷税之数，往来交涉之繁，条分件系，纤细毕集，稍或疏漏，日后辄烦辩论。”[②] 这段话说明，奕劻等是懂得国际法有关开战议和的规定的，还表明，他们是依公法规定，在开战后奉命议和的。这是承认战争状态的存在。但明明说开战后原定条约即须作废，议和时要另立新约，此次中外开战何以不废旧约，又要另立新约？这个战与非战的矛盾处处都表现出来。

中外议和，这是中外各方都承认的事实。按照公法家的意见，战争通常通过和约而终止[③]。八国联军侵华战争就是通过《议和大纲》[④]、《辛丑和约》而终止的。《辛丑和约》的签订，无异于正式宣告了此前中外间战争状态的存在。既承认战争状态的存在，就应按万国公法有关战争法原则来办理。列强发动大规模的持久的对华战争，却不承认战争状态的存在，又要按战争法迫使中国议和，攫取大量政治、经济权益，都是违犯国际法规定的，充分表现了它们凭持强权、蔑视公理的可耻面

---

① 马士：《中华帝国对外关系史》第3卷，第338—339页。

② 《义和团档案史料》下册，第848页。

③ 王铁崖主编《国际法》，第520页。阿·菲德罗斯等：《国际法》下册，第521页。

④ 《议和大纲》是作为议和总纲制定的，其结尾规定：“若非中国国家允从足适各国之意，各本大臣难许有撤退京畿一带驻扎兵队之望。”清政府以为大纲成立后即可停战，但各国据此条讹诈中国未适各国之意，拒绝撤兵、停战。

目。对国际公法有关规定很熟悉的清政府在和谈中不敢据公法仗义执言，有人曾据万国公法提出种种建议，却遭到清廷传旨申斥[①]。这说明在独立主权大量丧失的情况下，国际公法是帮不了中国政府的忙的。

通观辛丑议和的全过程和《议和大纲》《辛丑和约》的约文，可以看出列强违背国际公法的基本原则之处甚多[②]。国家平等原则是国际公法的基本原则之一。然而，近代国际法是随着欧洲资本主义主权国家的产生、发展而逐步形成的。这个历史事实表明近代国际法是保护资产阶级国家的。西方国际法权威奥本海（Oppenheim）认为，国际法"指文明国家认为在他们彼此交往上有法律的约束力的习惯和协定规则的总体"，所谓文明国家，指的即资本主义国家。中国作为一个半殖民地国家，独立主权早已遭受严重损害。在西方各国看来，万国公法只对它们那些文明教化国家适用，对中国，自鸦片战争以后，说派兵就派兵，要攻占某地就攻占某地，大沽、天津、北京，外国武装力量数进数出，公法何曾对他们有拘束力？自 1842 年南京议和以来，中国与列强谈判从不具平等地位。刘坤一、张之洞等明白这一点。他们在议和过程中致电总署说："中国则旧约本已受亏，彼本不以各国通例待我，战败以后，必然猛改愈狠，势所必然。"[③] 列强并不把中国作为一个平等国家，怎能以各国通例平等待我。这才是全部问题的根本所在。列强以违反国际法责备中国，自己却在对华谈判中肆意违反国际法，肆意践踏国际法的主权原则。清政府对此表现得完全无所作为。清廷在批准《议和大纲》后发布自责诏，中有"今兹议约，不侵我主权，不割我土地，念列邦之见谅，疾愚暴之无知"[④] 之句，对侵略者感激涕零。它把主权只理解为慈禧本人的统治权，显然太狭隘了。其实，主权原则是国家的最高原则，也是国际法的基本出发点。国际法是规范主权国家相互交往的行为准则。按奥本海的说法，国家主权包括平等、尊严、独立、属地和属人优越权，以及交往权、自保权和管辖权[⑤]。按步伦的说法："国之主权

---

① 工部学习主事夏震武针对《议和大纲》，以万国公法为据，提出了不少值得重视的反驳意见。上谕申斥，见《光绪朝东华录》（四），总第 4606 页。

② 限于篇幅，本文对此不拟多加阐述。如有学者能从国际法角度审视近代中国的国际关系，将能使中国近代史研究开一新生面，加深并丰富人们对近代史的认识。

③ 《清季外交史料》第 145 卷，第 11 页。

④ 《义和团档案史料》下册，第 946 页。

⑤ 周鲠生：《国际法》上册，第 171 页。

有二：其能自立而不倚赖于他国者，一也；其能自主而不听命于他国者，二也。”[①] 准此，则《议和大纲》《辛丑和约》的主要条款都是违背国家主权原则的，因此都是违背国际公法的。清朝统治者在中国主权丧失几尽的时候，反而感谢帝国主义“不侵我主权”，实在令人啼笑皆非。

《辛丑和约》签订10年之际，有人指出：“人亦有言对等、言公理。不对等，用强权，平和会议者，不过定战之法规，国际公法者，依然饰文明之假面。有双方同意之可假托，而仲裁无用矣；有自由行动之可强辞，而公理可夺矣。不克自强，孰其顾汝！”[②] 这段话可视作对辛丑议和过程的认真的反思，因此借作本文的结语。

① 步伦：《公法会通》第1卷，第22页。

② 刘彦：《中国近时外交史》，上海华昌印刷局，1911，袁家普序。

宝善里炸药爆发时间考实*

宝善里炸药爆发时间，各书记载不一。历来有八月十七、十八日（即公历 10 月 8、9 日）两说。居正《辛亥札记》、胡祖舜《六十谈往》、张难先《湖北革命知之录》作八月十七日。曹亚伯《武昌革命真史》、李廉方《辛亥武昌首义记》、杨玉如《湖北革命先著记》作八月十八日。热心收集并编撰武昌起义史事的贺觉非先生为此走访孙武长女，据她说："宝善里炸药失事，家父受伤，确为十七，而非十八。我家几十年来例于每年此日举行家宴，为家父压惊，确凿无误。"[①]贺觉非以此说询诸熊秉坤、李作栋、李白贞等人，都说应以孙女所说为是。贺氏据此定为八月十七日。

章开沅等主编的《辛亥革命史》下册和新近出版的《辛亥武昌首义史》不同意贺氏说法，曾略加考证[②]，孙武手稿发现后，也有人做过考证[③]，结论均是八月十八日。这个结论看来是正确的。但是上述考证或者失之疏阔，或者不够严谨，且都有收集资料不全的缺点，考证方法或有不够周严之处，因此有必要根据所获资料，对宝善里炸药失慎的时间，再加查考。

---

* 原载《近代史研究》1987 年第 1 期，收入张海鹏《追求集——近代中国历史进程的探索》，社会科学文献出版社，1998。

① 贺觉非：《辛亥武昌首义人物传》上册，第 171 页。

② 《辛亥武昌首义史》为贺觉非、冯天瑜合著，出版于 1985 年。冯天瑜在该书序文中说，该书原稿六章为贺氏提供，冯则"补写若干章节，对原有篇章加以改造，增添必要的分析和关键问题的考证"。关于宝善里案，贺氏已定在八月十七日，此书考证力言十八日，与贺氏相左，可见此处考证为冯天瑜所作，这是无须质诸贺氏就能明了的。盖贺氏已于 1982 年谢世。

③ 朱纯超、蔡树晖：《宝善里机关炸弹案史实考》，《华中师范学院学报》1982 年第 5 期。

确定宝善里炸药失慎的时间，应以文献、档案为据。孙武赶制炸弹失慎后俄国巡捕立即涌至搜查并逮捕了有关人物。此案旋即移交江汉关道齐耀珊。齐道略作审理，认为事关重大，于当日傍晚即电告湖广总督瑞澂。此事俄租界当局、江汉关道及湖广总督署均记录在案。因武昌革命事发，有关档案当时已不复存在，无从检查。

无档案文献可查，最可靠的办法，是询诸事件的直接当事人。案辛亥七月，文学社、共进会决定联合，成立起义统一指挥机关，军事指挥机关设于武昌小朝街八十五号文学社机关部，政治筹备机关设于汉口汉兴里二十三号共进会机关部（一说在汉口长清里）。为安全起见，孙武等决定将总机关迁于汉口俄租界宝善里十四号。八月十五日方才完成搬迁工作[①]。因此，宝善里十四号作为总机关部的时间只有二或三天。综合各种记载，可能与炸药失慎事件有直接关系的当事人约有：刘公、孙武、李作栋、潘善伯[②]、丁笏堂、谢石钦、邢伯谦、梅宝玑、陈宏诰、苏成章[③]、刘同、汪性唐、陈光楚[④]、汪锡玖、王天保、赵楚屏、叶桂芬、刘柄、钟堃、黄玉山、王伯雨[⑤]、高筹观[⑥]、邓玉麟。还有说有余勉中、王伟的，似无考。上述诸人中，除苏、汪（性唐）、陈（光楚）、高是否在场尚待考，邓玉麟因临时购物外出、刘柄闻讯前往取物被逮、

---

① 李白贞：《我所参加的辛亥革命工作》，《辛亥首义回忆录》第1辑；《刘柄事略》《钟雨亭事略》，均载《武昌起义档案资料选编》中卷。案租赁宝善里十四号，是李白贞取的铺保；搬迁工作，事涉机密，由党人刘柄（燮卿）、钟堃（雨亭）二人担任。三人所记搬迁时间相同。

② 据居正《梅川日记》、张难先《知之录》、杨玉如《先著记》，潘在现场。但潘公复（善伯）解放后所作回忆文章（载《辛亥首义回忆录》第1辑），未明言自己曾在现场。但潘与谢石钦、丁笏堂、陈宏诰、梅宝玑、钟堃，曾于1912年阴历八月十八日爆炸一周年时在宝善里十四号旧址内厅“撮是影以志纪念”，并在照片上题字以表明这六人都是那一事件的当事人。照片见图片集《辛亥武昌起义》（1986年6月版），第120图。

③ 据胡祖舜《武昌开国实录》。谢石钦《樗公随笔》说，当时总部有十数人，他与邢伯谦、梅宝玑在被炸时“亦与其险”。但在苏成章名下却无此记述。苏是否在场，待考。

④ 汪、陈二人，据居正《梅川日记》、张难先《知之录》、杨玉如《先著记》，尚无第一手材料证明。

⑤ 王伯雨（云龙）1956年自安庆几次致信贺觉非，说孙武炸药失慎时，他本人在场，室内还有六人，除孙、王外，有高筹观、胡青山、老徐、绰号魏壶其人等。王原信藏近代史所。此说或许是事实，但缺乏佐证。原信说，王亦受轻伤，姑以他为在场者。

⑥ 据蔡寄鸥《鄂州血史》。《武昌起义档案资料选编》中卷载有《高蹈（筹观）事略》，不载此事。

黄玉山迎孙武来家调护外，其余均在现场，约有十六人。其中十四人留有关于那次事件的不同程度的回忆，不在现场而与此事件有密切关系的邓玉麟、刘柄、黄玉山也留有回忆文字。查这十七人的回忆，记为八月十七日的有赵楚屏、黄玉山①、邓玉麟②，记为十八日的有孙武③、刘公④、邓玉麟⑤、谢石钦⑥、李春萱（作栋）⑦、王伯雨⑧、叶桂芬、刘柄、汪锡玖、钟堃⑨以及潘善伯、丁笏堂、梅宝玑、陈宏诰⑩。刘同解放后同贺觉非等人有口头谈话⑪，未见留下回忆文字。这十七人中，孙武、刘同是直接当事人；刘公、谢石钦、李春萱、潘善伯、丁笏堂等都在现场准备文告等；赵楚屏、汪锡玖是八月初三南湖炮队事件后逃到共进会总机关躲避并帮助工作的，赵在炸药爆发后逃离租界，汪则协助将孙送医院，并在孙侧随侍汤药；叶桂芬也曾参与转移孙武的工作；钟堃本是驻守机关部的，当时也曾参与转移孙武的工作；刘柄（燮卿）则在事发后去刘公家取要件被逮捕下狱；黄玉山虽不在现场，孙武由同仁

---

① 见《武昌起义档案资料选编》中卷，第555、556、612页。

② 见《辛亥革命资料丛刊》第5册，第101页。

③ 孙武：《武昌革命真相》，《华中师范学院学报》1982年第5期。据整理者附记原稿写于抗日战争后期。案孙武去世于1939年，怎么可能在抗日战争后期写作回忆录呢？《辛亥武昌首义史》作1938年。孙武的亲笔回忆，无可置辩地否认了其长女的说法。事实上，早在1912—1913年，孙武向湖北革命实录馆推荐刘柄、汪锡玖、钟雨亭三人事略时，曾在三文末签名、盖章，说明他是三个事略中有关十八日说的。

④ 见《中国海关与辛亥革命》，中华书局，1983，第50页；《武昌起义档案资料选编》中卷，第310页。

⑤ 见《武昌起义档案资料选编》中卷，第224页。

⑥ 见《辛亥革命资料》（《近代史资料》总第25号），第487、489页。

⑦ 见《辛亥首义回忆录》第2辑，第146页。又，李春萱在1954年12月武汉首义人士座谈会的发言中，也说是十八日，见《辛亥首义回忆录》第1辑，1957。但同书1979年再版时又改为十七日，发言者早在1958年去世，这种改动显然不是发言者的主动，而是反映了该书编者的意向。类此改变尚有几处，如对熊秉坤、李白贞、潘公复等的回忆就是。编辑资料书，随意改变资料的内容，是一种极不严肃、极不科学的行为，应为编辑史料者之大忌。

⑧ 王伯雨致贺觉非函，藏近代史研究所。

⑨ 见《武昌起义档案资料选编》中卷，第253、320—321、376、545页。

⑩ 见图片集《辛亥武昌起义》，第120图。

⑪ 刘同的谈话存在明显矛盾。如他对贺觉非说是他吸的香烟灰落在炸药上，引起孙武受伤（见《辛亥武昌首义史》，第170页）；对他的侄儿刘发慧又否认这一点，“且反诘彼如在身旁，岂有孙受伤而彼幸免之理”（《辛亥武昌首义人物传》上册，第163页）。刘同或许有某种隐衷，难以径直道出；或许以吸烟说代孙武受过而已。孙武自己承认是他“调药过急”，引起炸药轰燃，并未把责任推到刘同身上（见《武昌革命真相》）。

医院转移至黄家，由黄迎护调治；邓玉麟事发前出外购物，回来时巡捕已经封门，他是目睹者。十三人中，四人记为十七日，八人记为十八日，邓玉麟早年记为十八日，二十多年后又改为十七日。这些人的回忆应当说都是第一手材料，都具有某种可靠性。这些直接当事人的回忆如此不同，难怪此后出现的各种记录这一事件的回忆或历史书籍就不能不说法两歧、依违两可而不能一致了。我们不能依据小学生的算术常识，以四比八而简单地否定十七日，肯定十八日。还需要寻找各种佐证。

造成直接当事人说法两歧的原因何在？这要从事件的严重性和紧急性中去寻找答案。武昌起义前夕的形势是极为紧张的。革命党人箭在弦上，精神亢奋，到各机关要求起义的士兵接踵而至，起义领袖们紧急磋商，情绪焦急，爆发起义的可能性随时存在。政府当局面对南湖炮队事件以后的湖北政局，如坐针毡，又如热锅蚂蚁慌成一团，督署召开各级文武会议，紧急商讨应付对策。镇压是被提到议事日程上的第一方策。一旦有事，将缇骑四出，逻者立至，必欲砍头而后快。革命党人的精神压力是非常大的。宝善里炸药突发，伤及起义领袖孙武，完全是偶然的，革命党事先不可能估计到这一形势。几个小时之内，革命党人预设的政治筹备处和军事指挥部统统被捣毁，起义领袖或伤或死或逃，革命士兵们的政治紧迫感和心理压力之大达于极点。成王败寇之间，一定使一些人的精神挫伤到严重程度。经历现场事变的丁笏堂（立中）和王伯雨立即买舟东下，感到灰心丧气便是一例。接着是起义公开爆发，接着是应付起义后军政紧急事务。此后人们逐渐冷静下来，回忆当初炸药爆发的紧急情景，依然会感到惊怖。记忆中的差异出现了。每个当事人都相信自己的记忆是准确可靠的。从现存当事人的回忆文字来看，没有一个人能准确说出炸药爆发究竟在何日何时，爆发时究竟有何人在场，事后究竟采取了哪些措施。那些并非当事人的当时人所写的有关记录，常使人感到有捕风捉影之嫌。由此我们可以得出一个小小结论：这些当事人事隔不久后的回忆是朴素无华、未加粉饰的，他们记住了自己认为印象最深刻的东西，而忽略了其他。这又是回忆录的局限所在。因此对当事人事后的回忆，不能无条件相信。经历了政治风暴的人们都会有如上感觉。专案组调查十年政治动乱中某一次会议（或事件）的参与者，必定是人各一词，如果不冷静寻求各种证据，单凭回忆（这里指的是认真的回忆）办案没有不失败的。历史研究者如同办案人员一样，必须具有十分冷静的头脑，收集尽可能完备的资料，参照印证，才能去伪存真，应付裕如，下笔有致。

佐证是存在的。有几个与炸药案无关的局外人，在当时和事后留下记录，很值得注意并可借资参证。

谭人凤便是这样一位与炸药案无关的局外人。谭人凤是中部同盟会的领导成员之一，他是同盟会骨干成员中较多了解武汉党人活动情况的一位，曾力主在武汉地区组织革命。但汉口炸药爆发时他不在武汉，对炸药爆发前后的武汉形势缺乏切身体验。八月二十日，起义军占领武昌，当日即有新闻电讯传到上海《民立报》。但谭人凤已于十七日①离沪至宁，运动南京同武汉同时发动；八月初由武汉党人派到上海汇报情况的居正也在十九日离沪返汉，二十一日晨②在南京与谭会合，二十二日到九江才确知武昌起义消息，二十三日③抵汉口晤伤重卧榻的孙武后，于当日下午进入都督府。谭等首先了解起义情形，才知道十八日孙武在汉口配制炸药失慎④。这个十八日，是谭人凤面晤孙武和都督府诸人后获得的第一印象，记得是牢固的。

第二个与炸药案无关的局外人是胡鄂公。胡鄂公的主要革命业绩在北方组织革命团体共和会，虽早先曾加入武昌三十二标新兵营伍，毕竟与武汉党人关系不很深。他在开封参加了共和会河南分会的成立仪式后即买车南下，恰于八月十九日到汉口，二十日下午到都督府。沿途他与起义士兵和都督府诸要员晤谈，获悉了起义前后的许多情况。他在《辛亥革命武昌三十五日记》中说，十九日晚抵汉口后，即去后花楼共和会所设秘密交通处询问，见大门已为警察局封闭，从邻居处得知“昨日俄租界革命总机关炸弹爆发”⑤。“昨日”即十八日。他在《辛亥革命北方

---

① 《石叟牌词》，《谭人凤集》，第 376 页。但居正《辛亥札记》记作十八日，《梅川日记》改为十六日。可见同一件事，不同人的回忆往往有差异。

② 《石叟牌词》记作十九日，不确。

③ 《石叟牌词》记作二十二日抵汉口。居正《辛亥札记》、曹亚伯《武昌革命真史》记作二十三日。衡以南京、汉口间水程，二十二日是到不了汉口的。居正所记日程较准。

④ 《石叟牌词》，《谭人凤集》，第 377 页。《石叟牌词》写于 1913 年。

⑤ 熊守晖编《辛亥武昌首义史编》（下），台北，1971，第 955 页。《辛亥革命武昌三十五日记》记录了八月十九到九月二十三日之间胡鄂公在湖北军政府的活动。日记是辛亥年九月二十三日经胡鄂公自己整理的。次日他离鄂去沪。

实录》[1] 中说，他到汉口时，“去俄租界炸弹爆发案仅一日，而彭刘杨三烈士之就义才数小时也”[2]。所记俄租界案也是十八日。胡鄂公是没有多少先入之见的，他认定炸药案在十八日，是与他恰于十九日到汉口这种亲身经历相联系的。

第三个与炸弹案无关的局外人是彭寿松。彭寿松是福建同盟会负责人，在福州从事革命活动，有名于当世。辛亥年四月，清廷命端方督办粤汉川汉铁路。端方把他的行辕设在武汉，聘彭寿松为随员。彭得以与武汉党人刘公、居正、孙武等接触，共谋革命事业[3]，并在共进会机关汉兴里三十三号门前贴上“钦命铁路大臣随员彭公馆”字样，以掩人耳目。随后他到宜昌活动，八月十五日获报丁忧，即请假东下，经武汉、上海转闽。十八日下午四时，彭寿松乘洞庭轮到汉口。他看到汉口“风声鹤泪，草木皆兵，武汉三镇交通断绝”，经打听才知道机关部已从汉兴里迁到宝善里，“孙君调和炸药失慎败露矣”[4]。他只得于次日晚七点登轮返沪。不久，他在轮船上就看到武昌起义的火光了。彭寿松事先不了解武汉近况，奔丧途中，首途汉口，获悉宝善里刚刚发生不幸事件，且次日登轮时恰逢武昌起义，这必然给他冷静的头脑中注入强烈印象。

另一个与炸药案无关的局外人是胡石庵。胡石庵是革命党人，在汉口经营印刷业为掩护。起义后他创办《大汉报》，努力宣传革命事业，名噪当时。他在 1912 年 2 月（距武昌起义仅四个月）写成《湖北革命实见记》一书，叙述从八月十八日宝善里机关部破坏起到民国元年正月一日孙中山就任总统止期间的武汉史事，叙事以亲历亲见亲闻为准，图为后人留真史。他在书中开篇即记八月十八日宝善里炸药案。那天，他因牙齿剧痛，在他所办的大成印刷公司寓所里镇日未外出。午后三四点

---

① 《辛亥革命北方实录》写于 1912 年 4 月，8 月动手修订，于 1948 年出版。辛亥革命史的研究者对胡氏这本书注意不够，可能与刘仙洲的一篇文章有关，该文载《辛亥革命回忆录》第 1 册，说胡书有浮夸捏造之处；或者还有别的原因。其实胡书还是记载了不少有益史料。研究者要对各种史料不抱成见，只要旁征博引，勤于考察，是能够鉴别浮夸捏造之处的。如果因噎废食，不看有浮夸捏造之处的书，恐怕可用的史料不多了。

② 《辛亥革命北方实录》，第 35 页。

③ 杨玉如《辛亥革命先著记》载，八月初武汉党人预拟起义后临时组织，彭寿松任参谋。见该书第 51 页。

④ 见《彭寿松事略》，《武昌起义档案资料选编》下卷，第 237 页。

钟，有人匆匆赶来告诉他，中午十二点钟时，宝善里机关部破坏，孙武受伤。入夜，他还以报人身份赶往汉口洋务公所打探消息，确知有革命党人被捕，但刘公、孙武均不在其中。胡石庵写书以“实见”为原则，他虽未实见宝善里炸药爆发，但他看见了那天下午汉口的紧张气氛，党人的恐惧仓皇之感。他书中的记述具有重要的参考价值。

以上四人虽与炸药案无关，却都是革命党人。还有一个与炸药案无关又非革命党人的人，当时正在武汉，留下了关于那件事的重要记录，此人就是著名的资本家、立宪党人张謇。现存张謇手书日记记载：为了视察武昌大维纱厂开办情况，他于辛亥年八月十三日午后抵汉口，十六日为大维纱布厂开机，普宴武昌诸官；十七日又普宴武汉诸绅；十八日中午，湖北谘议局议长汤化龙等在武昌吴公祠后山上林蚕技师养成所宴请张謇，晚九时回厂。十九日日记记作：“讯知昨夜十时半，汉口获革命党人二，因大索，续获宪兵彭楚藩与刘汝奎及杨洪胜（开杂货铺），晨六七时，事讫。”①同日晚八时，张謇登襄阳轮下驶，时见武昌草湖门外火作，长亘数十丈，这是辎重营起义的信号。张謇日记明白告诉人们，他在十九日离汉前已听到了昨日（即十八日）汉口出事、革命党人被捕并引起闭城大索的消息。虽然他还不知道十八日汉口究竟出了什么事。

以上列举了五个佐证。五人中有三人是在宝善里事件后到武汉的，两人在宝善里事件时正在武汉，其中一人长住武汉，一人临时逗留，都毫无例外地一致记载宝善里炸药爆发案发生在八月十八日。五人留下文字记载都在1913年以前，张謇的日记写于获悉消息的当天，胡鄂公日记整理于事件发生后的第三十六日，胡石庵实见记也只写于四个月后。这不是偶合，而是客观事实的正确反映。到此为止，在十七、十八两说的天平上，十八日说这一端已明显加重了分量，倾向于十八日说已经无可挽回了。

还可以把考察再推进一步。宝善里炸药案直接涉及外国驻汉代表机构（首先是俄国领事署）和地方政府当局。现把有关材料罗列如下：

一、俄国驻华公使廓索维慈根据俄国驻汉口总领事敖康夫的材料，报告俄国政府：10月9日（案即中历八月十八日）大约下午三点，在

---

① 见《张謇日记》第23册，辛亥八月十九日条。

汉口俄租界宝善里同盟会的秘密机关里，一颗炸弹意外爆炸……由中国警察和领事馆代表对那所房子进行了搜查，发现了一些制作中的炸弹，以及“若干告示、旗帜……和大量文件”①。

二、湖广总督瑞澂八月十九日致内阁、军咨府、陆军部请代奏电说：“昨夜七点钟，据侦探报称，本夜十二钟，该匪准定在武昌为变，并探知该匪潜匿各地，正饬防拿。复据江汉关道齐耀珊电称，于汉口俄租界宝兴（案善字之误）里查获匪巢，并拿获要匪刘耀璋（案即刘同）一名，起获伪印、伪示、伪照会等件，及银行支簿、伪用钞票，并查有制造炸药痕迹。”②

三、汉口江汉关英籍税务司苏古敦10月10日致总税务司安格联函说：“葛福（按系英国驻汉口领事）昨晚七点半告诉我，他刚才知道发生了爆炸案件……因此我们派人向租界当局探明原委后，才发出电报向您报告。”③

四、日本驻汉口总领事松村贞雄10月11日致林董外务大臣电：“10月9日下午，革命党人在本地俄租界秘密制造炸弹。”④

这四件材料中，最重要的是俄国公使和湖广总督的报告。其他两件大约都源于俄国领事。虽然我们看不到江汉关道齐耀珊的证词，据以上材料我们已可确切肯定：宝善里炸药爆发案发生在八月十八日。八月十七日说已被证明为不符合历史事实。虽然几位直接当事人坚持十七日说，那只能是他们在高度紧张的气氛中记错了时间，以后便以讹传讹了。

此外，在有人写的回忆录中，还有十五、十六日说的，当然不是事实，此处不再考证。

至于炸药爆发的具体时间，各种回忆材料中有上午、正午、下午甚至晚上等各种说法，极不一致。根据俄国公使的报告、孙武的自述、邓玉麟早年的回忆、胡石庵的实见记和彭寿松自述，可以大致确定在下午

---

① 1911年10月25日廓索维慈的报告，引自 М. Д. Кокин，*Революция 1911 Годе в Китае*，载 *Под. ред. М. С. Годеса*，*Пробуждение Азии*，*1905 год и Ревалюции на Востоке*，*стр. 188. Ленинград*，*1935*。

② 见《辛亥革命资料丛刊》第5册，第289页。

③ 见《中国海关与辛亥革命》，第2页。

④ 邹念之：《日本外交文书选译》，第2页。

三点左右。

为了一个具体时间花气力进行考证，对历史研究有什么意义吗？如果要问为什么武昌起义突发于八月十九而不是十八，确定宝善里爆炸的时间就是很重要的。假定宝善里事件在十七日，瑞澂怎么那样从容到十八日深夜才去搜查武昌小朝街等处机关呢？假如是十七日，革命党人就有充足时间通知汉口、武昌各处革命机关，从而避免更大的牺牲和破坏，并可能从容部署发难行动。假如是十七日，就不会发生邓玉麟到南湖炮队送信出不了城门的问题[①]。正是十八日宝善里出事，才造成了敌我双方空前紧张的形势。下午三点事发，经过俄国巡捕搜查和审理、江汉关道齐耀珊的交涉，初步弄清案情后才于傍晚七点禀报总督署。瑞澂与属下紧急磋商，参照其他渠道获得的情报，决定当夜搜查各个革命机关。邓玉麟于下午四点返回宝善里，发现巡捕包围，才转身过江，奔往武昌小朝街军事指挥部，并与蒋翊武等决策于当晚十二点举义。由于命令无法送到，而小朝街军事指挥部等处机关已破，这就给其他党人造下破釜沉舟的决心，十九日晚的起义终于爆发了。

---

① 以上三疑，前人早已发出。见李廉方《辛亥武昌首义纪》，第 81 页。有人批评邓“胆小犹豫，以致贻误”（见《文学社武昌首义纪实》），未免苛责。其实小朝街定议后，邓衔命出城，已是晚上十点，城门早已关闭，出城不易。辗转跋涉，误时甚多，实由军情紧急，通信不便，并非胆小怕事以致。李春萱后来在回忆录里也指出这种批评“不合事实”。

湖北军政府“谋略处”考异*

一　提出问题

所有涉及武昌起义的著作都这样描述：起义士兵占领武昌后，即拥至湖北省谘议局，推举新军协统黎元洪担任湖北革命军政府都督。黎元洪在起义士兵的要挟下，既不允诺就职，又不表示反抗。起义士兵们于是成立了以新军排长蔡济民为首的15人谋略处，作为决策机关，实际主持军政府工作。然而，谋略处是确实存在过的一个政治实体吗？几乎没有人提出过疑问。

有关回忆录均说谋略处有15人，只有李翊东说“人数本无一定”①。在研究性的论著中，章开沅、林增平主编的《辛亥革命史》列出10人，与查光佛《武汉阳秋》、张难先《湖北革命知之录》两书所列全同。王来棣的论文②列出14人，即蔡济民、吴醒汉、邓玉麟、高尚志、张廷辅、徐达明、陈宏诰、谢石钦、王宪章、王文锦、蔡大辅、李作栋、黄元吉、胡瑛，其中后列4人在上举书中未见。胡绳著《从鸦片战争到五四运动》列出12人，比王来棣文多牟鸿勋，少李作栋、黄元吉、胡瑛。李新主编的《中华民国史》第一编列出14人，比王来棣文

---

* 原载《历史研究》1987年第4期，收入张海鹏《追求集——近代中国历史进程的探索》，社会科学文献出版社，1998。

① 《辛亥首义回忆录》第4辑，1961，第95页。

② 王来棣：《辛亥革命时期湖北军政府剖析》，《近代史研究》1980年第1期，第140页。

多吴兆麟，少王宪章[①]。贺觉非、冯天瑜著《辛亥武昌首义史》列出16人，较王来棣文多杨开甲、吴兆麟，较李新书多杨开甲、王宪章。吴剑杰著《辛亥革命在湖北》说谋略处有三十余人（显然是根据熊秉坤的回忆），列出名单与上列著作有较多不同。

二　考察各种记载

谋略处及其成员的记载最早出现于查光佛所著的《武汉阳秋》。贺觉非断定该书作于1914年。湖北省图书馆根据作者亲笔批改后赠藏的湖北官纸印刷局刊本定在1916年。以后诸书续有记载，现按出版年代先后，分列如下：查光佛《武汉阳秋》（1914年或1916年），居正《辛亥札记》（1929年），吴醒汉《武昌起义三日记》（1930年），居正《梅川日记》（1944年），张难先《湖北革命知之录》（1945年），黄元吉《首义后之临时机构》（1946年），李廉方《辛亥武昌首义纪》（1947年），胡祖舜《武昌开国实录》（1948年），章裕昆《文学社武昌首义纪实》（1952年），杨玉如《辛亥革命先著记》（1957年），李作栋《辛亥首义纪事本末》（1957年），诸义平《第二十九标首义纪实》（1957年），王保民《武昌首义纪要》（1957年），蔡寄鸥《鄂州血史》（1958年），李翊东《武昌首义纪事》（1961年），熊秉坤《回忆辛亥首义后的两件事》（1961年）。其他还有一些，不俱列。

上列15名作者都是武汉的革命党人，武昌起义前后都曾亲与其事，有的还是重要的角色。但是，除吴醒汉、黄元吉、李作栋、李翊东4人外，其他11人都未参加八月二十日（公历10月11日）在湖北谘议局推举黎元洪为都督及所谓组成谋略处的会议，有些人如居正、张难先、李廉方、杨玉如等当时甚至还不在武汉，他们当然谈不上是谋略处成员。他们关于谋略处的记述，不是亲历的回忆，因而不是第一手材料，其可靠性有待证明。11人中除熊秉坤[②]外，其他10人关于谋略处成员的记述大同小异，所差只在一二人之间，且名单排列几乎相同。以最早

---

① 除章裕昆所著书外，大部分记载都列有王宪章。李编书此处似为漏列。

② 熊秉坤解放前后所作回忆文多篇，只此处所列一篇叙及谋略处，说他任谋略处参谋，这里显然是把参谋部误作谋略处了。

记述谋略处成员的《武汉阳秋》为基准，则居正书只少列谢石钦；张难先书、王保民文、蔡寄鸥书全同；李廉方书多列蔡大辅；胡祖舜书多蔡大辅，少王文锦；杨玉如书与胡祖舜相同；章裕昆书少王宪章；诸义平文多列吴兆麟、牟鸿勋，少列数人。上述记述大略分为两类，一类以查光佛为准，一类以胡祖舜为准。而胡著所列名单实际上也不过是从查书生发开来，变动不大。这就提出一个问题：为何那些未曾与会且又被公认不是谋略处成员的人对于谋略处的记述如此雷同？这是疑点之一。

上文未提及的吴醒汉、黄元吉、李作栋、李翊东 4 人，都参加了八月二十日下午和晚上的会议，只有李翊东未被认作谋略处成员。李翊东在回忆录中排列谋略处成员时，与居正相同，名单顺序也几乎一致。李翊东在那次会议上被推举为叙赏长，别人的回忆也指出过这一点，他对谋略处并无深刻印象，只是抄录了居正的回忆录而已。李翊东的回忆录虽发表于 1961 年，实为抗战期间所作，为张难先《知之录》所取材。所以居、李、张三人关于谋略处的回忆几乎完全相同。

至于吴、黄、李 3 人的回忆，差别就大了。吴醒汉文作于 1930 年，时任党史编纂委员会编纂，他说：“至晚（按指八月二十日晚）即召集合议，共有十五人。同志中有蔡幼香、邓玉麟、高尚志、李春萱、张廷辅、王宪章、徐达明、王文锦、陈宏诰、谢石钦、黄元吉、吴醒汉、胡瑛；临时加入者，吴兆麟、杨开甲、王安澜、马祖全等。翌日即由谋略处商议都督府，及军务、内务、财政、外交各部之组织。……计二十日成立谋略处，新加入者，有吴兆麟、杨开甲、王安澜，二十一日有杜锡钧、张景良、汤化龙、胡子笏等。”① 这段话是吴文涉及谋略处的全部文字。该文并未指明参加那晚会议的 19 人（包括他自己在内），就是谋略处成员，也未指明谋略处组成情况。如果他对谋略处印象深刻，他在回忆中应指明这一点。且他说王安澜、张景良、汤化龙陆续加入谋略处，也不符合谋略处成立要旨，其他回忆录也都没有这种说法。

黄元吉在 1946 年发表的《首义后之临时机构》一文，回忆了首义次日谘议局会议情况。他说当时参加会议的有李作栋、邓玉麟、张振武等百余人，推举黎元洪为都督后，“首成立谋略处，由刘公主持”；决议暂设 4 部：以汤化龙长民政部、张景良长参谋部、孙武长军务部、胡

① 《建国月刊》第 4 卷第 1 期。

瑛长外交部、李作栋长交通部、胡子笏长财政部；推邓玉麟、蔡济民、徐达明、吴醒汉、黄元吉等18人为军政府参谋，以陈宏诰、谢石钦、梅宝玑、苏成章、孙昌复等为谋略官①。这里除了6个部的记述表现出记忆参差、混乱外，关于谋略处有几点与众不同处：一、一般均说由蔡济民主持，只待刘公到军政府后才由刘公主持，这里说一开始即由刘公主持；二、一般均说邓、蔡、徐、吴为谋略处成员，这里连他们也否认了，只说以陈、谢等为谋略官。

被公认是谋略处成员的李作栋，在回忆录中对谋略处的具体情况也只字不提。他只抄引《湖北革命知之录》关于组织谋略处的话，至于谋略处由多少人组成，他本人是否谋略处成员，均未交代，也不再抄引《知之录》。

上述三位被公认为谋略处成员的人，在不同时期（1930年、1946年、1957年）的回忆中，对谋略处是如何组成的，他们本人是否谋略处成员，均未明确道及。他们都提到了谋略处这个组织，却都只是一语带过。为什么他们的回忆比那些并非谋略处成员的人的记述要简单得多呢？这是疑点之二。

必须指出，还有一些记载是根本不提谋略处的。前湖北革命实录馆所藏档案400余件约300万字，其中并未提及谋略处②。

此外，还有一些当时人的著作也没有提谋略处，现依出版时间先后，分列如下：胡石庵《湖北革命实见记》（1912），谭人凤《石叟牌词》（1914）③，曹亚伯《武昌革命真史》（1930），胡鄂公《辛亥革命北方实录》（1948），朱峙山《辛亥武昌起义前后记》（1958），胡鄂公《辛亥革命武昌三十五日记》（1971）。以上作者，只有胡鄂公自述曾参加八月二十日晚上谘议局会议，并被任命为交通部高等侦探科科长④。他在记录当晚会议和以后几天情况时并未记述谋略处。胡（石庵）、谭、曹、朱四人均未与会，他们关于武昌起义情况的记述都不是亲历。

---

① 《辛亥首义史迹》，第45页。

② 只有一处例外，见《都督府参谋部沿革及事实》，《武昌起义档案资料选编》上卷，第271页。那是指1912年元月经过改编后的参谋部，下辖六处，第一处即为谋略处。但那已不属本文讨论的时限范围。

③ 此指写作时间，摘要出版于1950年代，全文发表在1980年代。

④ 见《武昌起义档案资料选编》中卷，第478页；下卷，第204页。并见《辛亥革命北方实录》《辛亥革命武昌三十五日记》。

胡石庵是个与党人关系十分密切的革命宣传家，他虽未参与武昌起义的实际活动，但在八月十九日已获悉党人当晚要发动起义的消息，二十日上午已确知党人在武昌得手，晚上还从军政府派到汉口的侦探口里得知谘议局会议的情况。二十四日，胡石庵在汉口创办《大汉报》，对促进武汉革命事业起到重要的舆论作用。以他与党人的关系而言，如确有谋略处，他不能毫无所闻。但他的《实见记》无此记载。谭人凤是中部同盟会的负责人之一，负有组织武汉革命的使命。他甫离上海，而武昌起义已发生，便同居正于二十三日抵汉。抵汉后，他们先晤病榻上的孙武，后过江入武昌都督府，了解武昌起义各种情形。他看见蔡济民“声嘶形瘘，大有劳顿状，执手慰劳之”，复“退察府中内容，虽有参谋、庶务、军事各部办事，规则均未厘定”[①]。这些情形，书中均有陈述，独不见关于谋略处的记载。揆情度理，如确有谋略处坐镇指挥，谭人凤断不至如此漠然。曹亚伯是革命党人，但起义时不在武汉。《武昌革命真史》有关武昌首义史实，据说主要得自吴兆麟供给的材料。《真史》详细排列了八月十九日以后七天的日程，缕述这七天内军政府采取的各种措施。这正是通常所说谋略处存续期间。但该书无一处提及谋略处。或许是吴兆麟故意隐讳其词？1930 年吴醒汉对吴兆麟、曹亚伯发起攻击，也不过说《真史》抬高了吴兆麟在起义中的作用和地位。但吴醒汉随即又说吴兆麟新加入了谋略处。说吴兆麟是谋略处成员，不啻是赋予他更大的殊荣。吴兆麟又为何闭口不谈此事呢？朱峙山的回忆虽发表于 1958 年，但那是作者根据当时的日记整理的。熟悉武汉史料的同志知道，朱峙山在起义前后数十年，每日记有日记。朱峙山在回忆录中转引日记说，八月二十二日，苏成章、邢伯谦回到武昌两湖总师范学堂（朱氏正在该堂读书），向同学们转述黎元洪在谘议局的情况，并说“苏成章、谢石钦、李春萱十余同志，已起草先组织参谋部，办理一切”[②]。这里也未忆及有谋略处的建立。

如上所述，有相当多著述特别是湖北革命实录馆的全部材料均未提及谋略处。这是疑点之三。

张振武是武昌起义时有名的“三武”之一。他积极参加了起义的

① 《石叟牌词》，《谭人凤集》，第 379 页。

② 《辛亥首义回忆录》第 3 辑，第 2 版，第 155—156 页。

准备工作，督署攻占后，他即来到湖北省谘议局，与蔡济民、邓玉麟等一起为成立湖北军政府发挥了重要作用，不久被任命为军务部副长（正长孙武因伤未到职），实际主持军务部工作。几乎所有回忆材料及著述都未遗忘张振武在那期间的活动。奇怪的是，任何一个关于谋略处的记载都没有张振武的名字。事实上，公认的谋略处成员中，有些无论其能力和声望都不及张振武。既然谋略处是“规划一切”（《武汉阳秋》语）的，张振武理应有其位置，少了他，很难做出合理解释。是否因为1912 年 8 月 16 日张被黎元洪、袁世凯设计捕杀于北京，要为之避讳呢？这种情形在查光佛 1914 年写《武汉阳秋》时或许有可能存在，那么，20 世纪二三十年代、40 年代甚至 50 年代的知情人再写回忆时，有何理由因避讳而不提张振武的大名呢？这是疑点之四。

三　考察谋略处各成员

先按公认名单，依次考察谋略处各成员。

蔡济民被公认为谋略处主持人。蔡起义前是新军 29 标排长。他是否主持建立谋略处，未见本人陈述。《武汉阳秋》作者撰写的《蔡济民事略》，也不载此事。蔡卒于 1919 年，事略应写于此后。同一作者在此前写的《武汉阳秋》说蔡济民等十五人组织谋略处，而蔡济民本传又不载此事，殊为奇怪。

吴醒汉是新军 30 标排长，共进会会员。自《武汉阳秋》问世起，都说他是谋略处成员。如前所述他本人在 1930 年撰文虽承认有谋略处，但未肯定自己就是该处成员。他以当事人兼党史编纂资格，不能不明白指明此点的重要，而故作含糊之词，其间必有隐衷。

邓玉麟曾任新军 31 标正目，是孙武的重要助手。所有记载都说他是谋略处成员。此职对于他个人不能不是重要经历。然而他在 1912 年10 月口授的《邓玉麟革命小史》只是说，八月二十日那天，他“偕张振武、刘公①、李春萱、蔡济民、马骥云、吴兆麟、高尚志、王忠烈、

① 此处回忆有误。刘公当时尚在汉口，未曾与会。

胡捷三、苏成章、李华模等，至都督府办理一切”[①]，此处以及以下所述均与谋略处渺不相干。后来邓玉麟又发表《辛亥武昌起义经过》一文，也不见谋略处说法。显然，邓玉麟根本不知道谋略处为何物。

高尚志，29标正兵，共进会骨干成员。张廷辅，30标排长，文学社负责人之一，他的寓所即小朝街85号，是文学社的机关部所在，起义前作了革命军事指挥部。张本人在十九日被捕，二十日才出狱。徐达明，《知之录》说他是30标排长，《辛亥武昌首义纪》说他在马队。王文锦，30标司书生，文学社标代表。蔡大辅，在41标当兵，文学社机关部书记。上述5人除张廷辅外，知名度均不高，除徐达明情况不明外，其余四人死得较早，未留下记述。说他们都是谋略处成员，证据不足。

王宪章，据章裕昆撰《王宪章事略》，系30标士兵，文学社成立后被举为副社长。十八日晚军事指挥部被兜捕后，他在汉口躲避。获悉起义发动，他参加夺占汉阳之役。他既未参加武昌首义行列，又未与议谘议局。人不在而被举为谋略，是不可能的事。章裕昆可能正是因此在《文学社武昌首义纪实》中抄录查光佛名单时删去了王宪章。

陈宏诰，共进会会员，据《陈君宏诰革命事略》，八月二十日那天他“与陈磊、苏成章、蔡汉卿、潘公复诸君筹划进行方略，并组织都督府内部各机关”[②]，并未提及谋略处。

谢石钦，湖北法官养成所毕业，任共进会文书。1912年8月任湖北革命实录馆馆长。实录馆收到的四五百件材料，几乎每件都有谢的批语，可见他是认真阅读过的。他写的《樗公随笔》（载《近代史资料》总第25号），回忆武昌起义前后经历，同实录馆材料一样，绝不提谋略处事。谢是宝善里炸弹爆发时在场者之一，印象极深刻，随笔中多次忆及。如果有谋略处存在或他本人是谋略处成员，能不稍涉笔墨吗？

李作栋（春萱），著名革命党人。起义后他先后任交通部部长、理财部部长。事实上，无人说他是谋略处成员。就是吴醒汉，也没有肯定他就是谋略处成员。他在解放后的回忆文中，抄录《知之录》原文，附会谋略处说法，但对谋略处组成人员及他自己是否谋略处成员，未正

---

① 《武昌起义档案资料选编》中卷，第227页。此处所列参加会议的名单虽然不全，但比较真实，蔡济民未被突出，无雕琢附会痕迹。

② 《武昌起义档案资料选编》中卷，第349页。

面表态。

黄元吉，以31标士兵入湖北讲武堂，共进会会员。如前所述，黄元吉不仅不承认他自己是谋略处成员，而且否认邓玉麟、蔡济民、吴醒汉、徐达明是谋略处成员。

胡瑛是著名革命党人，起义后第二天被党人从狱中接出。有关谋略处记载，实际上都没有把胡瑛算作谋略处成员。《知之录》有胡瑛传，只说他出狱后“约詹大悲往汉口组织军政分府”[①]，并出任分府外交部长。于谋略一节，绝无涉及。胡瑛出狱后当然参与了军政府机要，但似乎与谋略处没有关系。

以上十四人，通常被公认是谋略处成员。通过对他们的考察，还没有发现其中任何一人承认自己是谋略处成员的。

十四人之外，还有一些人被认作谋略处成员，以下再作简析。

牟鸿勋，诸义平在《第二十九标首义纪实》中把他列为谋略处成员。牟鸿勋首义第二天被从狱中接出。据给牟打开镣铐的两湖总师范同学张肖鹄（祝南）在1958年写的回忆说，他们那天在谘议局商量要办一个报，随后以大朝街官纸印刷局为报馆，办起报来。这就是八月二十五日出版的《中华民国公报》，牟任总经理，张任副主笔。牟、张同任报事，关系密切，张的回忆文章并未提起谋略处事。

吴兆麟在首义当夜起了重要作用，他原先加入过日知会，后来与革命党人再无往还，是一个很有争议的人物。除了诸义平说他是谋略处成员外，吴醒汉也说他是新加入谋略处的。但吴兆麟的回忆（载《近代史资料》1982年第1期），并未提及谋略处。

吴醒汉还把杨开甲（新军统带）、马祖全（讲武堂监学）、杜锡钧（新军管带）、张景良（新军统带）、汤化龙（谘议局议长）、胡子笏（议员）作为新加入谋略处的成员。这是不符合谋略处成立要旨的，也就不必多说了。

胡祖舜在《武昌开国实录》中谈及谋略处时说：“二十一日，刘公入府主持机要。二十三日，居正自上海来，蒋翊武自京山还，参预其间。”[②] 这是把刘公、居正、蒋翊武都算作谋略处成员了。如果确有谋

① 《湖北革命知之录》，第63页。

② 《武昌开国实录》（上），第45页。

略处存在，他们三位是最有资格参与谋略机要的成员。但是，他们三位谁都未承认参加这一机构。刘公虽未留下文字材料，但他在起义后两个多月以总监察身份对外国记者发表一篇谈话，该记者以《革命是如何策动的?》[1] 为题将那篇谈话发表在1912年1月15日的汉口英文《楚报》上。刘公在那里谈到武昌起义爆发的经过、谘议局会议推举黎元洪的情景以及革命前景等问题，而对谋略处只字不提，更无所谓他本人是谋略处成员的事了。又以共进会全体会员名义撰写的《刘君公事略》，也无此说法，只说“（刘公）以黎君元洪在鄂有年，声望素著，力劝之就都督职。君则率邓炳三、蔡济民、谢石钦、张振武、梅宝玑及军界诸同志等，隐为运筹帷幄之计”[2]。所谓“隐为运筹帷幄之计”，是指在黎元洪正式就职前由刘公等党人实际负责组织军政府事，并未含建立谋略处机关之意。居正《辛亥札记》和《梅川日记》虽记有谋略处事，但未承认自己即是该处成员。蒋翊武本人虽未留下有关文字，但各种有关蒋的传记均未提及此节。

熊秉坤在解放后的回忆中说到谋略处不下30余人时，列举了21人。除杨开甲、吴兆麟、蒋翊武、熊秉坤、高尚志前已做过分析外，徐万年、甘绢熙在《武昌起义档案资料选编》中都有事略，均未提及他们是谋略处成员事。查光佛是最早提到谋略处及其成员的，如果他本人是谋略处成员，岂有不列名其中的道理。李西屏（翊东）在1940年代也著文谈到谋略处，并未包括他自己在内。胡祖舜著有《六十谈往》和《武昌开国实录》，提到谋略处，也未包括他自己。其他杨玺章、曾省三、丁景良、陈磊、谢复、雷洪、马骥云7人因缺少资料，无法查证。

以上共有39人曾被各种著述当作谋略处成员，其中14人为现今各种历史论著所公认。逐一考察的结果，可供核查的18人，无一承认自己是谋略处成员。公认的14人中，除5人因事迹不显无本人或他人文字材料可供查证以外，6人留有文字材料，无一承认自己是谋略处成员，2人的传记材料不载此事，1人经过对其传记材料的分析证明其不可能是谋略处成员。这个事实难道不是又一个大的疑点吗?

---

① 载《中国海关与辛亥革命》，中华书局，1983，第47—53页。

② 《武昌起义档案资料选编》中卷，第310—311页。

四 考察军政府头几天组织状况

考察军政府头几天的组织状况，几乎是不可能的事。胡祖舜在《六十谈往》中说："当其时也，军事初兴，众议纷纭。一制度也，时兴时废，一职任也，或甲或乙。""故当日都督以下之职任，多由三五人之主张，或凭个人之热心与兴趣以执役"，"所以军政府创始之组织，殊难稽考"。[①] 其他回忆者也证实了这一观感。

这种情况，局外人更茫然无所知。连密切注视武昌形势的上海《民立报》（实际上是中部同盟会的机关报）对它也知之甚少。八月二十五日《民立报》根据汉口特电报道革命党组织临时政府，以汤化龙为参谋部长。汤化龙为参谋部长，确属误传，"临时政府"一词却值得注意。此后几天，这一称呼屡次出现于该报报道。直到八月三十日，该报第一版刊登了八月二十五日出版的《中华民国公报》第 1 号版样，才不再使用"临时政府"一词，而改用武昌政府或湖北军政府了。这说明，湖北军政府根据组织条例正式建立政府各部以前，由于它的混乱状况，确实具有临时政府的性质[②]。为了查清谋略处是否存在，尽管十分困难，还是需要对现有材料索隐钩沉，把这个"临时政府"的组成弄得明白一些。

参谋部。谘议局会议推举出都督后，面临张彪残军仍在汉口、清廷即将派兵镇压的局面，起义士兵认为首先应建立参谋部。《都督府参谋部沿革及事实》载：八月二十日入谘议局组织军政府，创设参谋部，部长杨开甲，副长张景良，兵谋科长吴兆麟，参谋官 20 余人，秘书、书记、收发各若干人。参谋部是军政府初期成立最早且最重要的一个机关。《内务司实录》载："于时规模草创，条理纷然，军民大政，参谋部主持最多。"[③] 曾任内务部副部长的周之翰说："是时，共和初建，政务丛集，凡招兵、筹饷、内政、外交以及军政、军制、军情，俱属之参

① 《辛亥革命在湖北史料选辑》，第 88 页。

② "临时政府"一词，参加过谘议局会议的人也有这样称呼的。见《武昌起义档案资料选编》下卷，第 19 页。

③ 《武昌起义档案资料选编》上卷，第 269、274 页。

谋部。军书旁午，日不暇给。”[1] 这个当事人的回忆，真实地反映了当时的情形。军政府初期在军需部负责的向讦谟（一清）记有一本《治国日记》[2]，在二十日条下，他“手订总司令部附设之官制”，有书记部、军需部、参谋部、庶务处、护卫队、稽查官弁、交通部、传递司役。很明显，这些部门中，以参谋部最为重要。朱峙山八月二十二日记“苏成章、谢石钦、李春萱十余同志，已起草先组织参谋部，办理一切”[3]；谭人凤二十三日入都督府首先看到的是参谋部；《武昌革命真史》载二十日谘议局会议决定军政府暂设机关四部，第一个也是参谋部[4]。这些都是重要的旁证。

因为参谋部最早成立且最重要，所以主要起义党人和各方面重要人物几乎都集中在参谋部。据《纪堪颐革命事略》载，二十一日夜开会举参谋长，到会者有邓玉麟、纪堪颐、蔡济民、杨开甲、胡瑛、冯中兴、毕晤明、胡仰、雷洪及张振武等约 28 人，共举杨开甲充正长，纪堪颐“自请暂充次长，或曰张振武亦可举充次长，其余均充参谋员”[5]。由此推测，参谋员当是很多的。甘绩熙自述二十一日改充参谋，在参谋部办事。黄元吉自述“充都督府参谋，决定战守总方略，指挥作战”[6]。八月二十六日的《民立报》第一版发表《胡经武小史》，说他“而今日竟为参谋矣”。此后 10 天内，《民立报》的武汉电讯中，至少有 3 次称胡瑛为参谋或军事参谋[7]。黄元吉在《首义后之临时机构》中列举邓玉麟、蔡济民等 18 人为军政府参谋，当接近于事实。吴醒汉前引文中所列人员，大约多为参谋[8]。公认的谋略处成员 14 人，大约都是参谋部参谋。

交通部。二十日建立，以李作栋为部长，李钦为副部长，据《武昌起义档案资料选编》所载《李钦事略》和《胡鄂公节略》。《民立报》

---

① 《武昌起义档案资料选编》中卷，第 490 页。

② 《治国日记》，手稿，藏近代史研究所。该日记起自八月十八日，终至九月二十九日。三十日，向讦谟因内部矛盾被蔡汉卿派人谋杀。

③ 《辛亥首义回忆录》第 3 辑。

④ 《真史》所列其他三部：军务部、政务部、外交部，或者不确，或者待考。

⑤ 《武昌起义档案资料选编》中卷，第 422 页。此处所述参谋部次长，为他处所未见，与事实有别，大约是议论中事，未成事实。

⑥ 黄元吉：《自述辛亥革命纪录》，手稿，藏近代史研究所。

⑦ 《民立报》关于湖北军政府的报道，大约比事实的发生晚了 5 天。

⑧ 《都督府参谋部沿革及事实》载，吴醒汉也是参谋。

也报道交通部的成立。

军需部。二十日建立，向讦谟称总理，实即部长[①]，胡捷三自称副长[②]。

书记部。二十日建立，办理文告等事，谢石钦、田飞凤、汪镇瀛、张和等均曾充任[③]。冯昌言自述为部长[④]。

民政部。由参谋部员苏成章提议于二十一日组设，以张和伯为部长[⑤]。

测量部。二十三日由朱次璋所建立[⑥]。

稽查部。据《蔡汉卿事略》，二十一日以蔡汉卿为部长，王子英为副[⑦]。又据方震东、彭国玙事略，都提到与丁复等组织中央稽查部[⑧]，大约同此。

外交部。据《武昌革命真史》，二十一日以胡瑛为外交部长。《何亚新小传》也说“复与胡瑛组织外交部，推瑛为部长”[⑨]。前文所揭，胡瑛本人常用参谋名义进行活动，他当然也从事了一些外交活动，正如周之翰所说，军政府初期的外交活动也是由参谋部管的。据《内务司实录》：“（民政部）部务就绪，即以正式公文照会各国驻汉领事，声明遵守条约，担负前清赔款、外债及保护租界人民财产各节，于是外人……始行宣布局外中立焉。”可见这一重要外交活动是由民政部实施的。所以民政部改组为政事部后，外交局即隶属其下。李国镛及其甥夏维松也曾奉军政府命与汉口领事团交涉，并未用外交部名义。所以外交部是否正式建立还难以断言。贺觉非据杨霆垣口述，以杨最先入军政府筹办外交，并有军事外交科的组织[⑩]，似乎还缺乏佐证。

---

① 渤海寿臣氏：《辛亥革命始末记》第1册，1912，第43页。

② 《武昌起义档案资料选编》中卷，第537页。

③ 《武昌起义档案资料选编》中卷，第284、379、389页。

④ 《冯昌言事略》，湖北省博物馆藏前湖北革命实录馆档案，（三）70号。

⑤ 《武昌起义档案资料选编》上卷，第274页；中卷，第525—526页。《武昌革命真史》载，二十一日以汤化龙为政务部部长，不确。汤化龙担任的是政事部部长，那是军政府暂行条例公布后的事。

⑥ 《武昌起义档案资料选编》上卷，第99页。

⑦ 《武昌起义档案资料选编》下卷，第24页。

⑧ 《武昌起义档案资料选编》中卷，第216、654页。

⑨ 《武昌起义档案资料选编》中卷，第327页。

⑩ 《辛亥武昌首义史》，第261页。另，杨霆垣曾作《记鄂军政府的初期外交活动》（载《辛亥革命回忆录》第7册）一文，说他自八月二十日至九月中旬都任外交部长，显然不实。此文错讹甚多，当另为文考证。

上述各部以外，军政府还特设执法处、侦探处、间谍处、招纳处。这些处有的可能是上述各部的属处，有的可能直属军政府，详情待考。

有趣的是，以上各部在当时人的记载中有时也称为处。如参谋处、统计处、军需处、书记处、稽查处等。以参谋处为例，《治国日记》、《民立报》、《湖北革命实见记》、《集贤馆馆长蒋秉忠事略》[①]、《辛亥札记》等均在明显是指参谋部的地方，用了参谋处的名称。这大约也是军政府初期“行政上漫无秩序”的特征吧。

考察至此，在军政府初期各部处机构中，未见谋略处的存在。

来自上海的中部同盟会负责人谭人凤和居正对临时政府的混乱状况，颇不满意。湖北立宪派的头面人物汤化龙、胡瑞霖、黄中恺等人也极欲把临时政府纳入秩序的轨道。他们草成《中华民国军政府暂行条例》，由居正出面召集军政府各部处组成人员在湖北教育会开会，居正以该条例系同盟会本部所拟，获得通过。据《辛亥札记》，这个会是二十五日晚召开的。黄中恺《辛壬闻见录》则记在二十四日召开。向讦谟参加了这个会议，《治国日记》载：“二十四日……晚八时，偕各部代表人物至教育总会演（研）究军府官员编制之纲义，十二时始散席归局。”据此，当以二十四日夜通过条例为是。这个日子，对于以下的考证是重要的。

二十六日正式公布的暂行条例，规定军政府下设军令部、军务部、参谋部、政事部 4 部，政事部下设外务、内务、财政、司法、交通、文书、编制 7 局。经过这一整顿，就把临时政府时期的混乱状况基本消除了，形成了湖北军政府初期的基本格局。谭人凤也感到军政府“始稍有头绪”[②]。

还须指出：关于军务部，《武昌革命真史》及其他一些著述认为组建于八月二十日，恐非正确。事实上最初只有参谋部统管一切，整顿后才有军务部的建立。查民史氏撰《张振武之革命战史》载：“二十五日，因军务繁密，非一人所能肩任，乃分为四部：一参谋部，杨开甲任之；二军令部，杜锡钧任之；三民政部，汤化龙任之；四军务部，君自任之。”[③]《张振武之革命战史》有捧张之嫌，但不能因此否认其史料价

---

① 载《武昌起义档案资料选编》中卷。

② 《谭人凤集》，第 379 页。

③ 《武昌起义档案资料选编》中卷，第 396 页。

值，而应加以细心鉴别，此处除民政部为政事部之误，军务部由张自任为夸张外，应认为符合事实。二十五日之前《战史》未记军务部，当然也未记参谋部。参谋部之设既经确认，而《战史》又记张“自任总参谋”，当属参谋部之参谋无疑。虽然参谋部部长杨开甲、副长张景良惊魂甫定，部务多由张振武、蔡济民、邓玉麟等主持，总参谋之说尚无佐证，但既说总参谋又不说参谋部，显然是为张夸功。其次还可看蔡绍忠的材料。蔡绍忠不是革命党人，起义前“握管理湖北全省军火之责”，起义后驻敬慎库，被参谋部任命为第三协统领（不久转交成炳荣接统）。他自述二十二日入谘议局，与参谋部员杨开甲、蔡济民、胡瑛、毕晤明、邓玉麟、冯中兴、张景良、纪光汉等会议战守方略，筹组兵谋科事。二十五日午前会议，“公举黎都督兼军令部总长，杜锡钧任正长；孙武任军务部正长（因炸弹炸伤未到），蔡绍忠任副长；杨开甲任参谋部正长，张景良任副长；汤化龙任内务部正长”①。此处内务部为政事部之误，军务部副长漏列张振武。据此，蔡入军政府只见参谋部在活动，二十五日会议才决定成立军务部。再次可看居正的材料。居正参与了军政府职员的改组，他在回忆中说到确定参谋部、军令部人选后，“适举军务部长时，余思参谋、军令纯属新军中旧有之标统、营长等，而军务行政，关于武器粮秣，悉为革命军之命脉，非余同志不可，乃力推孙武。座中有谓军务繁剧，宜速成立，孙某炸伤未愈，恐一时不能任事。余曰无妨，孙武可力疾从公，并举张振武、蔡绍忠为副，议遂决”②。这里已说得很清楚了。末了可看《治国日记》，在二十六日条下第一次提到军务部，此前无军务部名称。

综上可知：军务部是二十五日政府改组后建立的，临时政府时期无军务部建制。

据以上考证，我们已把湖北军政府最初几天的组成情况大体弄清楚了。迄今为止，各种著述根据《武昌革命真史》以军政府成立后暂设参谋部、军务部、政务部、外交部的说法是不确的，应予纠正。

---

① 《武昌起义档案资料选编》下卷，第31页。

② 《辛亥革命在湖北史料选辑》，第155页。

五 结论

根据以上考察，我们已可得出结论：人们所称道的谋略处是参谋部的误记，凌驾于参谋部之上的谋略处，事实上是不存在的。

这里还要考察一下：那些回忆录的作者们是怎样把参谋部当作谋略处来记述的呢？

还是从查光佛的《武汉阳秋》谈起。该书说：“（二十日）首先由蔡济民、吴醒汉、邓玉麟、高尚志、张廷辅、王宪章、王文锦、徐达明、陈宏诰、谢石钦等十五人，组织谋略处，规划一切。随即组织都督府及军务、军令、内务、理财、外交各部。布告安民，事乃大定。”① 根据前文考证，此处所列都督府内各部的设立都是极不确切的，此点姑不论。最明显的是，所列各部中，独无成立最早最重要的参谋部。显然查文是把参谋部误记作谋略处了。如果把查文中谋略处三字换成参谋部，则这一记述大体符合事实。查文写作甚早，在当时可能是无意识的误植，却为此后的回忆提供了一个不合事实的根据。在这点上，吴醒汉文正是重复了查文的错误。

居正是第二个提到谋略处的。《辛亥札记》共有四处提到谋略处三字，但无具体说明。如果把这三字换成参谋部，则所见无误。细查该书，在整顿各部前虽无参谋部字样，却记有参谋处。试对比该书关于参谋处和谋略处的两处记载：“如杨开甲任参谋长，张景良任总指挥，皆原第八镇之标统也。故同志多自任中下级工作，刘仲文、张振武等在参谋处主持”②；“余乃遍问诸同志，刘仲文在谋略处，忙迫异常”③（另一处作“仲文初在谋略处主持一切，劳顿异常”④）。刘仲文即刘公。同是一人，同在一文中，一时说在参谋处，一时说在谋略处，岂非矛盾？作者既承认杨开甲为参谋长，理应是参谋部部长。参谋部在当时记载中又作参谋处。则居正此处实际上是指刘公在参谋部。显而易见，居正在

① 《辛亥革命在湖北史料选辑》，第 544 页。

② 《辛亥革命在湖北史料选辑》，第 150 页。

③ 《辛亥革命在湖北史料选辑》，第 153 页。

④ 《辛亥革命在湖北史料选辑》，第 155 页。

这里关于谋略处的概念是含混不清的，并无确定性。15 年后居正在《梅川日记》中把谋略处的概念固定化了。他一时说蔡济民等 15 人组织谋略处，一时说蔡济民等人任谋略。但他的记述是互相矛盾的。既承认“以张景良为参谋长，杨开甲副之”①，为什么不记参谋部？如果把这里的谋略处改成参谋部，把谋略改成参谋，则大体符合事实。

再一个考察对象是胡祖舜《武昌开国实录》。杨玉如《辛亥革命先著记》和张国淦《辛亥革命史料》都照录胡著关于谋略处记载。胡祖舜说：“二十四日，谋略处改为参谋部，以杨开甲为部长，杨玺章、吴兆麟副之；孙武长军务，蔡绍忠副之……”② 胡祖舜是参与了当时机要的，二十四日给他留下了深刻印象，他以为那是谋略处改为参谋部的日子。事实上，参谋部从起始就存在，二十四日晚在教育会通过军政府暂行条例，此后参谋部改组，军政府各部正式成立。他关于谋略处的记忆显然是不符合事实的。

回过头来，还要指出两个事实：参谋部初成立时即有兵谋科的设置，1912 年 1 月参谋部再次改组，又在部内设置了谋略处；再加上参谋部又常被人称作参谋处，这就使一些未参加过参谋部工作的早期回忆录作者发生了误会，他们把参谋部当作谋略处来记述了。较晚的回忆录作者们不察或记忆模糊，照录了不正确的回忆。而历史研究者疏于考证，以为言之有据，大谈谋略处的重要作用，终于造成了近代革命史上一个重大史实错误。现在是该纠正这一错误的时候了。

---

① 《辛亥革命在湖北史料选辑》，第 147 页。此处正长、副长正好记颠倒了。

② 《武昌开国实录》（上），第 45 页。

论黄兴对武昌首义的态度*

中国近代革命历史上，没有哪一次起义像武昌起义那样具有戏剧性的了。一个本应属于被推翻的人，一夜之间，成了起义后新成立的政权机构的长官。他就是清新军第二十一协协统黎元洪，被强迫做了中华民国湖北军政府的都督。从此局面变得复杂起来，以至于影响到辛亥革命的整个过程。正是由于有了这个湖北军政府，不久便演化成了南京的中华民国临时政府。数十年来，人们对此议论纷纷。1954 年 12 月，一些武昌首义的亲历者聚首武昌，回顾这一事件时，仍唏嘘不止①。又过了将近四十年，晚出的研究者仍对此指指点点，说明这个问题还有值得研究之处。我的看法是，这个戏剧性演出结果，与黄兴等革命党人对武昌起义的认识有关。

一

众所周知，黄兴是辛亥革命的元勋。黄兴的名字与孙中山并列，成为照耀辛亥革命那一段历史的双星。辛亥革命的成功与他们有关，辛亥

---

* 本文作于 1992 年 2 月，曾在台北"黄兴与近代中国"学术讨论会上宣读，载胡春惠、张哲郎主编《黄兴与近代中国学术讨论会论文集》，台北，政治大学，1993；又载《历史研究》1993 年第 1 期。收入张海鹏《追求集——近代中国历史进程的探索》，社会科学文献出版社，1998。

① 江炳灵说："革命中最大错误之一，就是以黎元洪作都督。与虎谋皮，没有不失败的。"李春萱（作栋）说："当时附和革命的人很多，以为黎元洪可以维持秩序，事实上找他出来是错误的，顶多也只能举他作副都督。"见中国人民政治协商会议湖北省委员会编《辛亥首义回忆录》第 1 辑，湖北人民出版社，1957，第 1、16 页。

革命的弱点当然也与他们有关。

美籍华裔学者薛君度先生研究黄兴与辛亥革命的关系时说过："孙黄合作，是最理想不过的。一个是兴中会会长，一个是华兴会会长。一个是珠江流域的革命领袖，一个是长江流域的革命领袖。一个在海外奔走，鼓吹筹款，一个在内地实行，艰辛冒险。一个受西方教育，一个是传统的知识分子。"薛君度还写道：中山先生的"十次革命"，最初两次，发动于同盟会成立之前，地点都在广东。其余八次，发动于华南与西南，计广西和云南各一次，广东六次，大都由黄公主持，几乎是无役不与。中山先生亲临阵地者，仅广西镇南关一役而已。在海外奔走，固然重要，组织财源，均实赖之，但如果无人肯在内地冒险，革命还是不会成功的。薛君度引黄中黄（章士钊）早年在《沈荩》一文中所说："吾闻之：在海外谈革命者万人，不如在本国，不如在内地实行者得一人"，来证明他说的道理。他的结论是："黄公是肯冒险和深入虎穴的人。"①

黄兴不仅是同盟会领导的几次武装起义的实际主持者，在同盟会成立以前的华兴会时代，他就试图在他的家乡湖南发动反清武装起义。黄兴是一个主张用武装起义推翻清朝的坚决的革命者。说他是实行家云云，主要是指此而言。对此，所有的研究者似乎都没有异议。

二

问题在于：同盟会领导的武装起义中，只有武昌起义的策划最久远，规模最宏大，战斗最激烈，影响最深远，业绩最瑰丽。独独这样一次起义，黄兴不了解其发动底蕴，未参与直接领导，起义时不在现场——未亲与其役②。对于这样一个值得注意的问题，人们往往为尊者、贤者、亲者所讳，未予置疑。

---

① 薛君度：《论黄兴与辛亥革命》，薛君度、萧致治合编《黄兴新论》，武汉大学出版社，1988，第112页。

② 这里指狭义而言。如果把阳夏战争都包括在武昌起义这一时期内，则不能说黄兴未亲与其役。

人们已经知道：在组织武昌起义的过程中，孙中山无论直接或间接都没有参加。因此，武昌起义使孙中山感到意外。就是黄兴，在获知武昌起义的确报前，对迅速发展的湖北革命活动情况，显然也缺乏了解[①]。这不能不令人感到奇怪。

黄兴是出身于武昌两湖书院的湖南士子，从日本归国后还同两湖书院有过联系。湖南、湖北的革命者中，有许多人是他的同学、学生和朋友。华兴会的发起者中也有湖北人。华兴会在湖南发动起义，约定湖北共同响应。黄兴在湖南、湖北的革命者中有很高的威望。担负同盟会的领导工作后，虽然多年离开两湖地区，但他应该对两湖地区的革命活动和潜力有所了解。而他与孙中山决策的八次起义，没有安排一次在两湖地区。他筹备“三二九”广州起义时，曾于1911年初派谭人凤携款北上湘、鄂，组织援应，如他在“三二九”起义前致函加拿大域多利埠致公堂书中报告的：“此间诸事已着实进行，规划以两粤为主，而江、浙、湘、鄂亦均为布置。”失败后致加拿大同志书中所说：“当时以广东为主动，而云南、广西、湖北、湖南、江南、安徽、四川、福建、直隶数省为响应，各处皆有党人在新军中预备反正，拟广东一得手，则以次续起。”[②] 可见对于湘鄂并未给予特殊注意。

这种未给予特殊注意的情况，适暴露了黄兴等同盟会领导人在反清武装起义的战略决策方面的失误。事实上，两湖地区尤其是湖北，对武装起义一直在谋划进行之中。自华兴会、科学补习所起义失败后，武、汉军学各界亟谋进行，的无少懈，且屡有表现。革命组织时加改进，且愈益严密，革命派的舆论宣传也紧锣密鼓，予以配合。尤当黄花岗起义失败后，湖北革命党人益感紧迫，起义准备工作加快进行。5月，湖北的两大革命组织文学社和共进会初步达成联合斗争的协议。7月17日和26日，汉口《大江报》连续发表《亡中国者和平》《大乱者救中国之妙药》的时评，鼓吹武装起义。9月14日文学社、共进会干部集会，正式决定放弃小团体名义，联合筹划起义事宜。与会人员同感缺乏众望所归的领袖人物，遂决定派遣居正、杨玉如赴沪向中部同盟会吁请黄兴、宋教仁、谭人凤莅汉主持大计。居、杨二人于16日买舟东下。杨

① 薛君度：《黄兴与中国革命》，杨慎之译，湖南人民出版社，1980，第108页。

② 冯自由：《革命逸史》初集，中华书局，1981，第237、238页。

玉如回忆他们于旧历七月梢（即阳历9月20日左右）抵沪[①]。据居正回忆，二人抵沪后，“初访宋钝初于《民立报》，次访陈英士于马霍路，再访谭石屏于北四川路，报告湖北近事……连日在英士寓所，召集上海机关部会议，决定南京、上海同时发动；令余详述事实，函报香港，托吕天民携往，请黄克强速来，宋钝初、谭石屏均准备同时赴汉”。[②] 但是上海中部同盟会诸公对武汉情势迟疑不决，相互推脱，竟不克及时启程。武汉方面连电催促，杨玉如只得在9月25日先期离沪。至于吕天民一路，据《黄兴与中国革命》记述于9月29日抵香港，过了三天，才获黄兴接见，到10月3日才能给中部同盟会一个肯定的答复[③]。

从这个答复和黄兴几乎在同时写给冯自由等人的信中，可知黄兴对湖北情势已经有了较为真切的了解：“始悉鄂中情势更好，且事在必行”[④]，“即无外款接济，鄂部同志不论如何竭绌，亦必担任筹措，是势成骑虎，欲罢不得”[⑤]，“察看长江一带之情势，有如骑虎，不能罢手。即无吾人提挈之，彼亦将自发，有不可收拾之日”[⑥]，“似此人心愤发，倚为主动，实确有把握，诚为不可多得之机会”[⑦]。比较“三二九”广州起义的准备来看，除未获大量资助外，武昌的群众基础、干部力量及新军内应的把握，均比广州好得多；在武昌发动起义，不像在广州那样有较为浓厚的军事冒险意味。但黄兴在广州起义时意气风发，积极主动，怀抱必死决心，一往无前。而面对武昌即将爆发起义，虽认识到了

---

① 杨玉如：《辛亥革命先著记》，科学出版社，1958，第5页。据谭人凤1913年后写成的《石叟牌词》中的回忆，居、杨二人于9月25日抵沪。（见石芳勤编《谭人凤集》，湖南人民出版社，1985，第375页）薛君度著《黄兴与中国革命》同此说。但据中部同盟会史料，谭人凤于1911年9月25日（旧历八月初四日）致函杨谱笙，告“鄂宾杨居二君，一今晚雇轮返，一须搬寓”（上海社会科学院历史研究所编《辛亥革命在上海史料选辑》，上海人民出版社，1981，第18页），可见9月25日是杨离沪之日，而非居、杨抵沪之日。抵沪之日，杨书所记可信。居正在《武昌起义之经过》中回忆，彼9月12日到沪。李云汉撰《黄克强先生年谱》采此说。似不确。

② 居正：《辛亥札记》，武汉大学历史系中国近代史教研室编《辛亥革命在湖北史料选辑》，湖北人民出版社，1981，第137页。

③ 黄兴：《复中部同盟总会书》，湖南省社会科学院编《黄兴集》，中华书局，1981，第63—64页。

④ 《复中部同盟总会书》，《黄兴集》，第63页。

⑤ 《致冯自由书》，《黄兴集》，第67页。

⑥ 《致伍平一等书》，《黄兴集》，第71页。

⑦ 《致冯自由书》，《黄兴集》，第66页。

必须前往指挥的重要意义，却显出犹豫不定、畏葸不前，一则说“弟之行止尚不能预定”，再则说“不日将赴长江上游，期与会合”[①]，就是没有燃眉之急、立即束装就道的表示。直至武昌起义之翌日，宋教仁来电催促，又延迟一个星期，才于10月17日[②]离港北上，24日抵上海，28日抵武昌。这时，湖北军政府成立已经18天，黎元洪发现湖北军政府已初具基础、清廷未必能轻而易举把它打下去，因而愉快地履行起都督的职务来了。读史至此，不禁扼腕者再。由于黄兴的晚到，终于失去了由同盟会领导人直接掌握起义领导权的良机，从而使武昌起义后的政治局势发生了意想不到的变化。

试想：如果黄兴怀有像在“三二九”广州起义那样积极进取的精神状态，他的步调就会快得多。黄兴9月30日致冯自由信表明，他在此前已知道“今湘、鄂均有代表来沪，欲商定急进办法”[③]。可见中部同盟会已将居、杨赴沪的情况及时通报了他。既如此，他就不应当对上海来使如此怠慢。吕天民并不是寻常流辈、普通信使。1905年8月同盟会在东京成立时，吕天民是最早入会的云南籍留学生，被举为云南主盟人，1911年4月参加了黄兴直接领导的广州起义，7月参与组建同盟会中部总会。此番来港，必有大事，怎么能让他滞港三天而不见呢？吕氏9月29日抵港，黄兴应在30日与他把晤，以便及时了解湖北情势，这样至迟可在10月2日束装就道，驰赴鄂中。香港至武昌，按当时行程，10日可到（加上在上海的淹留，黄兴实际上走了12天）。如果那样，10月12日赶到武昌，被囚在湖北谘议局的黎元洪一定会十分乐意地把都督桂冠推卸给黄兴，起义将领们一定会举手支持，而不会像后来那样弄出许多周折。我甚至推想，只要黄兴能在10月17日（那天黎元洪正式宣誓就都督职，次日武昌军民开赴汉口刘家庙与清军作战）以前赶到武昌，取黎元洪而代之的可能性极大。而黄兴在17日以前赶到武昌是完全有把握的。“是时革命军盼公到鄂，几成失望”[④]，“大家对孙

---

① 《黄兴集》，第63、67页。

② 毛注青：《黄兴年谱》，湖南人民出版社，1980，第130页。

③ 《黄兴集》，第65页。

④ 刘揆一：《黄兴传记》，中国史学会主编《中国近代史资料丛刊·辛亥革命》第4册，上海人民出版社，1981，第302页。

中山先生非常信任，把黄兴当作天兵天将"[①]。只要黄兴在17日以前赶到，以他当时的崇高威望，一举统率鄂军政府，是在情理之中的。

黄兴动身迟缓的表面理由是等待外款。他在获悉吕天民消息后，确曾给孙中山、邓泽如、冯自由、伍平一及南洋、美洲各地同志致信筹款。但是，邮路费时，筹饷不易，来款并非指日可到。据冯自由自述，他收到黄兴的筹款信，已在武昌起义后二十余日[②]。事实上后来黄兴离港启程时，并未拿到多少外款。吕天民转交的居正信件说得很清楚，湖北即无外款接济，也是势在必行。黄本应不等来款消息立即就道，才是上策。此策不行，懊悔何及。

三

黄兴延缓赴汉的内在根据是什么？这是需要做一些分析的。

金冲及、胡绳武为纪念辛亥革命80周年出版的著作中说：湖北革命党人"想迎同盟会的其他领袖黄兴、宋教仁或谭人凤到湖北来主持大计。而黄、宋等由于对湖北起义的重要性和紧迫性认识不足，一直迟迟不来"[③]。这里已说到了问题之所在，惜未加分析和论证。

黄兴在华兴会成立时，即发表武装起义的方策说：

> 若吾辈革命，既不能藉北京偷安无识之市民，得以扑灭虏廷；又非可与异族之禁卫军，同谋合作，则是吾人发难，只宜采取雄据一省，与各省纷起之法。今就湘省而论，军学界革命思想，日见发达，市民亦潜濡默化；且同一排满宗旨之洪会党人，久已蔓延固结。惟相顾而莫敢先发，正如炸药既实，待吾辈引火线而复燃。使能联络一体，审势度时，或由会党发难，或由军学界发难，互为声援，不难取湘省为根据地。然使湘省首义，他省无起而应之者，则是以一隅敌天下，仍难直捣幽燕，驱除鞑虏。故望诸同志，对于本

① 《辛亥首义回忆录》第1辑，第16页。

② 冯自由：《武昌起义与黄克强》，《革命逸史》初集，第244页。

③ 金冲及、胡绳武：《辛亥革命史稿》第3卷，上海人民出版社，1991，第142页。

省外省各界与有机缘者，分途运动，俟有成效，再议发难与应援之策。[①]

黄兴所提出的这样一个起义方策，揆诸辛亥史实，大体是不错的。“采取雄据一省，与各省纷起之法”，确是起义发难、推翻清朝的正确方略。问题在于：首先“雄据”哪一省？这是革命实践中的最大难题。黄兴等革命党人进行了艰苦的探索，付出了沉重的代价。黄兴首先选择的是湖南省。1904 年华兴会在湖南发难的计划泄露，领导人四散逃亡。1906 年的萍浏醴起义，1907 年秋瑾、徐锡麟皖浙起义先后被镇压。种种失败，在在说明“长江各省，一时不足有为”，黄兴乃“注重两广首义，愈益坚定”[②]。仅 1907 年，同盟会在广东组织了三次起义，在广西组织了一次起义；1908 年又组织了一次广东起义，一次云南起义。左冲右突，不旋踵而败北。孙中山和黄兴总结了以往的教训，认识到会党不足恃，着重在新军中做工作，在 1910 年发动了广州新军起义；然后又在 1911 年 4 月集结巨资（约计 19 万元），集中精英，孤注一掷地再次发动了广州起义。

两次广州起义都失败了。黄兴陷入了巨大的痛苦之中，几至不能自拔。他自责：“以前屡次革命，伤吾党人才，未若如是之众。今若聚闽、蜀之精华而歼之，弟之躬虽万剑不足以蔽其罪矣。”[③] 他痛苦：“悲愤交集，无可发泄”，“感情所触，几欲自裁”。“呜呼！人生至斯，生不得自由，并死亦不得自由，诚可哀矣！”[④] 黄兴的这种情绪，被写进了同盟会中部总会的成立宣言中：“一以气郁身死，一以事败心灰，一则宴处深居，不能谋一面，于是群鸟兽散，满腔热血悉付诸汪洋泡影中矣。”[⑤] 在自责和痛苦中回顾以往的经历，黄兴几乎要放弃当初选择的

① 刘揆一：《黄兴传记》，《辛亥革命》第 4 册，第 277 页。此处引证的话，是刘揆一事隔二十多年以后回忆的，我颇疑其准确性，恐羼杂了事后的经验，因证据难寻，未获申论。姑信其基本思想是符合事实的。

② 刘揆一：《黄兴传记》，《辛亥革命》第 4 册，第 288 页。

③ 黄兴：《致海外同志书》，《黄兴集》，第 43 页。

④ 黄兴：《致冯自由书》，《黄兴集》，第 65 页。

⑤ 《中国同盟会中部总会成立宣言》，《辛亥革命在上海史料选辑》，第 7 页。按身死者指赵声，心灰者指黄兴，深居者指胡汉民。也有心灰者指胡汉民、深居者指黄兴的说法。

武装起义的基本方策。他组织实行队，准备以暗杀行动，报死难烈士之仇。“不道珠江行役苦，只忧博浪锥难铸。”① “弟本以欲躬行荆、聂之事，不愿再为多死同志之举”②，“同盟会无事可为矣，以后再不问党事，惟当尽个人天职，报死者于地下耳”③。要放弃武装起义，这虽然是痛苦至极时的发泄，也的确反映了他当时的迷茫心情。

当失败的烦恼压在黄兴等同盟会领导人的心头时，湖北革命党人却在进行扎实而细致的起义准备工作。“时湖北同志猛勇进行，大有一日千里之势。”④ 尽管文学社、共进会的主要负责人及若干重要骨干大都是同盟会员，尽管两个革命组织的成员接受孙中山的主义，崇信黄兴的为人，但他们在武、汉的起义准备工作，似乎未达“天听”：孙中山奔走海外，不了解武、汉的革命情势；黄兴对武汉的情形似乎也所知不多。是否能在湖北造就“雄据”一省的形势，黄兴似乎未考虑过。1911 年 2 月他致信居正，表示：“吾党举事，须先取得海岸交通线，以供输入武器之便。先钦、廉虽失败，而广州大有可为，不久发动。望兄在武汉主持，结合新军，速起谋响应。”⑤ 这是为“三二九”起义做准备。举事地点选在沿海交通线上，是便于款项和武器从海上输入。组织工作的重点不是放在内部，放在基本群众的组织和发动，而是放在外援上。这条策略路线的缺点是很明显的：华侨虽对历次革命发动做出了很大贡献，但外援不总是那么得心应手；即便外援供应顺利，掌握外援的物质力量没有形成，其奈外援何？待至武昌临近起义，他对武昌起义是否能及时发动，还是怀疑的。9 月他致函武、汉同志：“此次经营武汉，要格外慎重。各省没有打通以前，湖北一省千万不可轻举。必须迟至九月（按此指旧历）初旬，与原定计划中之十一省同时举义，方可操必胜之券。希望武汉同志暂行忍耐。”⑥ 此信原载蔡寄鸥《鄂州血史》，参加过武昌起义的人后来写的回忆中，都记述了这一情节。黄兴的密友李书诚也在回忆录中说：“黄先生从香港复电说，须俟九月初（旧历）约

---

① 黄兴：《蝶恋花 · 增侠少年》中句，见《黄兴集》，第 62 页。

② 黄兴：《致冯自由书》，《黄兴集》，第 67 页。

③ 《石叟牌词》，《谭人凤集》，第 370 页。

④ 《石叟牌词》，《谭人凤集》，第 375 页。

⑤ 居正：《辛亥札记》，《辛亥革命在湖北史料选辑》，第 113 页。

⑥ 《黄兴集》，第 62 页。

十一省同时起义。"[①] 如果说这些回忆的准确性尚有可疑之处，我们从黄兴在10月3日复同盟会中部总会书中，也可看出某种端倪。他"初念云南方面较他处稍有把握，且能速发，于川蜀亦有犄角之势"[②]，曾致电谭人凤，电汇三百金，约谭同赴云南[③]。后虽悉湖北的可靠消息，却在信中一则表示"行止尚不能预定"，一则表示"鄂事请觉生兄取急进的办法，如可分身，能先来港一商尤盼"[④]。面对返鄂主持大计的迫切要求，不是立即部署启程事宜，反要居正来港一商，是否心中还存有这样一种块垒：湖北具备了"雄据"一省、四方响应的条件了吗？我想，这是黄兴面对湖北紧迫需要延迟不进的真正原因。

对湖北起义的重要性和紧迫性缺乏认识是同盟会领导人的通病，不独黄兴如此。孙中山恐怕比黄兴的估计更差些。9月25日，孙中山在美国复函美国人咸马里，分析国内形势："近日四川省起大风潮，为民众与政府之间发生铁路争端所引起。我党在华南的总部诸君大为激动，因为谣传四川军队已卷入纷争。如所传属实，则我党人拟策动云南军队首先响应，而广东军队亦将继起。但我不相信此一传闻，因我们从未打算让四川军队在国民运动中起首倡作用。"[⑤] 这里说到了四川、云南、广东，对湖北，只字未曾涉及。孙中山是在10月11日从典华（丹佛）的报纸上看到武昌起义的消息的。10月10日晚，孙中山甫抵典华，得悉黄兴谓武昌"新军必动"的电报，"随欲拟电覆之，令勿动"。只是由于旅途劳顿，思虑纷乱，乃止，并"欲于明朝睡醒精神清爽时，再详思审度而后覆之"[⑥]。到了"明朝"，已获武昌起义消息。9年后，孙中山回忆及此，曾坦率承认："武昌革命成功的快，原来也是出人意外的。"[⑦]

同盟会中部总会的领导人是否有明确的认识呢？人们说到此时多持

---

① 李书城：《辛亥前后黄克强先生的革命活动》，中国人民政治协商会议全国委员会文史资料研究委员会编《辛亥革命回忆录》第1册，文史资料出版社，1981，第185页。

② 《黄兴集》，第63页。

③ 《谭人凤集》，第375页。

④ 《黄兴集》，第63—64页。

⑤ 孙中山：《复咸马里函》，中国社会科学院近代史研究所中华民国史研究室等合编《孙中山全集》第1卷，中华书局，1981，第540页。

⑥ 孙中山：《建国方略》，《孙中山全集》第6卷，第244页。

⑦ 孙中山：《在上海中国国民党本部会议的演说》，《孙中山全集》第5卷，第391页。按此前在《定国方略》中，孙中山也有"武昌之成功，乃成于意外"的说法。

肯定的态度。分析史料，却不尽然。组织中部同盟会的设想是1910年夏在东京由宋教仁、谭人凤、居正、赵声等人提出的，那是对武装起义在沿海屡遭失败的那样一种现实的反思，当时只提出在长江推进革命，并无进一步考虑。1911年7月同盟会中部总会在上海成立，总结同盟会以往武装起义经验教训，指出："惟挟金钱主义，临时招募乌合之众，搀杂党中，冀侥幸以成事，岂可必之数哉？此吾党义师所以屡起屡蹶，而至演最后之惨剧也。"这个针对孙中山和黄兴的经验总结，在后人看来，应当说大体上是正确的。他们把总机关设于上海，"取交通便利，可以联络各省，统筹办法"[①]，比同盟会总部设在东京而其领导人四散在各地，对于了解国内情况并指导各地斗争确乎是前进了一步。他们把发难地域选在远离南方沿海地带的长江，至少是表现了对选择起义地点的重新探索。也应指出，中部同盟会诸公由于对长江流域各省的革命活动未做出全面调查研究和估价，因而并未提出长江革命的具体方案，对于湖北两派革命力量的团结和革命活动的开展虽起到了推动作用，但湖北应否成为首义省份，并未得出明确判断[②]。

以谭人凤和宋教仁为例。据李西屏在《武昌首义纪事》中记述，1910年11月，东京同志集"经世学社"，商讨回国起兵地点，群议多主至西南边省，唯湖北人杨时杰力持非武昌不可，列举地理、工业、新军、饷源等为理由，结论是武昌"苟举兵，当可震动全国，推翻清室；即不然，亦可背城借一，以张吾之声势"。言未毕，宋教仁指为理想，谭人凤斥为梦说[③]。黄花岗起义失败后，谭人凤与宋教仁在香港商议善后，看到黄兴、赵声、胡汉民的情绪，也颇怏怏。谭自述："余乃心志俱灰，与钝初同返。钝初仍入《民立报》，予则决心归家，不愿再问党事也。"[④] 谭人凤在湖南故乡受到友朋"三秦亡楚"的鼓励，决意鼓起风帆，经汉口来到上海。在汉口，开始对焦达峰等湖南朋友"将乘湖南

① 《中国同盟会中部总会成立宣言》，《辛亥革命在上海史料选辑》，第7—8页。

② 《民立报》记者徐血儿著《宋先生传略》一书，记述宋教仁发挥他提出的起义三策中的中策时，说过"以湖北居中国之中宜首倡义"之类的话，左舜生著《黄兴评传》据此论证宋教仁和中部同盟会做出了湖北首义的决策。本文的论证，宋教仁等是不支持湖北首义的，徐说姑存其疑。

③ 参见李西屏《武昌首义纪事》，《辛亥首义回忆录》第4辑，第14页。

④ 《石叟牌词》，《谭人凤集》，第370页。

铁路风潮相继暴动”的打算，“力持不可，且告以灰心之故”①。后从湖北党人处了解到武、汉两派组织及准备举事情况受到感染。回到上海组织同盟会中部总会，被推为评议部议长。“旋南京支部亦相继成立，定宣统五年为大举时期。盖恐各处过于急躁，故有此宣告也”②，可见他们对长江革命、湖北革命的时间规定是并不急迫的，意在防止急躁冒进。及至9月中下旬，武、汉方面迭电请往主持，谭人凤适病重，商请宋教仁先去。宋教仁“三番两次心动摇”③，先答应10月11日动身，后经会议责备，答应过了中秋（10月6日）即去，临期，又以难以离开《民立报》馆为由拒不启程。查宋教仁自9月14日至10月15日，在《民立报》发表时评和书评约30篇，对于推进革命不过隔靴搔痒。革命领袖抓紧革命宣传工作是正确的、必要的，在一定的际遇下是不可须臾或缓的；但革命领袖一旦发现革命的形势业已成熟，本应立即驰赴前线，亲临指挥，以求掌握全局，弃此不为，而以些须小事诸如办报为由不能离开，解释只能是：宋教仁对武昌起义的重要性和紧迫性并无切实认识。黄兴以筹款为由迁延不进，其错误性质同此④。

在1911年9月以前，同盟会领导人设想首先起义的地点是广东，还考虑过云南、四川，甚至湖南，就是没有考虑过湖北。是年6月，谭人凤对湖北党人说过：“武汉深居内地，四面受敌，不宜首先发动。广州地处海滨，容易得到海外的接济，所以中部同盟会很赞成广州先动，长江下游各地同时响应。”⑤ 黄兴在10月初也做过检讨：“前吾人之纯然注重于两粤而不注重于此者（按指武昌），以长江一带，吾人不易飞入，往来输运亦不便，且无确有可靠之军队，故不欲令为主动耳。”⑥这里把不考虑湖北为主动的理由说清楚了。无非是：一、地理条件不

---

① 《石叟牌词》，《谭人凤集》，第372页。

② 《石叟牌词》，《谭人凤集》，第374页。又说“约待宣统五年颁宪政，三军齐起复神州”，《石叟牌词》，《谭人凤集》，第372页。

③ 谭人凤《石叟牌词》中语。应当指出：在居正、杨玉如赴上海报告武汉形势时，押在武昌狱中的党人胡瑛也派人去上海送信，“极言湖北之不能发难”（居正：《辛亥札记》），干扰了宋教仁等的判断。

④ 美国学者周锡瑞研究两湖辛亥革命时，注意到了这种现象，他写道：“对于湖北请求领导一事，中国中部同盟会的反应并不怎么热情”，“黄兴从香港来的反应甚至更为冷淡”。见周锡瑞《改良与革命》，杨慎之译，中华书局，1982，第210页。

⑤ 与湖北党人的谈话，转引自《谭人凤集》，第7页。

⑥ 《致冯自由书》，《黄兴集》，第67页。

好，二、革命基础力量不好。但是这一理由，恰恰暴露出黄兴等领导人对湖北革命的准备情况太缺乏了解。当黄兴了解情况后，对武汉的看法立即大变。关于地理条件，黄兴说：“以武汉之形势论，虽为四战之地，不足言守，然亦视其治兵之人何如。贼吏胡林翼于破败之秋，收合余烬，犹能卓然自立者，亦有道以处之。今汉阳之兵工厂既归我有，则弹药不忧缺乏，武力自足与北部之兵力敌，长江下游亦驰檄可定。沿京汉铁路以北伐，势极利便。以言地利，亦足优为。”关于人员条件，黄兴说：武汉“各同志尤愤外界之讥评，必欲一申素志，以洗其久不名誉之耻。似此人心愤发，倚为主动，实确有把握，诚为不可得之机会”①。既然地利、人和均以武昌为优，黄兴对起义首发地点的选择立即改为：“以武昌为中枢，湘、粤为后劲，宁、皖、陕、蜀亦同时响应以牵制之，大事不难一举而定也。”② 此即所谓“能争汉上为先著，此复神州第一功”③。可惜这种转变来得太晚，而湖北革命的发展又太快，黄兴等同盟会领导人对武昌起义的紧迫性的认识还是没有跟上形势的发展。

首义选择在哪一省，的确是革命实践中的最大难题。为此进行艰苦探索，付出必要的代价是应该的。只是当做出首义选择的客观条件已经成熟，而革命的指导者们未能及时认识它，并做出最必要的安排，从而影响了革命的进一步发展，则是历史的一个悲剧。

四

从历史发展进程的眼光来看，选择首义地点的必要条件至少应具有

---

① 《黄兴集》，第66—67页。关于地理条件，宋教仁也说：“且武昌襟带吴、楚，东下可以制长江之命脉，西上可以杜川、湖之门户；又渡江而北，右可以扼山南之肩背，左可以捣中原之肘腋。昔者朱元璋克武昌，遂因以荡平荆湖，混一区宇；洪秀全屡得之而不能守，终使曾、胡诸人遂成竖子之名，武昌之为天下重，顾不甚欤？吾故曰：今日天下之形势，重在武昌也。”见陈旭麓主编《宋教仁集》上册，中华书局，1981，第345页。此文刊载于1911年10月15日《民立报》，可惜是在武昌起义之后。

② 《黄兴集》，第67页。

③ 《和谭人凤》，《黄兴集》，第72页。

如下几点：

1. 正确选定地理环境。同盟会成立以后，孙、黄等领导核心把起义地点选在华南沿海一带是无可厚非的，除了孙中山本人难以在国内立足，只得着力于华侨工作和海外宣传以便于争取经费援助及失败后容易从此退却外，其可借鉴之历史根据是太平天国洪杨起事于两广。太平天国是农民起义，他们一开始就创立一支独立的武装力量，以此为基础向北推进，借着清政府于内外交困中尚未取得镇压南方农民起义的经验的机会，一举获得了建都南京的辉煌胜利。与洪、杨相较，孙、黄起义一开始就具有城市暴动的性质，而无直接掌握一支强有力的武装力量的图谋；而清政府已获得了镇压南方边陲地方反清起事的统治经验。现在看来，孙、黄在运用历史经验上有失于检点之处。一般说来，在远离清政府政治、经济中心的边徼发动起事，不会引起清政府的重视和震动，且易于为地方当局镇压，由于它距政治、经济中心遥远，也易于使政府当局从容组织、调动力量以应付。洪杨起事于金田时，地方当局并不重视它。及至地方处置失当，洪杨势力张大，引起朝廷重视，发兵剿捕。如果各当事人勇于任事而不隐匿推诿，当不会使洪杨大军逸出古苏冲、蓑衣渡。孙、黄在广东、广西、云南组织的八次起义，均未成功，就是有力证明。即使暂时成功，由于边陲地方交通和通信不便，也不易争取各省同时响应。孤立无援，孤掌难鸣，其结果是不言自明的。而武昌地理环境则大不相同。武昌虽如黄兴所说“四战之地，不足言守”，但它是华中政治、经济中心，兵工等工业企业林立，交通发达，信息灵通，其距清廷所在地不远，又有京汉铁路相通。一旦起义（哪怕是一次失败的起义），给予清廷的打击和全国的震动，绝非广州和华南沿海偏远地方可比拟。只要党人举措不失误，及时控制武汉三镇及其周围羽翼地区，及时控制京汉铁路的咽喉地带①，利用长江天险（清政府海军力量不强大，利用舰队攻取武汉的可能性不大），争取起义地区军事上暂时的稳固时间，对于等待、刺激和号召各省起义援应，具有相当好的条件。而孙、黄等同盟会领导人计不出此，在南方边陲屡次败北而不思改变起义

① 介于鄂豫皖之间的武胜关是京汉铁路的咽喉地带，控制此地，可延缓北兵来犯的速度。武昌起义以后，已有人提议及此，决策者未能采纳，是起义者的一大失误。

地点，显然是一失误。

2. 在起义基本力量的组织上着实用力。同盟会组织的起义，其着力点开始都在会党。萍浏醴起义及光复会发动的起义也是如此。会党啸聚无常，组织涣散，胜时骄，败时馁，破坏易，建设难，显然不是可靠的基本力量。后来转向南方新军中做工作，这一着力点转变的积极意义应当肯定。但是，或者所选非人（如郭人漳虽为同盟会员，且在广西新军中地位较高，但并未决心反清革命），或者工作不扎实（如赵声、倪映典辈虽在同盟会中有较高声望，但在新军内部缺乏长期、细致的组织发动工作），新军起义亦未收效。

这一点，在武汉的情形则迥然不同。湖北是清末编练新军最有成效的地方之一。1902 年清政府向全国推广新军编练，曾令江苏、安徽、江西、湖南等省派干员到湖北考察学习。湖北新军练成一镇一混成协，在实力、素质、文化水平、给养诸方面，除北洋六镇外，无可匹者。在新军中做策反工作，如选择北洋六镇，由于禁脔所关，难于展开工作，观吴禄贞后事可知；如选择南方新军，由于力量不大，不足以成大事。只有在湖北新军中做工作，可望收到成效。黄兴果能像深入郭人漳营做工作一样，深入湖北新军中，与那些长期在士兵中进行组织发动的党人交朋友，一定会产生异乎寻常的效果。

同盟会领导人未能解决的深入发动新军的问题，被长期以来潜入湖北新军的一些普通同盟会员解决了。自华兴会成立以来，武、汉地区的革命党人（主要是湖北人和湖南人）坚持了扎实细致的革命宣传和组织工作，在各界群众特别是新军中聚集了雄厚的革命力量。自科学补习所于 1905 年 11 月被迫停止活动后，陆续有军队同盟会、群治学社、振武学社、湖北共进会等革命团体的建立。1911 年 1 月，武昌革命党人在振武学社的基础上，建立了新的革命组织文学社。文学社主要在新军士兵和学堂青年学生中发展成员，起义前已达 3000 多人。文学社还以《大江报》作为机关报，报纸免费送新军各营队，扩大了宣传阵地。湖北共进会自 1909 年由一批留日学生建立后，很快地把工作重点转向新军，原属群治学社的一部分人参加到共进会里来，起义前，共进会成员发展到 2000 多人。正是由于这些革命党人采用借矛夺盾的办法运动新军，把清朝的干城转变为革命的劲旅，才在湖北新军中造成了雄厚的革命基础[①]（黄兴在获悉这些情况后，也觉得鄂事“似较粤为善”[②]）。湖北新军有良好的武器装备，武、汉有兵工厂，有新军弹药库，这些都已为新军中的革命士兵所掌握。他们不需要像组织沿海起义那样花许多钱（湖北党人只从同盟会领导人手中收到过800元钱，另湖北同盟会员刘公捐出了5000元作为活动费），去购买武器弹药。黄花岗失败后，湖北两派组织在目标一致的前提下实现了联合。由于全国政治局势的迅猛发展，武昌起义已是箭在弦上，不得不发了。

3. 起义的领导力量。起义的领导力量如何，关系重大，它决定着起义的成败结局。

据首义老人杨玉如回忆，1910年夏共进会员杨时杰（也是同盟会员）从东京回到武昌，对杨玉如说：

> 革命潮流，一日千里，进步甚速，中国革命似有成功的希望。但这几年孙总理、黄克强等专在沿海几省，靠几处会党，携少数器械，东突西击，总是难达到目的。我们长江的党人都想从腹地着手。尤其是我们湖北人，就想在我们湖北干起来，孙、黄总不大相信，所以我先约刘仲文回来作准备工作。居觉生、彭汉遗、吴寿田、田梓琴等他们都要陆续回来的。我们这次自告奋勇，总要做点事业给孙、黄看看。[③]

以上情况，黄兴似乎是承认的[④]。可见，湖北党人对同盟会领导人不选择武昌为突破口，是很不赞成的。

请罗列筹划武昌起义的领导人名单。

---

① 文学社、共进会在湖北新军各标营中都指派了代表，有关发动起义的各项指示、消息，可通过标营代表直接传达到每个士兵。有的标营还按照起义要求，把全体士兵按革命编制进行了组织，如工兵八营，按共进会要求，编成了一个大队，大队长为熊秉坤，其下编成两个正队，十一个支队。参见中国社会科学院近代史研究所等编《武昌起义档案资料选编》上卷，湖北人民出版社，1981，第19—22页。

② 《致冯自由书》，《黄兴集》，第66页。

③ 杨玉如：《辛亥革命先著记》，第25页。

④ 黄兴在致冯自由函中说过：鄂省“各同志尤愤外界之讥评，必欲一申素志，以洗其久不名誉之耻”。见《黄兴集》，第66页。“以洗其久不名誉之耻”一句，似颇费解。

一、文学社：

正社长：蒋翊武

副社长：王宪章

参　议：张廷辅　汤济五

参　谋：黄振中　杜武库　杨在雄　王华国　马保黄　徐继庶

交　通：彭楚藩　陈达五

外　交：胡经武　詹大悲

庶　务：刘复基　陈树三①

二、共进会：

总务部：部长孙　武　　副部长刘　公

内务部：部长刘　公　　副部长居　正

参议部：部长蔡济民　　副部长杨玉如

军务部：部长蒋翊武　　副部长高尚志

外交部：部长谭人凤　　副部长刘尧澄

财政部：部长张振武　　副部长李春萱

调查部：部长邓玉麟　　副部长彭楚藩

交通部：部长丁立中　　副部长王炳楚②

三、合并后的联合组织机构：

总理部：总理刘　公

军务部：正长孙　武　　副长蒋翊武　高尚志

参议部：正长蔡济民　　副长徐达民

内务部：正长杨时杰　　副长杨玉如

外交部：正长宋教仁　　副长居正　刘复基（尧澄）

理财部：正长李春萱　　副长张振武

调查部：正长邓玉麟　　副长彭楚藩

交通部：正长丁立中　　副长王炳楚③

四、起义前议定的临时指挥机构：

革命军临时总司令：蒋翊武

① 参见王华国《文学社事实》，《武昌起义档案资料选编》上卷，第7—8页。

② 李白贞：《共进会从成立到武昌起义前夕的活动》，《辛亥革命回忆录》第1册，第510页。

③ 杨玉如：《辛亥革命先著记》，第51页。

参谋长：孙　武

参　谋：刘尧澄　蔡济民　吴醒汉　杜武库

　　　　蔡大辅　祝制六　王文锦　徐达民

内　政：杨时杰　杨玉如

秘　书：丁立中　潘公复　查光佛　牟鸿勋

交　通：杨宏胜

财　政：李作栋

传达命令：邓玉麟

常驻军事筹备员：王守愚　陈　磊

常驻政治筹备员：孙　武　潘公复　李作栋①

查以上名单，只有宋教仁、谭人凤、居正、胡经武是著名的同盟会员。列入宋教仁，只是考虑他在同盟会中的地位，宋实际上并未参与武昌起义的组织领导工作。谭人凤、居正是同盟会推出与湖北革命党人居间联络之人，他们实际上也未参与湖北革命的组织领导工作②。胡经武（名瑛）一直在武、汉从事军运工作，自 1907 年以来一直在武昌狱中，他虽然同党人保持着密切联系，所作实际工作毕竟很少，且他一向是反对武昌首先起义的。在湖北从事革命的组织领导工作的是蒋翊武、孙武、彭楚藩、詹大悲、刘复基、刘公（仲文）、蔡济民、杨玉如、张振武、李春萱、邓玉麟等人，拿这些人的名字（加上胡瑛），与冯自由、田桐、邹鲁所开列的中国同盟会干部名单③相对照，只有胡经武是中国同盟会本部评议部的成员，其他诸人均名不见经传，不是同盟会领导圈子以内的人，甚至也不是同盟会的分支机构——中部同盟会领导圈子以内的人。

---

① 参见张难先《湖北革命知之录》。以上抄录的四类名单，都是亲历者的事后回忆，各种记载大同小异，基本可信。

② 谭人凤记述，他 1911 年 6 月过汉，经孙武约集蔡济民、高尚志、邓玉麟、蔡汉卿、徐万年、潘公复、李作栋、王炳楚、杨玉如、杨时杰、居正等会议，会中，居正除两杨相识外，尚须一一问姓名，见《谭人凤集》，第 373 页。可证居正虽为湖北人，但对湖北革命情况所知甚少。居正也不否认这种情形，他在《辛亥札记》中记他 1911 年 2 月到汉口，“值禁网严密，几寻不着一条路，找不着一个人，诸事无从下手”，后经杨时杰介绍孙武等，“事渐有绪可寻”。参见《辛亥革命在湖北史料选辑》，第 113—114 页。

③ 参见中国国民党中央委员会党史委员会编《革命文献》第 2 辑，及邹鲁《中国国民党史稿》第 1 编，第 2 章。

这个名单对比以及前文的论证说明：作为辛亥革命胜利标志之一的武昌首义是未经中国同盟会讨论决策、没有同盟会领导成员参与领导指挥，而是由一些中下层的同盟会成员和其他革命党成员，在孙中山的旗帜下经过艰苦卓绝的工作后独立发动、指挥的。这是一个最基本的事实。这个事实所包含的优点和缺点是同样明显的。优点在于：由于基本群众组织发动起来了，在脱离领导的情况下，起义终于能够掀起；缺点在于：起义士兵面临没有众望所归的领导人的苦恼，他们不仅找不到早已期望来汉的黄兴、宋教仁等高层领导人，也找不到起义前确定的临时总司令蒋翊武和参谋长孙武。在战火纷飞中，起义士兵找到一个久已脱离革命行列的下级军官作临时指挥，而在攻下督署后，拉出一个清军协统作了革命军的总首领。如果黄兴、宋教仁在起义现场，或者蒋翊武、孙武能冒险挺身出而指挥，武昌起义的前景要辉煌得多，其结局将是另一个模样。

五

问题似乎又回到了本文的开头。

在讨论这个问题的时候，有人着重指出：黄兴的姗姗来迟，削弱了运动的政治领导，使“黎元洪这样的旧党就在群龙无首的混乱状况中，不伦不类地登上了首义之区的都督宝座。在这里，首义也就隐伏着首败”[①]。指出这一点是近年黄兴研究中的进步。实际上，类似的观点，谭人凤在民国初年就提出了。谭人凤在评论武昌起义的成败时写道：“谈革命者，遂每薄视湖北人为不可靠焉。而岂知空前绝后之事功，卒赖武汉一举而成立。……惜乎，所举非才，民国由湖北人而成，卒由湖北人而败，则不得谓非一大恨事也。”[②] 显然，这个评论是就表面现象做出的，纠其实质，尚待揭明。

应该指出，对于武昌首义可能出现某种悲观的前景，黄兴早有预测。他在致冯自由函中指出：武昌起义“若强为遏抑，或听其内部自

① 皮明庥：《黄兴在武昌起义中的成败》，《黄兴新论》，第159页。
② 谭人凤：《石叟牌词》，《谭人凤集》，第378页。

发，吾人不为之指挥，恐有鱼烂之势，事诚可惜”[①]。他在致伍平一等人函中又一次强调：武昌“即无吾人提携之，彼亦将自发，有不可收拾之日，而成鱼烂之势矣。与其日后不可救药，何若谋胜于机先”[②]。所谓“鱼烂之势”，所谓“不可救药”，我以为黄兴的基本思想是指，武昌起义可能脱出同盟会的领导和控制，导致产生不符合同盟会主张的结局。事实上，黎元洪被推为军政府都督，是武昌起义脱出同盟会领导和控制的表现，是鱼烂之势已成。黄兴的预测表明，他对于自己未能及时前去武昌“指挥”和“提携”的后果是有预感的。

从湖北革命党人一面来看。文学社和共进会负责人在讨论联合的过程中，首先就团体合并取得一致意见，但讨论从刘公、孙武、居正、蒋翊武诸人中推选一位主帅，或都督，或总司令时，“无奈彼等谦让未遑，不肯担任”，实际上是因为没有一位众望所归的领袖，难以达成共识。有人提议“我们可否向中部同盟会找黄克强、宋遯初、谭石屏等来帮同我们主持，名义候他们来了再定，如何？”大家一致赞成，乃决定派居正、杨玉如赴上海敦请黄兴等人[③]。从前面罗列的起义领导机构的人事安排中也可以看出：从湖北的党人中难以产生一位统率八方的主帅。大家一致敦请黄兴前来主持的愿望是真诚的。

时局发展的关键是，由于黄兴等对武昌首义的紧迫性和重要性认识不够，做出武昌为起义突破口的战略转变太急促，亲临前线指挥的动作又太迟缓，未曾谋胜机先，形成了起义爆发时的领袖真空。刚刚手刃了两名革命党的黎元洪被拥戴为都督，旋而副总统，旋而大总统，照谭人凤的说法，“汉口由其犹豫而烧，赣、宁由其反对而败，国会由其违法怕死而解散”，显然影响了民国初年的全部政治生活。他评论道：“推原祸始，则皆宋钝初之迁延有以致之也。不然，当时内地同志，对于海外来者实有一种迷信心，安有黎元洪？无黎元洪，又安有此数年来之惨剧？吾昔日因袁世凯目黄、宋为英雄，曾有言曰：‘克强雄而不英，钝初英而不雄。’盖有慨而言之也。”[④]

批评宋教仁迁延不进是有道理的。同时也应批评黄兴迁延不进。如

---

① 《黄兴集》，第 66 页。

② 《黄兴集》，第 71 页。

③ 参见杨玉如《辛亥革命先著记》，第 48 页。

④ 谭人凤：《石叟牌词》，《谭人凤集》，第 376 页。

果我们能同意这种认识，则“民国由湖北人而成，卒由湖北人而败”的话就显得不大妥当了。说“民国由湖北人而成”，虽不甚妥帖，尚尽如人意，说“民国由湖北人而败”就有张冠李戴之嫌。公正地说：武昌首义的发动者们的革命首创精神是值得表彰的。同盟会领导人对武昌首义的迟疑、彷徨和迁延不进，给后人留下了话题。它作为历史研究的对象，至今仍值得人们回味。

辛亥革命纪念的政治与学术意义*

辛亥革命是20世纪初年中国历史上发生的重大事件。这一历史事件影响深远，应该说，也是亚洲和世界的重大历史事件。此刻在孙中山曾经活动过的神户召开辛亥革命90周年学术讨论会，本身就说明了辛亥革命这一历史事件在亚洲的意义。我今天不想就辛亥革命历史本身进行探讨，只想从新中国建立52年来中国政府和学术界对辛亥革命的纪念与评价的意义做一点粗略的分析，希望从一个新的角度观察辛亥革命对中国历史的深远影响。

新中国建立52年来，除了1951年、1971年特殊的历史背景以外，凡是辛亥革命和孙中山的生辰、忌辰的逢十纪念，中国共产党和政府都是以最高规格举行纪念大会。这样的大会总共进行了十四次。所谓最高规格，是指党和国家的最高领导人全部出席，或者大部分出席；党和国家主要领导人发表重要讲话，《人民日报》发表专题社论。各省、自治区、直辖市的主要领导人都要在当地的纪念大会上讲话。这就是说，每逢十年一次举行的纪念辛亥革命或者孙中山的活动，成为全国重要的政治活动，是全国政治生活中的大事。像这样五十年一贯进行的政治生活中的大事，只有中华人民共和国国庆、中国共产党生日可以与之相比拟。

为什么党和国家这样重视纪念辛亥革命呢？因为辛亥革命是近代中国历史前进的代表性事件。毛泽东说过，“中国反帝反封建的资产阶级

---

* 2001年12月14—16日，日本孙文研究会在神户举办辛亥革命90周年国际学术讨论会，本文作为基调演讲在大会发表。原载孫文研究会編『辛亥革命の多元構造——辛亥革命90周年国際学術討論会（神戸）』汲古書院、2003。收入张海鹏《东厂论史录》，广东人民出版社，2005。

民主革命，正规地说起来，是从孙中山先生开始的”[①]，辛亥革命则是在比较完全的意义上开始了的资产阶级民主革命。毛泽东多次论述过辛亥革命推动中国历史进步的意义。1949 年 9 月他在政治协商会议第一次全体会议上说：“一百多年以来，我们的先人以不屈不挠的斗争反对内外压迫者，从来没有停止过，其中包括伟大的中国革命先行者孙中山先生所领导的辛亥革命在内。”[②] 1961 年 10 月，周恩来在纪念辛亥革命 50 周年大会上肯定了辛亥革命的伟大历史意义，指出：“辛亥革命，推翻了清朝统治，结束了我国二千多年来的君主专制制度，使人们在精神上获得了空前的大解放，为以后革命的发展开辟了道路。这是一个伟大的胜利。”他说：“辛亥革命，是中国资产阶级领导的一次旧式的民主革命。这次革命是不彻底的，它没有完成反对帝国主义和反对封建主义的革命任务……我们感到高兴的是，我们不仅完成了辛亥革命的英雄们未完成的事业，实现了一百多年来中国许多仁人志士梦寐以求的伟大理想，而且已经使我们这样一个六亿五千万人口的伟大国家，走上了社会主义发展的康庄大道。”[③] 董必武在这次纪念大会上也指出：“辛亥革命在近代中国人民解放斗争的长期历史中，占有一个重要的地位。辛亥革命虽然没有取得真正的胜利，但它提供了十分可贵的经验，使得中国人民有可能进一步找到彻底解放的正确道路。”[④]

毛泽东、周恩来、董必武关于辛亥革命的历史意义的评价，把中国共产党人纪念辛亥革命的历史的和现实的缘由都讲清楚了。这基本上成为此后纪念辛亥革命的基调。1981 年 10 月胡耀邦在纪念辛亥革命 70 周年大会上讲话，进一步指出：“辛亥革命违反帝国主义列强的意愿，推翻了他们所支持的清朝政府，这就在近代史上第一次证明了中国的命运毕竟不是帝国主义所能任意支配的”，“我们共产党人和全国各族人民，都把新民主主义和社会主义的胜利看作辛亥革命的继续和发展，对于领

① 《青年运动的方向》，《毛泽东选集》合订本，人民出版社，1964，第 551 页。

② 《中国人民政协第一届会议上毛主席开幕词》，《人民日报》1949 年 9 月 22 日；《毛泽东著作选读》下册，人民出版社，1986，第 691 页。

③ 周恩来：《开会词》，《光明日报》1961 年 10 月 10 日，第 1 版。

④ 董必武：《在辛亥革命五十周年纪念大会上的讲话》，《光明日报》1961 年 10 月 10 日，第 2 版。

导辛亥革命的孙中山先生和他的同志们抱着崇高的敬意”。[①] 《人民日报》10月9日发表社论说：“半个多世纪的历史证明：中国共产党是孙中山先生革命事业的真正的继承者，中华人民共和国是辛亥革命发展的硕果。”[②] 1991年10月杨尚昆在纪念辛亥革命80周年大会上讲话，特别指出虽然辛亥革命没有使中国真正成为一个独立的民主国家，但是，“它是中国近代史上的一个伟大的里程碑。是在比较完全的意义上开始的反帝反封建的民族民主革命，为以后的一系列历史发展开辟了道路。在中华民族振兴和中国社会发展的进程中，辛亥革命具有不可磨灭的历史功绩”[③]。江泽民在2001年10月9日的纪念大会讲话中进一步指出：“辛亥革命集中反映了当时中国人民争取民族独立、振兴中华的深切愿望。”[④]

纪念辛亥革命还有一个重要的理由。辛亥革命的英雄们为了推翻清朝反动、腐朽的统治，而不屈不挠奋斗的革命精神，孙中山为了振兴中华，推进中国现代化的努力，正是新中国在推进社会主义现代化建设中需要借鉴的精神。杨尚昆在讲话中指出：“在中华民族振兴和中国社会发展的进程中，辛亥革命具有不可磨灭的历史功绩。今天，生活在我们这个社会主义共和国中的每一个公民，都不应该忘记八十年前资产阶级革命家在推翻封建帝制的斗争中所作出的巨大贡献。”[⑤] 《人民日报》1991年的社论说：“今天的中国是历史的中国的发展。投身于建设有中国特色社会主义伟大事业的人们，不能忘记历史，尤其不能忘记祖国的近代史、现代史，要善于从近代现代史上灿若群星的民族英雄身上汲取智慧和力量。孙中山先生救国救民，‘亟拯斯民于水火，切扶大厦于将倾’的高尚品德，‘愈挫愈奋，再接再厉’的坚强意志，追求真理、不断进取的赤子之心，放眼世界、‘迎头赶上’的雄心壮志，以及‘天下

---

① 胡耀邦：《在首都各界纪念辛亥革命七十周年大会上的讲话》，《人民日报》1981年10月10日，第1版。

② 社论：《统一祖国　振兴中华——纪念辛亥革命七十周年》，《人民日报》1981年10月9日，第1版头条。

③ 杨尚昆：《在纪念辛亥革命八十周年大会上的讲话》，《人民日报》1991年10月10日，第1版。

④ 江泽民：《在纪念辛亥革命九十周年大会上的讲话》，《人民日报》2001年10月10日，第1版。

⑤ 杨尚昆：《在纪念辛亥革命八十周年大会上的讲话》，《人民日报》1991年10月10日，第1版。

为公'的博大胸怀，可谓万世楷模。孙中山先生这种战斗不息的爱国主义热诚，自强不息的民族自尊心、自信心，永远值得弘扬和光大。"[①]

纪念辛亥革命还有一个现实的理由，就是实现中华民族的最广泛的大团结，完成祖国统一，建设统一、民主、富强的社会主义祖国。1949年以来，国家统一问题一直是一个有待完成的大问题。因此，从20世纪50年代以来，历次纪念辛亥革命和孙中山，祖国统一问题都是纪念活动的主题。

到了80—90年代，纪念辛亥革命的最重要、最明确的主题就是祖国统一问题了。胡耀邦在1981年的讲话中，开宗明义，一开头就把问题提了出来。他以中共中央负责人的身份说明了完成统一大业的任务，呼吁在台湾执政的中国国民党为建设统一的国家实行第三次国共合作。他说，我们如果不解决祖国统一这个难题，让彼此的力量在对峙中互相抵消，"我们将何以上对中山先生和辛亥革命以来的先烈，下对海峡两岸的各界同胞和子孙后代呢?"他表示邀请蒋经国等台湾当局负责人和台湾各界人士到大陆和故乡看一看[②]。这次讲话，像九天前叶剑英委员长发表的解决台湾问题的九条方针一样，坦率地、真诚地、深情地表达了中国共产党和全国人民促成祖国统一的诚意，同时也说明了纪念辛亥革命这样的历史事件对于解决现实问题的巨大意义。十年以后，当辛亥革命80周年纪念到来的时候，国家主席杨尚昆的讲话，仍然突出了祖国统一问题，他说："在纪念辛亥革命八十周年的时候，我们为祖国的统一事业未能完全实现而深感不安。实现祖国统一，是中华民族根本利益所在，是全国人民包括台湾同胞、港澳同胞和海外侨胞的共同愿望，也是孙中山先生的遗愿。"杨尚昆在说明了"和平统一、一国两制"的方针是解决祖国统一问题的根本大计以后，对台湾当局坚持"反共拒和"，推行"弹性外交"，实际上搞"两个中国、一中一台"，以及进行分裂国家、分裂民族的活动的"台独"势力进行了严厉谴责，指出主张分裂的人是为列强侵略中国服务。杨尚昆说："我再一次严正申明：台湾自古就是中国的领土，实现祖国统一是中国的内政，决不允许任何

---

① 社论：《继往开来 振兴中华——纪念辛亥革命八十周年》，《人民日报》1991年10月10日，第1版。

② 胡耀邦：《在首都各界纪念辛亥革命七十周年大会上的讲话》，《人民日报》1981年10月10日，第1、3版。

外来势力干涉。对任何把台湾从中国分裂出去的行径，我们决不坐视。"[①] 2001 年 10 月是辛亥革命 90 周年，国家主席江泽民在北京的集会上也说："两岸同胞都是中国人，骨肉相亲，血浓于水。争取和平统一、共谋复兴大业，有利于包括台湾同胞在内的全国各族人民的长远发展，理应成为两岸人民包括各个党派、团体共同的大目标。"[②]

把纪念辛亥革命和祖国统一的现实任务紧密结合起来，和建立中华民族最广泛的爱国统一战线联系起来，这是现实的政治需要，这就是现实的政治。这样我们就理解了为什么纪念辛亥革命、纪念孙中山是全国重要的政治活动，是全国政治生活中的大事。我们也就可以理解 50 年一贯进行的纪念辛亥革命和孙中山这样政治生活中的大事，足以和中华人民共和国国庆、中国共产党生日相比拟了。同时，我们更加理解了，辛亥革命不仅仅是 20 世纪初期中国的一次革命运动，一次重大的政治事件。这样的一次革命运动，这样的一次重大政治事件，以其本身的魅力影响了整个 20 世纪中国的历史进程，积淀了近代以来中华民族的革命传统和文化传统，成为团结和凝聚中华民族力量的一个重要源泉。由辛亥革命所凝固起来的这样的民族精神是永远需要发扬的！

以上所说，指出了辛亥革命对新中国的政治影响。从学术上说，辛亥革命的研究大大推进了中国学者对辛亥革命和中国近代史的认识。随着国家和社会对辛亥革命的政治影响的重视，中国学术界对辛亥革命历史的研究大大加强了。其起步，源于 1961 年 10 月在武汉举办的纪念辛亥革命 50 周年学术讨论会。这是继北京第一次举行纪念辛亥革命 50 周年的政治性活动进行的。著名的老革命家、辛亥革命的参加者吴玉章在这次会议的开幕式上讲话说："利用历史事件或历史人物的周年纪念来进行学术活动，是推进学术研究的一个很好的方法。我们过去在这方面注意很不够。……所以认真对待纪念活动，对学术研究有促进作用。我们应当有计划地利用这种机会，推动大家来做研究，不断提高学术水

① 杨尚昆：《在纪念辛亥革命八十周年大会上的讲话》，《人民日报》1991 年 10 月 10 日，第 1、4 版。

② 江泽民：《在纪念辛亥革命九十周年大会上的讲话》，《人民日报》2001 年 10 月 10 日。

平。我们现在举行辛亥革命讨论会的意义，也就在这里。”① 以此为先例，以后每过十年，国家举办一次纪念辛亥革命的政治性集会，武汉便依例组织一次大型学术讨论会。这样大型的学术讨论会已经举办了四次。所不同的是，1961 年 10 月的讨论会，没有台、港、澳学者参加，也没有外国学者出席。自 1981 年 10 月开始，1991 年 10 月，2001 年 10 月，举办的都是国际学术讨论会，广泛邀请了台、港、澳和外国学者出席研讨。

下面将对这四次学术讨论会的基本成就做一简单分析。我依据的资料，前三次是会后出版的论文集，第四次是会议论文。

1961 年 10 月在武汉第一次辛亥革命讨论会上提交的论文，涉及辛亥革命与民族资产阶级的关系、中国资本主义工业的发展与工业资产阶级对革命的态度、辛亥革命时期资产阶级与农民阶级的关系、辛亥革命与反满问题、辛亥革命与帝国主义的关系、辛亥革命时期中国社会的主要矛盾，以及若干历史人物评价和辛亥革命在各地的进展等。讨论会上大家更为关注的问题有：资产阶级革命派与农民的关系问题，会党的阶级成分与性质问题，辛亥革命时期的反满问题等。关于资产阶级与农民的关系，一种意见认为资产阶级革命派通过会党与农民建立了联系，或者建立了联合战线；另一种意见不同意辛亥革命时期资产阶级革命派与农民建立了联系这种观点。与资产阶级和农民关系相联系的是会党的阶级成分，有人认为，会党成员主要是农民和小手工业者，因此，资产阶级革命派与会党的联系就是与农民的联系；有人认为，会党成员主要是散兵游勇、江湖流民、失业手工业工人、城镇贫民，真正的农民很少，因此，资产阶级革命派与会党建立联系不等于与农民建立联系。关于辛亥革命时期中国社会的主要矛盾，那时也有不同的见解：有的认为民族矛盾是社会的主要矛盾，有的认为中国人民大众对帝国主义和封建主义同盟的矛盾是主要矛盾，有的则认为国内阶级矛盾是主要矛盾。从收集在《辛亥革命五十周年纪念论文集》的文章看，这个时期的学者研究辛亥革命历史，反映了 1950 年代以来历史学界学习历史唯物主义基本原理的成果，历史学者力图用阶级分析的方法分析辛亥革命时期的阶级

① 吴玉章：《在辛亥革命学术讨论会上的讲话》，湖北省哲学社会科学学会联合会编《辛亥革命五十周年纪念论文集》上册，中华书局，1962，第 1 页。

关系，说明辛亥革命发生时的历史背景。一般而言，那时候的学者运用唯物史观研究历史还是比较初步的，对辛亥革命具体历史问题研究的深度也是不够的。收集在上述论文集中的刘大年著《辛亥革命与反满问题》，是一篇运用阶级斗争观点分析反满问题的较有说服力的论文。这篇论文指出了中国的辛亥革命与欧洲的英法资产阶级革命和普鲁士革命的区别，有它自己的面貌和特点，说明了反满从来不是一个独立的运动，它在不同的时期里服从不同阶级的利益。在清初至19世纪初，它从属于地主阶级内部斗争；在19世纪内，由于地主阶级与农民阶级的矛盾尖锐化，这时候的反满成了农民号召群众的旗帜；辛亥革命时期的反满则从属于资产阶级民主革命。作者既不同意把辛亥革命看作汉族反对满族的国内民族革命，也不同意那种回避资产阶级民主革命与反满关系的简单化看法①。

1981年10月召开的武汉辛亥革命学术讨论会，距离上次会议有20年。学者们怀着对辛亥革命研究的极大热情赴会，仅国内学者提交的论文就有81篇，涉及了辛亥革命历史的诸多方面，有讨论辛亥革命历史基本认识问题的，有讨论辛亥革命时期资产阶级及其各派系的，有讨论辛亥革命与中国近代社会演化与资本主义发展的，有讨论辛亥革命与农民、会党关系的，有讨论辛亥革命与留日学生、与妇女运动、与华侨关系的，有讨论辛亥革命与群众运动、与少数民族关系的，有讨论辛亥革命在各省的开展的，有讨论辛亥革命时期清政府的内外政策的，有讨论辛亥革命前后的报纸、学堂与戏剧的，有讨论辛亥革命时期的历史人物的。在历史人物研究中，对孙中山的研究最多最深入。

本次讨论会提交的论文中，最集中且最有特色的是有关辛亥革命时期的资本主义的发展、资产阶级及其各派系的研究。这和这次讨论会的主题“辛亥革命时期的中国资产阶级”基本上是合拍的。有经济史家论证辛亥革命前中国资本主义的发展，认为辛亥革命的爆发是有深远的历史根源的，从社会经济发展的角度考察，它是在民族资本主义有了初步发展的基础上，反映民族资产阶级愿望的一场革命。但是中国资本主义的发展显然是不充分的，这就决定了在这样薄弱的经济基础上产生和

---

① 参见刘大年《辛亥革命与反满问题》，《辛亥革命五十周年纪念论文集》上册，第188—203页。

成长的民族资产阶级不能不是软弱的①。另一位经济史家论证了在外国资本主义入侵之后，中国资本主义现代企业以及中国资产阶级的产生。他认为，在资本主义入侵之前，中国封建社会已经发展起来具有相当便利和信誉的资金融通机构——钱庄。外国洋行进入，钱庄适应资本主义的需要得以保存和发展。中国原有的封建经济结构从这里发生变动，开始走上半封建半殖民地化的过程。"适应外国资本主义入侵的钱庄，在（十九世纪）七十年代以后的中国资本主义企业中，表现出很大的活力。许多钱庄老板就是洋行买办。他们先是附股于洋行的企业，接着又投资于自办的资本主义企业。"② 总的看来，对资本主义企业较早较多发生联系的是那些开始走上买办化道路的行业和集团。汪敬虞认为，"在中国资本主义的发生时期，大量存在着买办资本向民族资本的转化"。有些论文分别研究了江浙、上海、武汉、广东的资产阶级及其在辛亥革命中的表现。上述地区恰恰是辛亥革命的发源地或者发生辛亥革命高潮的地方。研究这些地区的资产阶级和辛亥革命的关系极有意义。章开沅认为，江浙地区资本主义企业和资产阶级社团的发展，为辛亥革命所创造的新的物质前提并不逊色于他们当年欧美的前辈，但是由于中国资产阶级处在半殖民地的恶劣环境，他们难以取得英法资产阶级革命当年那样辉煌的成就③。丁日初考察了上海资本家阶级的企业活动与社会政治活动，认为上海资本家明显地具有独立的阶级意识，并逐步开展了社会活动和政治活动，说明上海资本家阶级积极参与辛亥革命的经济基础与政治基础。通过研究，丁日初认为，把资本家阶级的不同阶层作为划分立宪派与革命派的唯一决定因素，是简单化的公式，"实际上决定一个资本家在某一时期采取革命还是改良的政治立场，经济地位不是唯一的因素，除此之外，同各派政治势力的力量对比、客观的革命形势、他所接受的思想影响以及他个人的政治气质，都有关系"④。皮明

① 张国辉：《辛亥革命前中国资本主义的发展》，中华书局编辑部编《纪念辛亥革命七十周年学术讨论会论文集》上册，中华书局，1983，第217页。

② 汪敬虞：《试论中国资产阶级的产生》，《纪念辛亥革命七十周年学术讨论会论文集》上册，第229—230页。

③ 章开沅：《辛亥革命与江浙资产阶级》，《纪念辛亥革命七十周年学术讨论会论文集》上册，第260页。

④ 丁日初：《辛亥革命前的上海资本家阶级》，《纪念辛亥革命七十周年学术讨论会论文集》上册，第321页。

庥研究了武汉民族资产阶级建立的商会和商团及其社会、政治作用，认为武汉民族资产阶级组织的商会、商团与革命派、立宪派发生过多角的复杂联系。在辛亥首义之前，商会主导的方面是和立宪派发生联系；武昌首义之后，商会、商团则在政治上转向支持革命[①]。邱捷考察了广东商人，认为辛亥革命前的广东商人，一部分已是比较严格意义的商业或金融业资产阶级了，多数商人的利益也与整个民族资产阶级的盛衰一致。广东商人表现了很明显的民族资产阶级的阶级意识。资产阶级革命派和立宪派在广东都有积极的活动。但是在武昌起义前，广东商人出于维护自己财产和经营商业的考虑，对任何社会动乱都怀有恐惧。当革命条件已经成熟，尤其是在武昌起义后，广东商人还是迅速做出了拥护共和的抉择。广东独立后，商人在政治上和经济上都曾给予组成广东军政府的革命党以支持[②]。

资产阶级研究中的一大特色，是对资产阶级立宪派的研究。至少有五篇文章专门探讨了辛亥革命时期的立宪派[③]。正如黎澍指出的："过去我们赞许革命派，不适当地贬低了维新派。因为他们主张君主立宪而不是彻底推翻清朝统治，斥之为乞求点滴改良，这是不对的。从封建制度到资本主义制度的变革，有用暴力手段实现的，如法国 1789 年的大革命；也有由封建统治者以图存为目的，通过自上而下的改造实现的，如日本的明治维新。……所以不能认为只有一种手段是有效的。从中国当时的具体历史条件看，应当承认，维新派和革命派都是资产阶级的勇敢的先驱。"[④]现在，这个观点已经被中国学术界普遍接受了。

可以这样认为：关于资产阶级和资产阶级革命派、立宪派的研究，是 1981 年 10 月武汉辛亥革命讨论会的最大收获。

---

① 皮明庥：《武昌首义中的武汉商会、商团》，《纪念辛亥革命七十周年学术讨论会论文集》上册，第 337 页。

② 邱捷：《广东商人与辛亥革命》，《纪念辛亥革命七十周年学术讨论会论文集》上册，第 385 页。

③ 这五篇文章是：林增平《评辛亥革命时期的立宪派》，何玉畴《立宪派与粤汉路权的收回自办斗争》，耿云志《清末资产阶级立宪派与谘议局》，王来棣《立宪派的"和平独立"与辛亥革命》，杨天石、王学庄《汤化龙密电辨讹》。

④ 黎澍：《辛亥革命几个问题的再认识》，《纪念辛亥革命七十周年学术讨论会论文集》上册，第 102—103 页。

1991 年 10 月，武汉再次举行了辛亥革命学术讨论会。这次讨论会的主题被确定为“辛亥革命与近代中国”。确定这样的主题，用意是明显的，正如金冲及所说：“希望学者们用更广阔的视野，把 1911 年发生的这场大革命放在近代中国社会的整个背景下，放在近代中国历史的发展过程中加以考察和研究。因为不了解整个近代中国，很难深刻地了解辛亥革命；而不深刻地了解辛亥革命，也很难全面了解近代中国。”① 经过上一次辛亥革命研究热潮以后，学者们研究辛亥革命的热情仍然很高。对辛亥革命前夕中国社会背景的研究，从广泛的角度研究辛亥革命前后的中国社会状况，是这次讨论会的重大收获。如对帝国主义列强侵略造成中国传统社会解体的研究，对辛亥革命前严重灾荒和人口流散、死亡的研究，对游民社会形成的研究，都加深了我们对辛亥革命必然爆发的认识。又如对民族资本主义发展、工业化的萌动造成推翻帝制的物质力量的研究，对辛亥革命是产业革命精神和爱国主义相结合的研究，从现代化的视角研究近代工业和近代交通的发展、商业和金融的变化，区域经济发展与辛亥革命的关系，等等，对我们深入认识辛亥革命的经济背景有很大帮助。再如，对处在社会大变动中的知识分子群体的研究，对新军和驻防八旗等武装力量的研究，对清末新政和立宪派作用的研究，都很有意义。这些论文，对于认识辛亥革命前后近代中国社会状况，是有贡献的，是学术上的重要进展。

这次学术讨论会的论文，从学术的角度反映了时代的进步。研究领域大大拓宽了，研究方法也多样化了。这些反映在社会史的研究方法上，也反映在现代化的研究视角上。即使是分析辛亥革命的阶级基础，也避免了以往过于简单化的做法。例如青年学者郭世佑对辛亥革命阶级基础的再认识，抛弃了以往将辛亥革命的阶级基础定位于资产阶级中下层的陈旧认识，认为资产阶级充当了辛亥革命的阶级基础。作者认定：“一、革命党人是资产阶级的政治代言人，他们的思想和纲领是资产阶级的革命思想和纲领，他们的阶级属性是资产阶级。二、作为资产阶级主体的和实体的资本家对辛亥革命从头到尾都支持得很不够，辛亥革命

① 金冲及：《在纪念辛亥革命 80 周年国际学术讨论会上的发言》，中华书局编辑部编《辛亥革命与近代中国——纪念辛亥革命 80 周年国际学术讨论会论文集》上册，中华书局，1994，第 6 页。

的阶级基础显得很薄弱。”①这样认识比较从前要深刻而有说服力了。

2001 年是辛亥革命 90 周年，武汉举行了第四次辛亥革命的国际学术讨论会。这次讨论会的主题是“辛亥革命与 20 世纪的中国”。会议收到了论文 102 篇，其中中国大陆学者提供论文 65 篇。从中国大陆学者提供的论文看，此次会议讨论辛亥革命本身的文章极少。这说明有关辛亥革命自身历史的研究，已经难有新的材料发掘，讲不出多少新鲜语言。学者们的眼光集中在：一、从清政府方面观察辛亥革命的发生，如关于谘议局联合会的研究，关于请愿速开国会运动与督抚关系研究，关于满汉畛域研究，关于袁世凯与清中央政府关系研究，关于中央与地方权力关系的研究，关于清末禁烟问题的研究，关于辛亥革命前产业民营化的研究，等等；二、从现代化的研究视角评价辛亥革命，分析辛亥革命后社会经济的发展与变迁；三、对辛亥革命时期历史人物的分析与评价。

从清政府方面观察辛亥革命的发生，两位青年学者的研究值得注意。广州的一位青年学者，研究 1910 年 9 月、10 月立宪派发动第三次速开国会请愿运动期间各省督抚的态度，发现绝大多数督抚曾经联衔电奏请速开国会内阁。因为他们对载沣为首的少壮派权贵加紧中央集权步伐，侵犯了其既得权益，很是不满。但是最高统治者没有答应立宪派和督抚的要求。这不但使立宪派远离清朝而去，也使得督抚对朝廷的离心力大大加强。武昌起义爆发后，不少地方督抚对革命的发展持观望态度，有的甚至倒戈反正，无疑加速了清政府的灭亡②。有来自山东的青年学者探讨清末禁烟，认为禁烟在清末新政中虽是一项“善政”，取得了一定成效，却引起了严重的社会不满：其一，禁烟导致了烟农、烟商对清政府的不满；其二，为抵补洋土药收入加征新捐税，激化了民众与清政府的矛盾；其三，禁烟断饷使练兵新政失控，等于变相促使新军参加辛亥革命；其四，禁烟令各省财政支绌，加剧了地方对清廷的离心力；其五，禁烟使官僚政治体系的新陈代谢失去财政支持；其六，禁烟削弱了清政府偿付外债及赔款的能力，使之丧失了列强的信任与扶持。

① 郭世佑：《辛亥革命阶级基础的再认识》，《辛亥革命与近代中国——纪念辛亥革命 80 周年国际学术讨论会论文集》上册，第 279 页。

② 李振武：《督抚与请愿速开国会运动》，纪念辛亥革命九十周年国际学术讨论会论文，武汉。

作者的结论是，清政府禁烟新政搞得越好，清王朝覆灭就越快[①]。还有一位学者研究辛亥革命前中国产业民营化的途径，认为“官督商办”体制在甲午战争后走向没落，促进中国新式产业进入民营化时期，以张謇为代表的新式产业民营化主流，成为中国资本主义发展的标志；以盛宣怀为代表的旧的官办、官商合办企业化公为私，转化为民营，是产业民营化的支流。清末中国产业民营化的两条途径的研究，可以从企业制度层面增加对辛亥革命前中国资本主义发展及中国资产阶级组成特点的一些认识[②]。

半个世纪以来，中国对辛亥革命的纪念与评价，始终分为政治层面和学术层面。政治层面的纪念与评价，主要表明国家的高层领导对辛亥革命这样一个发生在近代中国、推动了历史前进的伟大事件的尊重与肯定，在于对人民大众进行历史主义、爱国主义教育，在于强调中国共产党人是辛亥革命事业的继承者、是孙中山事业的继承者，在于建立起与台湾的当政者对话和沟通的渠道，同时也是为了与热爱祖国的海外华侨、华人建立一种比较容易沟通的对话渠道，为促进社会主义现代化建设服务，为祖国的和平统一服务。因此，政治层面的纪念与评价是一种政治行为。

学术层面的纪念与评价，主要是借纪念机会，推动辛亥革命这一历史事件的学术研究。这一点，早在1961年10月武汉会议时，吴玉章就讲清楚了。事实上这是学术界通常的做法，中外都有这种情形。这种做法，在中国，大概是从1961年开始的。从1961年开始，中国历史学界借纪念辛亥革命的机会推动辛亥革命的学术研究，取得了很大的成绩。会议上的收获是重要的，更重要的是会议后，全国各地学者发表了大量有关辛亥革命的学术论文，全国各地出版社出版了大量有关辛亥革命的学术著作。据不完全统计，1981—2000年的二十年间出版有关辛亥革命的历史图书超过350种[③]；发表文章，1979—1989年的十年，约有

---

① 田海林、张志勇：《禁烟新政与清王朝的覆亡》，纪念辛亥革命九十周年国际学术讨论会论文，武汉。

② 陈争平：《试论辛亥革命前中国产业民营化的两条途径——以盛宣怀、张謇的企业活动为案例》，纪念辛亥革命九十周年国际学术讨论会论文，武汉。

③ 陈铮：《近二十年辛亥革命史研究著作和资料出版概述》，纪念辛亥革命九十周年国际学术讨论会论文，武汉。

5300篇，为1949—1978年的十倍[①]，1990—1999年的十年，约有4400篇，这个数字比上个十年有所下降[②]。辛亥革命历史的研究，被公认为中国学术界的显学。借辛亥革命纪念的机会推动辛亥革命历史研究的成效是显而易见的，辛亥革命研究所取得的学术成就也是不可低估的。我们现在对辛亥革命时期的历史状况和经济社会发展，对革命派的政治主张、思想路线和革命行动，对立宪派的政治主张、思想路线和立宪运动，对清政府的改革举措及其对革命派、立宪派的对策，对这一时期的中外关系，等等方面的认识，比以往任何时候都更清楚、更接近真实了；我们对辛亥革命历史作用的认识比以往任何时候都更冷静、更客观了。

如果问：政治层面的纪念与评价，与学术层面的纪念与评价有什么关系呢？应当说有一定的内在联系。政治层面的纪念与评价是一种政治需要，同时也指示了学术纪念与评价所须遵循的一定的政治方向。中国历史学界有关辛亥革命的评价的主流，是基本遵循政治评价的方向的。贬低辛亥革命的历史意义，否定辛亥革命的历史必然性和必要性，在学术界也是存在的，这当然有学术研究的自由，但不是学术界的主流。辛亥革命的学术研究在这种政治方向指导下，有了丰硕的收获，是明显的事实。但是，辛亥革命的学术研究，并不等于辛亥革命的政治需要，本文的研究与叙述，已经明显地表明了这种区别。辛亥革命纪念的学术意义在于，纪念活动极大地推进了辛亥革命研究的学术水平。这个提高，是在辛亥革命的政治纪念的前提下得来的。

2001年11月18日完稿于北京东厂胡同一号

---

① 章开沅：《辛亥革命史》，曾业英主编《五十年来的中国近代史研究》，上海书店出版社，2000，第543页。

② 严昌洪：《20世纪90年代中国大陆辛亥革命研究综述》，纪念辛亥革命九十周年国际学术讨论会论文，武汉。

50 年来中国大陆对辛亥革命的纪念与评价*

2001 年 1 月，我给台北举行的第四届孙中山与近代中国学术讨论会提交了一篇论文，题为《50 年来中国大陆对孙中山的纪念与评价》，简要回顾了新中国建立以来，党和国家最高层对中国民主革命的先行者孙中山每逢十年一次的重大纪念活动，以及党和国家领导人对孙中山的评价。说到孙中山不可不说到辛亥革命。所以，那篇文章提到，对孙中山的生辰和忌辰的纪念，50 年来共举行了 10 次，加上对辛亥革命的 3 次纪念，总共 13 次。这些纪念活动都是党和国家最高层举行的，所以文章讨论的范围不包括各地方举行的纪念活动，也不包括学术界举行的各种形式的学术讨论（包括带有纪念性质的学术讨论）。那篇文章是从孙中山的角度立意的，现在想来，意犹未尽。值此辛亥革命 90 周年纪念到来之际，有必要对 50 年来党和国家最高层纪念辛亥革命的活动情况做一个小结。

新中国建立以后有关辛亥革命的逢十纪念日，在 50 年内有 5 次：1951 年 10 月、1961 年 10 月、1971 年 10 月、1981 年 10 月、1991 年 10 月。但是，1951 年 10 月的纪念活动未能举行，这是因为新中国建立未久，旧中国遗留下来的百孔千疮的社会经济局面，正值百废待举之际，预计三年的经济恢复工作正在紧张进行之中；3.1 亿人口的新解放区的土地改革运动主要在 1951 年进行；国家政权的巩固工作，不容轻忽，

---

* 本文是为中国史学会、湖北省社联在武汉主办的纪念辛亥革命 90 周年国际学术讨论会而作的。原载《当代中国史研究》2001 年第 6 期；转载于人民大学报刊复印资料《中国近代史》2002 年第 3 期；收入中国史学会编《辛亥革命与 20 世纪的中国》下册，中央文献出版社，2002，第 2165—2181 页。

对退踞台湾的蒋介石国民党残余集团的斗争仍在弦上。由于 1950 年秋季美军在朝鲜仁川登陆，国内各地隐藏的反革命分子气焰嚣张地进行各种破坏活动，国家政权的巩固受到威胁。1950 年 10 月 10 日，党中央向全国发出了《关于镇压反革命活动的指示》，1951 年全国各地开展大规模镇压反革命运动，对巩固新生政权起到了重要作用。由朝鲜战争所代表的美国帝国主义组织的对新中国的半月形包围圈已经形成，中朝人民军队与以美国为首的联合国军在“三八线”以北鏖战正酣，虽然已经迫使美国宣布愿意坐到谈判桌上来，但 1951 年 8—11 月，美军又在“三八线”以北发动了夏秋季攻势，谈判和战争同时在紧张进行之中。毛泽东和中央军委估计到台湾国民党军配合美军在朝鲜的攻势反攻大陆的可能性，为此做出了各种必要的部署。在这样的环境之下，人民共和国的领导者们当然没有心情和可能来举行辛亥革命 40 周年的纪念活动。就当时的海峡两岸关系的现实来说，10 月 10 日的纪念恐怕在政治上也会有相当的敏感性。因此，1951 年 10 月的纪念活动没有举行是完全可以理解的。

不过几年，国家政权巩固了，国民经济恢复了，新中国的政治、经济、文化、社会状况都达到了中华人民共和国建立以来最好的时期。这时候，孙中山先生的生辰和忌辰相继到来。1955 年 3 月 12 日，是孙中山先生逝世 30 周年。中国共产党机关报《人民日报》于当天头版发表重要社论《纪念伟大的民主主义革命家——孙中山》。前一天下午，中国人民政治协商会议全国委员会在北京中南海怀仁堂举行了有 1000 多人参加的孙中山先生逝世 30 周年纪念大会，政协主席周恩来主持会议，政协副主席董必武、中国国民党革命委员会主席李济深以及孙中山的生前友好彭泽民在大会上讲话，政协副主席郭沫若、彭真、沈钧儒、黄炎培、何香凝、陈叔通、章伯钧等，全国人民代表大会常务委员会委员长刘少奇、副委员长林伯渠、达赖喇嘛·丹增嘉措等，以及中共和各民主党派的负责人出席了会议①。

1956 年 11 月 12 日，是孙中山先生诞辰 90 周年。此前，北京组成了孙中山先生诞辰 90 周年纪念大会筹备委员会，筹备委员会决定，诞辰日那天，全国各大城市和省会、自治区首府所在地要普遍举行纪念大

① 相关报道见《人民日报》1955 年 3 月 12 日，第 1 版。

会。国务院通知，诞辰日，全国各省会、自治区首府直辖市以及拉萨等地均悬挂国旗，以示纪念[①]。11 月 11 日，北京举行极其隆重的纪念大会，大会宣布了毛泽东、卫立煌、邓小平、叶剑英、龙云、刘少奇、李书城、沈钧儒、陈云、陈叔通、周恩来、张奚若、张难先、程潜、董必武、熊克武等 78 人组成的大会主席团名单。大会还邀请华侨和港澳同胞 40 多人、30 多个国家的 160 多位来宾出席大会。政协主席、国务院总理周恩来主持会议，中共中央政治局委员林伯渠，中国国民党革命委员会主席李济深、副主席何香凝以及各国来宾先后讲话[②]。12 日，以朱德为团长、李济深为副团长的中央谒陵代表团晋谒了南京中山陵[③]；同日，周恩来、何香凝等一行 600 人参谒了香山碧云寺中山纪念堂[④]。在这一天，毛泽东发表了专文《纪念孙中山先生》[⑤]。

应该说，纪念孙中山先生，其最重要的内容之一，就是纪念辛亥革命。1955 年、1956 年对孙中山先生忌辰和生辰的纪念，在某种意义上说，是对 1951 年 10 月未能举行的辛亥革命 40 周年纪念的补充。

第一次正式举行大规模纪念辛亥革命活动是在 1961 年。这一年 10 月是辛亥革命 50 周年。1961 年 9 月 15 日，中国人民政治协商会议全国委员会常务委员会第 21 次会议决定隆重纪念具有伟大历史意义的辛亥革命 50 周年，决定成立辛亥革命 50 周年纪念筹备委员会，由国家副主席、中共中央政治局委员、辛亥革命元老董必武任主任委员，宋庆龄、吴玉章、何香凝、沈钧儒、李维汉、程潜、黄炎培、班禅额尔德尼·确吉坚赞、包尔汉、郭沫若、陈叔通、张奚若、马叙伦任副主任委员，邵力子任秘书长[⑥]。我们看这个名单，可以发现绝大多数是亲身参与过辛亥革命的人士。10 月 9 日，北京各界 1 万多人在人民大会堂隆重举行纪念大会，首都各界人士、海外华侨、各地参加过辛亥革命的老人以及在北京访问的各国外宾和驻华使节参加会议。国家主席刘少奇和各方面领

---

① 相关报道见《光明日报》1956 年 11 月 11 日，第 1 版。

② 《首都隆重举行孙中山先生诞辰九十周年纪念大会》，《光明日报》1956 年 11 月 12 日，第 1 版。

③ 《中央谒陵代表团在南京晋谒中山陵》，《光明日报》1956 年 11 月 13 日，第 1 版。

④ 《首都各界人士参谒碧云寺中山纪念堂》，《光明日报》1956 年 11 月 13 日，第 1 版。

⑤ 毛泽东：《纪念孙中山先生》，《人民日报》1956 年 11 月 12 日，第 1 版。

⑥ 《政协全国委员会常委会议做出决定：隆重纪念辛亥革命五十周年》，《光明日报》1961 年 9 月 16 日，头版头条报道。

导人出席了会议。政协主席周恩来主持会议。大会执行主席 21 人，他们是：周恩来、宋庆龄、董必武、朱德、何香凝、沈钧儒、郭沫若、黄炎培、彭真、陈毅、李维汉、程潜、陈叔通、赛福鼎、班禅额尔德尼·确吉坚赞、林枫、包尔汉、帕巴拉·格列朗杰、阿沛·阿旺晋美、吴玉章、张奚若。周恩来致了开会词，董必武、何香凝发表了长篇讲话[①]。会后，董必武副主席宴请了各地来京的辛亥革命老人，政协主席周恩来以及全国人民代表大会常务委员会副委员长沈钧儒、何香凝、黄炎培、李维汉、陈叔通、程潜、班禅额尔德尼·确吉坚赞，政协全国委员会副主席包尔汉，国防委员会副主席张治中等领导人出席了宴会[②]。此前的 10 月 7 日，辛亥革命 50 周年纪念筹委会邀请各地来京的辛亥革命老人座谈，筹委会主任董必武，副主任吴玉章、张奚若，筹委会秘书长邵力子出席了座谈会，表示了对辛亥革命老人的热情关怀和礼敬。出席会议的老人共 48 位，其中有担任武昌工程八营共进会总代表、在武昌首义中打响第一枪的熊秉坤，辛亥革命时担任秦陇复汉军炮兵司令的朱叙五，参加过黄花岗和辛亥首义诸役、曾任沪军司令的黄一欧（黄兴的儿子），担任过广州护国军旅长和广州西路军军长的伍毓瑞等[③]。10 月 8 日，民革中央约请辛亥革命老人举行了谈话会，称颂了辛亥革命的伟大历史意义[④]。此外，各省、自治区、直辖市也都成立了纪念辛亥革命 50 周年筹备委员会，10 月 10 日各地首府也都举行了隆重纪念会。[⑤]

辛亥革命 60 周年正是 1971 年 10 月。这是“文化大革命”的紧张岁月。9 月 13 日，当时的副统帅林彪发现自己的反党阴谋败露，仓皇乘飞机出逃，摔死在蒙古人民共和国的温都尔汗。这可以说是“文化大革命”中最重要的政治事件，对全党全国人民的政治生活产生了重大影响，政情高度紧张，当然没有可能举行一次与当前政治没有直接关系的历史事件的纪念。

第二次举行大规模辛亥革命纪念活动是 1981 年。这是辛亥革命 70

---

① 《首都万人集会隆重纪念辛亥革命五十周年》，《光明日报》1961 年 10 月 10 日，头版。

② 《董副主席宴请各地来京的辛亥革命老人》，《光明日报》1961 年 10 月 10 日，头版。

③ 报道见《光明日报》1961 年 10 月 8 日，第 1 版。

④ 报道见《光明日报》1961 年 10 月 9 日，第 1 版。

⑤ 《隆重纪念辛亥革命五十周年　武汉西安成都等城市人民举行集会》，《光明日报》1961 年 10 月 11 日，第 1 版。

周年。“文化大革命”已经结束。全国进入改革开放、全面建设社会主义现代化的历史新时期。1981 年 10 月 9 日，北京各界 1 万多人在人民大会堂集会纪念辛亥革命 70 周年，大会筹委会主任委员叶剑英，筹委会副主任委员邓小平、胡耀邦、赵紫阳、邓颖超、韦国清、彭冲、廖承志、许德珩、胡厥文、史良、班禅额尔德尼·确吉坚赞、刘澜涛、康克清、周建人、庄希泉、胡子昂、王昆仑以及筹委会秘书长屈武作为大会执行主席在主席台就座，党和国家领导人华国锋、彭真、王震、方毅、余秋里、耿飚、倪志福、陈慕华、赛福鼎、万里、习仲勋、王任重、谷牧、宋任穷、杨得志、姚依林、李井泉、萧劲光、杨尚昆、康世恩、薄一波、张爱萍、黄华等，全国政协的各位副主席陆定一、李维汉、王首道、荣毅仁、胡愈之、何长工、萧克、程子华、杨秀峰、包尔汉、周培源、钱昌照等出席了会议，大会还邀请了参加过辛亥革命和在孙中山先生身边工作过的人、孙中山和黄兴的亲属、华侨和港澳同胞、外国友人等出席会议。叶剑英作为中共中央副主席、全国人大常委会委员长、大会筹备委员会主任委员主持了会议，中共中央主席胡耀邦在会上做了主题报告，民革中央副主席屈武、中国民主建国会中央委员会主任委员胡厥文、从美国专程来京出席纪念大会的原国民党高级将领李默庵、政协常务委员缪云台先后讲话①。10 月 9 日，《人民日报》在头版头条发表了社论《统一祖国　振兴中华——纪念辛亥革命七十周年》。10 月 8 日，中共中央政治局委员、全国人大常委会副委员长邓颖超，全国人大常委会副委员长廖承志会见了孙中山、黄兴、蔡元培的亲属②。10 月 10 日，中共中央副主席李先念在武汉出席了湖北各界纪念辛亥革命 70 周年大会，全国各省省会、自治区首府、直辖市也都举行了纪念大会③。

第三次举行大规模辛亥革命纪念活动是 1991 年。10 月 9 日，北京各界 5000 多人在奥林匹克中心体育馆隆重集会纪念辛亥革命 80 周年。中共中央总书记江泽民，国家主席杨尚昆，全国人大常委会委员长万里，国务院总理李鹏，中共中央政治局常委乔石、宋平、李瑞环，中共

---

① 《首都举行万人大会隆重纪念辛亥革命七十周年》，《光明日报》1981 年 10 月 10 日，第 1 版；《参加辛亥革命七十周年纪念大会的各界人士名单》，《光明日报》1981 年 10 月 10 日，第 2 版。

② 相关报道见《人民日报》1981 年 10 月 9 日，第 1 版。

③ 《各地隆重纪念辛亥革命七十周年》，《人民日报》1981 年 10 月 11 日，第 1 版。

中央政治局、中央顾问委员会、全国人大、全国政协、各民主党派中央有关方面负责人，以及无党派民主人士代表、辛亥革命老人、华侨和台港澳同胞、孙中山先生和黄兴先生的亲属等出席了会议。全国政协副主席王任重主持大会。国家主席杨尚昆发表了主题报告，民革中央名誉主席屈武讲话①。同日，江泽民、杨尚昆、李鹏、万里等领导人会见了出席辛亥革命 80 周年的台、港、澳同胞和海外人士（其中有孙中山和黄兴的亲属）②。10 月 10 日的《人民日报》在第 1 版发表社论《继往开来 振兴中华——纪念辛亥革命 80 周年》。此前，在 10 月 8 日，全国政协还举行了纪念辛亥革命的茶话会，党和国家领导人、全国政协各位副主席、各民主党派和全国工商联负责人、无党派民主人士、参加辛亥革命的老人、台港澳同胞和国际友人 400 多人出席了会议③。

以上可见，新中国建立 50 年来，除了 1951 年、1971 年有特殊的历史背景以外，凡是辛亥革命和孙中山的生辰、忌辰的逢十纪念，党和国家都是以最高规格举行纪念大会。这样的大会总共进行了 13 次。所谓最高规格，是指党和国家的最高领导人或者全部出席，或者大部分出席；党和国家主要领导人发表重要讲话，《人民日报》发表专题社论。各省、自治区、直辖市的主要领导人都要在当地的纪念大会上讲话。这就是说，每逢十年一次举行的纪念辛亥革命或者孙中山的活动，成为全国重要的政治活动，是全国政治生活中的大事。像这样 50 年一贯进行的政治生活中的大事，只有中华人民共和国国庆、中国共产党生日可以与之相比拟。

最近十年来，以江泽民同志为核心的党中央同样重视对辛亥革命和孙中山的评价。1997 年 9 月，不是辛亥革命，也不是孙中山的逢十纪念，但是在中国共产党第十五次全国代表大会的报告中，江泽民同志回顾了 20 世纪内中国人民所经历的三次历史性的巨大变化，指出第一次历史性巨大变化就是辛亥革命，说辛亥革命“推翻统治中国几千年的君主专制制度。这是孙中山领导的。他首先喊出‘振兴中华’的口号，开创了完全意义上的近代民族民主革命。辛亥革命未能改变旧中国的社会性质和人民的悲惨境遇，但为中国的进步打开了闸门，使反动统治秩

① 《首都隆重集会纪念辛亥革命八十周年》，《人民日报》1991 年 10 月 10 日，第 1 版。

② 相关报道见《光明日报》1991 年 10 月 10 日，第 1 版。

③ 《全国政协举行纪念辛亥革命茶话会》，《人民日报》1991 年 10 月 9 日，第 1 版。

序再也无法稳定下来”。[①]

今年是21世纪的第一年，恰逢我们党成立80周年和辛亥革命90周年。党和国家在7月隆重纪念了中国共产党80周年，还将在10月隆重纪念辛亥革命90周年。

为什么党和国家这样重视纪念辛亥革命呢？这是由共产党人的历史观决定的。马克思主义的唯物史观是共产党人观察历史发展进程的指导思想。正是依据这一思想，确认辛亥革命是近代中国历史前进的代表性事件。毛泽东说过，“中国反帝反封建的资产阶级民主革命，正规地说起来，是从孙中山先生开始的”[②]，辛亥革命则是在比较完全的意义上开始了的资产阶级民主革命，“辛亥革命是革帝国主义的命”[③]。毛泽东多次论述过辛亥革命推动中国历史进步的意义。1949年9月他在政治协商会议第一次全体会议上说：“一百多年以来，我们的先人以不屈不挠的斗争反对内外压迫者，从来没有停止过，其中包括伟大的中国革命先行者孙中山先生所领导的辛亥革命在内。”[④] 毛泽东在1956年孙中山诞辰时发表《纪念孙中山先生》一文，特别指出孙中山值得纪念之处在于三方面：他在中国民主革命的准备时期，以鲜明的中国革命民主派立场，同中国改良派作了尖锐的斗争，他在这一场斗争中是中国革命民主派的旗帜；他在辛亥革命时期，领导人民推翻帝制、建立共和国的丰功伟绩；他在第一次国共合作时期，把旧三民主义发展为新三民主义的丰功伟绩[⑤]。这里说的前两方面，就与辛亥革命直接相关。周恩来在纪念辛亥革命50周年大会上肯定了辛亥革命的伟大历史意义，指出：“辛亥革命，推翻了清朝统治，结束了我国二千多年来的君主专制制度，使人们在精神上获得了空前的大解放，为以后革命的发展开辟了道路。这是一个伟大的胜利。”他说：“辛亥革命，是中国资产阶级领导的一次旧式的民主革命。这次革命是不彻底的，它没有完成反对帝国主义和反

---

① 《高举邓小平理论伟大旗帜，把建设有中国特色社会主义事业全面推向二十一世纪——在中国共产党第十五次全国代表大会上的报告》，《人民日报》1997年9月22日，第1版。

② 《青年运动的方向》，《毛泽东选集》合订本，人民出版社，1964，第551页。

③ 《唯心历史观的破产》，《毛泽东选集》合订本，第1517页。

④ 《中国人民政协第一届会议上毛主席开幕词》，《人民日报》1949年9月22日；《毛泽东著作选读》下册，人民出版社，1986，第691页。

⑤ 毛泽东：《纪念孙中山先生》，《光明日报》1956年11月12日，第1版。

对封建主义的革命任务……我们感到高兴的是，我们不仅完成了辛亥革命的英雄们未完成的事业，实现了一百多年来中国许多仁人志士梦寐以求的伟大理想，而且已经使我们这样一个六亿五千万人口的伟大国家，走上了社会主义发展的康庄大道。"① 董必武在这次纪念大会上也指出："辛亥革命在近代中国人民解放斗争的长期历史中，占有一个重要的地位。辛亥革命虽然没有取得真正的胜利，但它提供了十分可贵的经验，使得中国人民有可能进一步找到彻底解放的正确道路。"②

毛泽东、周恩来、董必武关于辛亥革命的历史意义的评价，把中国共产党人纪念辛亥革命的历史的和现实的缘由都讲清楚了。这基本上成为此后纪念辛亥革命的基调。1981 年 10 月胡耀邦在纪念辛亥革命 70 周年大会上讲话，进一步指出："辛亥革命违反帝国主义列强的意愿，推翻了他们所支持的清朝政府，这就在近代史上第一次证明了中国的命运毕竟不是帝国主义所能任意支配的"，"我们共产党人和全国各族人民，都把新民主主义和社会主义的胜利看做辛亥革命的继续和发展，对于领导辛亥革命的孙中山先生和他的同志们抱着崇高的敬意"。③ 《人民日报》10 月 9 日发表社论说："半个多世纪的历史证明：中国共产党是孙中山先生革命事业的真正的继承者，中华人民共和国是辛亥革命发展的硕果。"④ 1991 年 10 月杨尚昆在纪念辛亥革命 80 周年大会上讲话，特别指出虽然辛亥革命没有使中国真正成为一个独立的民主国家，但是，"它是中国近代史上的一个伟大的里程碑。是在比较完全的意义上开始的反帝反封建的民族民主革命，为以后的一系列历史发展开辟了道路。在中华民族振兴和中国社会发展的进程中，辛亥革命具有不可磨灭的历史功绩"⑤。

肯定辛亥革命的历史意义是纪念辛亥革命的一个理由，但不是唯一

① 周恩来：《开会词》，《光明日报》1961 年 10 月 10 日，第 1 版。

② 董必武：《在辛亥革命五十周年纪念大会上的讲话》，《光明日报》1961 年 10 月 10 日，第 2 版。

③ 胡耀邦：《在首都各界纪念辛亥革命七十周年大会上的讲话》，《人民日报》1981 年 10 月 10 日，第 1 版。

④ 社论：《统一祖国　振兴中华——纪念辛亥革命七十周年》，《人民日报》1981 年 10 月 9 日，第 1 版头条。

⑤ 杨尚昆：《在纪念辛亥革命八十周年大会上的讲话》，《人民日报》1991 年 10 月 10 日，第 1 版。

的理由。如果是唯一的理由，那就把辛亥革命当作历史上一般的起过进步作用的事件了。辛亥革命的英雄们为了推翻清朝反动、腐朽的统治，而不屈不挠奋斗的革命精神，孙中山为了振兴中华，推进中国现代化的努力，正是新中国在推进社会主义现代化建设中需要借鉴的精神。杨尚昆在讲话中指出："在中华民族振兴和中国社会发展的进程中，辛亥革命具有不可磨灭的历史功绩。今天，生活在我们这个社会主义共和国中的每一个公民，都不应该忘记八十年前资产阶级革命家在推翻封建帝制的斗争中所作出的巨大贡献。"①《人民日报》1991 年的社论说："今天的中国是历史的中国的发展。投身于建设有中国特色社会主义伟大事业的人们，不能忘记历史，尤其不能忘记祖国的近代史、现代史，要善于从近代现代史上灿若群星的民族英雄身上汲取智慧和力量。孙中山先生救国救民，'亟拯斯民于水火，切扶大厦于将倾'的高尚品德，'愈挫愈奋，再接再厉'的坚强意志，追求真理、不断进取的赤子之心，放眼世界、'迎头赶上'的雄心壮志，以及'天下为公'的博大胸怀，可谓万世楷模。孙中山先生这种战斗不息的爱国主义热诚，自强不息的民族自尊心、自信心，永远值得弘扬和光大。"② 1996 年 11 月在纪念孙中山诞辰 130 周年的时候，江泽民在首都纪念大会上讲话，他说："中国共产党人从来就是孙中山革命事业的坚定支持者、合作者和继承者。孙中山先生也把中国共产党人看作自己的好朋友。孙中山先生逝世后，中国共产党人继承他的遗志，团结和领导全国各族人民和一切爱国力量，进行了艰苦卓绝的斗争，付出了巨大牺牲，终于完成了他没有完成的民主革命，并把这个革命发展为社会主义革命，从根本上改变了中华民族的命运，使中国的面貌发生了翻天覆地的变化。我们可以告慰孙中山先生的是，他一生追求的振兴中华的目标，他所憧憬的一个现代化中国的美景，正在一步步地变成活生生的现实，而且在许多方面远远超出了他的设想。"③

---

① 杨尚昆：《在纪念辛亥革命八十周年大会上的讲话》，《人民日报》1991 年 10 月 10 日，第 1 版。

② 社论：《继往开来　振兴中华——纪念辛亥革命八十周年》，《人民日报》1991 年 10 月 10 日，第 1 版。

③ 江泽民：《在孙中山先生诞辰 130 周年纪念大会上的讲话》，《人民日报》1996 年 11 月 13 日，第 1 版。

纪念辛亥革命还有一个现实的理由，也许是最重要的理由，就是实现中华民族的最广泛的大团结，完成祖国统一，建设统一、民主、富强的社会主义祖国。1949 年以来，国家统一问题一直是一个有待完成的大问题。因此，从 20 世纪 50 年代以来，历次纪念辛亥革命和孙中山，祖国统一问题都是纪念活动的主题。在 50—60 年代，在讲到国家统一问题的时候，都要首先联系到反对帝国主义。如 1956 年 11 月周恩来在纪念孙中山诞辰 90 周年大会上的讲话是这样表述的："中国的领土台湾还受着美国的侵略。一切爱国者，一切孙中山先生的忠实信徒，应当共同努力，实现台湾的和平解放。"① 董必武在纪念辛亥革命 50 周年大会上的讲话指出："现在整个中国大陆上的帝国主义势力已经不存在了，但是美帝国主义仍然霸占着我国领土台湾，美国的武装力量不断地侵犯我国的领海、领空。台湾、澎湖、金门、马祖还没有解放，祖国统一的神圣事业还没有最后完成。在纪念辛亥革命五十周年的时候，我们相信，这些地方的爱国同胞，缅怀先烈，一定也和我们一样，对于妨碍祖国统一的美帝国主义感到深切的痛恨。"②

到了 80—90 年代，纪念辛亥革命的最重要、最明确的主题就是祖国统一问题了。胡耀邦在 1981 年的讲话中，开宗明义，一开头就把问题提了出来。他说，辛亥革命"是在中国历史上具有重大意义的一次革命。在今天的形势下，我国大陆的九亿八千万同胞和台湾的一千八百万同胞，共同纪念这个光荣的节日，尤其具有巨大的现实意义"。他在讲话中评价了辛亥革命的伟大历史意义，特别指出，"对于孙中山先生的崇敬和怀念，至今仍然是把中国大陆和台湾联系在一起的强大的精神纽带"。他强调，"要进一步加强全国各族人民的团结，发展壮大全体社会主义劳动者、拥护社会主义的爱国者和拥护祖国统一的爱国者的最广泛的统一战线，调动一切积极因素，同心同德地为把我国建设成为现代化的、高度民主和高度文明的社会主义强国而奋斗"，在目前要实现三大任务：实现四化建设、保卫世界和平、完成统一大业。在分别叙述了实现四化建设和保卫世界和平的任务后，特别以中共中央负责人的身份

---

① 周恩来：《在孙中山先生诞辰九十周年纪念大会上的开会词》，《光明日报》1956 年 11 月 12 日，第 2 版。

② 董必武：《在辛亥革命五十周年纪念大会上的讲话》，《光明日报》1961 年 10 月 10 日，第 2 版。

说明了完成统一大业的任务，呼吁在台湾执政的中国国民党为建设统一的国家实行第三次国共合作。他说，我们如果不解决祖国统一这个难题，让彼此的力量在对峙中互相抵消，“我们将何以上对中山先生和辛亥革命以来的先烈，下对海峡两岸的各界同胞和子孙后代呢?”他告诉台湾同胞，不但孙中山先生的陵墓经过一再修葺，而且奉化茔墓修复一新，庐山美庐保养如故，其他国民党高级官员的老家和亲属都得到妥善安置。他表示邀请蒋经国等台湾当局负责人和台湾各界人士到大陆和故乡看一看①。这次讲话，像九天前叶剑英委员长发表的解决台湾问题的九条方针一样，坦率地、真诚地、深情地表达了中国共产党和全国人民促成祖国统一的诚意，同时也说明了纪念辛亥革命这样的历史事件对于解决现实问题的巨大意义。十年以后，当辛亥革命 80 周年纪念到来的时候，国家主席杨尚昆的讲话，仍然突出了祖国统一问题，他说：“在纪念辛亥革命八十周年的时候，我们为祖国的统一事业未能完全实现而深感不安。实现祖国统一，是中华民族根本利益所在，是全国人民包括台湾同胞、港澳同胞和海外侨胞的共同愿望，也是孙中山先生的遗愿。”杨尚昆在说明了“和平统一、一国两制”的方针是解决祖国统一问题的根本大计以后，对台湾当局坚持“反共拒和”，推行“弹性外交”，实际上搞“两个中国、一中一台”，以及进行分裂国家、分裂民族的活动的“台独”势力进行了严厉谴责，指出主张分裂的人是为列强侵略中国服务。杨尚昆说：“我再一次严正申明：台湾自古就是中国的领土，实现祖国统一是中国的内政，决不允许任何外来势力干涉。对任何把台湾从中国分裂出去的行径，我们决不坐视。”② 《人民日报》社论指出：“共产党和国民党作为对二十世纪中国的命运影响最大的两个政党，理应再度携手，团结一切有志于国家统一的党派、团体和仁人志士，实现祖国的统一大业。辛亥革命是我们共同纪念的日子，孙中山先生是我们共同敬仰的伟人，统一祖国是我们共同盼望的目标，中华强盛是我们共

① 胡耀邦：《在首都各界纪念辛亥革命七十周年大会上的讲话》，《光明日报》1981 年 10 月 10 日，第 1、3 版。

② 杨尚昆：《在纪念辛亥革命八十周年大会上的讲话》，《人民日报》1991 年 10 月 10 日，第 1、4 版。

同奋斗的理想，有什么理由不合作、不统一呢?”[①] 江泽民同志强调了孙中山先生给中华民族和中国人民留下许多宝贵的精神遗产，特别是他的爱国思想、革命意志和进取精神，值得我们永远学习、继承和发扬。他特别指出：孙中山“坚决主张维护国家主权和统一，反对一切分裂祖国的行为，指出‘统一是中国全体国民的希望。能够统一，全国人便享福。不能统一，便要受害’。孙中山先生这种伟大的爱国主义精神和思想，对正在为建设社会主义现代化国家而奋斗的中国人民，对一切有志于实现祖国富强、完成祖国统一的海内外同胞，仍然有着巨大的启迪、教育和鼓舞作用”。[②]

把纪念辛亥革命和祖国统一的现实任务紧密结合起来，和建立中华民族最广泛的爱国统一战线联系起来，这是现实的政治需要，这就是现实的政治。这样我们就理解了为什么纪念辛亥革命、纪念孙中山是全国重要的政治活动，是全国政治生活中的大事。我们也就可以理解 50 年一贯进行的纪念辛亥革命和孙中山这样政治生活中的大事，足以和中华人民共和国国庆、中国共产党生日相比拟了。同时，我们更加理解了，辛亥革命不仅仅是 20 世纪初期中国的一次革命运动，一次重大的政治事件。这样的一次革命运动，这样的一次重大政治事件，以其本身的魅力影响了整个 20 世纪中国的历史进程，积淀了近代以来中华民族的革命传统和文化传统，成为团结和凝聚中华民族力量的一个重要源泉。现在看来，在 21 世纪，纪念辛亥革命，纪念孙中山的活动还要照常举行。即使台湾回到了祖国怀抱，祖国统一实现了，这样的纪念活动也要举行。因为，由辛亥革命所凝固起来的这样的民族精神是永远需要发扬的!

从这个角度看，对辛亥革命历史意义的认识，还要进一步加深。那种否定辛亥革命必要性的说法，是完全没有根据的，是不值一驳的。

2001 年 6 月 13 日完稿于北京东厂胡同一号

8 月 20 日修改

---

① 社论：《继往开来 振兴中华——纪念辛亥革命八十周年》，《人民日报》1991 年 10 月 10 日，第 3 版。

② 江泽民：《在孙中山先生诞辰 130 周年纪念大会上的讲话》，《人民日报》1996 年 11 月 13 日，第 1 版。

试论辛亥革命的历史意义与历史遗产*

辛亥革命的历史意义彪炳史册

辛亥革命是中国历史进入20世纪后发生的一次伟大的革命，是20世纪中国第一个具有重大历史意义的历史事件，还可以说是自秦统一以来中国历史最伟大的一次历史性转折。

在辛亥革命100周年的时候，我们有幸站在21世纪初这个时代的高度，重新审视、观察辛亥革命的历史意义，应该是有价值的。

从历史发展规律来观察，用资产阶级的共和制度来代替封建地主阶级的皇帝专制制度，是历史的巨大进步。辛亥革命的最大意义在于，革命的发生动摇了中国人对两千年来不变的封建专制——皇权统治的崇拜，用武装起义的方式掀倒了皇帝的宝座。中国历史上掀倒皇帝宝座的例子很多，每次掀倒后，又有新的皇帝重新登上那个宝座。一部二十四史，记载了改朝换代、宫廷政变的许多例子。鸦片战争以还虽有改变，大体模式也还是这样：太平天国农民起义，虽然号称建立新天新地新世界，也免不了要登上皇位；戊戌变法也是一场以拥立皇帝为目的的改良运动；义和团反帝爱国运动的旗帜上写的是“扶清灭洋”，既要反对外国侵略，也要拥护皇帝。辛亥革命则不同，不是以拥立新皇帝为目的，而是推倒任何皇帝。皇帝掀倒了，皇帝宝座废除了，人民接受了与中国

---

* 本文为纪念辛亥革命100周年作，提交中国社会科学院、湖北省政府主办“纪念辛亥革命100周年国际学术研讨会”。收入中国社会科学院近代史研究所编《辛亥革命与百年中国》第4册，社会科学文献出版社，2016，第2088—2102页。

传统政治完全不同的共和立宪观念，成立了共和国，从而结束了几千年习惯了对皇帝、宰相、大臣的顶礼膜拜。这个共和国虽然并不令人很满意，但是以后的国家制度，都不能改变共和立宪体制。中华人民共和国的国家体制，也是在这个共和立宪体制的基础上创建的，只是构成国家的主体有别。从此以后，形成了一个新的观念：敢有帝制自为者，天下共击之①。这句话，本是中国同盟会在1906年制定的《革命方略》上的话，中华民国临时政府成立后，广泛见之于报纸和政要的电报。袁世凯称帝，张勋复辟，便是天下共击之的例子。政治鼎革，带来了社会经济、文化发展一系列的变化，带来了对外关系的一系列变化，影响了中国与世界的关系，也影响了中国与周边国家的关系。

以共和制代替帝制，所带来的思想解放是空前的。从制度变革和社会转型的角度说，辛亥革命是近代以来中国历史上最重要的一次思想解放运动。以共和制代替帝制，是中国历史了不起的转折和成就。陈胜在秦末农民起义时说过："王侯将相，宁有种乎！"不过是说，你可以称王称帝，我为什么不可以称王称帝。这句话打开了中国历史发展不同于日本天皇万世一系的局面；换句话说，中国历代的皇帝各姓其姓。辛亥革命开创了这样一个局面，中国人从此抛弃了对皇帝的信仰，不管这个皇帝姓爱新觉罗，还是姓袁，不管是满族皇帝，还是汉族皇帝，都不能存在！抛弃了2000年来对皇帝的信仰，这当然是一次巨大的思想解放！我们至今还在享受着这次思想解放所带来的种种利益。

中华民国临时政府一成立，各种政党组织、群众团体公开成立，纷纷表达各个不同利益集团对时局的意见。这也是辛亥革命带来的一种思想解放。封建时代，中国政治一向反对结党，结党就是对皇帝的不忠，结党就是营私，"党人"往往是政敌攻击对方的有力话柄。其实，家天下就是天下最大的私。不能结党是封建时代的特征。否定了封建皇帝，自然就要肯定结党的正当性。在时代的碰撞、打磨中，有两个政党逐渐成为大众关注的重心。这就是1921年召开第一次全国代表大会后正式成立的中国共产党，1924年召开第一次全国代表大会并加以改组后的中国国民党。国共两党的联合与斗争，成为此后半个世纪影响中国历史进程的基本内容。

---

① 《中国同盟会革命方略》，《孙中山全集》第1卷，中华书局，1981，第297页。

武昌首义后，湖北军政府成立，随即发布文告，宣布“永久建立共和政体，与世界列强并峙于太平洋之上，而共享万国和平之福”[①]。不久就颁布《中华民国鄂州约法》。《鄂州约法》以西方资产阶级三权分立原则构建了近代中国第一个民主共和制政权模式，是中国历史上第一部具有宪法性质的地区性资产阶级民主立法，为以后南京临时政府制定和颁布《中华民国临时约法》提供了范本。《临时约法》贯彻了主权在民、三权分立等近代西方资产阶级共和宪法的基本原则，具有鲜明的资产阶级民主色彩，是中华民国第一部具有宪法性质的国家根本大法。与清末新政时期清政府颁布的具有君主立宪性质的《钦定宪法大纲》相比，《临时约法》具有鲜明的民权宪法性质，人民的民主权利在此得到较为充分的肯定；与湖北军政府颁布的具有宪法性质的地区性民主立法《鄂州约法》相比，《临时约法》则更具全国性意义，内容也更加系统完备。因此，《中华民国临时约法》在中国宪政史上具有特别重要的意义[②]。用宪法代替封建专制，这是共和宪政最大的特点。尽管袁世凯和北洋政府破坏了《临时约法》，法制观念仍为民众所接受。共和国的执政者只能在宪法的范围内活动，这是辛亥革命留给后人的最大遗产。

辛亥革命是以民族革命为起点的革命，孙中山主张的“五族共和”为此后中国的民族平等提供了基础条件。从民族革命角度说，反满是推翻以满族作为统治阶级的少数民族对占人口大多数的汉族等各民族的统治。满族统治中国，不是以满族中的地主阶级作为统治阶级，而是以整个民族作为统治阶级。满族作为一个民族，与其他民族，特别是汉族相比，具有民族优越感，是中国社会的特权阶级。反满，是要反对满族作为统治阶级的特权，不是要反对满族。这种统治特权反映在民族关系上，就是民族不平等。因此，孙中山曾说，民族主义，是要扫除民族的不平等。当然，这个民族不平等，也包括后来他所说的列强对中华民族的不平等。由于辛亥革命的成功，1912 年以后，满族与汉族和其他民族在政治上的不平等取消了。取消民族不平等，是辛亥革命对中国历史的贡献。孙中山在 1912 年元旦就任临时大总统时立即宣布：“国家之

① 《中华民国军政府布告全国文》，辛亥革命武昌起义纪念馆、政协湖北省委员会文史资料研究委员会合编《湖北军政府文献资料汇编》，武汉大学出版社，1986，第 6 页。

② 张海鹏、李细珠：《中国近代通史》第 5 卷，凤凰出版传媒集团·江苏人民出版社，2009，第 550 页。

本，在于人民。合汉、满、蒙、回、藏诸地为一国，即合汉、满、蒙、回、藏诸族为一人，是曰民族之统一。”① 这就是“五族共和”的主张。五族共和是以取消民族不平等为先决条件的。随着五族共和主张的提出，就是中华民族新概念的出现。中华民族的概念规定了中国境内各民族是一律平等的。民族平等，是孙中山民族主义的核心观念。用中华民族概括中国境内各民族的总和，最为恰当，没有厚此薄彼之嫌。使用这个称呼，为中国各民族消除大汉族主义、地方民族主义，为统一的多民族国家的建立提供了丰厚的理论基础。中华民族概念的提出，在中国历史上有非常积极的意义。民国成立以来，中华民族这个称呼为全国各民族人民所接受。民族平等和中华民族，是辛亥革命留给现代中国人的珍贵遗产。

孙中山就任临时大总统，自称人民公仆，从而确认人民为本位。这对于中国阶级社会以来的官场政治，是一大革命。1911 年 12 月 29 日，孙中山为感谢各省代表选举他为临时大总统，在致各省都督电中称“今日代表选举，乃认文为公仆”②。把大总统等同于人民的仆人，体现了人民至上的革命精神。他曾以大总统名义发布通令，要求所有政府官员“皆系为民服务，官规具在，莫不负应尽之责任，而无特别之利益”③。他还说过：“国中之百官，上而总统，下而巡差，皆人民之公仆也。”④ 孙中山自己更是以身作则，廉洁自持，始终保持国民公仆形象。孙中山曾对来访者言：“总统在职一天，就是国民的公仆，是为全国人民服务的。”“总统离职以后，又回到人民的队伍里去，和老百姓一样。”⑤ 这是一种伟大的公仆精神，也是孙中山、辛亥革命留给后人的珍贵的政治和精神遗产。中国共产党执政以后，一贯强调各级党政干部、政府官员是人民公仆，清廉为政。今天一些人以官员自居，不以人民为本位，为政失廉，贪污腐败，不仅玷污了共产党人为人民服务和为共产主义奋斗的理想信念，也是对孙中山和辛亥革命公仆精神的背叛。

---

① 《大总统宣言书》，中国史学会主编《中国近代史资料丛刊·辛亥革命》第 1 卷，上海人民出版社，1957，第 16 页。

② 《致各省都督军司令长电》，《孙中山全集》第 1 卷，第 575 页。

③ 《为民服务通令》，陈旭麓、郝盛潮主编《孙中山集外集》，上海人民出版社，1990，第 680 页。

④ 《建国方略》，《孙中山全集》第 6 卷，中华书局，1985，第 211 页。

⑤ 郭汉章：《南京临时大总统府三月见闻录》，《辛亥革命回忆录》第 6 集，第 294 页。

毫不夸张地说，辛亥革命为20世纪中国的历史性进步打开了闸门，拉开了序幕。不否定皇帝专制，就难得辛亥革命后社会生活的进步，就难以发生新文化运动和五四运动，就难以有中国国民党和中国共产党的出现，就不可能取得抵御日本帝国主义的侵略到最后胜利的结局，就不会有中华人民共和国的诞生，就不会有现代中国在世界上的地位。甚至辛亥革命的失败的历史教训，辛亥革命反帝不彻底，辛亥革命未能成功地发动农民和解决农民问题，都对后来的革命者提供了重要的历史启示。让他们思考，要完成全面的、胜利的社会革命，怎样做更好些。有人会问：辛亥革命后不是有北洋军阀的黑暗统治吗？不错，是有北洋军阀的统治。一次大革命后，社会不是马上平静，立即进入发展的正轨，不独中国如此，欧美也是如此。1640年英国发生资产阶级革命，其后动荡数十年，又有王朝复辟，直到1688年所谓“光荣革命”后，才安定下来。1789年法国大革命后，又有几次王朝复辟，直到1848年2月革命，最后确立资产阶级的全面统治。美国独立战争发生在1775年，1783年美国获得正式独立国家的地位以后，到了1860年还发生了南北战争——一场统一战争。中国也不过在辛亥革命后38年就诞生了中华人民共和国，相比而言，时间不能说太长。

辛亥革命的历史教训值得总结

辛亥革命的历史意义是值得重视的。但是，辛亥革命又是一次未能获得满意结果的革命。如何看待辛亥革命的历史教训，很值得认真思考。

辛亥革命的失败表现在，第一，革命派奋斗的目标未能完全实现，中华民国的政权为清朝最后一任内阁总理大臣袁世凯所夺取。响应武昌首义成立的各省军政府，大权往往为立宪派和旧官僚掌握。南京临时政府，大权虽然为革命派掌握，立宪派和旧官僚势力也不小，对革命的前景，主张各异，难以形成推进革命事业的共同决心。革命派内部发生变化，立场观点不尽相同。有人主张“革命军起，革命党消”，革命党人不要去争权夺利。这种主张，对于挫折一些人的革命意志，不无关碍。许多人希望宣统下台后由袁世凯掌权，所谓“非袁莫属”。由于革命派的势力不能打到北方，直捣黄龙，宣统皇帝只能由袁世凯以逼宫的形式赶下台，临时政府大总统的权位不得不由清朝最后一任内阁总理大臣取得。

1912 年 2 月 12 日清帝发布的退位诏书说，“外观大势，内审舆情”，特“将统治权公诸全国，定为共和立宪国体”。该诏书接着说：“袁世凯前经资政院选举为总理大臣。当兹新旧代谢之际，宜有南北统一之方。即由袁世凯以全权组织临时共和政府，与民军协商统一办法。”[①] 这句话，就是袁世凯致南京临时政府电报中所谓“大清皇帝即明诏辞位，业经世凯署名，则宣布之日，为帝政之终结，即民国之始基”[②] 的根据。显然，袁世凯并不认为由他组织民国政府的权力来自南京的中华民国临时政府。照这个退位诏书，袁世凯出面组织中华民国临时政府，是得自清帝的授权，他要以这个资格去与“民军”协商统一办法。而他得到这授权，又是因为他是清帝国的总理大臣。照这个诏书，袁世凯获得的新权力与南方革命政府没有关系。袁世凯虽然公开给南京临时政府打电报赞成共和为最良国体，永不使君主政体再行于中国，但是这个共和的法源，不是来自南京的临时政府，而是来自宣布退位的前清皇帝。

孙中山虽然以中华民国临时议会的名义制定《临时约法》，试图从总统权力上、首都地点上约束袁世凯，无奈袁世凯掌握了军队，反掌之间，就把《临时约法》这种纸上规定对他的约束解除了。4 月 1 日，孙中山正式解除临时大总统职务。5 日，临时参议院随即决议临时政府和临时参议院迁往北京。资产阶级共和国和南京临时政府只存在了三个月，就夭折了。袁世凯终于实现他的愿望，夺取了辛亥革命的胜利果实。

1913 年 10 月，袁世凯强迫国会通过了《大总统选举法》，又强迫国会“选”他做了正式大总统。1914 年初，他下令取消国会和省议会。接着，他很快炮制了所谓《中华民国约法》，把南京的《临时约法》抛在一边，给他的独裁专制披上合法的外衣。根据这个约法和选举法的规定，大总统有无限的权力，可以不对任何民意机关负责。同时，他解散

---

① 金毓黻辑《宣统政纪》卷 43，第 32—33 页。

② 《袁世凯致南京孙大总统、参议院、各部总长、武昌黎副总统电》，《南京临时政府公报》第 15 号，见中国科学院近代史研究所史料编译组编译《辛亥革命资料》（《近代史资料》总第 25 号），中华书局，1961，第 117 页。

了国务院，在总统府下设政事堂。政事堂首领称国务卿，协助总统处理政务。政事堂和国务卿，是脱胎于前清的军机处和首席军机大臣。至此，孙中山为首的南京临时政府为中华民国所设计和规定的一套政治体制和政治结构，便被完全破坏了。孙中山在就职临时大总统时宣誓："至专制政府既倒，国内无变乱，民国卓立于世界，为列邦公认，斯时文当解临时大总统之职。"又在宣言书中说："能尽扫专制之流毒，确定共和，以达革命之宗旨，完国民之志愿。"① 这些宣誓中提出的目的，大多未曾达到。孙中山在《建国方略》里写道："致使革命事业只能收破坏之功，而不能成建设之业，故其结果不过仅得一'中华民国'之名也。""夫去一满洲之专制，转生出无数强盗之专制，其为毒之烈，较前尤甚。"② 从这个意义上可以说，辛亥革命到这个时候是失败了。

第二，由于革命派的软弱，不敢提出反对帝国主义的战略方针。南京临时政府对帝国主义存有幻想，不敢以独立国家姿态对帝国主义示以颜色。临时大总统孙中山发布的对外宣言，对于革命以前清政府与列强签订的所有不平等条约，均认为有效；对于革命以前清政府所承担的一切借款与赔款，均继续偿还；对于革命以前清政府让与各国的一切特权，均照旧尊重③。临时政府企图以这种宣布，邀得列强的支持和承认。但是，列强并不领这个情，直到南京临时政府解散，列强都不承认这个襁褓中的中华民国临时政府。孙中山一心想学习西方，在中国建立民主共和制度，使中国富强起来。但是，早就建立了民主共和制度，并且发展了资本主义生产的西方帝国主义国家，却不希望中国也建立一个民主共和的强大国家，与它们鼎足而立。它们不希望中国富强起来。它们宁愿在中国保留一种比较落后的社会制度。在南京临时政府建立前后，孙中山多次呼吁美欧各国，支持中国的革命，支持中国的革命政府，美欧各国丝毫不为所动。但是一旦袁世凯取得政权，当上了大总统后，事情就起了变化。英、美、法、德等国公使纷纷登门，向袁世凯表示祝贺，美国众参两院一致通过议案祝贺袁世凯政府的成立。1913 年 5 月，美国宣布承认北京政府，当然，美国也从袁世凯政府手里拿到了不少好处。10

① 《临时大总统誓词》《临时大总统宣言书》，《孙中山全集》第 2 卷，中华书局，1982，第 1、2 页。

② 《建国方略》，《孙中山全集》第 6 卷，第 211、158 页。

③ 《对外宣言书》，《孙中山全集》第 2 卷，第 10 页。

月，日本在取得了在中国东北修筑铁路的权利后承认袁世凯政府。英国在取得中国政府同意与英国谈判西藏问题的允诺后，为了支持袁世凯政府，也承认了中华民国。11 月，在中国政府与沙俄签定《中俄声明》，表示承认外蒙古自治，以及承认俄国在外蒙古的权利后，沙俄承认了中华民国政府。这就是说，帝国主义不管中国强大不强大，不管是谁执政，谁能给它提供新的政治、经济权利，它就支持谁。袁世凯做到了这一点，袁世凯的地位就稳固了。帝国主义在中国始终不支持一切进步事业、一切推动中国进步的政府，却支持对它奴颜婢膝、愿意给它提供好处的政府。袁世凯能够上台的总后台，就是帝国主义国家的支持。

第三，辛亥革命是资产阶级性质的革命，其目的是要在中国推进资本主义，是要建立资产阶级的政党政治，但是历史事实证明此路不通。辛亥革命后在同盟会基础上组建的国民党，虽然在议会占了多数，但是在袁世凯主宰下，发生不了实质作用。追求议会政治的国民党人宋教仁被刺杀，“二次革命”接着失败，国民党被袁世凯宣布非法，国民党议员都被剥夺了议员资格。革命派通过辛亥革命获得的权力丧失殆尽，国民党领袖宋教仁为实现政党政治献出了生命，使人们对政党政治在中国走不通有了深刻认识。

政党政治在中国做了一次不成功的试验。在反帝反封建革命完成以前，要想在中国试验资本主义道路，试验政党政治，事实证明是走不通的。

第四，辛亥革命缺乏有力的政党领导。辛亥革命的方向是正确的，革命的对象是正确的。但是这个革命缺乏强有力的政党领导。严格说来，中国同盟会还不是一个现代意义的政党，还有中国旧式会党的痕迹。同盟会老会员吴永珊（玉章）晚年在回忆自己参加辛亥革命的历程时指出过这一点。同盟会缺乏严密的组织体系，缺乏强有力的领导班子，是一个松散、松懈的革命团体。同盟会核心成员之间政见不同，矛盾不少。孙中山虽然是公认的领袖，但是光复会成员并不买他的账。1907 年、1909 年，陶成章、章太炎等人因些小事故就公开提出罢免孙中山在同盟会的领导职务，改组同盟会，曾经闹得不可开交①。对于孙中山提出的三民主义，一些成员不完全认同，不少人只同意民族主义、

① 关于同盟会的两次“倒孙风潮”以及同盟会领导成员之间的思想分歧，参见杨天石、王学庄《同盟会的分裂与光复会的重建》，《近代史研究》1979 年第 1 期。

民权主义，不认同民生主义。一些不同意平均地权的人另组共进会。宋教仁也另有主见。1911年初他领头在上海成立同盟会中部总会，难辞分裂之咎。孙中山长期在海外活动，难以承担同盟会的实际领导责任。广州起义失败后，同盟会已趋于涣散，武昌首义后，几乎陷于瓦解。吴玉章后来总结道："一个革命团体在革命胜利之前就已经陷入这样一种分裂、涣散和瓦解的状态，要在革命胜利之后保持一个统一的阵线，那就太困难了。"①

同盟会在1906年形成了《中国同盟会革命方略》等一系列文件，对于指导武装起义及其以后的规划，都有一定意义。但是，对于武装起义的总体战略缺乏规划，缺乏统一意志。

孙中山、黄兴策划的武装起义，多在两广、云南边境一带，或者组织会党，或者组织新军，多是编组敢死队，屡战屡败。同盟会领导人不做群众工作，不懂得做群众工作，不知道发动武装起义要与全国民众的革命高潮结合起来。武装起义虽然给予清政府沉重打击，推动了全国的革命高潮的到来，但毕竟流于单纯军事冒险，很难成功。

辛亥革命从武昌首义开始，这是出乎同盟会所有领导人意料的。孙中山、黄兴、宋教仁等从来没有考虑把武昌作为起义地点。1907年后，孙中山、黄兴决策的八次起义，都在沿海地区，没有一次安排在长江一带，或者两湖地区。黄兴在筹备"三二九"广州起义时，曾于1911年初派谭人凤携款北上湘、鄂，组织援应，如他在"三二九"起义前致函加拿大域多利埠致公堂书中报告的："此间诸事已着实进行，规划以两粤为主，而江、浙、湘、鄂亦均为布置。"失败后致加拿大同志函中所说："当时以广东为主动，而云南、广西、湖北、湖南、江南、安徽、四川、福建、直隶数省为响应，各处皆有党人在新军中预备反正，拟广东一得手，则以次续起。"② 可见对于湘鄂并未给予特殊注意。1910年宋教仁等反思沿海起义失败的教训，提出要在长江推动革命。此后在上海建立中部同盟会，意图改变起义发动地点，但是并未做出在长江发动起义的实际筹备工作，也未明确在长江何处发动起义。

武、汉地区的革命党人（主要是湖北人和湖南人）坚持了扎实细

---

① 吴玉章：《辛亥革命》，人民出版社，1963，第20页。

② 冯自由：《革命逸史》初集，中华书局，1981，第237、238页。

致的革命宣传和组织工作，在各界群众特别是新军中聚集了雄厚的革命力量。黄花岗失败后，湖北两派组织在目标一致的前提下实现了联合。由于全国政治局势的迅猛发展，武昌起义已是箭在弦上，不得不发了。湖北革命形势很好，唯一的缺点是缺乏众望所归的领导人。湖北革命党人和革命士兵，都崇拜孙中山和黄兴，孙中山宣传三民主义的文章、《民报》的有关文章、邹容的《革命军》等都在革命士兵中秘密传阅。但是，湖北革命士兵的领导人只是同盟会的一般成员，在同盟会的骨干成员中是名不见经传的。在筹备发动起义的时候，他们感到自己的声望不够，派人到香港去请黄兴，还派人到上海去请宋教仁。黄兴和宋教仁都不相信武昌起义的条件已经成熟。孙中山也是一样。直到武昌起义后的 18 天，黄兴才和宋教仁等一行来到武昌，这时候，由革命领导人掌握武昌起义主动权的时机已经失去了。

武昌起义时，同盟会的所有领导人都不在现场。作为辛亥革命胜利标志之一的武昌首义是未经中国同盟会讨论决策、没有同盟会领导成员参与领导指挥，而是由一些中下层的同盟会成员和其他革命党成员，在孙中山的旗帜下经过艰苦卓绝的工作后独立发动、指挥的。这是一个最基本的事实。这个事实所包含的优点和缺点是同样明显的。优点在于：由于基本群众组织发动起来了，在脱离领导的情况下，起义终于能够掀起；缺点在于：起义士兵面临没有众望所归的领导人的苦恼，他们不仅找不到早已期望来汉的黄兴、宋教仁等高层领导人，也找不到起义前确定的临时总司令蒋翊武和参谋长孙武。在战火纷飞中，起义士兵找到一个已脱离革命行列的下级军官作临时指挥，而在攻下督署后，只得请出一个清军协统作了革命军的总首领。如果黄兴、宋教仁在起义现场，武昌起义的前景要辉煌得多，全国革命局势也好得多①。

辛亥百年与百年中国

辛亥革命为 20 世纪中国的历史进步打开了闸门，但是辛亥革命毕竟未能完成历史赋予它的救国与复兴中华的使命。辛亥革命未能完成的

① 参见张海鹏《论黄兴对武昌首义的态度》，《追求集——近代中国历史进程的探索》，社会科学文献出版社，1998，第 254—278 页。

历史使命，是由孙中山的朋友和合作者、孙中山事业的继承者中国共产党人在后来推进的新民主主义革命和社会主义建设中完成的。

辛亥革命未能完成的民族独立，在1949年后得以实现。所谓振兴中华、民族复兴，应该包括两方面含义：其一，摆脱半殖民地半封建社会状态，实现民族独立；其二，发展并繁荣社会经济，达到中国历史上汉唐盛世时代的状况。在20世纪来说，是要大力发展生产力，引进资本主义生产方式，实现工业化和现代化，赶超西方发达国家。

在争取民族独立和人民民主方面，1924年改组后的中国国民党与共产党人合作，取得了一定进展。这种合作是有可能走上新民主主义革命道路的，可惜，孙中山过早去世，蒋介石、汪精卫等国民党领导人背叛国民党一大确定的路线，背叛孙中山主张，采取了坚决反共的政策，使这种合作半途而废。1937年日本帝国主义全面侵华，影响中国走向的国共两党再次合作，在国际反法西斯力量支持下，第一次取得了反对外国侵略的胜利，迈出了民族复兴的重要一步。抗战胜利后，由于国共两党对中国发展方向主张不同，由于国共两党对人民大众的依违不同，在决定中国前进方向的大决战中，国民党彻底失去人心，成为失败者。在毛泽东和中国共产党的领导下，完成了反帝反封建的历史任务，彻底实现了民族独立，中国人民挺起腰杆站了起来，成了国家的主人。孙中山当年想做而做不到的事，1949年后做到了。

孙中山制定了中国现代化的蓝图，这张蓝图，社会主义中国已经超额实现。孙中山的理论创造与实践活动，与辛亥革命是联系在一起的，他是辛亥革命历史的真正代表。他在失去中华民国临时政府大总统职位后，精心设计了中国现代化的蓝图，他提出中国应追上世界的发展，中国应该“驾乎欧美之上”的设想①。他的三民主义学说，他的《建国方略》（《实业计划》是其中一部分）、《建国大纲》等著作，都蕴含了丰富的建国思想。他谆谆告诫中国应该统一。这些都成为中国人继续奋斗的目标。1949年以后的中国，都在为实现孙中山先生的社会理想而奋斗。其中除了台湾与祖国的统一尚待完成，其他各项大体上达到或者超过了

---

① 孙中山在1924年说过：“此刻实行革命，当然是要中国驾乎欧美之上，改造成世界上最新、最进步的国家。”又说过：“中国如果强盛起来，我们不但是要恢复民族的地位，还要对于世界负一个大责任。”引自《三民主义·民权主义第六讲》，《孙中山全集》第9卷，中华书局，1986，第345、253页。

孙中山先生当年的预想。毛泽东在 1964 年写道：“中国大革命家，我们的先辈孙中山先生，在本世纪初期就说过，中国将要出现一个大跃进。他的这种预见，必将在几十年的时间内实现。”[①] 我们今天可以说，这个预见已经实现了。美国著名中国近代史学者韦慕廷（C. M. Wilbur）在他所著《孙中山——壮志未酬的爱国者》一书最后一章写下的最后一句话是“他为中国谋求解放的梦想，只是在半个世纪以后才逐步地实现的”[②]，确是正确的观察。孙中山对社会主义的憧憬，在今日已成为现实。

辛亥革命以后的历史证明，资本主义救不了中国，只有社会主义才能救中国。

从近代历史演变来看。鸦片战争后，中国逐步沦为半殖民地半封建社会。这种社会性质，决定了中国必须进行反帝反封建的民主主义革命，才能获得民族独立和人民解放。在中国，哪一种政治势力能够领导人民赢得民主主义革命的胜利，它就能够取得引导中国走何种道路的主导权。康有为、梁启超等发动的戊戌变法运动有可能引导中国走向资本主义社会，但是戊戌维新未能成功。孙中山领导的中国同盟会以及民国初年由同盟会改组的中国国民党，是近代中国的资产阶级革命政党，它有可能通过推翻清政府把中国引导到资本主义社会，但是由于中国资产阶级及其政党的软弱，辛亥革命后建立的南京临时政府被袁世凯窃夺了。民国初年，军阀混战，国家分裂，人民涂炭。五四运动后，国家情势发生很大变化，俄国十月革命的影响在中国迅速传播开来。1921 年，中国的无产阶级政党——中国共产党成立后，逐渐主导了中国革命的方向。以毛泽东为主要代表的中国共产党人对中国的前进方向有着清楚阐述：中国反帝反封建的资产阶级民主主义革命必须由无产阶级领导，中国革命的前途是社会主义和共产主义。从土地革命战争时期的革命根据地到抗日战争时期的敌后根据地和解放区，中国共产党领导的革命斗争，一向以社会主义、共产主义精神，鼓舞着广大人民。抗战胜利后，国民党政府悍然发动以消灭中国共产党为目的的内战，结果在内战中彻底失败。这个结局，决定了中国共产党真正成为推动中国社会前进的主

① 《把我国建设成为社会主义的现代化的强国》，《毛泽东著作选读》下册，人民出版社，1986，第 850 页。

② 韦慕廷：《孙中山——壮志未酬的爱国者》，杨慎之译，中山大学出版社，1986，第 297 页。

导力量，决定了中国由新民主主义转向社会主义的必然性。

辛亥以后，救国强国的思潮非常多，只有马克思主义引领中国人民实现了救国强国的梦想。在近代中国，各种救国思潮很多。教育救国、科学救国、实业救国、道德救国等等，在一部分知识分子和实业家那里，是十分笃信的。还有自由主义、实用主义，等等，在知识分子中也有一定市场。君主立宪、共和制度经过长期辩论。国家主义、好人政府、联省自治、乡村建设，各种政治主张，有人提出，有人实践，很快也就烟消云散。最重要的思潮或者主义是两种：三民主义和社会主义。这两种思潮或者主义的传播和实施，都将会影响中国社会的发展方向。三民主义是孙中山在20世纪初国际国内情势下提出来的政治思想主张，是20世纪初中国资产阶级民主主义革命的基本纲领。这种主张或者纲领在1924年中国国民党第一次全国代表大会上，经过孙中山的重新阐述，反映了那时国共合作反对北洋军阀的要求。基本上说，反映孙中山的社会改造思想的是三民主义中的民生主义思想。民生主义思想，首先来自19世纪末欧洲的社会主义运动的启发，在一定意义上还受到马克思主义的影响，又结合了中国传统的大同思想，形成了用民生主义改造中国社会的一系列主张。他受到欧洲从自由资本主义到垄断资本主义转型中所产生的剧烈变动的影响，对垄断资本主义制度展开了强烈的批判。当时的人们从这些批判中，不难得出民生主义是要反对资本家、反对资本主义的看法。所以孙中山一再解释，民生主义并不是要反对资本、反对资本家，只是要反对少数人对社会财富的垄断，防止资本家垄断所产生的社会流弊。实际上，孙中山所要建立的，不是没有资本家的社会，而是不要大资本家的资本主义社会，这是他的民生主义的真谛。孙中山在阐述他的三民主义理论的时候，内心中存在着对马克思、马克思主义的好感。他虽然批评马克思主义有关阶级斗争的理论和剩余价值学说，但是承认马克思是社会主义学说的鼻祖，而且宣布三民主义与共产主义是好朋友。孙中山去世后，随着中国国民党的分裂，三民主义思想也被不同的政治家和思想家所篡改。有改组派的三民主义，有戴季陶的三民主义，有蒋介石的“儒家化”的三民主义，有胡汉民的三民主义①。这些“三民主义”，

① 有关各种流派的三民主义的研究，请参考吴雁南等主编《中国近代社会思潮1840—1949》第3卷第9编，湖南教育出版社，1998。

一概违背了孙中山“联俄、联共、扶助农工”的政策，一改孙中山三民主义与共产主义是好朋友的认识，反对马克思主义、共产主义，反对并屠杀共产党，镇压工农运动，反对社会主义学说。他们宣布“承认三民主义就要收起共产主义”，坚持“一个主义、一个政党、一个领袖”。国民党、蒋介石脱离人民大众的利益，违背近代中国历史前进的方向，终于在决定中国历史命运的大决战中彻底败北。“三民主义”不能救中国就在这样的大决战中证实了。能够救中国的只能是经过大决战检验的新民主主义－社会主义理论。说中国走社会主义道路是历史的选择，正是近代中国历史发展的方向，是历史实践检验过的。

新民主主义理论，是在马克思主义理论指导下形成的，是马克思主义与中国社会实际、与中国革命实际相结合的产物。新民主主义理论的核心是，中国革命必须分成两个步骤：第一步是推翻帝国主义和封建主义，建立民主主义的社会；第二步才是使革命继续发展，建立社会主义社会。“民主主义革命是社会主义革命的必要准备，社会主义革命是民主主义革命的必然趋势。”① 只有完成前一个革命，才能进行后一个革命，两个革命是相联结的，中间不能横插另一个阶段。民主主义社会是过渡性的社会，它的前途必定是社会主义社会。这就是说，新民主主义理论明确规定了中国的社会主义发展方向。

那么，马克思主义在中国的发展有历史的必然性吗？回答也是肯定的。

19 世纪末 20 世纪初，还在清朝的最后时期，马克思、恩格斯的一些观点已经出现在中文刊物和著述上。这就是说，马克思主义在中国的传播迟早是要发生的。第一次世界大战后，中国作为战胜国在巴黎和会上的失败，大大刺激了中国知识分子和仁人志士的思考，再加上俄国十月革命的胜利成果的推动，中国人开始进一步思考辛亥革命以后中国的历史发展道路，更容易接受马克思主义的传播，能够在新的历史起点和历史经验基础上考虑国家发展的方向。这就是说，五四运动后，或者说中国共产党成立后，中国人考虑国家发展的社会主义方向，已经成为历史的趋势。

---

① 《中国革命和中国共产党》，《毛泽东著作选读》上册，人民出版社，1986，第 343—344 页。

这就是马克思主义在中国发展的历史的必然性。这个历史必然性不是凭空而来的，是建立在中国半殖民地半封建社会的国情上的，建立在帝国主义侵略造成中国民族资本主义和资产阶级政党力量弱小的基础上，而无产阶级政党——中国共产党用马克思主义进行武装，这个政党的理论武装终于掌握了人民大众，掌握了历史发展的大方向。

社会主义道路的选择与我国历代有关大同理想的传播有关。中国古代的大同理想，主要反映在《礼记·礼运篇》。它是先秦时期中国古人对公平、公正社会的一种乌托邦追求。“大道之行，天下为公”的大同理想，不仅是儒家的追求，也是普通百姓的追求。大同理想较易与社会主义思想相结合。在这方面，孙中山的思想是一个典型。在三民主义中，被孙中山最看重的是民生主义。所谓民生主义，孙中山用的英文词就是 socialism。这个英文词通常被翻译成社会主义。有时候，孙中山直接用社会主义来说明他的民生主义主张。1912 年，孙中山曾提出把中国建设成为理想的社会主义国家，希望做到“我民幼有所教，老有所养，分业操作，各得其所”[①]。1924 年孙中山在广州演讲时强调指出：“共产主义是民生的理想，民生主义是共产的实行；所以两种主义没有什么分别，要分别的还是在方法。”“三民主义之中的民生主义，大目的就是要众人能够共产。”[②] 孙中山的民生主义——社会主义思想，在中国人民中是有影响的。这也在一定意义上形成了历史选择社会主义的思想基础。

几千年来，大同理想除了保留在思想家的著述中，还保留在历代农民起义的口号中。近代维新运动的发起者康有为也曾撰写过《大同书》，描述过没有阶级、没有压迫、没有剥削、人人平等、按劳分配的空想社会主义即大同社会，他主张公有制应该成为大同社会的经济基础。在大同社会里，农工商各业，一概归公，个人不置私产。“使老有所终，壮有所用，幼有所长，矜寡孤独废疾者，皆有所养。”这些与社会主义所追求的财产公有、社会福利、分配公平，有某种契合的地方。“大道之行，天下为公”的大同理想，就是在社会公平与公正的这一点上与社会主义建立了某种思想联系。中国的知识分子和老百姓对古代的

---

① 《在上海中国社会党的演说》，《孙中山全集》第 2 卷，第 523 页。

② 《三民主义·民生主义第二讲》，《孙中山全集》第 9 卷，第 381、389 页。

大同理想是耳熟能详的。所以，孙中山在广州讲民生主义，是能够抓住听众的。中国共产党在领导革命的过程中，用社会主义、共产主义理想去教育群众，是能够为群众所理解的。从这个意义上说，中国人对大同理想的追求，在一定意义上有助于他们接受社会主义的制度。

辛亥革命以后的历史发展证明：是近代中国历史的发展选择了马克思主义，选择了中国共产党，选择了社会主义。社会主义在中国的发展，历经磨砺。邓小平理论指导的中国特色社会主义理论体系，构建了中国特色的社会主义制度。历史业经证明，这一制度为当代中国的一切发展进步奠定了根本政治前提和制度基础。今天中国的繁荣昌盛，中华民族的民族复兴伟业，以及中国的国际地位，都是这一选择的必然结果！我们完全可以自豪地说：21 世纪初的中国已经实现了 20 世纪初的中国不能实现的愿望。中国人民、中国共产党是辛亥革命历史遗产的真正继承人，是孙中山思想遗产的真正继承人！

辛亥百年，我们可以得出这样的认识！

辛亥革命百年史研究*

辛亥革命史研究的开端，与辛亥革命的发生几乎同步。经过几代学人的开拓垦殖，已发展得较为成熟。从研究者之众多、学术著述之丰富、社会影响之深远来看，辛亥革命史无疑已成为名副其实的“显学”。2011 年是辛亥革命发生百周年，我们在这里回顾一下百年来的辛亥革命史研究。

辛亥革命史研究的兴盛，不仅因为辛亥革命时期中国历史发生了千古未有的时代性转换，作为历史研究对象，其本身具有巨大的魅力；也因为辛亥革命对百年来中国社会发展的深刻影响，使其成为经久不衰的研究课题。百年来，有关辛亥革命的论著，可谓浩如烟海，难以一一缕述。但若细加寻绎，可以发现其鲜明的阶段性特点。

有关辛亥革命的撰述，始于 1912 年民国成立前后。最早以“辛亥革命”命名的史书，是署名渤海寿臣编的《辛亥革命始末记》（五族民报社，1912）。在此前后，主要还有郭孝成所编《中国革命纪事本末》（商务印书馆，1912）、顾乃斌撰《浙江革命记》（浙军第 49 旅司令部，1912）、胡石庵著《湖北革命实见记》（武昌大汉报社，1912）、谷钟秀所编《中华民国开国史》（泰东图书局，1914）、曹亚伯《武昌革命真史》（中华书局，1927）等。总体说来，这些当代史撰述，虽然因缺乏历史纵深，难称真正意义的学术研究，但其辑录的原始史料，以及亲历者的视角感受，仍有其独到的学术价值。其前驱先路之功不能抹杀。

1930 年代以后，南京国民政府立足渐稳，即通过所掌握的政治文化资源，着手编纂国民党史。随后成立中国国民党党史史料委员会和国

---

* 本文与赵庆云合作，未刊。

史馆。争夺辛亥革命的话语权事关现实政治中的“正统”地位，辛亥革命史被纳入国民党史范畴，并服务于其政权的合法性论证。过于强烈的意识形态属性，使真正意义的学术探讨仍多有窒碍。曹亚伯的《武昌革命真史》因突出湖北革命团体日知会的历史功绩就遭到国民党政府的查禁[①]。因而此后诸如郭真、左舜生等人的辛亥革命著述，内容取舍大多以孙中山和同盟会为中心，不乏删改史实之处；价值评判则往往情感高于理性，过多的溢美之词予人文过饰非之感。这一时期比较重要的著作有邹鲁编著的《中国国民党史稿》、冯自由的《革命逸史》、罗香林著《国父家世源流考》等。这些著述虽不免时有粗疏之处，观点亦受局限，但其叙述分析均有独到之处，至今仍被研究者参考。《革命逸史》更成为台湾官方的辛亥革命叙述的主要资料来源[②]。在国民党官方史学里，甚至孙（中山）黄（兴）并列、稍微突出黄兴也是不被允许的。

国共两党早期领导人大多直接参加了辛亥革命。李大钊、陈独秀、毛泽东、吴玉章等中共领袖早年均曾有过对辛亥革命的反思和论述。毛泽东曾指出：辛亥革命的意义在于使人们“知道圣文神武的皇帝，也是可以倒去的。大逆不道的民主，也是可以建设的”。而其局限则在于：“辛亥革命，乃留学生的发踪指示，哥老会的摇旗唤呐，新军和巡防营一些丘八的张弩拔剑所造成的，与我们民众的大多数，毫没关系。”[③]

1940 年代末，出现了以唯物史观研究辛亥革命史的著作。其中以黎澍的《辛亥革命与袁世凯》（1948 年由生活书店出版，1954 年前后改订为《辛亥革命前后的中国政治》重新印行）、胡绳的《帝国主义与中国政治》为代表。黎著系统论述辛亥革命前后的史事，誉重一时。胡著将辛亥革命时期几种政治势力之间的错综关系予以厘清，并着重分析辛亥革命的成败得失。国民党人的辛亥革命著述着重史料，有时不免流于史料的罗列堆砌；胡绳、黎澍两著则皆以理论分析见长，然史料方面不免略显粗糙。

---

① 据陈恭禄言：“近时忌讳繁多，历史书籍禁止出售者，据吾人所知有《清史稿》《武昌革命真史》《中山先生伦敦被难史料考订》。”据陈恭禄《近代中国史史料评论》，《武汉大学文哲季刊》第 3 期，1933 年，第 544 页。

② 《黄克武谈台湾学界对辛亥革命的研究》，《东方早报》2011 年 7 月 12 日。

③ 《民众的大联合》，《毛泽东早期文稿》，湖南出版社，1990，第 389 页。

关于中国近代史的“近代化”话语与“革命”话语之争，于1930年代已现端倪[①]，政治立场不同，对于近代史上的史事的看法也出现分歧。然而就辛亥革命而论，国共双方则共识较多，尤其在史实叙述层面大同小异，都强调同盟会－国民党的正统地位，重视革命派而忽略立宪派。中共方面更强调同盟会－国民党未注重组织发动人民群众、未能坚决反对帝国主义，并将之作为辛亥革命失败的关键原因。

总体来说，清末革命派、国民党人和早期共产党人对辛亥革命的认识，积淀于辛亥革命史研究之中，并形成一些思维定式，对1949年后海峡两岸的辛亥革命研究影响至为深远。时至今日，还有学者呼吁超越党派成见的束缚[②]。

1954年由胡绳首倡，并在随后学界讨论中得到较多认同的“三次革命高潮”理论，将辛亥革命作为民族民主革命发展链条的一个重要环节，置于1840年以来中国重大革命历史事件的序列中，使与太平天国运动、义和团运动并列为“三次革命高潮”，无疑凸显了辛亥革命的重要地位。陈旭麓著《辛亥革命》（上海人民出版社，1955）、胡绳武著《论中国资产阶级民主革命派的形成》（《复旦学报》1955年第2期），均受胡绳这一对辛亥革命的定位之影响。中国史学会在1950年代编辑出版《中国近代史资料丛刊·辛亥革命》（8本），搜罗完备，选择精当，为研究者提供了史料基础。

在当时的认识框架中，辛亥革命研究就是以唯物史观为指导，以阶级分析为基本研究方法，以重大政治历史事件为中心，以经济、思想文化作为背景和铺垫，强调阶级关系、阶级斗争的探讨，着力突出群众尤其是下层农民群众的革命斗争。李达曾总结学界的辛亥革命研究状况：“比较广泛地研究了辛亥革命时期的群众运动，肯定了人民群众的作用；研究了资产阶级的性格，揭露了资产阶级的软弱性；研究了清末立宪运动和立宪派的性质，进一步揭露了资产阶级上层对帝国主义和封建主义

---

① 欧阳军喜：《20世纪30年代两种中国近代史话语之比较》，《近代史研究》2002年第2期。

② 此点为严昌洪先生提出。见马敏、王杰等《孙中山·辛亥革命研究回顾与前瞻》，《广东社会科学》2011年第1期。

的依附性，以及他们政治上的反动性。”[①] 这段话基本归纳了在革命史研究模式之下，学界对辛亥革命这一历史事件的关注焦点及价值评判，反映出当时的研究格局。

1955 年 5 月，周恩来总理提出“和平解放台湾”的政策；与此相应，同年孙中山逝世 30 周年，《人民日报》发表社论《纪念伟大的民主主义革命家——孙中山》，预示着某种新的趋向。1956 年将“和平解放”台湾的政策在中共八大上正式确定下来。同年举行隆重纪念孙中山诞辰 90 周年活动，毛泽东发表《纪念孙中山先生》一文，予孙中山和辛亥革命以高度评价。毛泽东的论述成为研究辛亥革命的指针，辛亥革命史研究也因此在 1956 年一度出现短暂热潮，报刊上发表关于孙中山和辛亥革命的文章达 200 余篇。

经历 1958 年“史学革命”后，史学界以替曹操翻案为契机，开始对“史学革命”加以拨正，史学界的元气很快恢复。1961 年适逢辛亥革命 50 周年，在隆重进行纪念庆典的同时，中国史学会和湖北省社联联合举办了以辛亥革命为主题的学术讨论会。会后出版《辛亥革命五十周年纪念论文集》（中华书局，1962），收入论文 32 篇，近 50 万字。这次会议，涌现出一批后来成为辛亥革命研究中坚力量的中青年学者；而且开启逢十举行大型辛亥革命学术讨论会先例，对于推动辛亥革命史研究影响至为深远。

此次会议影响远及欧美、日本史学界。有学者总结道：“近二十年来，欧美史学界的辛亥革命研究掀起了一个又一个学术研究高潮，而其直接的契机，盖出于我国一九六一年在武汉召开的辛亥革命五十周年纪念会。最近访华的美国学者高慕轲称这次纪念会为‘关键性的转折’。美国的中国近代史专家芮玛丽（Mary Clabaugh Wright）说得更生动：‘我们这批分散在世界各地的中国近代史研究工作者，面对着这些新发现罗列出来的例证，一开头不免有点吃惊，过后又热情满怀，信心十足。原来我们过去在课堂上讲、在教科书上写的关于二十世纪初中国的画像，几乎全部是错了的。’”[②] 日本学者也称之为“辛亥革命研究史之

① 李达：《辛亥革命五十周年学术讨论会开幕词》，《辛亥革命五十周年纪念论文集》上册，中华书局，1962，第 6 页。

② 沈自敏：《近二十年来欧美的辛亥革命研究》，《读书》1981 年第 10 期。

划时代的论文集”[①]。

无须讳言，建国后大陆学者的研究，并未完全摆脱“正统史观”思维定式的束缚，以至于建国后大陆的辛亥革命研究被海外学者称为“新正统学派”[②]。黎澍也曾批评大陆中国近代史研究追随“国民党观点”，表现为“不充分地研究材料，人云亦云，国民党反对立宪派，也跟着反对立宪派，以领袖划线，以党派划线，不从历史实际出发”[③]。但不可否认，“十七年”间的辛亥革命史研究，还是体现出一些新的特点。

首先，视野有所拓展，关注重心下移。国民党人的辛亥革命史研究偏重精英。胡绳在1955年的中国近代史讲座中就强调指出：建国前关于辛亥革命的论述，“抹杀了当时革命运动中群众的作用”，而“辛亥革命所以能够在历史上有那么大的意义，归根结底还是群众的力量”[④]。唯物史观对人民群众是历史主体的强调，对下层民众斗争的重视，使在以往历史著述中不见踪影的下层民众受到极大关注。辛亥革命史研究，也呈现关注重心下移的趋势，特别注重论述辛亥革命中农民、新军、会党的作用。这一定程度改变了建国前以精英、领袖为中心的研究格局，丰富了辛亥革命史研究的内容。

由于民众并未留下多少文献资料，通过实地调查寻访获得一手资料在当时学界蔚成风气。如安徽科学分院历史研究室近代史组通过调查，完成《芜湖地区的辛亥革命》[⑤]。在邹鲁所著《中国国民党史稿》中，将川北革命派的革命活动归功于曾省斋一人的组织领导，南充师范学院师生经过调查，对蜀北军政府成立始末的革命群体做了详细叙述[⑥]。戴学稷《辛亥革命时期呼包地区的起义斗争》，是利用“过去二三年来调查搜集到的一些材料”写成。华中师院还进行了“辛亥革命前两湖会

---

① 李金强：《辛亥革命的研究》，《六十年来的中国近代史研究》（中研院近代史研究所特刊1）下册，台北，中研院近代史研究所，1989，第763页。

② Winston Hsieh, *Historiography on the Revolution of 1911: A Critical Survey and a Selected Bibliography*, Stanford: Hoover Institution Press, 1975.

③ 耿云志：《回忆黎澍同志》，黎澍纪念文集编辑组编《黎澍十年祭》，中国社会科学出版社，1998，第294页。

④ 胡绳：《中国近代史绪论》，内部发行，第25、27页。

⑤ 载《安徽史学通讯》1959年第6期。

⑥ 《蜀北军政府成立始末调查记》，《辛亥革命回忆录》第3集，第287—293页。

党的调查”[①]。扬州师院历史系自 1957 年起，即组织师生组成扬州师院乡土资料调查队，辗转各地进行辛亥革命时期的乡土历史调查，获得回忆录 23 件，采访记录 10 件，写成《辛亥革命时期无锡、常熟、江阴三县边区农民起义调查记》（载《扬州师院学报》1960 年第 7 期），完成“孙天生起义调查报告”“千人会起义调查报告”，并在此基础上整理成《辛亥革命江苏地区史料》一书[②]，受到陈旭麓的高度肯定[③]。

其次，普遍运用阶级分析法。学者力图用阶级分析的方法透视辛亥革命时期的阶级斗争和阶级关系，透过纷繁复杂的历史现象去寻绎历史演进的真正动因，说明辛亥革命发生时的历史背景。较建国前仅停留于历史表象的政治活动的记述，增加了理论分析的深度。例如刘大年提交的论文《辛亥革命与反满问题》，运用阶级斗争观点分析反满问题。在此前超阶级的论述中，“反满”问题往往被看作种族斗争。此文则系统论证反满从来不是一个独立的运动，它在不同的时期服从不同阶级的利益。作者既不同意把辛亥革命看作汉族反对满族的国内民族革命，也不同意那种回避资产阶级民主革命与反满关系的简单化看法。正是因为有阶级分析的思想武器，此文能够纵论数百年，其对于“反满”的基本判断得到学界认可，并成为后来中苏史学论战中的重大问题之一[④]。

“文革”开始后，“三次革命高潮”中的太平天国起义和义和团运动被片面拔高，辛亥革命则因其资产阶级“妥协性”遭到批判。对辛亥革命或革命党人做出任何肯定，都可能被扣上“‘宣扬资产阶级高明（中心）论’或者‘美化资产阶级、为剥削阶级辩护’的帽子而大批特批。辛亥革命就此沦为史学研究者不敢轻易涉足的‘险学’”[⑤]。

海峡对岸，史学界也相当重视辛亥革命研究，但在相当的时间内，基本上只是对南京国民政府时期辛亥革命研究的承袭：“国史馆”与党

---

① 《辛亥革命五十周年讨论会档案》，近代史研究所藏。

② 《辛亥革命江苏地区史料·前言》，江苏人民出版社，1961，第 1—2 页；蒋顺兴、祁龙威：《扬州师范学院历史系蒐辑辛亥革命江苏地区史料》，《历史研究》1961 年第 6 期；《辛亥革命五十周年讨论会档案》，近代史研究所藏。

③ 《一本有价值的辛亥革命地区史料》，《文汇报》1962 年 9 月 15 日。

④ 至 1980 年，齐赫文斯基在苏联《近现代史》第一期上发表《中国资产阶级民族主义——辛亥革命的思想体系》一文，指名批评刘大年写的《辛亥革命与反满问题》。

⑤ 李润苍：《把历史的内容还给历史——批判“四人帮”把辛亥革命篡改为“儒法斗争”“又一次高潮”的谬论》，《四川大学学报》1977 年第 4 期。

史会仍作为辛亥革命研究的官方基干力量而发挥作用，“在思想内容上可说是‘正统观念’，在方法上可说是‘史料学派’的延续。当局视辛亥革命为其一党所得专享的荣耀，坚守数十年一以贯之的正统解释，对于非同盟会－国民党的人物，尤其是立宪派（包括在思想文化方面颇有建树的梁启超）一概予以冷漠”①。

1960 年代以后，台湾史学界开始与西方汉学有所交流，在研究理论方法上受到西方影响，辛亥革命史研究逐渐突破原有的研究格局，呈现新的气象，开始出现诸如立宪派、革命妇女、区域研究等新课题，“在研究思路和方法上，可说是出现了多元倾向对正统观念、解释学派对史料学派的分庭抗礼”②。

遗憾的是，由于政治和意识形态的对立，两岸学界处于隔绝状态，无法进行交流互动。在这段时期内，为追溯当代中国的起源，美国和日本对辛亥革命的研究也倾注了相当的热情，并运用社会科学的方法，取得了巨大进展。

“文革”结束以后，随着各个领域“拨乱反正”，辛亥革命研究大力肃清“左”的思潮的影响，重获生机，并迅速繁荣发展，且某种程度上引领了新时期的史学变革。

首先，研究力量集结，研究成果大量涌现。以中国社科院近代史所、华中师大历史研究所、中山大学孙中山研究所等学术机构为中坚，通过辛亥革命研究会、孙中山研究会等跨区域学术团体的组织推动，召开大型国际学术讨论会，创办《辛亥革命史丛刊》《辛亥革命研究动态》《孙中山研究论丛》等刊物，会聚起一批志同道合的学术人才，构成颇具规模的学术网络，并进行“大兵团”协作，体现出“单骑作战”难以比拟的优势。在 1980 年代初，大陆学界接连出版了三部辛亥革命通论性的大型著作，受到海内外学界高度称许。其中，章开沅、林增平主编的 3 卷本《辛亥革命史》，内容全面、体例完整；金冲及、胡绳武著 4 卷本《辛亥革命史稿》史实详尽，彰显个性；李新主编的《中华民国史·中华民国的创立》（上下册），史料丰富，体系严整。3 部著作各具特色，均为精品之作，是大陆辛亥革命研究成果的集中体现。就其

① 章开沅等：《国内外辛亥革命史研究综览》，湖北教育出版社，1991，第 234 页。

② 章开沅等：《国内外辛亥革命史研究综览》，第 235 页。

宏观系统性而言，至今仍未见能超越者。此外，有关辛亥革命的著述如雨后春笋涌现。据统计，1979—1989 年的十年发表辛亥革命论文约有 5300 篇，为 1949—1978 年的十倍[①]；其中 1981 年即达 1200 余篇。1990—1999 年约有 4400 篇[②]。1981—2000 年，20 年间出版的有关辛亥革命的书籍超过 350 种[③]，呈现由宏大到专精的不断深化趋势。就成果之丰硕而论，中国史学任何其他分支领域都很难与之匹敌。

其次从研究理论方法上，辛亥革命史研究有了新的突破。在思想解放的大背景下，不少学者开始对整个中国近代史的研究格局进行反思。刘大年着眼于回归唯物史观重视“物”——经济基础——的本义，在 1981 年撰文呼吁以中国近代经济史研究作为深化近代史研究的突破口。其背后隐含的考量即在于突破革命史研究模式过于强调反帝反封建革命斗争的限制，将近代史研究的重心由生产关系转向更为基础的生产力[④]。在恢复唯物史观本义的前提下，重视资本主义、资产阶级的研究，实际上已开始突破此前单一的革命史研究视角，突出了近代以来生产力的发展在整个历史进程中的重要性。现代化作为一个观察辛亥革命的新视角被引入，虽然这一视角居于辅助与补充的地位，也未被冠以“范式”之类醒目的名目，却导致对近代以来的资本主义、资产阶级评判尺度的变化，给辛亥革命史研究的理论方法带来了深远的影响。

1981 年纪念辛亥革命 70 周年国际学术讨论会，以“辛亥革命时期的中国资产阶级”为主题，也体现了这种理论方法的调整和变革。会议中，资产阶级、立宪派、立宪运动成为关注的重心，政治斗争史一枝独秀的局面也已然大有改观。不少学者从促进资本主义的发展、促进工业化进程这一角度来肯定辛亥革命的作用。此后，对立宪派历史作用的重新评估，大大促进了关于立宪派的研究。

由于现代化视角的引入，辛亥革命史研究逐渐突破了政治史、事件史的研究格局，辛亥革命前后的经济发展受到越来越多的关注，并进而

---

① 《最近十年辛亥革命研究述评》，武昌辛亥革命研究中心编《辛亥革命与近代中国》（1980—1989 年论文集），湖北人民出版社，1991，第 10 页。

② 严昌洪：《20 世纪 90 年代中国大陆辛亥革命研究综述》，《理论月刊》2001 年第 10 期。

③ 陈铮：《近二十年辛亥革命史研究著作和资料出版概述》，纪念辛亥革命九十周年国际学术讨论会论文。

④ 刘大年：《中国近代史研究从何处突破》，《光明日报》1981 年 2 月 17 日。

拓展到思想、外交、文化等各个领域。辛亥革命史的研究视野大为开阔。1980年代后期，一些研究者的关注重点转向了社会团体、社会风俗、社会结构、社会文化等领域，形成“从革命向社会转移”[①]。运用社会史的理论方法，能从更广阔的社会背景来审视辛亥革命的兴起与演进，对这场革命进行社会思想文化的深层剖析。

1990年代以后，社会史研究呈现兴盛的态势，甚而被认为是“史学研究的一种新范式”，为所有史学研究提供“新的研究方法、新的研究态度和新的研究视角”[②]。社会史的方法视野以润物无声的方式影响着辛亥革命史研究。辛亥革命作为整体的“时期史”而非孤立的“事件史”来进行研究，已一定程度成为学术界的共识。运用社会史的视野与方法，被认为是辛亥革命史葆有学术活力、获得学术突破的关键。有学者提出，辛亥革命史研究应从社会史角度，超越政治事件的局限，对之进行“整体”“综合”的研究，使之形成“总体史”“综合史”的格局，进而开辟出新局面[③]。

随着新文化史成为新的流行研究范式，辛亥革命史研究开始运用新文化史的理论方法，并形成政治文化史这一新的交叉研究领域。在大陆学界，这类成果目前虽然还不多，但已经引起相当的关注。2009年相继出版的陈蕴茜《崇拜与记忆——孙中山符号的建构与传播》（南京大学出版社）、李恭忠《中山陵：一个现代政治符号的诞生》（社会科学文献出版社），均采用政治文化史的研究路径，将历史学与社会学、文化人类学相结合，将研究重点从孙中山的生前转向逝后，探讨孙中山形象的建构过程，揭示更为深广的政治、社会变迁。因其视角新颖、方法独特，给人耳目一新之感。

与此相关的是，近年来，对于辛亥革命如何被阐释和“记忆”，成为一个新的研究热点，涌现出可观的研究成果，并出版了4卷本《辛亥革命的百年记忆与诠释》[④]。这一研究，从记忆史的新视角考察不同历史时期的不同派别、群体及个人对这次革命的记忆和诠释，并寻绎梳理

---

① 严昌洪、马敏：《20世纪的辛亥革命史研究》，《历史研究》2000年第3期。

② 参见赵世瑜《狂欢与日常——明清以来的庙会与民间社会》，三联书店，2002，第438—468页。

③ 严昌洪、马敏：《20世纪的辛亥革命史研究》，《历史研究》2000年第3期。

④ 罗福惠、朱英主编《辛亥革命的百年记忆与诠释》，华中师范大学出版社，2011。

其背后的影响因素，其所探讨的已不再是辛亥革命本身，而是百年来辛亥记忆的演变，因而将辛亥革命的研究时段向后延伸了百年。由于全新的问题意识和独特视角，其产生出一系列新的研究课题，史料运用方面也有所突破，从而开拓出了辛亥革命研究的一片新境。

现代化的引入，使辛亥革命研究获得一个新的视角，但随之而来的问题是，一些学人在矫枉过正思维主导之下，对“革命”本身由反思而质疑，甚至完全否定。以现代化为唯一视角来看辛亥革命，“告别革命之说”兴盛一时。最有代表性的为李泽厚，他明确提出：“辛亥革命是搞糟了，是激进主义的结果。清朝的确是已经腐败的王朝，但是这个形式存在仍有很大意义，宁可慢慢来，通过当时立宪派所主张的改良来逼着它迈上现代化和‘救亡’的道路；而一下子痛快地把它搞掉，反而糟了，必然军阀混战。”[①]视角变换后，此前一直被认为其弊在“不彻底”的辛亥革命，转而被指为过于“激进”。李泽厚的观点招致不少批评，但也有拥趸。

对于辛亥革命的总体评价，与现实社会政治思潮密切相关，史学界至今依然存在分歧。但回归当时的历史情境，认为革命的发生是各种因素综合作用的结果，有其必然性，并非人为制造的产物，还是学界的主流声音。辛亥革命的成功打开了近代中国进步的闸门，这一点是无法否认的。对革命的反思，也多在肯定其历史必然性的前提下进行。

辛亥革命的性质，是中外学者分歧的焦点问题，难以取得共识。1982 年 4 月在美国举办的“辛亥革命与民国肇建”学术讨论会上，章开沅与台湾学者张玉法就辛亥革命性质问题公开交锋，并发表《关于辛亥革命性质问题——答台北学者》，全面回应了台湾学者“辛亥革命是全民革命”的挑战。作为这一争论当事者的张玉法先生对此反思道：“关于资产阶级民主革命的问题。这个议题两岸学者已经争论了几十年，没有什么焦点。在这个会后，我记得金冲及先生就对我说，实际上大家争来争去主要是名词之争，实质上的争论是不多的。我自己考虑了一下，可能是名词之争比较多。我当场答应他，以后再不就这个问题做争论了”[②]。辛亥革命性质问题，马克思主义学者与非马克思主义和反马

① 李泽厚、王德胜：《关于文化现状、道德重建的对话》，《东方》1994 年第 5 期。

② 《在纪念辛亥革命 90 周年国际学术讨论会开幕式上的致词》，《新世纪的学术盛会——纪念辛亥革命 90 周年国际学术讨论会专辑》，第 23 页。见朱宗震《大视野下清末民初变革》，新华出版社，2009，第 7 页。

克思主义学者之间难以形成共识。经过长期的争论后，实际上搁置了这一争论。

由于1981年、1991年、2001年、2011年均召开十年一度的纪念辛亥革命国际学术讨论会，辛亥革命研究成为海内外学人共同关注的“显学”，并且在大陆学界持续保持了研究的热度。辛亥革命的学术会议与学科发展二者构成了某种良性互动：学术发展，使每一次辛亥革命学术讨论会呈现出新的景象，并成为学科继续向更高层次迈进的新起点。

台湾地区由于政治转型、本土化影响等因素，辛亥革命史研究在1990年代以后呈现式微的趋势。1990—2000年台湾学者发表有关辛亥革命论文53篇，平均每年仅6篇；2000—2008年更减少为17篇，平均每年仅2篇①。

经过持续多年的学术积累，大陆学术界的辛亥革命史研究形成所谓“学术高原”，进一步深入拓展难度加大。新世纪以来，仍有不少学术团队与个人执着于辛亥革命研究，并且取得了相当丰硕的成果。张海鹏、李细珠所著《中国近代通史》第五卷《新政、立宪与辛亥革命》，以及章开沅、严昌洪主编《辛亥革命与中国政治发展》等通论性著作，吸收整合了学界新的研究成果，影响较大。至于专题研究，著作颇多，难以缕述。尤其是原来作为辛亥革命的背景和对立面而较少受到关注的“清末新政”专题，新世纪以来成为各方关注、成果迭出的领域。此外，资料建设工作也颇有成效，章开沅等主编的《辛亥革命史资料新编》（8卷，湖北人民出版社，2006）达510万字，补充了大量的外文档案，如日本外务省、法国外交部、英国外交部的稀见未刊文献。

2011年是辛亥革命百周年，再一次激发了史学界和整个社会对辛亥革命的热情。据不完全统计，2011年度以“辛亥革命”字样为标题的文章达1451篇；以辛亥革命为主题的文章达3260篇。此外还有大量相关著作、史料集出版，形成了新世纪以来辛亥革命研究的空前盛况。

纪念辛亥百年之际，中国第一历史档案馆与海峡两岸出版交流中心合作，共同推出大型档案文献汇编《清宫辛亥革命档案汇编》（九州出版社，2011）。全书收录档案5700余件，计80册，是辛亥革命研究又

---

① 朱英：《两岸辛亥革命史研究：兴盛与减缓》，《社会科学报》2010年12月30日；何卓恩：《台湾学界辛亥革命研究的承转盛隐》，《湖北大学学报》2011年第2期。

一重要基础性文献汇集。同期台北“故宫博物院”搜集整理1000余件，出版《清宫国民革命史料汇编》4册。这些档案从革命的对立面看辛亥，为我们转换视角、全面审视和研究辛亥革命提供了文献支撑。

历史是现在与过去的对话，回顾百年来辛亥革命史的研究历程，不难发现，不同时代的社会政治变迁深刻地影响了人们对辛亥革命的研究和评价，辛亥革命研究所运用的理论方法、问题意识，无不打上了时代的印记。

辛亥革命史起点较高，对研究者要求也更高。但由新材料新观念发现新问题只是学术研究的初级阶段，“接着做更接近大道正途，更能体现学术研究的深度和高度”①。如何进一步扩展和深化辛亥革命史研究，成为辛亥百年之际不少学人思考的问题。

综合诸多史家所贡献的真知灼见，以下几点极为关键：

一、进一步深入挖掘史料。史料是史学研究的根基所在。辛亥革命时代，报纸杂志开始勃兴，留下的历史文献数量极丰，如今虽然已整理出版不少相关史料，但离“竭泽而渔”还有相当的距离。尤其对于流落海外的史料，还须下大的功夫加以搜集整理。

二、从时空两个维度，进一步拓展研究视野。将辛亥革命时期的历史，作为19世纪末至20世纪初整个中国的历史作综合的研究，置于近代亚洲乃至世界的整体之中，作百年以上长时段的全程考察和分析②，才能真正以古今中外贯通的视野，准确认识辛亥时期中西新旧的变换和纠葛。

三、唯物史观是基本的指导思想。但唯物史观并不拒绝引用有利于学术研究取得进展的其他理论和方法。应以开放的态度，引入新的理论方法。辛亥革命史研究不可能是独立、封闭的史学分支，其研究进展，均与理论方法的嬗变、创新息息相关。运用理论，重在融汇涵化，不拘泥于某一种具体的理论模式，既打破原有的思维定式，又切忌生搬硬套形成新的思想束缚。

辛亥革命研究目前已是百年之学，百年的历史沉淀，使研究者能够逐渐超脱情感的樊篱，以更理性客观地研究、审视这一历史长河最为波

① 桑兵：《辛亥革命研究的整体性问题》，《社会科学》2011年第2期。

② 章开沅先生提出辛亥革命史研究的“三个一百年”，即100年历史背景，100年的历史本身，未来100年的展望，都需要通盘研究。章开沅：《辛亥百年遐思》，《近代史研究》2011年第4期。

澜壮阔之处。作为一门史学分支学科，研究的高潮与低落相间乃是常态，辛亥革命史能持续保持如此长久的热度已是奇迹。不过，辛亥革命的历史本身虽然已经凝固，对辛亥革命的研究和阐释则永远不会终结。而且在可见的将来，我们仍将从辛亥革命史中获取时代所需的思想资源，使学术与晚代构成良性互动，辛亥革命学脉传承至久远，可以想见。

2012 年 7 月 17 日

论皖南事变之善后*

一　皖南事变之远因：国共抗战路线的不同

1937 年 7 月 7 日，日本军国主义者通过制造卢沟桥事变，掀起了全面侵华战争。日本企图亡我中华的行径，引起了中国国内各阶级各政党利害关系的调整，国民党、共产党两大政党本着“兄弟阋于墙外御其侮”的古训，携起手来，共同推动全民族的抗日战争。

共产党抗日是坚决的。但它的力量尚弱小，抗战初起，它领导的军队还不能在抗日战场上起主导作用。共产党通过它所倡导的抗日民族统一战线，团结、吸引了越来越多的人民群众，并且通过挺进敌后，建立敌后抗日根据地，放手发动民众抗日，在抗日烈火的锤炼中使自己成长壮大起来。到 1940 年底，共产党领导的武装部队由 5 万人发展到 50 万人，还有大量的地方武装部队和民兵不计在内；在华北、华中、华南创建了十六块抗日根据地，加上陕甘宁边区，共产党领导的抗日根据地已有一亿人口，在全民族抗战中发挥着日益重大的作用。

在民族敌人的进攻面前，国民党也是坚决抗战的。但它坚持国民党一党专政，把抗战力量只寄托在政府和军队上，不愿放手发动民众抗战，因而在战争指导上实行的是片面抗战路线。这与共产党的抗战主张是不相同的。随着民族危机的加深，中共抗日力量的发展，国际形势的

---

* 本文曾在 1995 年 8 月在纽约哥伦比亚大学举办的抗日战争胜利 50 周年学术讨论会上宣读，原载《近代史研究》1995 年第 5 期；收入张海鹏《追求集——近代中国历史进程的探索》，社会科学文献出版社，1998。

变幻，日本反共宣传的加强，国民党在抗战中的反共意识也日益强化。1939 年 1 月，国民党五届五中全会决定了“溶共”“防共”“限共”的方针，预示着其政策重点开始从对外转向对内。为了消除“心腹之患”，国民党此后采取实际措施，尝试用军事方法清除要害地区共产党武装力量的冒险。1939 年，国民党在一份题为《第八路军在华北陕北之自由行动应如何处置》的文件中表示担心：“国民党失地，日本与共产党分地”，“本党统治之土地，将一失而不易复得”①，“共党一年来由三万扩大到五十万，再一两年定不止一百万，那时还有国民党活路”②？正是基于坚持国民党一党专政的理念，一个削弱、限制共产党武装力量的计划就在酝酿制定之中了。

二 1941 年 1 月：国共关系的尖锐对立

1940 年 10 月 19 日，参谋总长何应钦及副总长白崇禧联名发出皓电，要求黄河以南的八路军和新四军全部按“中央提示案”规定，开赴黄河以北。11 月 9 日，八路军总司令朱德等发出佳电，只同意将长江以南之新四军部队移至江北③。国共之间的关系开始紧张起来。

国民党部分军事领导人自恃军力雄厚，扬言八路军、新四军不过“裹胁成军”，对前此在河北、晋西和苏北等处与中共军队冲突惨遭失败愤愤不平，必欲报复。他们在将中共军队全部限制在河北地区的要求被拒，新四军江北陈毅部又复与国民党韩德勤部猛烈冲突的情况下，军事剿灭中共的愿望自然更加强烈。何应钦上书蒋介石，要求第三战区应准备“将江南新四军立予解决”④。军令部部长徐永昌拟就针对八路军

---

① 转见中国人民解放军政治学院党史教研室编《中共党史参考资料》第 8 册，第 325 页。

② 转见《周恩来致毛主席并中央书记处电》（1940 年 11 月 13 日）。

③ 《何应钦、白崇禧致朱彭总副司令叶挺军长皓电》，《朱彭叶项复何应钦、白崇禧佳电》，中央档案馆编《皖南事变（资料选辑）》（以下简称《皖南事变》），中共中央党校出版社，1982，第 83—89 页。所谓“中央提示案”，是国民党于 1940 年 7 月提出的，它对陕甘宁边区辖境、十八集团军和新四军作战区域和编制作了严格限制。详情参见秦孝仪主编《中华民国重要史料初编——对日抗战时期》第 5 编《中共活动真相》（4），台北，中国国民党中央委员会党史委员会，1985，第 227—230 页。

④ 《何应钦关于解决江南新四军的亲笔函件》（1940 年 12 月 3 日），中国科学院历史研究所第三所南京史料整理处辑《中国现代政治史资料汇编》第 3 辑第 15 册，第 5 页。

的《华北作战计划》，提出立即在华北地区做好应战部署，必要时取攻势作战。胡宗南密电蒋介石，说明已拟定“对肤施攻势作战计划”，要求“实施直捣肤施之攻势作战”[①]。第三战区司令长官顾祝同更先后于12月20日和26日密令所部分途向皖南新四军驻地集结包围，构筑碉堡，准备“彻底肃清”“匪巢”[②]。

正是在这种气氛下，蒋介石于12月7日批准了军令部一再呈报的《剿灭黄河以南匪军作战计划》，并于1941年1月6日以“朱叶各部尚未恪遵命令向黄河以北移动”为由，命令黄河以南各国民党部队以武力“强制执行”，“迫其就范”[③]。新四军军部九千人终因寡不敌众，弹尽粮绝，于1月14日在泾县以南茂林地区被歼灭，军长叶挺被俘，副军长项英死难。

皖南事变发生，使得在抗战大局下的国共合作关系面临破裂的危险。如何善其后，便成为国共两党，也是全国政治的焦点。

国民党方面。观察蒋介石1月6日命令，他对所谓“剿灭黄河以南匪军”并无十分把握，且担心各部队会像前此各次冲突一样，反为中共所乘，故再三叮咛负责将领，要“以游击战要领避难就易、避实就虚”地进行作战，万勿因指挥失误而影响大局，显得对“剿共”战争不乐观。因而，对皖南“剿共”顺利得手，出乎意外，当然对何应钦、白崇禧等军事领导人力主乘机取消新四军番号的建议，便一扫从前对“剿匪”作战计划的犹疑态度，变得明朗起来。而且一个月前美英两国刚刚宣布向中国提供大笔援助贷款[④]，因此，对各方反应也颇为自信，估计除苏联可能反应强烈外，“此事对内、对外与对敌国皆可以生有效而良好之反响也”[⑤]。显然是一番乐观气象。在这种气象下，蒋介石很轻易

① 《胡宗南致重庆蒋委员长电》（1940年12月22日），《中国现代政治史资料汇编》第3辑第12册，第123—124页。

② 《第三十二集团军剿匪军计划》（1940年12月29日），《中国现代政治史资料汇编》第3辑第15册，第186页。

③ 《蒋中正致李长官电》（1941年1月6日），《中国现代政治史资料汇编》第3辑第11册，第125页。

④ 美国总统罗斯福于11月30日正式宣布向华贷款一亿美元，英国政府随后也于12月10日宣布对华贷款5000万英镑。见秦孝仪主编《中华民国重要史料初编——对日抗战时期》第3编《战时外交》（1），台北，中国国民党中央委员会党史委员会，1981，第122—125、285页。

⑤ 古屋奎二编《蒋总统秘录》第12册，台北，中央日报社，1977，第115页。

地接受了军委会讨论的结论：宣布新四军为“叛变”，撤销新四军番号，将叶挺革职并交付军法审判。1月17日晚，国民政府军事委员会通令和国民政府军事委员会负责人谈话发表，次日刊于报端。这个通令和谈话，把皖南事变引发的国共两党间的紧张关系，推向了又一个高峰，显示出蒋介石这时确有不怕分裂和打内战的思想准备。

共产党方面。皖南事变的发生在中共中央的预料之内，其结果却出中共中央意外[①]。新四军军部在皖南全军覆没，使毛泽东和中共中央其他负责人极为愤怒。还在新四军被包围，处在危急时刻，毛泽东、朱德、王稼祥于1月13日决定接受前一日刘少奇、陈毅的建议，采取紧急应变措施，指示“苏北准备包围韩德勤，山东准备包围沈鸿烈，限电到十天内准备完毕，待命攻击”，“以答复蒋介石对我皖南一万人之聚歼计划”；“如皖南部队被蒋介石消灭，我应坚决彻底干净全部消灭韩德勤、沈鸿烈，彻底解决华中问题”[②]。同时指示周恩来、叶剑英在重庆抗议，皖南事变应公开宣传；为应付严重事变，华北应加紧准备机动部队，重庆、桂林、西安、洛阳各办事处应即刻准备好对付蒋介石袭击。这是事变中的紧急措置，实际上已提出了处理事变的重大原则。同日，毛朱王电示刘少奇、陈毅，告以“我们已向当局提出最严重之抗议”，“我全国政治上、军事上立即准备大举反攻”[③]。1月14日，毛朱王代表中共中央向八路军、新四军各部及重庆办事处周、叶发出指示，明确提出“中央决定在政治上军事上迅即准备做全面大反攻，救援新四军，粉碎反共高潮”[④]，并重申13日指示中之应准备各项。这是周恩来在重庆多次向蒋介石提出严正抗议无望以后，所做出的救新四军于死的决定。

---

① 新四军在皖南失败，除了国民党调集重兵封堵外，还有主观原因。毛泽东在1月15日中共中央政治局会议上说：皖南新四军的失败，从我们自己方面来说，首先是由于新四军的领导项英、袁国平等没有反摩擦的思想准备，其次便是指挥上的错误。新四军本来可以北上，但项英动摇，如不是项英动摇，是可以不失败的。参见中共中央文献研究室编《毛泽东年谱（1893—1949）》中卷，中央文献出版社，1993，第256页。

② 中共中央文献研究室、中国人民解放军军事科学院编《毛泽东军事文集》第2卷，军事科学出版社、中央文献出版社，1993，第610页。

③ 《毛泽东、朱德、王稼祥关于皖南事变中我之对策给刘少奇、陈毅的通报》，《皖南事变》，第139页。

④ 《在政治上军事上全面大反攻救援新四军》，《毛泽东军事文集》第2卷，第612页。

1月15日，消息证实新四军军部已全军覆灭，中共中央政治局会议检讨了新四军失败的原因，通过了《中央关于项袁错误的决定》[①]，毛泽东指出，对于皖南事变，我们要实行全国的政治反攻，要有非常强硬的态度[②]。同日，毛泽东针对周、叶所报蒋说“新四军北开中央决不留难”“我已下令新四军过江后发弹十万并饷”[③] 的话，致电周恩来、叶剑英并告八路军、新四军负责人，指出“蒋介石一切仁义道德都是鬼话，千万不要置信”，重申“中央决定发动政治上的全面反攻，军事上准备一切必要力量粉碎其进攻”，强调：“只有猛烈坚决的全面反攻，方能打退蒋介石的挑衅与进攻，必须不怕决裂，猛烈反击之，我们‘佳电’的温和态度须立即终结。”[④] 从现所见中共方面的文件档册看，共产党对皖南事变的态度就是如此。如果没有1月17日国民党方面发表关于皖南事变的通令和谈话，国共关系尖锐到什么程度，还未可预测。

但是，国民政府军委会通令和谈话的发表确定了皖南事变的性质并把对新四军的处理通令全国，这就把皖南的军事冲突一下提升为抗战期间国共两党的关系问题，成为全国政治的关注焦点，成为苏、美、日舆论和政治关注的中心了。中共对此不能不做出更为强烈的反应。

针对重庆军委会1月17日发表的通令和谈话，1月18日中共中央政治局召开紧急会议，会后发表《中共中央发言人对皖南事变发表谈话》[⑤] 和《中央关于皖南事变的指示》[⑥]；1月20日中共中央政治局会议再次讨论对策，决定中共中央革命军事委员会发布重建新四军军部的命令，并用中共中央军委名义发表谈话，同日还发出《中央军委总政治部关于皖南事变后我八路军新四军的紧急工作的指示》[⑦]；1月29日中

---

① 中央档案馆编《中共中央文件选集》第13册，中共中央党校出版社，1991，第31—34页。

② 见《毛泽东年谱（1893—1949）》中卷，第256页。

③ 引自《毛泽东、朱德、王稼祥关于周恩来、叶剑英与蒋介石交涉情况给刘少奇、叶挺等的通报》（1941年1月14日），《皖南事变》，第144页。

④ 《毛泽东关于政治上军事上准备全面反攻致周恩来、叶剑英》，《皖南事变》，第147页；参见《毛泽东年谱（1893—1949）》中卷，第256—257页。

⑤ 见《中共中央文件选集》第13册，第11—15页。

⑥ 《中共中央文件选集》第13册，第8—10页。《为皖南事变发表的命令和谈话》，《毛泽东选集》（合订本），人民出版社，1964，第769—776页。

⑦ 见《中共中央文件选集》第13册，第16—19页。

共中央政治局会议，总结检讨时局，做出《中央关于目前时局的决定》[①]。在此期间，毛泽东和中共中央还就处理皖南事变善后问题发出一系列指示、命令、通报等文电。上述文献，清楚告诉我们，共产党是怎样判断形势、确立对蒋斗争方针和制定斗争策略的。

关于形势判断。中共认为，皖南事变“是抗战以来国共两党间，也是抗日民族统一战线内部空前的严重事变”，国民党在1月17日采取的政治步骤，“表示他自己已在准备着与我党破裂，这是‘七七’抗战以来国民党第一次重大政治变化的表现”[②]，“是全国性突然事变与全面破裂的开始，是西安事变以来中国政治上的巨大变化，是大地主大资产阶级由合作到破裂的转折点”。“由开始破裂到完全破裂，可能还有一个相当的过程，其时间的快慢，由国际国内各种复杂条件来决定。”蒋介石所采取的步骤，“完全是背叛民族利益，适合日本帝国主义的要求的”，“把我党我军及全国人民推到和他完全对立的地位”，“破裂的责任完全在蒋介石方面”[③]。“皖南事变同时造成了我们在政治上给国民党亲日派、英美派向我们的进攻以有力回击的有利条件。”[④]

关于斗争方针。鉴于以上对形势的判断，对于蒋介石“我们过去一面斗争一面联合的两面政策，现在已经不适用了，对于他们，我们现在已不得不放弃联合政策，采取单一的斗争政策”，“只有这种尖锐对抗的政策，才是目前唯一正确的政策”[⑤]。抓住1月17日命令，“坚决反攻，跟踪追击，绝不游移，绝不妥协”，“否则不但不能团结全国人民，不能团结我党我军，而且会正中蒋之诡计”。“如蒋业已准备全面破裂，我们便是以破裂对付破裂；如蒋并未准备全面破裂，我们便是以尖锐对立求得暂时缓和。”[⑥] 只有这种尖锐的对抗政策，“才能经过一个严重的斗争过程之后，克服蒋介石的反动，达到争取新形势下的时局好转（新的时局好转）之目的”[⑦]。

所谓尖锐对抗、尖锐对立，就是在政治上不退让、不妥协，你采取

---

① 《中共中央文件选集》第13册，第26—30页。

② 《中央关于皖南事变的指示》，《中共中央文件选集》第13册，第8页。

③ 《中央关于目前时局的决定》，《中共中央文件选集》第13册，第26—28页。

④ 《中央关于皖南事变的指示》，《中共中央文件选集》第13册，第9页。

⑤ 《中央关于目前时局的决定》，《中共中央文件选集》第13册，第27、28页。

⑥ 《毛泽东年谱（1893—1949）》中卷，第260—261页。

⑦ 《中央关于目前时局的决定》，《中共中央文件选集》第13册，第27页。

一个步骤，我就采取其他必要步骤以对抗。重庆军委会发表通令和谈话，延安军委会也发表命令和谈话以对抗；重庆宣布新四军“叛变”、取消新四军番号、叶挺交付军法审判，延安军委会则宣布新四军抗战有功、驰名中外，命令重建新四军军部，任命代理军长。新四军将领公开发表就职通电，又发表声讨亲日派通电①，都在政治上造成强硬气势。延安还针对重庆处置失误，提出善后解决办法 12 条，重点在于：取消 1 月 17 日的反动命令、惩办皖南事变祸首、恢复叶挺自由并继续充当新四军军长、废止一党专政、逮捕亲日派首领②。这些要求，国民党当然是无法接受的，公开提出来，就是要在政治上形成有利于我的尖锐对抗。蒋介石在 1 月 27 日发表为皖南事变辩解的谈话，毛泽东两天后出席中共中央政治局会议，即批驳说，蒋介石说“皖南事变只是所谓军纪问题、局部问题，我们必须说明是政治问题、全局问题、外交问题，是日寇与亲日派推到投降反共的一方面”③，《中央关于目前时局的决定》中，对此进行了分析。

以上所说，就是在政治上对国民党形成攻势。前面指出过，1 月 15 日前中共中央曾考虑过政治上军事上全面反攻问题。论者以为，中共党内刘少奇、周恩来曾对军事上反攻提出过不同意见，共产国际不同意中共中央采取同蒋介石尖锐对立的政策，提醒中共中央不可主动破裂国共关系，因此中共中央在皖南事变后确定政治上取攻势、军事上取守势的方针，是兼听了共产国际和党内同志的意见的结果④。这里似乎不无道理。仔细分析，尚有可辩证之处。共产国际、季米特洛夫电报只是提醒中共注意利用日蒋矛盾，并未明言军事上攻势或守势问题⑤。刘少奇电

---

① 两通电载《中共中央文件选集》第 13 册，第 20、21—23 页。

② 12 条，在 1 月 18 日的《中央关于皖南事变的指示》和《中共中央发言人对皖南事变发表谈话》中已提出要点，而在 1 月 20 日中共中央军委会发言人对新华社记者的谈话中形成，见《毛泽东军事文集》第 2 卷，第 618 页。

③ 《毛泽东年谱（1893—1949）》中卷，第 262 页。

④ 参见刘以顺《皖南事变后中共反击国民党顽固派方针的确定》，《抗日战争研究》1992 年第 1 期。又参见杨奎松《皖南事变前后毛泽东的形势估计和统战策略的变动》，《抗日战争研究》1993 年第 3 期；李良志《关于皖南事变后中共中央反击反共逆流策略的转变》，《中共党史研究》1995 年第 3 期。

⑤ 见杨奎松《皖南事变前后毛泽东的形势估计和统战策略的变动》，《抗日战争研究》1993 年第 3 期。

报发于1月15日亥时[①]，到达中共中央和毛泽东手中已是16日上午，正是江北和延安获悉皖南新四军被歼之时。前已指出，1月13日决定军事上反攻，主要是指苏北包围韩德勤、山东包围沈鸿烈，是在救江南新四军于死时，为答复蒋介石之江南聚歼计划而采取的紧急军事措置，未见得是一种长期的方针。毛泽东当然是重视并接受刘少奇的建议的，但皖南失败后，江南北的军事形势已发生变化，原所作包围韩、沈的计划已改变[②]，其他军事上的部署都是防御性的，有的仅是预计形势更为恶化时的设想。就是说，把军事上的反攻，作为反击皖南事变的斗争方略，事实上是行不通的。所以1月18日做出改变包围韩、沈部署后，19日毛朱王致电彭德怀并告刘少奇时，已指出"在军事上先取防御战"[③]；20日毛致电周恩来、彭德怀、刘少奇，指出"目前我们在政治上取猛烈攻势，而在军事上暂时还只能取守势，惟须作攻势的积极准备"[④]；25日毛起草中共中央书记处复周恩来电，就明确为"政治上取全面攻势，军事上取守势"[⑤]。这是合乎逻辑的发展。季米特洛夫电报是25日到延安的，显然它对中共方针的确立未起决定的影响。

关于斗争策略。中共不因在政治上对蒋展开尖锐对立政策而不顾一切，蛮干。共产党是很讲斗争策略的。处理此次国共斗争的一个大背景是，国共双方都在坚持抗日战争。尽管"他们已经杀了第一刀，这个伤痕是很深重的"[⑥]。但在处理善后中，对国民党、对蒋介石很注意掌握分寸。在党内教育中，也一再要求把握党的政策，"要反对'痛快干一下'，'这一下子可以恢复内战时代的一套办法了'等等错误认识"，"一切'左'的陷自己孤立的错误举动应当避免与纠正"[⑦]。

大要说来，这些斗争策略包括如下数项：

第一，以抗战大局为重，以民族第一、抗战第一相号召，"在坚持

① 见《毛泽东年谱（1893—1949）》中卷，第256页。

② 见《毛泽东年谱（1893—1949）》中卷，第257—258页。

③ 《毛泽东年谱（1893—1949）》中卷，第258页。

④ 见《皖南事变》，第184页。

⑤ 见《皖南事变》，第193页；《毛泽东年谱（1893—1949）》中卷，第260页。

⑥ 《中共中央军委发言人对新华社记者的谈话》，《毛泽东军事文集》第2卷，第619页。

⑦ 《中央军委总政治部关于皖南事变后我八路军新四军的紧急工作的指示》，《中共中央文件选集》第13册，第18页。

抗日反对内战口号下动员群众"[①]，要求停止"剿共"战争，反对破坏抗战、破坏团结，肃清亲日分子，坚持抗日到底[②]。"反对内战，中国人不打中国人，前线国军同八路军新四军团结起来，枪口一致对日！"[③]对皖南事变及1月17日令之处置，"我们须一口咬定这是日寇与亲日派（不说蒋）的计划。关于所谓军纪军令迫我北移及各地捉人杀人一切反革命行为，我们均咬定是亲日派承日寇命令所为。这样一来，使我政治上处于优势，使蒋介石及国民党不得不转入辩护地位，并不是蒋与日本业已讲和了，关于蒋日间矛盾，即使很小，我们还是可以利用的"[④]。采用这样的斗争策略，有利于团结党内外群众，团结中间派，也使蒋介石、国民党无话可说。

第二，揭露国民党亲日派的政治阴谋，但不直接反对蒋介石，在政治上尖锐对立时，也保持防御姿态[⑤]。"在蒋没有宣布全部破裂时（宣布八路及中共叛变），我们暂时不公开提出反蒋口号，而以当局二字或其他暗指方法代替蒋介石名字"[⑥]，"对于何应钦等亲日派首领，则指名反对之"[⑦]。

第三，既是针锋相对，又是有理有利有节。"蒋现尚未提及八路与中共，故我们亦不提及整个国民党及中央军，八路及中共人员亦不公开出面，看蒋怎样来，我们便怎样去，在这点上我们仍是防御的。"[⑧] 以

---

① 《毛泽东、朱德、王稼祥关于在政治、军事、组织上应采取的步骤致彭德怀、刘少奇》，《皖南事变》，第180页。

② 《中共中央发言人对皖南事变发表谈话》，《中共中央文件选集》第13册，第14—15页。

③ 《中央关于皖南事变的指示》，《中共中央文件选集》第13册，第9页。

④ 《毛泽东关于对蒋介石的策略致彭德怀、刘少奇、周恩来》，《皖南事变》，第191页。

⑤ 《毛泽东、朱德、王稼祥关于在政治、军事、组织上应采取的步骤致彭德怀、刘少奇》，《皖南事变》，第180页。

⑥ 《毛泽东等关于皖南事变后新四军行动方针的指示》，《中共中央文件选集》第13册，第24页。1月29日中央政治局通过的《中央关于目前时局的决定》也强调指出了这一斗争策略。毛泽东于1月23日给彭德怀的指示中说过："现在已经不是打退反动（按应为共）高潮问题，而是根本破裂问题，已不是增兵威胁问题，而是如何推翻蒋介石统治问题。"见前引李良志文，载《中共党史研究》1995年第3期。又据《毛泽东年谱（1893—1949）》中卷第263页载，1月29日毛泽东出席中央政治局会议，讨论中央关于目前时局的决定，在发言中曾说："应公开批评蒋介石。"显然这些均是一时愤激之词，中共通过的正式文件或对外正式发布的文件中无此意。

⑦ 《中央关于目前时局的决定》，《中共中央文件选集》第13册，第29页。

⑧ 《毛泽东关于对蒋介石的策略致彭德怀、刘少奇、周恩来》，《皖南事变》，第192页。

上二、三两项体现了斗争策略的灵活性，为此后局势的缓和埋下了伏线。

第四，不放弃抗日统一战线的基本原则，在斗争中注意团结中间派。

三　1941 年 2 月以后：日军进攻造成了国共转圜的契机

皖南事变后出现的国共对立，不是十年内战时期的国共对立，而是在抗战大背景下的国共对立。与国共两党有关的国际势力，也都从中国抗战是否能继续的角度观察国共冲突。日本帝国主义虽在反共一点上与国民党有相似的一面，但在灭亡中国一点上与国民党尖锐对立。日本于 1 月底开始的豫南作战，5 月进行的晋南作战，只能服从于日本帝国主义的整个战略目标，并不因国共冲突而推迟。这就决定了国共对立不能以尖锐的形式继续下去，决定了国共两党在处理皖南事变善后时，不能离开民族第一、抗战第一的大前提。因此，国共两党尖锐对立的形势，客观上存在着疏解的可能。

毛泽东曾批评蒋介石 1 月 17 日对新四军的公开处置是“一大失策”[①]。蒋虽然从未承认过毛的批评，但他事实上感受到了这一批评的分量。如国民党内高层人士对皖南事变也感到震动，一部分高层干部甚至始终被蒙在鼓中。事变发生后，一直在蒋介石和周恩来之间担任联络工作的国民党中委张冲，对周恩来表示“没有脸见人”。宋庆龄等国民党左派联合上书蒋介石和国民党中央，痛切陈词，揭示“国人既惶惶深忧兄弟阋墙之重见今日”[②]。冯玉祥转告中共代表，暗约同情，并断言此定为何应钦之阴谋。孙科得到消息后，虽对人表示不能有所作为，但也深表忧虑和愤慨。在讨论对新四军处置时，内部也颇多分歧。据王世杰在日记中所说，他就反对公布与新四军冲突消息，“力主于此种冲突仍应避免表面化”，“以免美国援华之计划受其影响”[③]。1 月 16 日，重

---

① 参见《皖南事变》，第 191 页。

② 《宋庆龄等致蒋介石及国民党中央电》，《皖南事变》，第 253 页。

③ 《王世杰日记手稿本》第 3 册，台北，中研院近代史研究所，1990，第 5、6—7 页。

庆军委会约集党政各有关机关，研讨关于新四军问题之处理，文职官员与军事领导人明显的发生意见分歧[①]。直至准备发布取消新四军命令的当天上午，王世杰还赶赴蒋介石寓所，恳切说明如此公开处置，不仅有造成大规模内战之危险，而且国际方面观感及沦陷区域人心亦多顾虑。“但军部负责长官均力主公布，蒋先生亦如是。”[②] 王世杰与张治中（文白）交谈共产党问题，“均主日前必须力避大破裂。文白已以其意向蒋先生力陈”[③]。

党内如此，国内各小党派对新四军的处置更是表示反感。有的要求与中共积极联合以抵抗国民党的压迫。黄炎培向人表示：不论事情之经过是非，当局如此措置绝对错误[④]。黄炎培日记所记为新四军事在各方奔走甚多，在蒋介石招餐时，黄炎培畅陈：“今后应重订方针，必须加强团结，1. 充实力量，2. 争取民心，3. 避免冲突。”[⑤]

最让国民党人感到不安的，则是来自海外的强烈反响。美国记者斯诺和与罗斯福关系密切的前海军陆战队少校卡尔逊，先后在美国报纸发表言论，抨击皖南事变，宣传中国将会爆发严重内战。英国援华总会也致电蒋介石，要求给新四军以正当待遇。苏联驻华大使和武官一有机会就向蒋介石和王世杰询问新四军情况。苏联《真理报》公开发表消息，声称皖南事变并非偶然，其他中共军队亦将被国民党所解决。驻美大使胡适报告说：“新四军事件，美国人士颇多疑虑……其左倾者则公然批评我政府。”[⑥] 据国民党中央宣传部部长王世杰所获消息：“国际间对于新四军事件，群以中国将发生大规模之内战为惧，且颇多受共产党方面宣传而不直政府之处置者。”[⑦] 事变后海外华人舆论几乎一致批评国民党。司徒美堂、陈嘉庚等海外华人名流来电言辞激烈。仅一个半月左

---

① 蒋介石1月17日日记有“文人多主缓和，而军人皆赞成”之说。见《蒋总统秘录》第12册，第115页。

② 王世杰日记，1941年1月17日，《王世杰日记手稿本》第3册，第10—11页。

③ 《王世杰日记手稿本》第3册，第25页。又见张治中《我与共产党》，文史资料出版社，1980，第18—21页。张曾在3月2日向蒋上万言书，痛陈对中共问题处理的失策。该书载有万言书要点，可参看。

④ 《新四军事变后的各方动态》，《皖南事变》，第258页。

⑤ 《黄炎培日记》第49册，1941年3月3日，未刊本，中国社科院近代史研究所藏。

⑥ 中国社会科学院近代史所中华民国史组编《胡适任驻美大使期间来往电稿》，中华书局，1978，第101页。

⑦ 《王世杰日记手稿本》第3册，第22页。

右，国民党中央就收到来自其海外党部和有关华人团体发来的批评电数十通，其间不乏悲痛激愤之词。

蒋介石本人则直接关注美国的态度。来自华盛顿的电讯称，美国对中国国共之“内争”，表示关怀之意，训令美国总统特使居里来华，调查国民党指摘共产军抗令叛变及其他阴谋之情事，与共产党反责国民党剥削农民之情事。美国政府关怀中国内部摩擦之结果，已使拟议中之5000万美元贷款缓期实行。蒋介石特于1月25日就此致电驻美代表宋子文，嘱请美政府否定以上消息①；又于29日接见美国驻华大使詹逊，打探以上消息的真伪②。居里访华，确曾关心中国抗战前途和共产党问题，他向蒋介石转达罗斯福口信，要蒋“为抗日战争之共同目标而加紧其团结”，居里个人解释罗斯福总统此意说：“其衷诚所期望者，惟愿中国抗战之实力不受共党问题之影响，永远保持其完整，以完成抗战之大业。”③ 此后蒋又数次与居里接谈，每次都喋喋不休地攻击共产党受第三国际之指使，解释对共产党之政策，保证他“确有统制全局之把握，无论中共如何变乱，中国绝无发生内战或内部分裂之危险”④，以期冲淡因处置新四军失策给美国人造成不良印象，确保美国援华贷款不致落空。另据报道，居里会见蒋介石时曾声明：美国在国共纠纷未解决前，无法大量援华，中美间的经济、财政等各问题不可能有何进展⑤。

皖南事变掀起的“余波”⑥ 之大，显然出乎蒋之预想。蒋不得不一面授权宣传部对国际众多“不直政府之处置者”进行反宣传，一面设法息事宁人。在皖南取得如此大的胜利之后，又遇到党内党外，国内国外如此强烈的反响，他当然要考虑不使事态进一步扩大和激化。因此，

---

① 《蒋委员长自重庆致驻美代表宋子文电》，秦孝仪主编《中华民国重要史料初编——对日抗战时期》第3编《战时外交》（1），第535页。

② 《蒋委员长在重庆接见美国驻华大使詹森洽谈关于居里来华之行程及揭示共产党内幕情形与新四军事件之真相谈话记录》，秦孝仪主编《中华民国重要史料初编——对日抗战时期》第3编《战时外交》（1），第536—537页。

③ 《蒋委员长在重庆接见居里先生听其报告来华之原因谈话记录》，秦孝仪主编《中华民国重要史料初编——对日抗战时期》第3编《战时外交》（1），第543、544页。

④ 《蒋委员长在重庆接见居里先生揭示中国当前之五大问题谈话记录》，秦孝仪主编《中华民国重要史料初编——对日抗战时期》第3编《战时外交》（1），第550页。

⑤ 见1941年3月9日《新中华报》，转引自金冲及主编《周恩来传》，人民出版社、中央文献出版社，1989，第491页。

⑥ 蒋介石1941年1月25日日记，见前引《蒋总统秘录》第12册，第117页。

他从一开始就明确要求部下就事论事，“以指斥新四军为限”，“应不涉及共产党或第十八集团军”[①]，避免使事态进一步扩大化。18 日，即《中央日报》发表撤销新四军番号令的当天，周恩来不顾国民党的新闻封锁，通过《新华日报》刊出“千古奇冤，江南一叶，同室操戈，相煎何急”的抗议题词。这一针锋相对的大胆举动，对国民党中一些人刺激颇大，他们强烈要求立即查封该报，宪兵队并抓去新华日报营业部主任。可是，就在周跑去向张冲力争之后，蒋介石反而做起了和事佬，声称“对于共党，在军事方面须严，政治方面不妨从宽”[②]。结果，不仅人第二天即被放出，《新华日报》也照出不误。至 27 日，蒋介石更进一步发表谈话，强调此次对新四军“纯然是为了整饬军纪，除此之外，并无其他丝毫政治或任何党派的性质夹在其中”[③]。共产党对蒋的谈话虽进行了尖锐批判，但实在说，蒋强调是军纪问题，正是在政治上处于守势的表现。

蒋介石的 1 月 17 日令，显然是导致国共走向对抗和破裂的关键所在。要共产党承认 17 日令所宣布之罪状，当然没有可能；要蒋介石国民党取消自己发布的命令，惩办何应钦等，同样也是没有可能的。因此，对于共产党来说，采取政治上全面对抗态度，是情非得已；对于国民党来说，政治上予以让步也是不得已被迫做出的选择。结果，共产党在军事上受挫，但在政治上提高了威信，得分不少；国民党军事上占了便宜，政治上丧失人心，失分甚多。美国学者约翰逊在研究这一段历史后得出结论说：“在整个中日战争中，没有一件事比新四军军部在‘忠实执行命令’时被消灭更能提高共产党对国民党的威望了。”[④]

1 月下旬，日军突然对国民党正面守军发起大规模进攻，使得两党僵持的对抗局面开始或多或少地发生变化。张冲找到周恩来，提出国共必须找出妥协办法，他提议以华中中共军队展期北移和将新四军归入八

---

① 见前引《王世杰日记手稿本》第 3 册，第 11 页。

② 《王世杰日记手稿本》第 3 册，1 月 24 日条，第 14 页。

③ 《蒋委员长对整饬军纪加强抗战的训词》，秦孝仪主编《中华民国重要史料初编——对日抗战时期》第 2 编《作战经过》（1），台北，中国国民党中央委员会党史委员会，1981，第 328 页。

④ Chalmers A. Johnson, *Peasant Nationalism and Communist Power: The Emergence of Revolutionary China, 1937 - 1945.* 转引自费正清、费维恺编《剑桥中华民国史（1912—1949）》下卷，中国社会科学出版社，1994，第 763 页。

路军增编一军的办法，使双方矛盾得以缓解。尽管张冲声明此纯为私人意见，但中共方面显然将其视作蒋介石示弱的一种表现。与此同时，日军继续进攻国民党军，显示出前此中共把事变的发生与国民党投降可能相联系，并无根据，毛泽东也迅速做出“反共高潮可能下降，中日矛盾仍属第一”[①] 的判断，重又开始设想恢复国内团结的可能性。从中共中央 2 月 2 日给各地领导人的指示中可以看出，中共虽然仍旧明确要求坚持 12 条，“目前绝不松口”，但它事实上已经提出准备“在适当条件下不拒绝妥协”的问题[②]。随着蒋用于包围陕甘宁边区的中央军部分东调增援，华中地区国民党军队处境困难，毛进一步判断，国民党军事进攻已经终结，因而其“‘剿共’计划已根本打破了”[③]，“内战已可避免”，国共两党“已开始有了妥协的基础”[④]。

至此，我们可以看出，共产党对国民党展开的政治攻势的第一个高潮，以共产党的胜利而结束。其标志是：国民党通过皖南事变形成的军事攻势已经停止，通过对八路军、新四军的包围形成的“剿共”计划已经破产；共产党发动的政治攻势挫败了 1·17 命令给共产党带来的冲击，使共产党赢得了国内国外舆论的支持和同情。1·17 命令是国民党继皖南事变的军事胜利之后对共产党发动的一次政治攻势，但这一政治攻势失败了。其标志是：蒋介石经过政治上的打击后，主动表示对共产党“政治上从宽”，又在日寇进攻下主动向共产党寻求妥协。正如毛泽东估计的，“一月十七日以前，他是进攻的，我是防御的，十七日以后反过来了，他已处于防御地位，我之最大胜利在此”[⑤]。

2 月中旬，日军豫南作战结束，国民参政会二届一次会议即将召开。围绕着中共参政员是否出席参政会问题，共产党在对国民党的政治攻势上再次掀起高潮。

二届一次参政会如能如期召开，共产党参政员能出席，就会象征国内的团结。国民党方面巴不得能劝说中共代表出席。各小党派也积极活

---

① 《日军进攻态势及我们对国民党的方针》，《毛泽东军事文集》第 2 卷，第 629 页。

② 《毛泽东军事文集》第 2 卷，第 629 页。

③ 《对日军进攻形势和蒋介石政治动向的分析》，《毛泽东军事文集》第 2 卷，第 633 页。

④ 《毛泽东年谱（1893—1949）》中卷，第 267 页。

⑤ 《关于在国共关系僵局中对国民党的策略的指示》，《中共中央文件选集》第 13 册，第 49 页。

动，设法缓和两党关系。2 月 10 日，黄炎培等与周恩来讨论中共出席条件，双方最终达成妥协，即可将中共所提皖南事变善后 12 条办法提到参政会上要求讨论，并在参政会以外成立各党派委员会讨论国共关系和民主问题。对此，中共中央考虑后复电表示同意，强调必如此才能“恢复国共团结，重整抗日阵容，坚持对敌抗战”[①]。但事实上，正如毛泽东对周所说：目前做法仍是僵局，因蒋是不会承认 12 条的，哪怕是一部分也不可能。果然，以中共七参政员名义拟就的致国民参政会公函经张冲转交参政会秘书长王世杰后，王当即托张冲转告周恩来：“如此做法，只能促成破裂，决不能威吓中央，盼其将来电撤回。”[②] 对此，在请示延安后，周再告张冲，致参政会公函不能撤回，如国民党同意商谈，但认为不宜在参政会讨论，自可在会外谈判。只是在没有取得满意结果之前，我们不能出席参政会[③]。双方为此反复交涉两周时间，未得结果。周恩来明确讲：国民党指责我们为“奸党”“叛军”，如今不仅不道歉，还要我们来给你们捧场，“岂不是侮辱？”[④]

坚持 12 条，毛之目的只“在于以攻势打退攻势”[⑤]。所以如此，是因为中共这时认为国民党此次对日作战受损失不大，相反，国民党对共产党在政治上的压迫和军事上的进攻，局部地区还有增加趋势。当然，他仍反对军事进攻，对于少数军事领导人强调现在不怕破裂，应组织军事反攻的观点，他明确认为不妥。为此，他特别强调：“必须使部队高级人员懂得，一方面要准备对付可能的突然事变（全面破裂），一方面又要在自己的行动上避免引起过早破裂，要知道破裂愈迟愈有利，愈早愈有害。”而只要不在军事上进攻，不妨碍蒋介石抗日，他相信就不会有大问题，蒋“不投降不会宣布全面破裂”[⑥]。因此通过政治攻势把国民党打到防御地位，是唯一的缝合国共关系裂口的办法，一旦使他不能

---

① 《中共中央同意将十二条提到参政会讨论给周恩来的指示》，《皖南事变》，第 212 页。

② 王世杰日记，1941 年 2 月 19 日，《王世杰日记手稿本》第 3 册，第 27—28 页。

③ 中共中央文献研究室编《周恩来年谱（1898—1949）》，人民出版社，1989，第 493 页。

④ 《周恩来关于同张冲谈拒绝出席参政会问题给毛泽东的报告》，《皖南事变》，第 219 页。

⑤ 《关于在国共关系僵局中对国民党的策略的指示》，《中共中央文件选集》第 13 册，第 49 页。

⑥ 《关于皖南事变后我军军事方针的指示》，《中共中央文件选集》第 13 册，第 54 页。

再进攻了，“国共暂时缓和的可能性就有了”[①]。

但25日、26日、27日接连三天，张冲再三找周商谈，“苦苦哀求”至不惜“为了国家”愿跪下恳求中共撤回公函，因“十二条中，取消命令，取消一党专政，今天实做不到”[②]。蒋介石这时也再三提到中共出席问题，表示同意选周恩来为主席团成员。各小党派更是积极介入，乃至提议组织特种委员会，以蒋为主席，周为副主席，在参政会内外共同讨论解决国共关系问题。蒋也满口应允，使多数小党派领导人备受鼓舞。但蒋此举并非在重视各小党派，只是在借助他们向中共施加压力。因此，当长时间得不到中共同意出席的答复之后，蒋即公开告诫说：如中共参政员“决定不出席，惟有根本决裂”[③]。结果各小党派倍感紧张。眼看3月1日参政会开幕在即，27日、28两日各小党派代表接连与周恩来、董必武等商谈至半夜，力劝中共设法出席。28日，各方更星夜等候来自延安的答复。各小党派领导人齐集张君劢家等至半夜始散。梁漱溟离开张家后又在黄炎培家与黄等周恩来的电话整整等了一夜[④]。救国会沈钧儒、陶行知、李公朴、史良、沙千里等也开会至半夜讨论中共出席之利弊。蒋介石的侍从室这天夜里也几次打电话问王世杰消息。第二天一大早，各党派电话不断，一些人更亲自跑至曾家岩办事处，恳求中共代表出席大会。

鉴于撤回12条绝无可能，而对中共友好之各方态度恳切至极，为表示“仁至义尽”，中共中央最终决定提出临时办法12条，不提取消蒋令、取消一党专政以及惩办何应钦等国民党无法办到的要求，只要求承认中共两个集团军共六个军；承认边区及敌后抗日政权的合法地位；华北、华中、西北防地维持现状；释放叶挺及所有被俘干部等。中共中央指示周，可以周或董个人名义向张冲提出，“在以上各点见之明文与事实后，我党可以出席参政会”[⑤]。

---

① 《关于在国共关系僵局中对国民党的策略的指示》，《中共中央文件选集》第13册，第50页。

② 《周恩来关于同张冲谈拒绝出席参政会问题给毛泽东的报告》，《皖南事变》，第219页。

③ 黄炎培日记，1941年2月28日，《黄炎培日记》第49册。

④ 黄炎培日记，1941年2月27日、28日，《黄炎培日记》第49册。

⑤ 《中共中央关于提出临时解决办法十二条问题给周恩来的指示》，《皖南事变》，第223页。

周3月1日凌晨得到延安电报，一早就和董必武往见张冲，示以中共新条件，并说明必须使参政会延期两周才有商量解决这些问题的可能。张冲当时即打电话给蒋介石，蒋在电话中要求张转告周，无论如何先请董必武、邓颖超先出席当天的参政会，参加选举主席团。周再见黄炎培、江问渔、梁漱溟等，说明必须延期之理由，但黄等表示无法做到。随后张冲、黄炎培、沈钧儒、左舜生、梁漱溟四人又先后奉蒋之命前来曾家岩请董、邓出席，均被董、邓所拒。当天的参政会开幕式拖后一小时。据说，蒋到会讲话"无精打彩"，国民党参政员也因事先打过招呼而一反常态地"鸦雀无声"，"任各小党派代表提议"。结果，各小党派代表动议延期一天选举主席团，以待再劝中共参政员出席。会后，张冲及各小党派负责人又纷纷来劝。对中共的临时办法12条，张冲表示，多数都可设法，但扩编军队为两集团军六军难以做到；维持防地问题基本精神仍须遵守"中央提示案"，敌后政权须照新县制设置和组织等①。

注意到这种情况，在重庆的中共代表感到："此次参政会我们得了大面子，收了大影响"，"参政会的文章已做到顶点，应该转个弯了"。考虑到"现在全重庆都在等待我们消息，盼望我们出席"，他们显然倾向于就此下台阶。他们因此建议："将停止军事进攻，政治压迫十项要求（共有二十多件）于开会前直接见蒋，并当面交他，请蒋立刻负责解决，其他基本问题，在参政会开时讨论。"他们唯一感到犹豫的是："一切谈判均无保证，而且还未具体化"，如果出席，是不是"太便宜"蒋介石了②。然而，中共中央并不认为已经到了该下台阶的时候了。毛泽东具体解释说：经过反复讨论，书记处一致认为，蒋正发动一切压力迫我屈服，我若出席，则过去有理有利的政治攻势完全崩溃，立场全失，对我一切条件他可完全置之不理，一切文章不能做了，因此决不能无条件出席，因为蒋是决不会给以明令保证的。"只要熬过目前一关，就有好转可能，在半年内能解决善后条件，我仍准备出席九月间的二次参政会。"③

---

① 《周恩来关于与张冲谈判情况给中共中央的报告》，《皖南事变》，第224页。

② 《周恩来关于出席参政会问题给中共中央的报告》，《皖南事变》，第225—226页。

③ 《毛泽东关于坚决不出席参政会问题致周恩来》，《皖南事变》，第228—229页。

中共参政员到底没有出席二届一次参政会，蒋介石也并没有实行“根本决裂”。但是，由于受到党内的压力，蒋在会议召开之初就秘密召集国民党参政员，向他们解释说：国共最终总要分裂的，对此用不着惧怕，单从军事上，三个月就可以消灭共产党，目前政治上还是防御[①]。当然，在公开场合，蒋的讲法又是一样。他在3月6日的参政会上一边公开批评中共所提两个12条都是“信口雌黄，颠倒黑白”，声称军事早已国家化，中共不应将八路军、新四军视为“一党所私有的军队”，一边重申剿灭新四军并非“剿共”，他不仅“决不忍再见所谓‘剿共’的军事，更不忍以后再有此种‘剿共’之不祥名词留于中国历史之中”。他声明并向参政会提出保证：“以后亦无‘剿共’的军事。”[②] 重庆国民党的《中央日报》这时的社论也同样保证说：“只要中共不脱离抗战阵线，事件不致扩大，而剿共事实亦不至发生。”[③]

对于蒋之演说与参政会通过之涉及中共军队及政权问题的提案，周恩来肯定其仍为防御性的[④]，毛泽东则称其为“阿Q主义，骂我一顿，他有面子，却借此收兵，选举（董）必武为常驻参政员及近日西安放人，似是这种收兵的表现”。然而，蒋既然仍是一打一拉的两面政策，毛亦主张继续其一打一拉的两面政策，把这种拉锯式的斗争继续下去，“直到我们的临时办法各条实际上被承认（主要是扩军、防地、《新华日报》及路上少捉人）”[⑤]。

蒋介石在参政会上的讲演和毛泽东随后的指示再清楚不过地表明国共两党这时都在设法缓和。而尤为引人注目的是，毛前此所说的以半年为期“解决善后条件”，中心盘子已由两个12条，减少到同意扩编军队、维持现有防地、保证《新华日报》正常发行，以及不得在进出边区的交通线上随意捕人这四点。由于避开了蒋介石极为敏感的皖南事变

---

① 转见孟广涵主编《国民参政会纪实》（下），重庆出版社，1985，第834页。又孟广涵主编《国民参政会纪实续编》，重庆出版社，1987，第281—284页，载有蒋介石在那次秘密会上的讲话全文，可参看。

② 蒋介石：《政府对中共参政员不出席参政会问题的态度》，孟广涵主编《国民参政会纪实》（下），第886—887页。

③ 《七参政员事件》，1941年3月9日重庆《中央日报》社论。

④ 《周恩来关于蒋介石的演说和国民参政会通过的六点提案问题给中共中央的报告》，《皖南事变》，第231页。

⑤ 《毛泽东关于目前政治、军事形势的估计给周恩来的通报》，《皖南事变》，第232页。

善后及17日令等问题，双方之间的交涉明显地变得容易了许多。在3月14日蒋介石与周恩来的谈话中，蒋也不再提起中共军队北移问题，明确讲："只要听命令，一切都好说。军队多点，饷要多点，好说。"至于不得压迫《新华日报》，以及释放前此扣留的进入边区的中共有关人员和发放通行护照等事，蒋都满口答应下来。据此，周提出：可否先解决这些小问题？毛当即表示同意①。

在中共参政员是否出席参政会的问题上，共产党和国民党的攻防战饶有意味。这是一场纯粹的政治战，共产党处于攻势，国民党处于守势。也是皖南事变和1·17令后共产党发动的政治攻势第二次高潮。从攻守双方的直接诉求来看，应该说都没有达到目的。共产党提出新的善后12条，国民党未接受；国民党要求共产党参政员出席会议，也没有成功。但是，从这场政治攻防战的结局看，共产党是胜利者。所以说胜利，主要表现在：共产党提出新的12条，明知国民党不会接受，还要提出来，用毛泽东的话说，"在于以攻势打退攻势"，这个目的达到了——我不出席，是你拒绝12条。从新12条来说，较之老12条，共产党又退让了一大步，国民党还是予以拒绝，国民党就在社会舆论和人民心理上背了理。参政会好比一桌宴席，国民党是主人，共产党是客人，客人在赴宴途中挨了主人打，还要前来敬陪末座，为主人捧场，客人心不甘，提出入席的条件，显然是有道理的。主人从强势者地位坚持邀请，客人抚摸伤痕不肯入席，以至于"全重庆全中国全世界在关心着、打听着中共代表究否出席，人人都知道延安掌握着团结的人是共党中央"②。造成这种形势是很不容易的。蒋介石在演词中仍然一本不可侵犯的强势者地位，却在大庭广众中向全体与会参政员保证以后绝无剿共军事，确实是政治上的让步，表明国民党在政治上处于守势地位。这一轮政治攻防战，在参政会闭幕后，尤其在蒋介石与周恩来会谈后，大体上就告一段落了。

此后国共间还续有交涉，中共也曾提到新四军问题，但只限于要求同意整编其"余部"，及给八路军发饷方面，至于取消1·17令、惩凶

① 《周恩来关于同蒋介石谈判问题给中共中央的报告》《中共中央关于同蒋介石谈判问题给周恩来的指示》，《皖南事变》，第235—236、237页。

② 《周恩来关于出席参政会问题给中共中央的报告》，《皖南事变》，第225页。

及释放新四军所有人枪等问题，再未提出[①]。5月，日寇在晋南发动较之豫南作战规模大得多的中条山战役，国民党中央军受损甚大。蒋介石要求八路军出动配合作战，中共中央立即指示八路军加以配合。日寇的进攻，马上把国共两党的关系拉近了。5月26日，毛泽东、朱德致电卫立煌，指出"目前惟有国共团结并在蒋委员长领导之下实行亲苏外交，坚持抗日到底，方能挽救危亡"[②]，完全是共商团结对敌大计的姿态了。5月，中共中央政治局总结皖南事变以来同国民党斗争的教训，得出这样的认识："在中国两大矛盾中间，中日民族间的矛盾依然是基本的，国内阶级间的矛盾依然处在从属的地位。一个民族敌人深入国土这一事实，起着决定一切的作用。"[③] 这里指明了抗战期间国共矛盾必然走向缓和的客观依据。

至11月参政会二届二次会议召开之际，在中共参政员是否参加这一次参政会问题上，中共方面便将条件降低到只要"放叶发饷"做到一件即可参加[④]。在王世杰、张群约见周恩来、董必武，表示会后由王、张负责向蒋请求释放叶挺，并告此意已获蒋首肯后[⑤]，中共中央考虑到国共关系的缓和已为共同对敌斗争的客观需要，最后同意派董必武、邓颖超参加了这一次会议。这意味着，皖南事变之"善后"工作已不复存在，国共两党因为事变所引起的破裂危险，业已消弭于无形之中了。

---

① 4月间中共曾特别提到国共和解条件三点：停止逮捕共党人员及反共军事和交通封锁；继续发给十八集团军各月份经费及弹药补充；新四军余部尚有八九万人应立即编整。至移防一节，如政治上有确实保障，自可商谈，否则，于情于理碍难遵命。见《陈宏漠密电》（1941年4月30日），前引《中国现代政治史资料汇编》第3辑第11册，第135页。这方面，按中共文件记载的说法如下：5月8日，中央书记处致电周恩来，提出"我们要求事项：（甲）速解决新四问题；（乙）速发饷弹；（丙）停止反共；（丁）派机送周回延开会"。5月10日毛致电周恩来："见电总部拟具配合中央军作战计划，惟新四、饷弹、反共三大问题，请蒋速予解决。"5月26日，毛、朱致电卫立煌："我们所希望于国民党的只是（甲）坚持抗日；（乙）民主政治；（丙）改善国共关系这样三点而已。关于改善国共关系又分三点，即（甲）对新四军问题予以解决；（乙）对八路军饷弹予以发给；（丙）对反共言论与反共行动予以停止。除此以外并无其他要求。"见《毛泽东年谱（1893—1949）》中卷，第295、301页。

② 《毛泽东年谱（1893—1949）》中卷，第301页。

③ 《关于打退第二次反共高潮的总结》，《毛泽东选集》（合订本），第781页。

④ 《毛泽东年谱（1893—1949）》中卷，第339页。

⑤ 王世杰日记，1941年11月15、16日，《王世杰日记手稿本》第3册，第187—188页。

四 善后之后：不算多余的话

皖南事变善后之艰难，已如前述。皖南事变之影响，更是深远的。国民党虽然不顾一切地消灭了新四军军部并宣布撤销了新四军的番号，但新四军照样存在，并且所占地区及兵力越发扩展与壮大，在新四军范围内的部队反而一一被驱逐或消灭，国民党其实一无所得。更为重要的是，皖南事变根本破裂了两党之间的感情联系。从蒋介石在参政会密示国民党参政员国共一定要分裂，和国民党军委会办公厅 3 月 18 日发布的改“某党”为“奸党”令[①]等事实看，国民党在事变后显然已经正式决定把中共视同“汉奸”，必欲加以“剿灭”。同样，从前述毛泽东对蒋介石的判断，和中共中央所做出的有关决定看，中共方面对与国民党真诚合作，也不再抱有任何幻想。于是，皖南事变自然成了抗战期间国共关系逆转的一道分水岭。事变前，中共军队虽然已经在独立指挥、自行发展，但它仍旧隶属于国民政府之下，至少名义上仍随时呈报并请领军费补充，形式上仍旧使用着统一的货币和遵守着统一的政令法令。国共之间军事上的摩擦冲突也仍可通过正常途径反映或协商。因此蒋之命令或要求，一般总还具有一定的约束力。事变之后，国民政府断绝对中共军队的一切供给与补充，切断了自己与中共军队的一切关系，结果反使自己威信扫地。中共政权与军队从此断绝与国民政府之间的一切上下级关系，自设银行，自发货币，自定法规法令，自行其是，完全脱离国民政府而自行存在，蒋也失去一切命令之权。两党关系今后如何发展，也就可想而知了。

3 月 2 日共产党参政员董必武、邓颖超致国民参政会公函中提出临时解决办法 12 条，即第二个善后 12 条。其中要求承认陕甘宁边区之合法地位，承认敌后之抗日民主政权，于十八集团军之外，再成立一个集团军，共应辖有六个军[②]。这三条实际上是两条：承认共产党开创的地方政权，承认共产党有一定数量的合法武装。这实际上是七七事变后实

---

① 《谷正纲部长准发军事委员会办公厅关于改“某党”为“奸党”令》（1941 年 4 月 7 日），《中国现代政治史资料汇编》第 3 辑第 11 册，第 131 页。

② 参见《中共中央文件选集》第 13 册，第 58 页。

现国共合作的基础。当初，红军被改编为国民革命军第八路军和新四军，陕甘宁根据地作为中华民国国民政府治下的陕甘宁边区，晋察冀边区政府在 1938 年 1 月作为“中华民国的组成部分”[①] 建立起来，都是得到国民党政府同意的。现在国民党又拒绝承认它的合法性，显然损害了国共合作的基础。不过这个问题究竟如何处理，仍是国民党内部分高层人士思考的对象。皖南事变善后之后，1941 年 7 月 31 日，国民党中央宣传部部长王世杰与蒋介石的美国政治顾问拉铁摩尔（Owen Lattimore）讨论战后国际组织和中共问题。王世杰对中共的想法是：“予谓如共产党有诚意，不到处扩充势力，政府或可划定一特殊区域，允其在该区域内试验其理想，并保留若干军力，同时并允其参政中央民意机关。此种办法并可作为战后解决方案。”[②] 这个思考，实际上是按照共产党的要求和当时的中国政治走向来进行的。共产党要求的无非是承认自己所开创的地方政权和一定数量的武装，至于参政中央民意机关，则国民参政会有共产党代表，是国民党允许的。王世杰这个想法如果在高层达成共识，对以后中国政治走向的善化和联合政府主张的实施，可能会有积极作用。可惜此计不用，发展到后来就时不我待了。

最近报载，俄罗斯科学院远东研究所自克里姆林宫取得一批最新解禁的史料，揭示出 1945 年 12 月，蒋介石派自己的私人代表蒋经国赴莫斯科会见斯大林，传达老蒋的意见说，国民政府可以与中共和平共存，具体计划包括：同意让中共代表参与政府工作；准许中共拥有 16—20 个师的军队，但是中共军队必须接受国民政府的指挥；中国若干地方政府可由中共负责，但先决条件是，中共掌控的地方政府，必须服从国民政府的命令。蒋经国希望斯大林向中共施压，以促使中共与国民党间找到一妥协的办法。报道说，斯大林回答：“中共从未征询苏联政府的意见，如果他们不需要苏联的建议，我们又怎么能告诉中共我们的想法呢？”[③]

小蒋这里传达老蒋的意见，其思考方向与王世杰相同，且比王世杰的想法更宽松一些（可以参加政府工作），只是时间晚了四年以上。假

---

① 参见延安时事问题研究会编《抗战中的中国政治》，上海人民出版社，1961，第 371 页。

② 《王世杰日记手稿本》，第 121 页。

③ 《蒋经国与斯大林会谈解密》，台北《联合报》1995 年 7 月 17 日。

设提前四年，即1941年7月，蒋的想法与王世杰合拍，那么皖南事变的善后处理就会漂亮得多。只是这四年是中国近代政治史上极为关键的四年，当蒋经国到达莫斯科的时候，中国共产党已发展成为有120多万党员的大党，抗日根据地面积约100万平方公里，人口近一亿，八路军、新四军发展到120多万人，另有民兵220万人[①]。这时候，国民党统治区内由民主党派和民主人士组成的民主力量有很大增强，并同共产党建立了密切联系。大后方人心大变，变得越来越同情和支持共产党了。中国共产党在中国社会生活中所占的地位和比重，同抗战初期大不相同，同1941年皖南事变及其善后时期，也是大不相同了。蒋介石开出的支票，如果在1941年，还有谈判基础，共产党或者还可以讨价还价一番，促其实现。但到1945年12月，已在重庆谈判、“双十协定”签订以后，国民党正在撕毁“双十协定”的时候，这个空头支票对共产党几乎没有什么吸引力了。事实正是这样，再过四年，国民党和共产党在中国，已是主客异势了。

皖南事变的影响所及，于此已不必再费笔墨了。

作者附识：本文写作多得本所同仁杨奎松先生帮助，谨此致谢。

1995年7月27日凌晨作于东厂胡同一号

① 参阅胡绳主编《中国共产党的七十年》，中共党史出版社，1991，第210页。另据中共中央1945年9月的统计，至9月初军队已达到127万人，民兵达到268万人，占有地区已扩大到104.8万平方公里，人口扩大到1.255亿，并已建立行署23个，专署90个，县（市）政权590个，占据县城285座。引自杨奎松《失去的机会？——战时国共谈判实录》，广西师范大学出版社，1992，第215页。

走向民族复兴的重要标志*

——论抗日战争胜利的历史意义

世界反法西斯战争暨抗日战争胜利 60 周年纪念活动正在世界各地展开。俄罗斯、法国和英国都举行了隆重的纪念仪式。中国也正在热烈纪念并庆祝这个值得纪念和庆祝的日子。这说明对这个胜利的纪念，不仅具有重大的历史意义，而且具有现实意义。

世界各地的人们每过十年都要纪念这个重要的日子。今年的纪念与十年前不大相同。作为第二次世界大战反法西斯胜利的一个结果就是联合国的成立。今年联合国正在讨论机构改革问题，各国议论纷纷。恐怖主义所引发的国际关注在一定程度上正在影响着国际关系的走向。世界多极化的局势正在形成。中日关系因为小泉内阁的历史认识问题（当前突出反映在参拜靖国神社和历史教科书问题上）出现了中日关系史上空前的“政冷经热”现象，东海资源问题和钓鱼岛领土归属问题加剧了中日关系的紧张。在这样的国际关系背景下，我们来纪念抗日战争胜利 60 周年，回顾抗日战争的艰苦历程，讨论抗日战争的历史意义，抚今追昔，使我们对中华民族的复兴更加充满信心。

抗日战争的胜利完成了近代中国从“沉沦”到“上升”的转变

观察抗日战争的历史意义，不能仅就抗日战争谈抗日战争，需要从

* 本文原载《抗日战争研究》2005 年第 3 期。收入《张海鹏自选集》，学习出版社，2012。

鸦片战争以来的近代中国的历史演变来考察。先后发生的两次鸦片战争，老大的中华帝国迭次败北，中国被拘束在西方殖民主义强加的不平等条约体系之中。这时的中国有两个不利条件。一个是中国进入了封建社会的末期，在度过了郑和下西洋的辉煌时代以后，中国在世界生产力发展水平上开始落伍了。当乾隆皇帝把前来寻求贸易机会的英国使团贡献的方物当作“奇技淫巧”的时候，他看不到这种“奇技淫巧”背后的生产力发展水平。不过过了 40 年，英国人再次前来叩关，蒸汽机驱动的轮船和鸦片飞剪船带来的已经不是一般的商品了。第二个不利条件是，在封建社会末期的中国统治者，正处在清朝统治的晚期。统治者不了解外部世界，以致签订了不平等条约，还不知道英国在何方向、道里远近，当然更不知道失败的原因何在了。处在封建社会末期的封建王朝，对于上升时期的资本主义列强，完全丧失了应对之策。就是在不平等条约体系的约束中，中国“沉沦”到了半殖民地半封建社会的“深渊”。又经过甲午战争的惨败，割地赔款，把洋务新政中积累的财富消耗殆尽，以致造成列强瓜分中国的趋势。八国联军之役，《辛丑条约》的签订，标志着中国半殖民地半封建社会形态的确立。这是鸦片战争以后 60 年来，清政府腐败、落后挨打、备受列强欺凌的必然结局。这时候，外国军队驻扎于中国京畿的 12 处战略要地，并将北京至大沽的炮台一律削平。这等于使中国解除了防务，由列强对中国实行了永久性军事占领。中国首都产生一个中国人不得进入的武装使馆区，这是真正意义的“国中之国”，它在紫禁城旁，用枪口监督着中国中央政府的一举一动。中国人抵抗侵略的权利被完全剥夺，连民众加入反帝组织，也要被砍头，中国政府的官员则成了列强镇压人民的工具，否则就要被革职惩罚。一位美国历史学家评论道：中国此时“已经达到了一个国家地位非常低落的阶段，低到只是保护了独立主权国家的极少的属性的地步了”[①]。1901 年以后，以慈禧为代表的清朝统治阶级，由传统意识维系的心理防线终于被彻底摧垮。谢罪，惩凶，立碑，停试，驻军，赔款，天朝上国的妄自尊大、盲目排外，一下子变成了乞命讨饶，奴颜婢膝。“量中华之物力，结与国之欢心”，成了社会“沉沦”到“谷底”时的真实写照。

① 马士：《中华帝国对外关系史》第 3 卷，中译本，商务印书馆，1960，第 383 页。

国家地位如此，社会状况如此，这是帝国主义侵略的结果，这是统治集团腐败无能的结果。具有五千年悠久历史文化的中国人民不会在这种状况面前停止思考。尽管《辛丑条约》规定中国人民不得结成反帝组织从事反帝活动，但是面对列强侵略的加深，反帝活动日盛一日。1901 年以后，迅速开展了拒俄运动、反美运动、收回利权运动、拒英运动、拒法运动以及反对日本提出“二十一条”以及反对签订“中日密约”的运动。1919 年 5—6 月更是爆发了全国规模的学生和工人运动，反对日本侵占山东，抗议巴黎和会对中国的不公平待遇，迫使中国出席巴黎和会的代表拒绝在巴黎和会上签字。这是鸦片战争以来在中国民意基础上，中国政府代表第一次对国际条约说了“不”字。从此以后，由于中国社会出现新的生产力、新的阶级、新的思想和主义，中国社会在经济、政治、思想、文化各方面出现了新的积极向上的因素，出现了社会从“沉沦”转而“上升”的趋势。

正是中国人民伟大的八年抗日战争，从全面意义上完成了近代中国从“沉沦”到“上升”的转变。五四运动以来大幅前进的中华民族的复兴，在抗日战争中得到了全面提升。中华民族的民族复兴推动了这个转变，这个转变过程也进一步推动民族复兴。从鸦片战争以来的历史事实看，自 1937 年 7 月开始的日本帝国主义全面侵华，是历次帝国主义侵华过程中最为严重的一次，时间最长（如果加上 1931 年九一八事变开始的局部侵略，应是 14 年之久），占领中国的领土最广大，造成中国国家和人民的损失最巨大，但是中国国家和人民没有被打趴下，中国取得了抗日战争的最后胜利。这个胜利，是近代以来中国所取得的第一次对外战争的胜利。因为这个胜利，中国对第二次世界大战暨反法西斯战争做出了独特的、其他国家难以替代的贡献，中国作为东方战场的主战场，拖住了日本的主要兵力，使它不能实现在中东与德国军队的会合，全力支持了美国、英国的太平洋战场，也全力支持了苏联、美国、英国在欧洲的战场，赢得了反法西斯各国的尊重，战时（1943 年）废除了列强加在中国头上的锁链《辛丑条约》和治外法权，战后，台湾回归了祖国，中国成为联合国的发起国和常任理事国。中国还是一个弱国，由于抗日战争的胜利，中国开始登上了大国活动的国际舞台。

历经八年的、艰苦卓绝的抗日战争，从民族复兴的思想高度上看，可以证明如下几点：第一，面对外国帝国主义的侵略，中国是应当抵抗，而且必须抵抗的；第二，入侵之敌虽然比我强大，我举全民族之力，经过长期的艰苦作战和牺牲，是可以最后战胜强敌的；第三，在外敌面前，中华民族面临生死存亡的时候，民族利益第一，阶级利益必须服从民族利益，必须组成民族统一战线，共同对敌；第四，在民族战争中，必须广泛争取有利于我的国际援助；第五，在中国这样一个广土众民、历史文化悠久的大国，确信入侵之敌是可以战胜的，中华民族的复兴是可期的。

争取抗日战争胜利的基本条件

中国抗日战争是中国人民抵抗日本帝国主义企图灭亡中国的战争，是保卫中国独立主权完整的战争，是中华民族为自己的生存而拼死奋斗的民族战争，因而是一场完全正义的战争。日本军国主义者以中国为目标，制定大陆政策，不管是北进还是南进，都是首先占领中国，进而东南亚，进而世界。所谓“大东亚共荣圈”，所谓“王道乐土”，是建立在“武运长久”基础上对东亚各国的统治圈。日本为此目的进行的是侵略战争，是不义的战争。中国抗战不仅是保卫中国主权的战争，也是反对世界法西斯、保卫世界和平的战争。中国抗战不仅是中国的，也是世界的。正义之战决定了中国进行战争的基本性质，也决定了战争前途的基本指向。

但是，中国历史和世界历史都证明，战争正义的一方不一定总能获得胜利。中国抗战要取得胜利，还需要国内和国际条件的支持与配合。

国内条件主要是对这场民族战争性质的认识。抗日战争时期，是日寇侵入大片国土，妄图灭亡中国的时期。日寇妄图灭亡中国，中华民族到了存亡绝续的关头，这个基本事实，决定了中华民族与日本侵略者的矛盾是基本的矛盾，是决定和影响中国国内其他矛盾首先是阶级矛盾的主要因素。因此，对待日本侵略者的态度，基本上可以决定一个人、一个团体、一个政党的态度，它是爱国的、不爱国的或者卖国的，用对待民族矛盾的态度一衡量，什么都清楚了。如果一个人、一个团体、一个政党在对待日本侵略者侵略中国的态度上正确了，我们就可以肯定他是一个爱国者、爱国团体、爱国政党，这就叫作大节不亏。这就是说，在民族危亡的时刻，中华民族的利益是第一位的，阶级的利益、政党的利益，都要服从民族利益。国民党也好，共产党也好，其他中间党派也好，如果都强调本党的利益，而不顾民族的利益，就要被人民淘汰，被历史淘汰。在日寇大举入侵的情况下，共产党呼吁联合起来抗日，把“反蒋抗日”转变为“逼蒋抗日”“拥蒋抗日”，是认识到民族利益第一这种政治现实；国民党罔顾人民的呼声，坚持“攘外必先安内”，迫使张学良、杨虎城将军“剿共”，显然是以国民党一党的利益为重的表现。张、杨二将军面对民族压迫，不愿意“剿共”，他们冒着生命的风险，用“兵谏”的非常手段逼迫蒋介石答应联合共产党和红军一致抗日，表现了他们的民族大义！“兵谏”的结果，虽然张将军落得终身监禁，杨将军后来也身陷囹圄并终遭杀身之祸，但是推动了蒋介石、国民党走向抗日，推动了国民党、共产党抗日统一战线的建立，推动了全国全面抗战局面的到来，这样的历史功绩是不朽的！这个功绩，单靠国民党是不可能取得的，单靠共产党也是难以取得的。可见，民族大敌当前，“兄弟阋于墙外御其侮”，政党之间的恩恩怨怨是可以化解的。

在民族矛盾面前，谁抓住了民族矛盾这个牛鼻子，谁提出并且推动了抗日民族统一战线，谁就能赢得民心。九一八事变后，中共中央就提出停止内战，一致抗日，用民族革命战争把日本帝国主义驱逐出中国的主张。随着华北事变后民族危机的加深，中共中央发表著名的《八一宣言》，要求建立抗日民族统一战线，提出集中一切国力去为抗日而奋斗的主张。中共中央和红军到达陕北后，努力推动抗日民族统一战线的实现。西安事变的和平解决，是这种努力的具体表现。1936 年 12 月 13 日，《西北文化日报》报道西安事变消息，用的标题是：“全国民众迫切要求，争取中华民族生存，张杨昨发动对蒋兵谏，通电全国发表救国主张八项，改组南京政府容纳各党各派，30 万民众欢腾鼓舞拥护民族解放运动。”[①] 可见争取中华民族生存，拥护民族解放运动已经成为时代的最强音。经过国共两党多次谈判，1937 年 9 月 22 日，国民党中央通讯社发表了《中共中央为公布国共合作宣言》的文件，次日蒋介石发表谈话，指出了团结御侮的必要，事实上承认了中国共产党在全国的合法地位。这表明国共两党捐弃前嫌，实现了两党第二次的合作。这也

① 见中共中央党史研究室《中国共产党历史》第 1 卷下册书影，中共党史出版社，2002。

表明，国民党实际上接受了抗日民族统一战线的主张。

中国抗日战争是在中国共产党倡导的抗日民族统一战线的旗帜下，以国共合作为基础，各阶级、各民族人民团结起来进行的中华民族解放战争。当时国家权力掌握在蒋介石、国民党政府手中。抗日战争只有促成蒋介石、国民党参加，才可能利用国家政权的力量推动全国抗战的开展，才可能有全民族的抗战。没有蒋介石、国民党的参加，单凭共产党的力量，尽管它的抗日主张无疑是正确的，是符合中华民族的民族利益的，在当时的历史条件下，也是难以独立支撑全国抗战大局的。抗战期间，蒋介石虽然没有放弃反共，但也没有放弃抗战。尽管蒋介石、国民党政府采取消极、片面的抗战路线，对日妥协退让，有时候也搞点“和平”谈判，但毕竟没有对日投降，总算把抗日的旗帜扛下来了。这与汪精卫之流有本质的区别。汪精卫也反共，他把反共的希望寄托在日本侵略者身上，在民族敌人面前，他挺不起腰杆，做了日本侵略中国的鹰犬。从全民族战争的角度看，蒋介石、国民党在抗战中的重要地位和作用，应当得到客观的、全面的理解。同样，中国共产党领导的人民力量的存在和发展，是这场民族解放战争胜利的基本条件，如果没有这个基本条件，全民族抗战是否能实现，或者一时实现了，能否坚持下去而不中途夭折，以及中国是否能取得抗战的最后胜利，就要打一个大问号。从这个角度说，中国共产党及其领导的人民力量，是保证抗战胜利的中流砥柱。所以，人民力量的存在和发展这个基本条件的极大重要性，更加应该得到客观的、全面的理解。因此，抗日战争这场民族解放战争的胜利，是国民党、共产党和全国人民共同奋斗争取得来的。

需要指出，共产党推动蒋介石、国民党参加抗战，是提高了蒋介石、国民党的历史地位呢，还是贬低了蒋介石、国民党的历史地位呢？很明显，蒋介石成为抗战领袖，把蒋介石、国民党在中国历史上的地位提到了从未有过的高度。这也是由中华民族的整体利益决定的。但是抗战胜利后，在美国的扶持下，蒋介石、国民党一意孤行，肆意反共反人民，才从原有的历史地位上跌落了下来。这是怪不得共产党的。蒋介石一生几乎与近代中国同步，他给历史留下的东西，无非是在国民革命中追随孙中山，在日本侵华战争中坚持了抗战，退踞台湾后坚持了一个中国的立场，其他例如制造四一二反革命政变，以及事变后一贯坚持反共、“剿共”，九一八事变后坚持不抵抗，坚持“攘外必先安内”，在抗战中也不忘记反共，在抗战胜利后违背全国人民追求和平的意愿，彻底反共反人民，等等，都是不足道的，都是拉历史车轮倒退的。从历史唯物主义的观点看，从实事求是的观点看，从中华民族的民族利益看，蒋介石在抗战中尽管没有放弃反共，但还是把抗战坚持到底了。这一点是值得肯定的。

以上是从民族战争的性质看抗战。换一个角度，从军事看抗战，我们看到：中国抗日战争中，正面战场和敌后战场两个战场的存在是决定抗日战争面貌和结局的关键。抗日战争的特异之处是蒋介石政权控制的正面战场与共产党领导的敌后解放区战场并存。这种状况的两个战场并存，是第二次世界大战中中国战场所独有的。国民党政府掌握着国家军队，有国家提供的后勤支持，与敌人正面相抗衡。1938 年 10 月武汉失守以前，正面战场与日寇作战还是积极的。抗战进入相持阶段以后，正面战场作战就消极了。日寇大幅度进入中国，华北、华东、华中、华南均为敌人占领。中国共产党领导的八路军、新四军打进敌占区，建立抗日根据地，发动广大人民，依靠广大人民，开展大规模的游击战争。中共在上述敌占区先后建立了十九块敌后抗日根据地。在敌占区除了城镇和铁路沿线，都是人民发动游击战争的战场。国民党攻击共产党“游而不击”，这是出于制造反共舆论的需要。在敌人鼻子底下，“游而不击”，它怎么生存下去呢？实际上，敌后战场吸引了在华日军大部分兵力。日军发动豫湘桂战役以前，敌后战场抗击日军 56 万人的 64.5%，正面战场抗击 35.5%。日伪军加在一起，敌后战场抗击敌人总数 134 万人中的 110 万人，即 80%。客观来说，敌后战场、正面战场，共同构成了中国抗日战场的全局。它们在战略上是互相依托、互相配合的，这种战略配合关系并没有高下之分，在抗战战略的意义上是同等重要的。敌后战场吸引了大部分日伪兵力，自然就减轻了正面战场的压力。两个战场互存互补，互相支持，缺一不可。缺了一个，抗日战争的胜利都是难以想象的。敌后战场的战略地位，当时美国的军事评论家威尔纳就指出过。他说，日本后方充满了中国的游击队，在第二次世界大战中，“没有一个地方的游击战能够担当游击战在中国将要而且能够担负的战略任务”[①]。正是有正面战场的坚持，又有敌后战场的强大存在，才使日寇

---

① 威尔纳：《日本大陆战略危机》，《解放日报》1945 年 7 月 18 日，转引自《中国共产党历史》第 1 卷下册，第 735 页。

招架不住，穷于应付，才有战争胜利的结局。

两个战场存在的政治基础是国共合作，是抗日民族统一战线。没有国共合作，没有抗日民族统一战线，这种在战略上配合的独特的对敌作战形式不可能存在。两个战场在战略意义上是同等重要的，但是两个战场在战争中的表现并不完全一样。敌后战场在十分艰苦的条件下，始终坚持游击战争，在度过了1941—1942年最艰苦的阶段以后，敌后根据地获得了很大的发展。据统计，到1945年春，根据地总面积已达到95万平方公里，总人口9550万，八路军、新四军以及其他人民军队91万人，民兵220万人①。正面战场在相持阶段中则比较消极，在1941—1942年日军发动的一些战役中，正面战场虽然进行了抵抗，有些战役由于指挥不当、作战不力，却打得不好。尤其是1944年4月以后日军发动的“一号作战”（即豫湘桂战役），国民党军队一溃千里，八个月中，丢失河南、湖南、广东、广西、福建等省的广大地区约20万平方公里土地，146座城市，6000万同胞沦于侵略者的铁蹄下。在战争中的不同表现，直接影响着全国的政治局势。可以说，两个战场的地位和作用，客观地表现了国民党和共产党在抗战中的地位和作用，反映了它们各自的军事力量和政治影响。

我们再换一个角度，从民族解放战争的政治条件来看。我们看到，在抗日战争中，始终存在着国民党、共产党两个领导中心。对抗战中是否存在着两个领导中心，存在着明显的不同意见。其实，不承认其中任何一个领导中心，都是不符合历史事实的。国民党与共产党在抗日战争中的领导权，是由抗战前两个敌对政治实体的关系嬗变而来的。说国民党、蒋政权发挥了领导作用，是因为它掌握着民族战争所必需的、国际国内承认的统一政权，它指挥200万军队，担负着正面战场的作战任务。它虽然积极反共，曾在抗日问题上严重动摇，但到底把抗日坚持下来了。说共产党发挥了领导作用，是因为它倡导、推动并始终坚持了抗日民族统一战线，使民族战争所必需的国内团结能够维持下来，指挥八路军、新四军，担负着敌后战场的作战任务。它们所处的地位不同，能够起作用的方面不一样，也不表现为某种平衡，而又都是不可缺少的。不承认一个中心，或者取消一个中心，行不行呢？显然是不行的。取消

① 引自《中国共产党历史》第1卷下册，第802页。

国民党、蒋政权这个中心，失去国家政权的力量，全国抗战难以推动；取消共产党这个中心也不行，取消这个中心，抗日民族统一战线就形成不了，还是继续“攘外必先安内”，内战不止，如何形成全国抗战的局面？取消这个中心，敌后战场谁来领导，广大敌后地区的人民群众谁来组织和发动？取消这个中心，谁来制止国民党政权对日妥协退让的趋势？在抗日战争这个整体大局中，国民党、共产党都起着领导作用。这个作用，都是全局性的，不是局部的、暂时的。不承认其中任何一个中心所发挥的领导作用，都不是实事求是的态度，都不是历史主义的态度。双方这种都是全局性的领导作用，是各自通过自己的领导能力来实现的，是在又统一又矛盾的斗争中来实现的。在抗日统一战线内部又统一又斗争的过程中，国共力量的消长发生着变化，总的趋势，是人民的力量、共产党的力量逐渐增强，并且历史性地改变了国内政治力量的对比。这是对抗日战争中国民党、共产党的领导地位和作用的最终的说明。

抗日战争中两种力量的相互消长

已故著名历史学家刘大年在研究抗战历史的时候，有一个重要的结论：抗日战争既是民族战争，又是人民战争[①]。其实，这样的认识，当时身与其事的人已经感觉到了。亚洲问题专家、曾任蒋介石政治顾问的美国人拉铁摩尔在皖南事变后说过，“对中国人民来说，这四年的历史既是争取民族解放的历史，又是国内革命的历史”，抗日战争是“争取民族独立和国内民主革命相结合的战争”[②]。从这个观点出发，在抗战中，客观上存在着两种力量相互消长的过程。从民族战争这一面说，是日本侵略力量由盛转衰、中国抗战力量由弱转强的过程；从人民战争这一面说，是国民党政权的力量由盛转衰、中国共产党领导的人民力量由弱转强的过程。这两个过程是在抗战的历史进程中逐步展现出

① 参见刘大年《民族的胜利，人民的胜利》，《刘大年集》，中国社会科学出版社，2000，第149—161页。

② 欧文·拉铁摩尔：《四年之后》，《太平洋事务》第14卷第2期，转引自《刘大年集》，第155页。

来的。

日本帝国主义错误地吸取了甲午战争、日俄战争、九一八事变和华北事变的经验，错误地执行了明治维新时决定的“开疆拓土”“脱亚入欧”的决策，错误地把中国和朝鲜看成“不幸的近邻”和“恶友”①，以为一个月、三个月就可以完成侵略中国的战争，就可以建设“大东亚共荣圈”的“王道乐土”。这是日本帝国主义者大错特错的认识。他们没有看到，时代条件完全不同了，近代中国正在从“沉沦”走向“上升”的过程中，中国共产党正成为中国政治生活中的重要因素，从19世纪末以来，特别是经历过辛亥革命和五四运动以来一系列群众运动的锻炼，中国人民对帝国主义侵略中国的历史已经逐渐从感性提高到理性的认识，人民群众的觉醒程度已经大大不同于往昔了。日本最大的错误是与全体中国人民为敌，与中华民族为敌，以为像甲午战争那样，像八国联军那样，轻易可以摧毁中国人民的意志。时势已经完全相反。中国建立了举国一致的抗日民族统一战线，以正面战场和敌后战场相结合的战略配置，采用毛泽东所规划的以时间换空间的持久作战方针，中国共产党在敌后广泛发动了人民群众，使得日本侵略者深陷于人民战争的汪洋大海之中，不得自拔。无论是“北进”或是“南进”，无论是采用“和平”的谋略手段，或者开辟太平洋战场，都不能放松中国人民对于日本野心的警惕，它的大部分军力始终陷于中国战场的泥淖中。日本把他的国力拼在侵略中国的战场上，最终走向失败的可耻下场。

这是民族战争中中日双方力量消长的过程。在这个过程中，中华民族的民族意识空前觉醒了。还有一个过程同时展开，这就是人民战争中国民党、共产党力量消长的过程。国民党控制国家政权，可以调动全国军队，中共领导的武装力量与之不成比例。但是国民党主张片面抗战，不发动人民群众参加，武汉失守以后，正面战场作战由于指挥不力，打得很不好。在这种情况下，国民党、蒋介石还不放弃反共，一再制造反共高潮，意图在抗日民族战争中消灭共产党。1941年皖南事变，杀害新四军军部9000余人，一时在国内造成亲痛仇快、内战再起的局面。共产党本着政治从严、军事从宽的原则，进行了有理有利的斗争，保住了国共合作的大局。皖南事变在政治上给了国民党以打击。大后方的民

① 见福泽谕吉《脱亚论》。

主势力高涨，民主政团同盟的成立是一个标志，表示着中间势力对国民党政府的离心力增长了。1944 年日军发动“一号作战”，造成正面战场豫湘桂大溃败，日军兵锋到达贵州独山，引起了整个大后方民心极大震荡。这时候，欧洲反法西斯战场已经取得决定性胜利，第二战线已经开辟；国内敌后战场不断扩大、声势蒸蒸日上，正面战场竟然一败涂地，全国人民，特别是大后方人民对国民党政府领导抗战到底的能力，发生了从来未有的怀疑。敌后抗日根据地政治民主，民心向上，国民党统治区独裁专制、贪污腐败横行，大后方的大学教授、工商界人士、民主党派的政治倾向发生了动摇。美国记者、大后方报纸记者，纷纷访问延安，乃至六参政员延安之行，都大大增加了人民对国民党政府的不信任，而把新中国的希望、把中华民族复兴的希望寄托在延安，寄托在中国共产党身上。原来一些比较超脱、不大过问政治的大学教授和工商界人士，也都开始联系政治现实，发表政见。正是在这样的民意背景下，1944 年 9 月，国民参政会参政员林伯渠代表中共在国民参政会上，提出了废除国民党一党专制，建立联合政府的主张。这个主张，出人意料地得到了中间势力的支持，引发了社会舆论的强烈反应。中国民主同盟公开发表声明，主张结束一党专政，建立各党派联合政权，实行民主政治。这是一个重要的政治动向。成立联合政府，一时成为国内政治舆论的最强音。毛泽东后来说，联合政府口号一提出，“重庆的同志如获至宝，人民如此广泛拥护，我是没有料到的”①。国内政治的天平明显地转向共产党。美国人谢伟思当时就看出了这一点，他写道：“随着国民党失败越来越明显地暴露，中国国内的不满在迅速发展。党的威信空前低落，蒋越来越失去作为领袖曾一度享有的尊敬。”② 国共两党力量在中国政治上的消长成为这时期转变中国命运的关键。著名历史学家金冲及说过：“抗日战争时期大后方的人心变动发生在 1944 年豫湘桂大溃退后。它造成的强大冲击波，不仅影响抗战最后阶段的国内政治局势，而且延伸到战后，在相当程度上埋下了国民党政府失败的重要种子。”③

① 《毛泽东在七大的报告和讲话集》，中央文献出版社，1995，第 101 页。

② 埃谢里克编著《在中国失掉的机会》，罗清、赵仲强译，国际文化出版公司，1989，第 164 页。

③ 金冲及：《论 1944 年大后方的人心巨变和“联合政府”主张的提出》，《转折年代——中国的 1947 年》，三联书店，2002，第 491 页。

这就是抗战胜利不久，在决定中国命运的时刻，只用了不过三四年时间，不论在前方后方，共产党就得到老百姓的全面支持，迅速取得全国政权的原因。

抗战胜利是中华民族复兴的重要标志。中华民族复兴的希望在哪里？在中国共产党领导的抗日根据地里，在中国共产党领导的武装力量里，在中国共产党及其领袖毛泽东的新民主主义理论所规划的中国社会发展的前景里。所谓中华民族的复兴指的是什么？指的是彻底粉碎日本帝国主义灭亡中国的企图，把日本帝国主义全面赶出中国，把国际帝国主义强加在中国头上的枷锁——各种不平等条约彻底废弃，中国成为一个主权完全独立的人民共和国。由于抗战胜利，日本从中国领土完全退出，包括从台湾和澎湖列岛退出，中国成为联合国发起国和常任理事国。这个目的基本上达到了。这是中华民族复兴的第一个含义。第二个含义是，废除独裁专制政府，建立民主联合政府，选择中国社会独立的发展道路，避免资本主义的前途。这一点，由于马克思列宁主义与中国实际在抗战时期的完美结合，诞生了毛泽东思想而基本上获得了解决。毛泽东在《中国革命和中国共产党》《新民主主义论》《论联合政府》中提出了新民主主义革命的系统理论，为抗战胜利后中国社会发展道路描绘了蓝图。只要上述目的达到，中华民族复兴就有希望了，中国现代化的道路就通畅了。

以上所述，就是抗日战争胜利的基本历史意义。这也就是我们今天纪念抗日战争和反法西斯战争胜利的原因。

近代中国历史发展选择了社会主义道路*

1949年10月中华人民共和国中央人民政府成立以后，在新民主主义革命胜利的基础上，国家没收了国民党政府控制的垄断资本即官僚资本的企业、银行，成为新民主主义国家的物质基础，随即也成为过渡到社会主义国家的物质基础。经过将近60年的探索和发展，今天的中国已经筑牢了社会主义的物质基础，虽然我们还处在社会主义初级阶段，但是与30年前，与60年前已经是不可比拟了。我国无论是在社会主义经济制度、政治制度还是文化领域，已经在中国特色社会主义理论指引下，形成了具有自己特色的发展模式。

或者要问，60年前，中国为什么要走上社会主义道路？回答很简单，这是近代中国历史发展的结果，是历史的选择。这个问题，必须从历史发展的角度来说明，来理解。

第一，从近代中国历史进程的演变来看。鸦片战争以后，中国逐渐沦为半殖民地半封建社会。这种社会性质决定了中国必须进行反帝反封建的民主主义革命，才能获得民族独立（相对帝国主义而言）和民主进步（相对封建主义而言）。在中国，哪一种政治势力能够领导人民赢得民主主义革命的胜利，就取得了引导中国走何种道路的主导权。在晚清，康有为、梁启超发动的戊戌变法运动，有可能引导中国走向资本主义社会，但是戊戌维新运动被慈禧太后打在血泊中，未能成功。孙中山领导的中国同盟会，以及民国初年由同盟会改组的中国国民党，是近代

---

* 本文是为当代中国研究所主办的“当代中国与它的发展道路——第二届当代中国史国际高级论坛”准备的，原载《当代中国史研究》2009年第5期。收入张海鹏《中国近代史基本问题研究》，中国社会科学出版社，2013。

中国的资产阶级革命政党，它有可能通过推翻清政府把中国引导到资本主义社会，但是由于中国资产阶级及其政党的软弱，辛亥革命后建立的南京临时政府被清政府最后一任内阁总理大臣袁世凯窃夺了。民国初年军阀混战，国家分裂，人民涂炭。五四运动以后，国家情势发生很大变化。俄国十月革命的影响在中国迅速传播开来。1921 年中国无产阶级政党——中国共产党成立以后，逐渐主导了中国革命的方向。毛泽东创立的新民主主义革命理论对中国前进方向有清楚的阐述：中国反帝反封建的资产阶级民主主义革命必须由无产阶级领导，中国革命的前途是社会主义和共产主义。为了走向社会主义，第一步是实行新民主主义，第二步才是社会主义。从十年内战时期的革命根据地到抗日战争时期的敌后根据地和解放区，中国共产党领导广大人民进行了艰苦的革命斗争，一向以社会主义、共产主义相号召，鼓舞着广大人民。抗战胜利后，国民党政府悍然发动以消灭中共为目的的内战，结果在内战中彻底失败。这个结局决定了中国共产党真正成了推动中国社会前进的主导力量，决定了中国由新民主主义转向社会主义的必然性。

第二，从近代中国政治思想史发展的角度看。中国传统儒家思想中就有“大同”思想。《礼记·礼运》中“大道之行，天下为公”的大同理想，不仅是儒家的追求，也是老百姓的追求。大同理想较易与社会主义思想相契合。孙中山的思想在这方面是一个典型。三民主义中，被孙中山最看重的是民生主义。所谓民生主义，孙中山用的英文词是 Socialism。这个英文词，通常被翻译成社会主义，孙中山以为翻译成民生主义更好。有时候，孙中山直接用社会主义来说明他的民生主义主张。1912 年，孙中山曾提出把中国建设成为理想的社会主义国家，希望做到“我民幼有所教，老有所养，分业操作，各得其所”①。孙中山认为民生主义并不是要反对资本、反对资本家，只是要反对少数人对社会财富的垄断，防止资本家垄断所产生的社会流弊。

由于民生主义学说中蕴含有若干与社会主义相近的设想，因此往往被评价为社会主义。实际上，孙中山所要建立的，不是没有资本家的社会，而是不要大资本家的资本主义社会。但是孙中山又强调，他的民生主义与共产主义是好朋友。1924 年孙中山在广州演讲民生主义，强调

---

① 《在上海中国社会党的演说》，《孙中山全集》第 2 卷，中华书局，1982，第 523 页。

指出："共产主义是民生的理想，民生主义是共产的实行；所以两种主义没有什么分别，要分别的还是在方法。"又说，"三民主义之中的民生主义，大目的就是要众人能够共产"，"人民对于国家不只是共产，一切事权都是要共的。这才是真正的民生主义"[①]。孙中山的民生主义－社会主义思想，在中国人民中是有影响的。这在一定意义上，形成了历史选择社会主义的思想基础。

第三，从近代国际环境和民族危机的影响来看。1929—1933 年发生在美国的经济危机使资本主义世界深陷经济、政治、信仰灾难的恐慌之中，资本主义的吸引力在危机中日益受到质疑。与此同时，社会主义国家苏联的第一个五年计划取得了辉煌成绩，社会主义的影响力迅速彰显。在经济危机的打击下资本主义国家加强了对华经济掠夺，日本则悍然发动侵华战争，民族危机促使人们寻找新的出路。在这样的历史背景下，中国知识分子大多对苏联社会主义表达了好感，他们把苏联的成功归因于苏联的社会主义制度、计划经济及马克思主义，知识界在对未来中国发展道路进行思索时，不少人表达了对社会主义的热切追求，社会主义思想由此达到高潮[②]。

第四，从广大人民群众的态度来看。1944 年国民党军队在豫湘桂战役中大溃败，引起了大后方的知识界、工业界人士对国民党政府执政能力的怀疑[③]。抗战胜利后蒋介石以消灭中共为目的，悍然撕毁"双十协定"和新政协决议，拒绝组织联合政府，发动内战，更把期望和平的人民和知识界推向了共产党一边。民主党派纷纷明确表态支持中共的政治、经济主张。那时，就是主张第三条道路的知识分子，也不反对在中国实施社会主义的经济制度。

以上四点，充分说明中国走上社会主义道路，得到了工农大众的支

---

① 《三民主义·民生主义第二讲》，《孙中山全集》第 9 卷，中华书局，1986，第 381、389、394 页。

② 详细论证参见郑大华、谭庆辉《20 世纪 30 年代初中国知识界的社会主义思潮》，《近代史研究》2008 年第 3 期。

③ 详细论证参见金冲及《论 1944 年大后方的人心巨变和"联合政府"主张的提出》，《转折年代——中国的 1947 年》，三联书店，2002，第 491 页。闻黎明：《豫湘桂大溃败与中间阶层的思想剧变》，《纪念抗战胜利 50 周年学术讨论会文集》中卷，中共党史出版社，1996，又见闻黎明《第三种力量与抗战时期的中国政治》，中国社会科学院近代史研究所专刊，上海书店出版社，2004，第 260—268 页。

持，得到了知识分子的理解，得到了民主党派的拥护，工商界也不反对。这就是1953年提出从新民主主义过渡到社会主义，1956年基本完成社会主义改造、全行业公私合营十分顺利的原因，结论是近代中国历史的发展为中国选择了社会主义。历史也已经证明，这一选择为当代中国的一切发展进步奠定了根本政治前提和制度基础。

以上这些观点在《人民日报》发表后①，引起了读者和网友的兴趣，有的网友提出了一些问题，作为商榷。

问题一，在近代中国，救国强国的思潮非常多，为什么最后是马克思主义引领中国人民实现了救国强国的梦想？马克思主义在中国的发展有历史的必然性吗？

这个问题提得很好。的确，在近代中国，各种救国思潮很多。教育救国、科学救国、实业救国、道德救国等，在一部分知识分子和实业家那里，是十分笃信的。还有自由主义、实用主义，等等，在知识分子中也有一定市场。君主立宪、共和制度经过长期辩论。什么国家主义、好人政府、联省自治、乡村建设，各种政治主张，有人提出，有人实践，很快也就烟消云散②。最重要的思潮或主义是两种：三民主义和社会主义。这两种思潮或者主义的传播和实施，都将会影响中国社会的发展方向。

三民主义是孙中山在20世纪初国际国内情势下提出来的政治思想主张，是中国资产阶级民主主义革命的基本纲领。在1924年中国国民党第一次全国代表大会上，三民主义经过孙中山的重新阐述，反映了那时国共合作反对北洋军阀的主张。基本上说，反映孙中山的社会改造思想的是三民主义中的民生主义思想。民生主义思想，首先来自19世纪末欧洲的社会主义运动的启发，在一定意义上还受到马克思主义的影响，又结合了中国传统的大同思想，形成了用民生主义改造中国社会的一系列主张。孙中山在阐述他的三民主义理论的时候，内心中存在着对马克思、马克思主义的好感。他虽然批评马克思主义有关阶级斗争的理论和剩余价值学说，但是承认马克思是社会主义学说的鼻祖和圣人，而

---

① 张海鹏：《社会主义道路是近代中国历史的选择》，《人民日报》2009年1月12日，第7版。

② 有关这些社会改良思潮的研究，请参考吴雁南等主编《中国近代社会思潮1840—1949》第3卷第10编，湖南教育出版社，1998。

且宣布三民主义与共产主义是好朋友。孙中山去世后，随着中国国民党的分裂，三民主义思想也被不同的政客和御用文人所篡改。有改组派的三民主义，有戴季陶的三民主义，有蒋介石的“儒家化”的三民主义，有胡汉民的三民主义[①]。这些“三民主义”，都违背了孙中山“联俄、联共、扶助农工”的政策，一改孙中山三民主义与共产主义是好朋友的认识，反对马克思主义、共产主义，反对并屠杀共产党，镇压工农运动，反对社会主义学说。他们宣布“承认三民主义就要收起共产主义”，坚持“一个主义、一个政党、一个领袖”。国民党、蒋介石脱离人民大众的利益，违背近代中国历史前进的方向，终于在决定中国历史命运的大决战中彻底败北。“三民主义”不能救中国就在这样的大决战中得以证实了。能够救中国的只能是经过大决战检验的新民主主义－社会主义理论。说中国走社会主义道路是历史的选择，正是近代中国历史发展的方向，是历史实践检验过的。

新民主主义理论，是在马克思主义理论指导下形成的，是马克思主义与中国社会实际、与中国革命实际相结合的产物。新民主主义理论的核心是，中国革命必须分成两个步骤：第一步是推翻帝国主义和封建主义，建立民主主义的社会；第二步才是使革命继续发展，建立社会主义社会。“民主主义革命是社会主义革命的必要准备，社会主义革命是民主主义革命的必然趋势。”[②] 只有完成前一个革命，才能进行后一个革命，两个革命是相联结的，中间不能横插另一个阶段。民主主义社会是过渡性的社会，它的前途必定是社会主义社会。这就是说，新民主主义理论明确规定了中国的社会主义发展方向。

那么，马克思主义在中国的发展有历史的必然性吗？我的回答也是肯定的。

第一，马克思主义的出现，不是个别的现象，不是偶然的现象，不是可有可无的现象。马克思主义是世界资本主义发展到一定阶段的产物，换句话说，它是资本主义成熟到一定发展阶段的产物，也是工人运动成熟到一定阶段的产物。马克思主义理论的重大贡献：一是分析了人

① 有关各种流派的三民主义的研究，请参考吴雁南等主编《中国近代社会思潮 1840—1949》第 3 卷第 9 编。

② 《中国革命和中国共产党》，《毛泽东著作选读》上册，人民出版社，1986，第 343—344 页。

类社会由低级到高级的发展规律，二是分析了资本的运行规律并对资本主义社会进行了政治经济学批判，指出了资本主义的社会制度一定要被更高级的社会制度所代替。

第二，马克思主义理论的产生，不仅推动了欧洲的社会主义、共产主义运动，还随着资本主义的世界化（包括殖民侵略的血与火的方式），在世界范围内传播。

第三，19 世纪末 20 世纪初，还在清朝的最后时期，马克思、恩格斯的一些观点已经出现在中文刊物和著述上。这就是说，马克思主义在中国的传播迟早是要发生的。第一次世界大战后，中国作为战胜国在巴黎和会上的失败，大大刺激了中国知识分子和仁人志士的思考，再加上俄国十月革命的胜利成果的推动，中国人开始进一步思考从晚清到民国初年中国的历史发展道路，更容易接受马克思主义的传播，能够在新的历史起点和历史经验基础上考虑国家发展的方向。这就是说，五四运动后，或者说中国共产党成立后，中国人考虑国家发展的社会主义方向，已经成为历史的趋势。

这就是马克思主义在中国发展的历史的必然性。这个历史必然性不是凭空而来的，是建立在中国半殖民地半封建社会的国情上的，建立在帝国主义侵略造成中国民族资本主义和资产阶级政党力量弱小的基础上，而无产阶级政党——中国共产党用马克思主义进行武装，这个政党的理论武装终于掌握了人民大众，掌握了历史发展的大方向。

问题二，一些人认为假设中国当初不走社会主义道路而是走资本主义道路，或许也会发展得很好。应该如何看待这些历史发展中的假设？

首先必须指出，后人对历史发展过程所做的任意假设，是没有意义的。如果允许这种假设，人类历史的认识将变得毫无意义。举例说，人类是从猿猴变来的，我们可否假设当初猿猴变成的不是人类，而是别的什么动物，那么地球的历史、人类的历史是什么样的呢？这样的假设无助于我们对历史发展的认识，是没有意义的。

其次，以前有人说过，中国如果当上 300 年殖民地，早就现代化了。这样的说法，如同梦呓。说者至少是出于对近代中国国情的无知，也是对现代中国国情的无知。

假设中国当初不走社会主义道路而是能够走资本主义道路，假设这样的假设有某种意义，中国是否会发展得更好呢？我看不尽然。这个问题，我们不能从中国发展道路的历史事实中来求证，因为中国未曾经历过这样的道路。我们可以看看类似国家的状况。

我们首先看看日本。日本在 140 年前实行明治维新，走了“脱亚入欧”的发展路线，是继欧美国家后走上资本主义发展道路的国家，也是唯一走通了这条道路的国家。可是日本是一个靠军国主义、靠战争、靠掠夺发展资本主义的国家。中国和亚洲国家吃它的苦，还需要在这里细数吗？二次大战结束，日本被迫宣布无条件投降。美军占领日本后，如果不是出于冷战需要，扶植日本作为对抗社会主义阵营的基地，日本在战后的发展还不知道怎么样呢！

再看印度。印度是我国的西南邻邦。印度早于中国开关近 200 年成为英国的殖民地，其独立时间和新中国成立差不多。印度是一个大国，是按照资本主义方向发展的国家，今天被称为“金砖四国”之一。这 60 年来，印度的发展状况和人民的富裕程度，是不是比中国更好呢？这是不难回答的问题。

苏联是最先建成社会主义的国家，搞社会主义搞了 70 年，1991 年解体后，俄罗斯选择了资本主义发展道路。苏联搞社会主义的时候，军事、经济发展均可抗衡美国，人民生活也有很大的提高；今天的俄罗斯在综合实力等各方面，美国已经不把它放在眼里了。

菲律宾曾是美国的殖民地；缅甸曾是英国的殖民地；印度尼西亚曾是荷兰的殖民地，也曾被日本占领。这些国家走的都是资本主义路线，今天的情况如何，恐怕不需要多加引证了。

拉丁美洲各国，早在 19 世纪初就进行独立战争，逐渐摆脱殖民地地位，走上资本主义发展道路。那里的经济发展水平是否比中国更好呢？

非洲大陆长期是欧洲列强的殖民地，大多数国家直到 20 世纪中叶民族解放运动中才逐渐摆脱殖民地地位。那些国家大体上走的是资本主义发展类型的道路。大多数非洲国家至今还是世界上最不发达的地区。

回顾环球各国，相比较之下，中国走上社会主义道路，对国家的整体发展，对人民生活的改善，对综合国力的提升，对国际地位的提高，是不是更好些呢？如果上述假设可以设想的话，我们可以想象，走上资本主义道路的中国，在列强的政治压迫和经济压榨之下，在内部四分五裂的情况下，发展的现状会比 1949 年以前好多少呢？

问题三，大同理想是中国传统文化中非常重要的一个方面，应该如何理解中国传统文化中的大同理想与社会主义的关系？是否可以认为中国走上社会主义道路与我们的传统文化也有着一定的关系？中国封建社会迟迟发展不到资本主义跟传统文化有关系吗？

大同理想可以看成中国传统文化的内容之一，是否非常重要的一个方面，可以请历史文化学者进一步斟酌研究。中国传统文化内容十分复杂，如何正确地认识它、评价它，实在可以看作一个系统工程。坦率地说，我国的传统文化，有精华的部分，也有糟粕的部分。精华的部分，是维系五千年中华文化的核心部分；糟粕的部分，是拖后腿的部分。中国封建社会迟迟发展不到资本主义，跟这种糟粕恐怕有一定的关联。譬如，我国传统社会的社会结构，长期固定在士农工商这样的层次上，工商处在社会底层，不为人们重视。显然，这与西方社会的重商精神是相背离的。这样的社会结构，对于推动社会经济的发展可能是不利的。当然，关于中国封建社会长期延续的问题，是非常复杂的学术问题，不是在这里三言两语可能说清楚的。

中国古代的大同理想，主要反映在《礼记・礼运》。它是先秦时期中国古人对公平、公正社会的一种乌托邦追求。几千年来，大同理想除了保留在思想家的著述中，还保留在历代农民起义的口号中。近代维新运动的发起者康有为也曾撰写过《大同书》，描述过没有阶级、没有压迫、没有剥削、人人平等、按劳分配的空想社会主义即大同社会，他主张公有制应该成为大同社会的经济基础。在大同社会里，农工商各业一概归公，个人不置私产。“使老有所终，壮有所用，幼有所长，矜寡孤独废疾者，皆有所养。”这些与社会主义所追求的财产公有、社会福利、分配公平，可能有某种契合的地方。“大道之行，天下为公”的大同理想，就是在社会公平与公正的这一点上与社会主义建立了某种思想联系。中国的知识分子和老百姓对古代的大同理想是耳熟能详的。所以，孙中山在广州讲民生主义，是能够吸引听众的。中国共产党在领导革命的过程中，用社会主义、共产主义理想去教育群众，是能够为群众所理解的。从这个意义上说，中国人对大同理想的追求，在一定意义上有助于他们接受社会主义的制度。

问题四，中国是通过革命走上社会主义道路，进而走上现代化道路。革命与社会主义以及现代化之间是什么关系？有人认为近代中国如果没有革命也许会发展得更好，应该如何看待这样的观点？

这个问题是学术界常常引起讨论的问题。中国近代史学界认识到，在近代中国历史中，有两个历史发展主题：一个是民族独立问题，一个是国家富强问题即社会经济的现代化问题。解决民族独立问题，就是要进行反帝反封建的民主主义革命。解决国家富强即社会经济的现代化问题，就是要工业化，因为工业化是现代化的核心。在近代中国，只有首先解决国家和民族的独立，才有可能实行工业化和现代化。这是整个中国近代革命史已经证明了的。所以，中国的现代化事业，实际上是在中华人民共和国建立以后，在中国社会进入社会主义建设时期以后才大规模开始的。

这就是说，在中国，社会主义与现代化几乎是同时进行的。我们是在社会主义社会的环境里进行现代化事业，我们的现代化叫作社会主义现代化。社会主义中国经历了差不多 60 年的探索和奋斗，特别是后 30 年的探索和奋斗，形成了社会主义市场经济体制和中国特色社会主义理论体系。实践证明，这种经济体制，这种理论体系，对中国的发展是有效的。

说到革命和现代化的关系，从理论与实践相结合的角度是可以做出合理解释的。一般来说，当旧的社会制度严重阻碍社会生产力的发展，就有可能发生革命，以扫除生产力发展的障碍，推动社会的前进。中国共产党领导的新民主主义革命，就是为了扫除旧的社会制度对生产力前进的障碍，这样的障碍一旦扫除，社会经济就会获得大的发展。17 世纪英国发生的资产阶级革命，催生了英国 18 世纪的工业革命，推动了英国资本主义生产力的大发展；18 世纪的法国大革命，也同样起到了推动法国资本主义经济发展的作用。美国也是在 18 世纪中叶发动了北美独立战争，取得了国家的独立，才使美国的生产力获得解放，而在 19 世纪末发展成为世界强国的。中国则是在取得反帝反封建的新民主主义革命胜利，从而获得国家的独立后开始现代化进程的。

有人认为近代中国如果没有革命也许会发展得更好，这是一种错误的观点。十多年前，有人发表“告别革命”的说法，提出了这种错误观点①。这种观点是不能成立的。第一，中国如果没有革命也许会发展得更好，这是一种带有个人价值判断的、具有某种意识形态倾向的假

---

① 参见李泽厚、刘再复《告别革命——回望二十世纪中国》，香港，天地图书有限公司，1995。与之商榷的文章参见张海鹏《“告别革命”说错在哪里?》，《当代中国史研究》1996 年第 6 期。

设，因为假设不以任何历史事实为根据，所以假设者提不出任何有益于假设的、有价值的证明。第二，任何社会的革命都不是人为制造出来的，都是客观环境逼迫出来的。有一句话说，当统治阶级不能照旧统治下去，人民大众不能照旧生活下去的时候，革命就可能发生。这时候，革命党举臂一呼，人民就会影从，革命事业就像云卷云舒，大规模地开展起来。如果没有这样的客观环境，任何人、任何政党凭空呼唤革命，是制造不出革命来的。第三，革命需要付出血的代价。共产党人就那样愿意付出血的代价，去换得社会的进步吗？恩格斯在讨论能不能用和平办法废除私有制这个问题时说过："共产主义者当然是最不反对这种办法的人。共产主义者很清楚，任何密谋都不但无益，甚至有害。他们很清楚，革命不能故意地、随心所欲地制造，革命在任何地方和任何时候都是完全不以单个政党和整个阶级的意志和领导为转移的各种情况的必然结果。但他们也看到，几乎所有文明国家的无产阶级的发展都受到暴力压制，因而是共产主义者的敌人用尽一切力量引起革命。"① 在中国近代历史上，主张"科学救国""实业救国"并且身体力行、做出成绩的人，我们应该如实地加以肯定。就是鼓吹"议会政治"的人，在当时对冲击封建专制制度也是有积极作用的。但历史事实也证明：在帝国主义和封建势力双重压迫的历史条件下，单靠这些办法是不能解决中国社会前进的根本问题的。"如果这些办法能解决问题，谁还偏要不惜抛头颅、洒热血、做出巨大的自我牺牲去投身革命呢？"② 第四，近代中国从鸦片战争以后，逐渐沦为半殖民地半封建社会，在这样的社会里，统治形态基本上是封建主义的，由于帝国主义不断的侵略，帝国主义国家用战争、不平等条约等多种手段在相当程度上控制了中国的政府，操纵了中国的经济。农村基本的经济形态是地主所有制，可是在国内一些大中城市，开始有了星星点点的现代工厂和生活方式，也即有了资本主义的生产、生活方式。在这种政治、经济生活条件下，从晚清政府到民国政府都面临着不能照旧统治下去，人民群众也不能照旧生活下去的局面。在这种社会环境下，革命几乎成为社会生活的常态。这是近代中国

① 恩格斯：《共产主义原理》，《马克思恩格斯文集》第 1 卷，人民出版社，2009，第 684—685 页。

② 金冲及等：《正确认识中国近代史上的革命与改良》，《光明日报》1996 年 3 月 12 日，第 5 版。

的基本历史事实。我们怎能不顾这样的基本事实，而假设如果没有革命会发展得更好些呢？第五，近代中国的政治制度经历了一个发展的过程，经历了社会改良的过程，只是改良道路走不通，才不得不走革命的道路。换句话说，近代中国社会政治经历了一个试验、探索、失败到形成中国特色社会主义政治制度的历史过程。清朝末年，在国内外情势的压迫下，清廷也曾派五大臣出洋考察政治，最终形成了试行君主立宪制度的基本想法。但是在慈禧太后主持下，不能形成共和制的决策。慈禧和光绪死后，朝廷产生了皇族内阁，内阁成员由皇帝任命。孙中山领导的辛亥革命，成功地推翻了封建专制的政治制度，希望走上资产阶级民主共和政治道路。但是，辛亥革命的胜利成果为清末最后一任内阁总理大臣袁世凯所攫取。民国初年，也想搞政党政治，搞议会制。国民党控制了议会多数，国民党的实际领导人宋教仁真心想走议会道路，却被袁世凯暗杀。袁世凯又以武力镇压了孙中山发动的反袁“二次革命”，宣布取消国民党，取缔国民党员的议员资格，从而确立了袁世凯的独裁统治，也在历史上宣布了政党政治的失败，宣布了走议会改良政治的道路走不通。此后，军阀混战，曹锟“贿选”，把议会政治的外衣也撕去了。从此，老百姓对政党政治、议会道路完全失望了。国民党政府在南京建立后，试行“训政”制度，由国民党一党独裁。中国共产党在江西苏区建立中华苏维埃共和国，试行人民代表大会的民主制度，开始摸索能够体现绝大多数人民意愿的民主制度。

总之，在革命和现代化关系的问题上，还可以说几句话。第一，不能把革命和现代化对立起来。第二，一般来说，革命成功后现代化是必然趋势。第三，历史上没有一个国家和地区是只搞现代化不搞革命的。

问题五，当前思想理论界泛滥着社会民主主义或者民主社会主义的思潮。这一思潮认为，不是社会主义救中国，而是民主社会主义救中国。应该怎样看待这个问题？

民主社会主义是一个老问题。民主社会主义思潮认定民主社会主义是社会主义的一个流派，它鼓吹指导思想多元化、主张通过民主和议会斗争的方式取得政权，保留资产阶级的生产方式，主张以私有制为基础的“混合经济”，反对无产阶级专政，主张和平进入社会主义。这些理论只是资产阶级意识形态的反映，不是科学社会主义的概念。

社会民主主义或者民主社会主义，曾经是工人运动内的一种修正主义思潮。西方国家社会民主党所信奉的民主社会主义，从制度来说，是资本主义体系的一个组成部分；从思想来说，是资产阶级意识形态的一个变种。总之，社会民主主义或者民主社会主义，从来都不是马克思主义所主张的科学社会主义；或者说，正是《共产党宣言》所批驳的种种封建的、小资产阶级的、资产阶级的社会主义。对于读过《共产党宣言》，信奉马克思主义，信奉共产主义的人来说，这些都是常识。

在当今形势下，有人以为构建社会主义和谐社会，就是走向民主社会主义。这是对中共中央构建社会主义和谐社会理论的歪曲。

社会主义和谐社会，是国家在从社会主义初级阶段走向社会主义更高阶段过程中的努力目标。我们要构建的和谐社会，其性质是社会主义的，它是建设中国特色社会主义的本质要求。社会主义和谐社会理论，是把中国社会的发展导向它的更高级的未来的，是探索中国特色社会主义道路的过程中科学社会主义理论的组成部分，是马克思主义、毛泽东思想在21世纪初中国社会主义建设新形势下的发展。毛泽东早在半个世纪前就说过："我们的目标，是想造成一个又有集中又有民主，又有纪律又有自由，又有统一意志、又有个人心情舒畅、生动活泼，那样一种政治局面，以利于社会主义革命和社会主义建设，较易于克服困难，较快地建设我国的现代工业和现代农业，党和国家较为巩固，较为能够经受风险。总题目是正确地处理人民内部的矛盾和正确地处理敌我矛盾。"①《共产党宣言》说过：共产主义社会"将是这样一个联合体，在那里，每个人的自由发展是一切人的自由发展的条件"②。这实际上就是社会主义和谐社会的理论基础。在又有集中又有民主，又有纪律又有自由，又有统一意志、又有个人心情舒畅、生动活泼的那样一种政治局面下，从事社会主义建设，社会稳定，人心舒畅，现代化事业就能又好又快地发展，社会主义市场经济体制就能顺利建立和完善，社会主义的经济、物质基础就会越打越牢，向社会主义的更高级的阶段发展就具有了雄厚的物质基础和精神条件。

社会主义和谐社会不是无差别、无矛盾的社会，而是长期化解各种社会矛盾的持续过程。世界是由矛盾组成的。没有矛盾就没有世界。我

① 《一九五七年夏季的形势》，《建国以来毛泽东文稿》第6册，中央文献出版社，1992，第543—544页。

② 《共产党宣言》，《马克思恩格斯文集》第2卷，第53页。

们的任务，是要正确处理这些矛盾。社会主义社会的矛盾一般来说不是对抗性的，但是处理不好，也可能转化为对抗性矛盾。新中国建立将近60年，改革开放也将近30年，这方面的历史经验，我们已经经历到了、体会到了。苏联、东欧的教训更是我们亲眼看到的。

在发展中逐步化解社会矛盾，将是一个长期的过程。旧的矛盾化解了，又会产生新的矛盾，又需要加以化解。化解这些矛盾，需要民主，需要法制，需要政治、经济、文化、法律的各种手段和办法，总之，有时需要运用正确处理人民内部矛盾的各种方法，有时候也需要用处理敌我矛盾的方法来化解这些矛盾，使国家社会生活健康、稳步、平和地发展。在国家统一、国际斗争问题上，我们需要以和平、和谐相号召，努力在和平、和谐的环境里解决冲突和矛盾，但是千万不能忘记了在国际国内都有阶级斗争的存在。

在建设社会主义和谐社会的历史过程中，共产党人要把社会主义和谐社会与自己的理想信念结合起来，与共产主义长远目标结合起来。没有共产主义理想信念支撑的社会主义，不是科学的社会主义。马克思、恩格斯说过："共产党人为工人阶级的最近的目的和利益而斗争，但是他们在当前的运动中同时代表运动的未来。"① 我们为社会主义和谐社会而奋斗，我们的目的是建设共产主义。共产主义是建立在物质产品极为丰富、财富分配极为平等、社会生活极为民主和个人自由得到极大发挥的基础上，那是真正和谐的时代，那是共产党人追求的目标。只知道眼前的和谐目标，忘记了共产主义真正的和谐社会，是短视的表现。当然，真正的共产主义的和谐社会不是一蹴而就的。建设民主的、法治的、和谐的、现代化的社会主义强国，是走向共产主义的必经之路。可见，把构建社会主义和谐社会看作走向民主社会主义，是不妥的，是一种歪曲。

有人认为改革开放以来的历史是民主社会主义的历史，认为中国特色的社会主义就是民主社会主义。把改革开放以来的历史说成民主社会主义的历史，显然是违背历史事实的。

十一届三中全会以来的改革开放，不是对中国社会主义事业的否定，而是对长期以来探索的中国特色社会主义事业的完善；不是对中国

① 《共产党宣言》，《马克思恩格斯文集》第2卷，第65页。

革命事业的否定，而是对中国革命事业的继承和发展；不是对马克思主义、毛泽东思想的否定，而是对马克思主义、毛泽东思想的继承和发展。改革开放不久，我们党就确定了“一个中心，两个基本点”的基本路线。所谓“一个中心”，是以经济建设为中心，这是发展社会主义生产力的重点与急务；所谓“两个基本点”，一个是坚持改革开放，一个是坚持四项基本原则。“一个中心，两个基本点”的基本路线规定了发展社会主义生产力是国家建设的中心，发展社会主义生产力既要坚持改革开放，也要坚持四项基本原则。这就是说，在坚持社会主义道路、坚持人民民主专政、坚持中国共产党的领导、坚持马列主义毛泽东思想指导的基本原则下，进行经济建设，进行改革开放。改革开放的总设计师邓小平多次说过，“一个中心，两个基本点”的基本路线要管100年。党的十六届六中全会重申“坚持党的基本路线、基本纲领、基本经验”，也就是坚持“一个中心，两个基本点”的原则。党的十六大以及十六届三中全会以来的各次中央全会，2004年3月十届全国人大二次会议通过的宪法修正案，以及2007年3月十届全国人大五次会议通过的《物权法》，都明确规定了坚持公有制为主体、多种所有制经济共同发展的基本经济制度，规定了毫不动摇地巩固和发展公有制经济，毫不动摇地鼓励、支持和引导非公有制经济发展。《宪法》第六条规定，中华人民共和国的社会主义经济制度的基础是生产资料的社会主义公有制，即全民所有制和劳动群众集体所有制。社会主义公有制消灭人剥削人的制度，实行各尽所能、按劳分配的原则。宪法和法律的这些规定就是科学社会主义理论和基本原则的贯彻和实施，它是与所谓民主社会主义沾不上边的。我们在经济领域实行社会主义市场经济，是引进市场经济体制作为经济运作的手段，而且这种手段要受到社会主义原则的节制，所以称之为社会主义市场经济。那些强调民主社会主义的人忘记了社会主义的原则，把市场经济无限扩大化，显然是违背改革开放以来我们党的基本路线、基本纲领和基本经验的，也是违背我们的宪法原则的。从另一个角度说，社会主义市场经济理论，还需要从广泛的社会实践经验中加以总结和理论的升华。总结社会主义经济发展的历史，我们应该认识到，社会主义市场经济，是在社会主义国有经济为基础的前提下，在国家宏观的、计划的经济思想指导下，与资本主义市场经济的运作手段恰当结合后，所形成的经济运作体制。不顾社会主义计划经济思想的指导，只强调市场经济的运用，只强调看不见的手的作用，忽视国家计划对市场经济的制约作用，我们的经济体制将难以与资本主义经济相区别。正确认识社会主义市场经济，是正确认识中国特色社会主义理论体系的重要一环。

我们讲“三个代表”重要思想，讲科学发展观，是党的基本路线、基本纲领和基本经验的发展和创新，不是脱离党的基本路线、基本纲领和基本经验去讲“三个代表”重要思想，讲科学发展观。也就是说，我们是在“一个中心，两个基本点”的前提下讲“三个代表”重要思想，讲科学发展观。脱离了党的基本路线、基本纲领和基本经验，脱离了“一个中心，两个基本点”，脱离了必须坚持的四项基本原则，讲“三个代表”重要思想，讲科学发展观，就可能变成修正主义，就可能变成民主社会主义，就可能变成资产阶级自由化。实际上，今天所谓民主社会主义，就是现实状况下的资产阶级自由化。邓小平在改革开放的关键时刻，多次强调反对自由化的重要性。他说过：“在实现四个现代化的整个过程中，至少在本世纪剩下的十几年，再加上下个世纪的头五十年，都存在反对资产阶级自由化的问题。”① 这个论断，是极其重要的。那些坚持私有化、坚持市场化、坚持议会制的言论，像所谓“新西山会议”所主张的那些言论，像所谓“零八宪章”所主张的那些言论，像今天宣传民主社会主义能够救中国的那些言论，显然就是自由化的言论了。

近代以来中国革命的经验，中国共产党领导全国人民建立新中国的奋斗历史及其经验，是打碎旧的国家机器、武装夺取政权的经验。我们走上社会主义道路，并且探索中国特色社会主义的历史经验，首先是建立社会主义的物质基础，这个物质基础就是社会主义的公有制。近三十年的改革开放，经济体制有了重大变化，强调了两个“毫不动摇”，即毫不动摇地巩固和发展公有制经济，毫不动摇地鼓励、支持和引导非公有制经济发展。鼓励、支持和引导非公有制经济发展，是我们改革开放的历史经验，是发展社会主义生产力所必需的手段。但是，两个“毫不动摇”，首先是坚持了公有制作为主体的历史经验，这是我们走上社会主义道路的基本经验。近代中国革命的经验，中国共产党的革命经验，

---

① 《有领导有秩序地进行社会主义建设》，《邓小平文选》第 3 卷，人民出版社，1993，第 211 页。

中国选择社会主义道路并且探索中国特色社会主义的经验，我们全面建设小康社会的经验，证明我们的国家、我们的社会没有民主社会主义的经济基础，也没有民主社会主义的思想基础。我们的经验一再证明了这个真理：只有社会主义能够救中国，而不是所谓民主社会主义救中国。如果中国走上民主社会主义轨道，中国就会脱离社会主义道路，成为资本主义的附属。走上资本主义道路，对中国人民只是灾难，不是幸福，这是可以预言的。

略论中国共产党与近代中国农民战争*

近代中国一百零九年的历史，几乎都伴随着农民战争的烽火硝烟。太平天国、义和团和中国共产党领导的武装斗争是主要的几次。中国共产党的武装斗争，实质上是在无产阶级领导之下的农民战争，中国共产党在其领导新民主主义革命的整个过程中，与农民战争的关系密不可分。比较一下太平天国、义和团和中国共产党领导的农民战争，研究它们的异同之处，总结它们所以失败、所以成功的原因，是有意义的。

一　近代农民战争的指导思想

近代农民战争的指导思想，指的是近代农民阶级对所从事的战争目的的认识，指的是农民阶级如何意识到自己的历史使命问题。考察这个问题，必须严格把握各次农民战争中的文献和实践，看他们的认识达到了什么样的高度。

近代中国历次农民战争是在半殖民地半封建社会的历史条件下爆发

---

* 本文原是为1984年联合国教科文组织举办的奥斯陆“冲突原因和结局的不同解释”国际学术讨论会写作的，原题为 Peasant Wars in Modern China：A Comparative Study of the Couses of Their Failure or Success，发表于 *Unesco Yearbook on Peace and Conflict Studies/1986*，Greenwood Press，USA，1988，经过修改后，提交1991年中国社会科学院主办的纪念中国共产党建党70周年学术讨论会，收入中国社会科学院科研局编《中国共产党与中国社会科学》，社会科学文献出版社，1991。

的。太平天国和义和团爆发于晚清时期。那时，中国已沦为半殖民地半封建社会。中国共产党领导的农民运动虽然爆发于清朝灭亡后的中华民国时期，北洋军阀和以蒋介石为代表的国民党的统治却依然植根于封建地主阶级之中，并仰仗于帝国主义的支持，中国社会并未改变半殖民地半封建社会的性质。在基本相同的社会历史条件下爆发起义，这是近代农民战争的共同之处。相同的社会历史背景规定了近代中国历次农民战争具有另一个共同点：要消除基于阶级剥削、阶级统治基础上的社会不平等现象，使中国进入近代工业化的发展道路，使农民介入近代经济运动，首先要解除资本—帝国主义压迫，推翻封建地主阶级的统治。这就是要进行反对帝国主义、反对封建主义的民主主义革命。按照马克思主义的观点，这种革命是为资本主义发展开辟道路的，因而是资产阶级性质的民主革命。近代中国的农民阶级、资产阶级、无产阶级都曾经在不同时期、不同程度上成为引领历史前进的动力，都曾经为这个革命奋斗过。资产阶级、无产阶级曾经先后领导过这个革命，农民阶级则始终是民主主义革命的重要力量。作为重要力量，农民阶级是如何认识自己的战争目的，怎样意识到自己的历史使命的呢？这个问题至关重要。由于认识不同，太平天国和义和团都走向失败，而在中国共产党领导下的农民阶级赢得了人民解放战争的彻底胜利。

太平天国起义时，农民阶级面临的情况已与鸦片战争前有很大不同。中国民族资产阶级虽未产生，外国资产阶级却已在中国的沿海口岸如广州、厦门、福州、宁波、上海等五个条约口岸和割让地香港站住了脚跟，并在那里兴建了最早的一批资本主义企业，为外国资产阶级服务的一批中国买办或买办商人也在沿海口岸产生了。外国商品的输入破坏了中国的手工业生产，导致中国社会牢固的自然经济开始解体。沿海各地的普通百姓开始感受到外国侵略势力的威胁。虽然，外国资本主义侵略和中华民族反侵略的矛盾已经开始暴露出来，但起义农民并没有立即认识这一点。太平天国起义仍然是一次单纯的农民战争。

太平天国起义的主要领导者洪秀全在其发动的过程中，抓住当时社会阶级结构不平等的种种事实，创立了一种以朴素的平等思想为内容的农民革命理论，大声呼唤太平社会的到来，他主张：“天下多男人，尽是兄弟之辈，天下多女子，尽是姊妹之群，何得存此疆彼界之私，何可起尔吞我并之念。”① 他认为，自秦、汉以来一二千年的封建君主都是蛇魔阎罗妖，都应该打入地狱，永远受苦。不平等的黑暗世界就要过去，理想的“太平”社会就要到来。“乱极则治，暗极则光，天之道也。于今夜退而日升矣。”② 那种乖漓浇薄之世，很快要变而为公平正直之世了，那种凌夺斗杀之世，很快要变而为强不犯弱、众不暴寡、智不祚愚、勇不苦怯之世了。从这里，我们可以看出，所谓“太平天国”的“太平”二字，其本义就在于：第一是公平社会，第二是和平社会。这是太平天国农民领袖对未来社会的原则设计。太平军在北上湖南途中，连续发布檄文，用明确的语言，揭露清政府“凡有水旱，略不怜恤，坐视其饿殍流离，暴露如莽”，“又纵贪官污吏，布满天下，使剥民脂膏，士女皆哭泣道路”，“官以贿得，刑以钱免，富儿当权，豪杰绝望”③。直截了当地揭示出太平军起义的目的是推翻清朝统治，解放被压迫的人民。檄文还号召各省有志者、名儒学士、英雄豪杰“各各起义，大振旌旗”，共同推进农民革命事业。为了实现“一打南京、二打北京”的战略计划，太平军在占领南京后，立即以精锐之师北伐，企图一举攻占北京，定鼎天下。太平天国的全部历史都证明：农民阶级把推翻清朝封建统治阶级作为自己的历史使命。

对封建地主阶级坚决斗争，这是太平天国时期农民阶级的特点，也是封建社会几千年以来中国农民的一大优点。但是，太平天国时期的农民对外国侵略及其引起的严重后果，却缺乏认识。这是因为，自 1840 年英国发动鸦片战争以来，外国侵华的事实发生不久，中国人民对外国人的认识刚刚开始。对农民阶级来说，如何对待外国侵略者，正是一个崭新的课题。太平天国的领袖们以为，他们的拜上帝是从外国学来的，一切外国人也同他们一样，都是上帝的“子女”，他们很轻易地把外国人都当成了自己的“洋兄弟”。据记载，一些与外国人有过接触的重要干部对西方资本主义发展表示过赞赏。太平天国后期领袖洪仁玕还提出过按照资本主义国家的模式改造太平天国的设想。他们总想拜外国为师，自己甘当学生。他们不懂得，为什么同是敬拜上帝，同是上帝的子

---

① 《原道醒世训》，太平天国历史博物馆编《太平天国印书》上册，江苏人民出版社，1979，第 15—16 页。

② 《原道醒世训》，《太平天国印书》上册，第 16 页。

③ 《颁行诏书》，《太平天国印书》上册，第 109 页。

女，天京的农民政权却得不到外国的承认，而且在1860年《北京条约》签订之后，这些来自基督教国家的军人们还要支持清朝统治者来镇压自己。虽然他们也被迫走上同“洋兄弟”作战的战场，表明太平天国农民决不向加在自己头上的邪恶势力屈服，但太平天国从未正面提出过反对外国侵略的战斗口号。

洪仁玕在1864年临刑之前曾醒悟道，“我朝祸害之源，即洋人助妖之事”，“一自妖军贿买洋人，以攻我军，我朝连续失城失地，屡战屡败”[①]。这个用农民战争失败的惨痛教训换来的经验总结，已经接触到了近代中国政治的实质，认识到了“洋人”（外国侵略者）支持“妖”（清朝统治者）是农民战争失败的根本原因。但是，太平天国的这个政治遗嘱并没有为继起的农民起义全面执行。义和团是打着“扶清灭洋”的旗帜登上历史舞台的。拿义和团和太平天国相比较，一个突出的特点，是它把帝国主义侵略者作为斗争的主要目标。义和团的宣传品，充满了仇洋排外的战斗气息。“只因四十余年内，中国洋人到处行。三月之中都杀尽，中原不准有洋人。余者逐回外国去，免被割据逞奇能。”“最恨和约，误国殃民；上行下效，民冤不伸”[②]。这些宣传不仅反映了帝国主义侵略中国的历史事实，也反映了义和团决心把侵略者逐出中国的意志。义和团时期在北京西什库教堂（北堂）组织抵抗义和团进攻的北直隶教区法国主教樊国梁（P. M. A. Favier）也承认：义和团运动是政治性的运动，“主要是赶走外国人”[③]。这种观察，大体不错。赶走那些侵略中国的外国人，正是中国人民觉醒的一种标志。太平天国时期的农民没有认识到的东西，义和团时期的农民认识到了。这是中国人民对帝国主义认识史上的一个重要进步。从太平天国对外国人的盲目信任到义和团对外国人的笼统排斥，都是这个认识史上的一些必经阶段。人们正是从社会历史的具体发展过程中，逐步积累起对历史本质的深刻认识的。“灭洋”当然具有笼统排外主义的倾向。义和团不仅一般地主张“驱逐洋寇”“杀尽洋人”，而且连与外国有关的事物包括反映资本主义

---

① 《洪仁玕自述》，太平天国历史博物馆编《太平天国文书汇编》，中华书局，1979，第555页。

② 《拳匪纪事》第2卷，第4、10页。

③ 《遣使会年鉴》（*Annales de la Congregation La Mission*），巴黎，1901，第241页，转引自马光普《樊国梁的一张布告》，《近代史资料》1963年第3期，第105页。

文明的若干新鲜事物都要加以反对。我们不是一般排外主义的原则支持者，对义和团的缺点当然不能讳言。但是从历史发展的角度看，从当时民族矛盾的高度看，对义和团的这种弱点不应苛求。恩格斯 1857 年评价中国南方人民反对英法联军侵略的正义战争时，提出了一条重要原则。他说："对于起义民族在人民战争中所采取的手段，不应当根据公认的正规作战方法或者任何别的抽象标准来衡量，而应当根据这个起义民族所已达到的文明程度来衡量。"① 这条原则值得重视。深入一步考虑，中国人民并无排外主义的历史传统。恰恰相反，中国人民历来对外来民族的优点往往采取兼收并蓄的宽容态度。太平天国对外国的进步表示赞赏，并打算用铁路、工厂、矿山、银行等近代工业社会的模式来改造国家，就是一个最近的例子。为什么到义和团就走到了它的反面呢？资本主义的生产方式可以被中国人民用来改造国家，以臻于富强之境；亦可被帝国主义用作强化其对华侵略的手段，使中国更弱人民更穷。中国人民对前者是欢迎的，对后者是厌恶的。义和团对一切来自外洋东西的反对，与这种态度紧密相关。资本主义文明是人类社会发展的重要阶段，它要比封建主义文明高明许多。中国人民（主要是农民）在摆脱了帝国主义侵略和封建主义统治之后，对反映资本主义文明的现代物质生活是并不拒绝的。

在对帝国主义的认识方面比太平天国前进的义和团，对封建主义的态度上又比太平天国后退了。这种现象，从理论上讲，一方面反映了那时民族矛盾上升，国内阶级矛盾退到次要地位，农民阶级自发地把斗争矛头指向了帝国主义；另一方面也反映了农民阶级对帝国主义和清朝封建统治者的勾结、联合缺乏正确认识，以为既然要挽救民族于危亡，就需要扶清，把扶清与保国等同起来。对义和团的"扶清"的认识，学者们聚讼纷纭。"清"是代表阶级统治工具的大清国，还是代表具有一定范围的国土、民族文化、历史传统的中华国家？那时的农民对自己提出的这个口号并未赋予确定的含义，也缺乏确切的认识，难以做出严格的区分。但是有一点是明白的，义和团作为一场自发的具有广泛群众基础的反帝运动，是没有政权意识的，并不打算独立建立一个哪怕是短暂

① 恩格斯：《波斯和中国》，《马克思恩格斯选集》第 2 卷，人民出版社，1972，第 20 页。

存在的农民国家。因此，他们的“扶清”，实际上包括上述两方面的含义，或者在某种特殊情况下，单指某一种含义。这是一个致命弱点。正是对“扶清”的含义缺乏确实的规定，对清朝与帝国主义的勾结缺乏正确的认识，导致了这场农民战争的最终失败。

与太平天国主要反对封建地主阶级而未正面提出反对外国侵略者相似，义和团则主要反对外国帝国主义而未把清朝统治者当作斗争目标。这两次农民战争的失败，给我们一个启示：近代中国的农民阶级如何认识中国社会的性质，并据此确定斗争的主要目标，是关系农民战争（或革命运动）成败的关键。由于阶级的和历史的局限性，近代前期的农民阶级解决不了这个复杂的问题（包括理论和实践两方面）。此后的资产阶级革命对这个问题的认识也只稍微前进了一步。这个问题获得正确解决，是在中国共产党人运用马克思列宁主义的基本原理与中国革命的实际相结合之后。

20 世纪 20 年代中期以后掀起的新式的革命农民运动，与此前的旧式农民运动有着显著的不同。在新的农民运动基础上展开的大规模的、持久的农民战争，与旧式农民战争有了根本不同的结局。农民阶级本身并未发生重要的变化，农民作为劳动者、作为小生产者的阶级属性及其固有的特点，都依然如故。除了时代变化而带来的若干改变以外，农民还是太平天国、义和团时代的老样子。但是，由于农民阶级找到了无产阶级作为领导阶级，无产阶级又以农民阶级作为最可靠的革命同盟军，近代农民才结束了以往原始的、自发的反抗道路，走上了自觉的、有组织的农民革命的新阶段。1927 年南昌起义、上海工人武装起义、广州起义等三次城市起义失败后，通过秋收起义和此后一系列农村革命根据地的建立，中国革命便正式跨入了以农村包围城市，最终夺取全国胜利的农民战争道路。中国共产党领导的农民战争，以科学理论为指导，明确提出了反对帝国主义、反对封建地主阶级的中国式的民主革命纲领。从前太平天国反对封建地主阶级、义和团反对帝国主义，所谓封建地主阶级、帝国主义云云，都不是那时农民阶级的主观认识，而是后人对他们斗争经验的总结。那时的人们还无法对自己的斗争目标做出科学的概括。只是到了中国共产党诞生以后，根据马克思列宁主义科学理论的指导，结合国际和国内的历史和现状，分析了帝国主义和封建地主阶级是中国社会生产力发展的最大障碍，分析了帝国主义、买办、官僚、地主阶级之间相互勾结以共同镇压中国人民的革命事业，才喊出了打倒帝国主义、打倒封建势力的战斗口号，并对自己的斗争总目标做出科学的概括。农民阶级接受共产党的领导，在反帝反封建的旗帜下，变以往的自发斗争为自觉斗争，展开了农民战争的新局面。太平天国、义和团时期的农民阶级不可能解决的有关中国革命中反帝反封建关系等一系列基本问题，至此才算获得了圆满的解决。

二 近代农民战争的政治战略

正确确定主要敌人，是农民战争的一项重要政治战略。这个问题上文已约略涉及。这里要说的是与此有关的几个问题。

1. 农民战争的前途问题

这个问题很重要，它决定着农民战争能否取得真正胜利的问题。历史上旧式农民战争很多，有失败了的，也有“胜利”了的。失败了的固然谈不上胜利，“胜利”了的如何呢？那不过是做了改朝换代的工具，并未满足农民阶级的要求，新的王朝往往导致规模更大的农民战争发生。因此农民战争虽然多少推动了社会生产力的发展，但它的结局总是逃不脱失败的命运。这是因为，农民不是新生产力的代表，它提不出在中国发展资本主义的明确主张，因而不能从根本上推翻封建制度。

中国共产党领导的农民战争从根本上改变了上述状况。新时期的农民阶级不仅在无产阶级及其政党领导下取得了反帝反封建斗争的彻底胜利，从封建制度下解放出来，而且在工人阶级领导下经过新旧民主主义而进入社会主义。对于农民战争来说，这是最好的前途，最理想的结局。

太平天国和义和团两次农民战争，不可能取得这样良好的结局。这是因为：它们不能依据科学世界观的指导认识社会发展的规律，不能对战争的前途与结局做出明确的设计。对于义和团来说，“灭洋”以后怎么办，他们是模糊不清的。如前所说，他们没有建立农民政权的愿望。在这方面，太平天国倒是积累了比较丰富的经验。洪秀全等人意识到了，农民起义以后，在政权建设方面应当做些什么。把天国建在地上，一直是洪秀全的理想。他在对基督教经典《新约》的批解中说：“天国是总天上地下而言。天上有天国，地下有天国，天上地下同是神父天国，勿误认单指天上天国。”[1] 反映了他对建立地上天国的追求。太平天国起义初期，洪秀全、杨秀清经常把南京比作“小天堂”，鼓励太平军战士努力作战，打到南京去，享受“小天堂”荣华。建都南京以后，太平天国建立了一整套国家机器，有了一定的统治地域，颁布了一系列政策法令，从上到下行使着国家职能。这说明，太平天国农民是有建立国家的观念的。他们试图用农民政权去代替地主政权，用农民阶级的国家代替地主阶级的国家。由于他们用小农的自给自足的平等模式去设计他们那个“新天新地新世界”的经济结构，就不得不按照地主阶级国家的模式去设计这个理想社会的上层建筑。虽然太平天国政权在其存在时期内，始终与封建地主阶级的国家政权相对立，并颁布了一些当时看来是革命的措施，却不可避免地向自己的对立面滑下去。这说明，农民不可能建立一套在本质上与地主政权完全对立的国家结构。从这个角度上可以说，太平天国农民起义也不可能从根本上冲破封建主义的模式，不能成为新的社会制度的直接促进者。

由于没有科学世界观的指导，不能认识和预测社会阶级斗争大局的变化，因而在实现自己目的的过程中，太平天国和义和团不能适时地完成必需的战略转变。不能完成这样的战略转变，战争的目的是难以达到的。以太平天国为例。太平天国是以反对封建统治为主要目标的。天京建都以后，太平天国的领导者们不得不面临与外国外交官、军人、传教士等打交道的局面。随着事态的发展，外国侵略者逐渐把他们反对太平天国的态度明朗化，进而干涉太平天国的政治、军事和宗教活动，直到帮助清政府组织洋枪队、常胜军甚至直接派军队出面对抗太平军。太平天国的领导者们同外国人办交涉，虽然不卑不亢，一本独立自主的原则，在外国侵略者干涉自己的军事行动时，不惜同他们在广大的地域内作战，但他们始终意识不到，外国侵略者从来不是太平天国农民战争的真正支持者，并且正在同清朝政府联合起来镇压自己的起义。他们始终没有完成从只反封建统治到同时又反对外国侵略者的战略转变。此其一。其二，从《天朝田亩制度》到《资政新篇》，太平天国指导思想上出现了从消灭私有财产到鼓励贫富差别的变化，出现了企图用模糊的资

① 金毓黻等编《太平天国史料》，第77页。

产阶级理想去代替农民中原有的平均主义理想的可能。由于这一思想并未为太平天国的广大干部和农民群众所接受，也由于残酷的战争环境，太平天国的统治迅速地走向衰落，这样一个可能使太平天国免于最后失败的重要的政治转变也未实现。

以义和团为列。当清政府在帝国主义要求下残酷镇压义和团时，义和团虽然能同敢于进攻自己的清军作战，却仍然打着“扶清灭洋”的旗号。这个“扶清”模糊了义和团的视线，使他们不能识破清廷的险恶用心，无法从政治上完成又反帝又反清的战略转变。1902 年义和团余部景廷宾在直隶广宗县起义，喊出了“扫清灭洋”的口号，表明农民阶级在现实斗争中总结了血的教训，认识有了提高。但此时义和团运动在全国范围内已被扑灭，农民运动已失去了前进的势头，而且资产阶级已开始登上历史舞台，他们在新的阶级基础上提出问题，广宗农民军的声音只能淹没在规模更大的新式群众斗争的浪潮中了。

2. 农民战争中的土地问题

土地问题是中国历代封建社会也是近代农民战争的核心问题。在近代中国，解决好农民的土地问题，满足他们对土地的愿望和要求，不仅是历次农民战争，而且是历次革命运动的一项重大的政治战略。太平天国提出了土地问题，后来的资产阶级革命也提出了土地问题，只有无产阶级的政党——中国共产党正确解决了土地问题，真正抓住了农民的心。在中国近代史上，谁能够解决土地问题，谁就能赢得农民，谁就能赢得战争。

中国共产党所以能正确解决农民的土地问题，是因为它基于历史发展的规律，认识到要在中国建设社会主义，首先必须使资本主义获得适当的发展。在中国进行资产阶级民主革命，首先要为资本主义的发展扫清道路，在此基础上才能建设巩固的社会主义。而解决土地问题，把土地从封建剥削者手里转移到农民手里，把封建地主的私有财产变为农民的私有财产，使农民从封建的土地关系中获得解放，从而造成将农业国转变为工业国的可能条件，这是在中国发展资本主义，进而发展社会主义的根本条件之一。还因为封建地主阶级是帝国主义统治中国的主要社会基础，无产阶级如果不帮助农民推翻封建地主阶级，就不能组成中国革命的强大队伍而推翻帝国主义的统治。正是在这个意义上，毛泽东说中国的革命实质上是农民革命。中国共产党在其领导的农民战争的整个过程中，为正确地、科学地改革封建土地制度采取了一系列措施。人民解放战争胜利之后，还在全国范围内进行了轰轰烈烈的土地改革运动，以便彻底满足农民对土地的要求，从而发展农村商品经济。可见，解决农民土地问题的正确方针，是使农民摆脱封建制度的束缚，而进入一个更高级的社会经济结构，而不是使农民永远固着在土地上，成为一小块土地的永恒主人。

拿这个标准来衡量太平天国的《天朝田亩制度》，可以看出太平天国为解决农民土地问题做出的贡献，也可以看出太平天国之不能正确解决农民土地问题的原因。《天朝田亩制度》提出了“凡天下田，天下人同耕”的基本原则，规定了按人口平均分配土地的办法，它不仅表达了几千年来中国农民对土地的强烈渴望，而且是中国近代史上改革封建土地制度的第一个蓝图，是农民做出的一个重要贡献。但是，这个文件又否定了城市和商品生产的价值，企图把农民永远固定在封闭的、自给自足的小农经济的框架里，而不能引导农民走出封建生产方式的死胡同。由于当时频繁的战争活动等复杂的社会条件的限制，按人口平分土地的规定并未实行。即使太平天国取得了全国政权，获得了和平的环境，由于农民的阶级局限性，也不可能解决好平分土地过程中产生的大量的政策问题，不可能解决农民在分得土地之后的出路和发展前途问题。历史实践说明，农民虽然一向怀有平分土地的良好愿望，但单靠农民阶级自身的力量，是不能实现这一愿望的。

3. 农民战争中的阶级同盟者问题

中国自进入封建社会后，反对封建专制主义的历次农民起义，几乎都是农民阶级的孤军奋战。参加起义的除了纯粹的农民以外，还有与农民有亲缘关系的社会集团和人群，基本上属于农民阶级的范畴。进入近代以后，这一情况并无多大变化。太平天国金田起义，按李秀成的回忆，“从者俱是农夫之家，寒苦之家”[①]。即是贫苦的劳动农民群众以及一部分矿工。其后，陆续有三江两湖之人参加到太平军中来。除了贫苦农民外，还有各式手工业工人、水手、纤夫、码头挑脚、轿夫、小商小贩以及会党、游民等各种破产失业的人群。这些人都是农民阶级的组成部分。参加义和团的群众构成情况也大略如此。地主阶级是农民造反的对象，作为一个阶级，它不可能成为农民的同盟者，但地主阶级中的个

① 《李秀成自述》，《太平天国文书汇编》，第482页。

别分子，可能因为社会地位较低或政治上失意或有某种政治意图而参加农民起义或暂时站到农民起义队伍方面来，特别是在农民起义达到高潮时。太平天国和义和团起义高潮时都有这种情况。地主阶级中个别分子的参加，虽能增大农民起义的声势，却往往把地主阶级的思想意识和政治野心带到农民战争中来，改变农民战争的性质和方向，成为农民起义的最大祸患。

农民阶级虽是近代中国一切革命运动的主力军，却不能单独领导一次革命或战争到达最后胜利。它需要到地主阶级以外的其他阶级中寻求阶级同盟者。但是，在太平天国时期，中国还没有这样的阶级可以成为农民的阶级同盟者。义和团运动时，中国已有了资产阶级和无产阶级。无产阶级刚刚从农民阶级中分化出来，还是一个自在的阶级，还没有起来参加政治斗争并领导农民夺取斗争胜利的觉悟。资产阶级也较幼弱，在义和团运动时，他们同样没有觉悟到应在这场大风暴中积极领导农民完成本阶级的历史使命，他们也同地主阶级一样，站到农民运动的反面去了。在半殖民地半封建的中国，在没有阶级同盟者的情况下，单靠农民阶级一个阶级孤军奋斗，是不可能完成反帝反封建的民主革命任务的。太平天国和义和团所以失败，不能造成几个阶级的同盟以对付主要的敌人，是一个重要的原因。

这种情况，在新式的农民战争中得到了根本改变。在新民主主义革命中，农民阶级仍是革命的主力军，但他们已不是如以往那样，为着农民一个阶级的利益而孤军奋战，而是在无产阶级及其政党的领导下，为着全民族的利益而进行反帝反封建的斗争。资产阶级已经失去了领导中国革命走向胜利的资格，但由于在民主革命阶段，资产阶级（主要是民族资产阶级）的政治经济利益有与无产阶级和农民阶级相一致的地方，无产阶级有必要也有能力发动、吸引民族资产阶级参加到自己阵线一边来，用革命的统一战线这个法宝来对付帝国主义和封建势力。毛泽东明确指出："只有无产阶级和共产党能够领导农民、城市小资产阶级和资产阶级，克服农民和小资产阶级的狭隘性，克服失业者群的破坏性，并且还能够克服资产阶级的动摇和不彻底性（如果共产党的政策不犯错误的话），而使革命和战争走上胜利的道路。"① 中国共产党领导的民主革

① 《中国革命战争的战略问题》，《毛泽东选集》四卷合订本，第177页。

命，正是从政治战略的高度，成功地运用统一战线的策略，获得了相当广泛的阶级同盟者，团结了全国人口的大多数，成为人民解放战争胜利的重要因素之一。

三　近代农民战争的历史作用

毛泽东在《〈共产党人〉发刊词》的著名文章中指出："统一战线，武装斗争，党的建设，是中国共产党在中国革命中战胜敌人的三个法宝，三个主要的法宝。"① 这三大法宝，就是中国新民主主义革命的基本经验，也即是中国共产党领导的农民革命战争的基本经验。拿这三点经验与太平天国、义和团相比较，统一战线、党的领导，是那时所无的；武装斗争，那时也处在初级阶段。这样说来，近代中国早期的农民阶级及其所发动的战争，其历史作用是否应该轻视呢？

历史唯物论者不这样看待问题。中国人民及其学术界高度评价太平天国、义和团在推进近代中国历史向前发展上的重要作用。周恩来1955年12月在北京各界欢迎德意志民主共和国政府代表团大会上的讲话中指出："1900年的义和团运动正是中国人民顽强地反抗帝国主义侵略的表现。他们的英勇斗争是五十年后中国人民伟大胜利的奠基石之一。"② 应当重视农民、农民起义在资产阶级民主革命中的历史作用。马克思、恩格斯都是异常重视并高度评价近代资产阶级在推翻封建制度、推进人类物质文明中的历史作用的，但他们同时也没有忘记指出，就在近代资产阶级取得最光辉灿烂成就的时候，也得到了工人、农民的帮助。列宁在讨论俄国农民运动的时候也说，"农民运动在俄国也象过去在其他国家一样"，是资产阶级民主革命的必然伴侣③。

列宁在1907年甚至说，俄国资产阶级革命的动力可能不是资产阶级，而是无产阶级和农民。因为无产阶级和农民希望资产阶级民主革命的彻底胜利，而"资产阶级期望资产阶级革命的结局是半途而废，是半

① 《毛泽东选集》四卷合订本，第597页。

② 《人民日报》1955年12月12日。

③ 《小资产阶级的社会主义和无产阶级的社会主义》，《列宁选集》第1卷，人民出版社，1972，第639页。

自由，是跟旧政权和地主勾结起来。这种期望的根源就是资产阶级的阶级利益"①。可见，无论是资产阶级民主革命开展较早的西欧（那里资本主义发展程度较高），还是较晚的俄国（资本主义发展程度较低），农民的作用都是至关重要的。而在中国，农民在资产阶级民主革命中的作用，更不容有丝毫的忽视。近代中国历次革命的成败，都是与革命的领导者是否重视、是否正确发挥农民的革命作用紧密相关的。

在半殖民地半封建社会的近代中国，农民毕竟不是新生产力的体现者。他们处在社会的底层，文化落后，眼界狭窄，不免背有不少愚昧落后的历史包袱。像太平天国和义和团那样，一个笃信洋迷信，一个崇奉土迷信，在许多情况下办了错事，使得后人读史至此，常常扼腕兴叹。农民中还有不少平均主义、盲动主义、无政府主义、流寇主义种种阶级局限，而单靠农民阶级自身，是不可能克服这种弱点的。只有在先进阶级领导下，农民才能充分发挥自己的革命主力军作用。资产阶级民主革命中的领导权问题，基本上是领导农民的问题。资产阶级放弃了对于农民的领导，无产阶级出于阶级的使命感，紧紧抓住了对于农民的领导。近代中国的农民阶级，只有在无产阶级及其政党的领导下，才能逐步克服自身的许多弱点，才能避免太平天国、义和团以失败而告终的结局，才能改变小生产者的思想习惯，全心全意跟着无产阶级同帝国主义和封建势力进行坚韧不拔、百折不挠的斗争。农民阶级终于选择无产阶级及其政党共产党的领导，是新时期的农民战争获得真正胜利的根本原因。只有在无产阶级领导下，农民阶级才既改造了主观世界，又改造了客观世界，最大限度地发挥革命主力军的作用。

在中国共产党成立 70 周年的时候，追踪近代中国农民战争的足迹，总结其历史经验教训，并不是为了发思古之幽情。太平天国起义过去了 140 年，义和团反帝斗争也过去了 90 年，中国共产党领导的农民战争取得胜利也已超过 40 年。中国的历史发展已进入了一个崭新的时期。对于近代中国农民战争的伟大历史作用，我国人民和学术界早已有了明确的认识。历史的结论摆在那里，事情似乎可以告一段落。但是树欲静而风不止，资产阶级自由化论者为了反对共产党的领导，反对社会主义道路，要从历史上寻找根据。他们否定共产党领导的革命战争，否定抗

① 《土地问题和革命力量》，《列宁全集》第 12 卷，人民出版社，1959，第 320 页。

日战争，甚至否定近代农民战争，否定近代一切正义的反对外国侵略的战争。历史唯物论者是真正的历史主义者，不怕从历史上寻找根据。我们把中国历史上最后两次最大的农民战争同中国共产党领导的长达20余年的革命战争相提并论，比较它们成败的原因所在，可以得出如下几点认识：

一、在风雨如磐的旧中国，在帝国主义和封建主义的双重压榨下，正是由于中国人民在内外敌人面前不断抗争，由于太平天国，由于义和团，更由于中国共产党领导的农民战争的艰苦卓绝的奋斗，中华民族没有倒下去，国家从半殖民地半封建社会的谷底走了出来，走到了一个新的历史时代（在这个奋斗中，当然包括中国资产阶级的奋斗在内，因不在本文论述范围，未加论列）。

二、虽然太平天国失败了，义和团运动失败了，但他们的历史进步作用不仅表现在当时，而且表现在后来，表现在对此后资产阶级领导的民主革命和无产阶级领导的民主革命的直接影响。中国共产党人对中国国情的认识，对中国社会性质和中国革命性质的认识，对中国革命的历史经验的总结，太平天国和义和团的奋斗都提供了重要的思想素材和经验教训，当然资产阶级革命派也提供了重要的思想素材和经验教训。中国共产党人把马克思主义结合于中国革命的具体实际过程中，上述历史经验是不可或缺的部分。

三、在近代中国，太平天国和义和团是单纯由农民阶级发动和参加的战争，既没有得着资产阶级的领导，更没有得着无产阶级的领导。而没有先进阶级的领导，农民战争要取得胜利、农民阶级要从封建桎梏下解放出来是不可能的。同时，任何一个先进阶级如果不帮助并领导农民打破封建束缚，就不可能取得民主革命的胜利，也不可能实现中国的现代化。中国资产阶级放弃了对农民的领导，资产阶级革命不能取得成功。中国无产阶级通过共产党依靠并引导农民取得了民主革命的胜利，共产党也取得了伟大的成功，这是一条重要的历史经验。这条经验，对于正在为社会主义现代化而奋斗的共产党人，无疑仍具有强大的生命力。从这个角度看，本题的讨论就具有了重要的现实意义。

中国留日学生与祖国的历史命运*

1896 年 6 月，中国第一批留日学生到达东京就读。学者一般认为，这是中国政府正式向日本派遣留学生起始的一年①。百年来，中国、日本以及整个世界，都发生了百年前所料想不到的那种变化。回顾中国留日学生所走过的道路，我们今天可以冷静地做出总结了。

一

近代中国的历史，是一部落后挨打的历史，也是先进中国人发愤为雄、立志振兴中华的历史。中国留学生，特别是留日学生，从一个侧面反映了这一页历史。

1895 年中日《马关新约》（日文本称《媾和条约》，俗称《马关条约》）的签订，标志着中国在甲午战争中的惨重失败。巨额的赔款②，

---

* 本文曾在东京中国社会科学研究会主办的“纪念中国往日本派留学生 100 周年”国际学术讨论会开幕式上宣读，原载《中国社会科学》1996 年第 6 期，译文载 *Social Sciences in China*（Beijing）Vol. 18，No. 3，Autumn 1997；东京《东瀛求索》第 8 号，1996 年 8 月。

① 黄福庆：《清末留日学生》，台北，1975，第 13 页。此处对中国最早留日学生一事有所界说。

② 按《马关条约》规定，中国向日本“赔偿军费”2 亿两白银，按《马关条约》之《另约》规定，中国政府在三年内交给山东威海卫的日军驻军费 150 万两白银。又按 1895 年 11 月 8 日签订的《辽南条约》中国政府为“酬报”日本国将《马关条约》割占的“奉天省南边地方”交还中国，将“酬款”3000 万两白银交给日本国政府。清政府为了如约在三年内将上述巨款交给日本国，忍痛向法、俄、英、德银行团发起三次大借款，共借得外币折合约 3 亿两白银，扣除折扣、佣金，实得 2. 6 亿两白银。此银交还日本外，所剩无几。这三次大借款，中国除忍受苛刻的政治条件外，经济上遭受重大损失，45 年内，中国要付出本息 85575 万两白银。

难以忍受的割地，造成了中国国运的空前低落，同时产生了两种不同的反响：列强以中国为可欺，认为这个“东亚病夫”正躺在“死亡之榻”上，一些人公开提出“分配这个病夫的遗产”问题，呼吁把“瓜分中华帝国”一事提上侵略日程[①]，并在此后几年间，使中国面临豆剖瓜分极为严峻的局面；中国人则从甲午的失败中震惊于自己的落后，痛恨自己在政治、经济、军事、文化上的不如人，决心振奋精神，重塑“国魂”。于是先有孙中山于1894年11月在檀香山发起组织兴中会，号召“振兴中华”，接着康有为在1895年5月在北京发动“公车上书”，要求变法维新。这种情绪反映到政府，便有大臣奏请派学生赴日留学之议。张之洞的《劝学篇》被皇帝颁发各省，留学日本便被确立为政策。往昔的弟子，昨日的敌国，于今成为中国学子问学之所，变化何其巨大。前引《劝学篇》说，二十年前，日本派人去西洋或学政治工商，或学水陆兵法，“学成而归，用为将相。政事一变，雄视东方”，其显效如此。“日本小国耳，何兴之暴也”，中国人要去看一看，日本人怎样学习西方，使自己强盛起来的。张之洞说：“中东情势风俗相近，易仿行，事半功倍，无过于此。”[②] “事半功倍”，是当时统治者中高层人士的心态。“东亚风云大陆沉，浮槎东渡起雄心。为求富国强兵策，强忍抛妻别子情。”[③] 反映了那时留日青年的热切心情。

下面三个年代——1896年、1902年、1905年，是中国青年留日初期的三个重要标志。1896年前一年，即《马关条约》签订的那年，是证明日本雄视东方的一年。于是在次年即有中国人一群13人赴日留学，是为起步。此后数年留日人数增加并不多，据实藤惠秀研究后给出的数字，1899年有207人，1901年有280人，但1902年一下猛增到500人[④]。1902年以前两年，八国联军武装侵略中国，并在1901年9月7

① V. Chirol, *The Far East Question*, London, 1896，转引自中国社会科学院近代史研究所《中国近代史稿》第2册，人民出版社，1985，第406页。

② 张之洞：《劝学篇·外篇》，第5—6页。

③ 吴玉章（永珊）：《辛亥革命》，人民出版社，1961，第29页。

④ 见实藤惠秀《中国人留学日本史》，谭汝谦、林启彦译，三联书店，1983，第451页，表一，留日学生数。另据《日本留学中国学生题名录》，1899年为143人，1900年为159人，1901年为266人，1902年为727人。见房兆楹《清末民初洋学学生题名录》初辑，第1—53页。按李喜所统计，1898年为61人，1901年为274人，1902年为608人。见《近代留学生与中外文化》，天津人民出版社，1992，第185页。各书统计数字不尽一致，但所显示的留学生人数增加趋势是完全相同的。

日同清政府签订了严重损害中国独立主权的《辛丑和约》，使中国的半殖民地半封建社会地位降到谷底。甲午战后已证明具有雄视东方实力的日本，在庚子之役中，作为八国联军的一员，派大军来华，与西方列强平起平坐，其军人被安排同西方军人一起，整队通过紫禁城，日本国并从《辛丑和约》规定的对外赔款中获得了巨大的一份，再次证明了日本具有雄视东方的实力。于是 1902 年中国留日学生人数猛增。

1905 年，留日人数达到了近代中国留日学生人数的顶峰，这年底，留日中国人约达 8600 之多。1906 年大约也有 8000 之谱①。这一数字，据最早发表研究中国人留学教育著作的舒新城评论说，“实为任何时期与任何留学国所未有者”②。晚近的美国学者也指出，这是“到此时为止的世界史上最大规模的学生出洋运动”③。1905 年，是日本显示其雄视东方实力的最重要的一年。这年 9 月，日俄两国在美国撮合下签订《朴次茅斯和约》，宣告了日本对俄国战争的胜利。日俄战争是一场帝国主义战争，它是日俄两国为瓜分在中国东北和远东的势力范围而爆发的，两国交战的主战场既不在日本，也不在俄国，而是在中国的东北，当时的中国政府被迫做了可耻的“局外中立者”。未曾想到，貌似庞大的俄国却败在日本手下。这对中国人的刺激自然是极其强烈的。中国留日学生便蜂拥而来。年初日本报告只有三四千人，到下半年就超过了八千人，有的估计高达万人④。

实藤惠秀在解释这段历史时，引用了 1905 年两个日本人的评论。一个在华南旅行，其观察谓“虽然中日曾有冲突，又有义和团事件，今中国官民对日本咸予信赖”；一则曰“甲午结果，不必细论，即今次日俄战争，结果非清人始料所及，俟捷报频传，清人纷纷负笈来学”⑤。这两人的观察是表面的，却是不无根据的。论者或谓，1905 年留日学生大增，与中国国内的政策变化即 1905 年清廷废除科举有关⑥。或者说

① 实藤惠秀：《中国人留学日本史》，第 39 页。

② 舒新城：《近代中国留学史》，上海，1926，第 46 页。

③ 费正清、刘广京编《剑桥中国晚清史》（下），中译本，中国社会科学出版社，1993，第 404 页。

④ 实藤惠秀：《中国人留学日本史》，第 36 页。

⑤ 实藤惠秀：《中国人留学日本史》，第 35 页。

⑥ 王奇生：《中国留学生的历史轨迹：1872—1949》，湖北教育出版社，1992，第 96 页。

科举制度的废除，对留日学生的增加“也可能是最大的原因”[①]。此说尚可斟酌。

据实藤氏提供的资料，1903 年留日学生约千人，1904 年约 1300 人，1905 年初达三四千人，《万朝报》甚至谓多达 5000 以上。1905 年 7 月 17 日，青柳笃恒在《东京朝日新闻》发表文章，透露据消息灵通人士称，中国留日学生数目将以万计，同年 12 月 8 日青柳氏又发表文章称“都下八千清国留学生”[②]。又据李喜所的说法，1905 年 7 月、8 月两月中，仅自费生就新增加 2000 多人[③]。综上资料，保守的估计，到 1905 年 8 月，留日学生似已超过 6000 人[④]。这主要与日俄战争中日本胜利的刺激有关。日俄战争虽于是年 9 月以签订条约的形式宣告结束，但日军在战场上捷报频传，1904 年 8 月摧毁俄国太平洋舰队，9 月俄军在辽阳会战中失败，1905 年元旦，旅顺俄军向日军投降，3 月，在奉天（沈阳）会战中，俄军败退，日军占领奉天。奉天会战后，日军在战场上的胜利者地位已经决定了。

清廷正式宣布“自丙午（1906 年）科为始，所有乡会试一律停止，各省岁科考试，亦即停止”[⑤] 是在 1905 年 9 月 2 日（光绪三十一年八月初四）。到 1905 年 12 月 6 日，因政务处、学务大臣会奏，上谕“著即设立学部”，以作为振兴学务总汇之区[⑥]。1906 年 3 月 9 日，政务处始奏定科举考试停止后，对所有以前的举贡生员实施出路的办法。这些乃是骤然宣布停止科举后的补救措施。先是，1903 年初，袁世凯、张之洞等会奏，力陈科举之非，谓：

> 科举一日不废，即学校一日不能大兴。学校不能大兴，将士子

---

① 实藤惠秀：《中国人留学日本史》，第 35 页。

② 实藤惠秀：《中国人留学日本史》，第 34—37 页。

③ 李喜所：《近代留学生与中外文化》，第 186 页。

④ 我找到一本《各校各生履历清册》，记载从光绪二十六年到宣统元年间到日本各校留学的名单，共录入 1655 人，其中 1905 年（光绪三十一年）到日本的有 554 人。554 人中，1905 年 9 月以前到日本的 347 人，约占总数的 62.64%。这个清册是一个远不完备的名册，其 1905 年到东情况，与我的估计相近，可供参考。以上清册，见佚名编《清末各省官、自费留日学生姓名表》，近代中国史料丛刊续编第 494 种，台北，文海出版社，1978。

⑤ 朱寿朋编《光绪朝东华录》（五），中华书局，1984，总第 5392 页。

⑥ 朱寿朋编《光绪朝东华录》（五），总第 5445 页。

> 永远无实在之学问，国家永远无救时之人才，中国永远不能进于富强，即永远不能争衡于各国……拟请俟万寿恩科（1904 年）举行后，将各项考试取中之额，预计均分，按年递减，学政岁科试，分两科减尽，乡会试分三科减尽。即以科场递减之额，酌量移作学堂取中之额，俾天下士子，舍学堂一途，别无进身之阶。

3 月 13 日得旨：著政务处会同礼部妥议具奏[①]。

这个建议，提出了按年平均递减乡会试取中名额的原则，但未订出时间表。

1904 年初，政务处大臣张百熙等遵旨复奏，提出：

> 从下届丙午科起，每科递减中额三分之一……至第三届壬子科应减尽时，尚有十年。计其时京外各省开办学堂已过十年以外，人才应已辈出，且科举既停，天下士心，专注学堂……学政岁科试取进学额，请于乡试两科年限内，两岁考，两科考，四次分减，每一次减学额四分之一，俟末一次学额减尽，即行停止学政岁科试，以后生员出于学堂。[②]

1 月 12 日上谕批准了以上建议。这个建议提出乡会试自 1906 年（丙午届）开始递减，至 1912 年（壬子届）减尽，乡会试始停止，省考停止的时间还要提前一些。

这个上谕发出不久，日俄战争爆发。下一年 8 月，日本胜利形势判定，清政府感到形势变化，迅即改变了以上日程。参预政务大臣袁世凯、张之洞会奏，鲜明地感受到时局危迫，更甚曩日，“实同一刻千金”，原定十年停止科举的决定，是太慢了。他们提出：“不独普之胜法，日之胜俄（着重点为引者所加），识者皆归其功于小学校师，即其它文明之邦，强盛之原，亦孰不基于学校。而我国独相形见绌者，则以科举不停，学校不广……故欲补救时艰，必自推广学校始，而欲推广学校，必自先停科举始。拟请宸衷独断，雷励风行，立沛纶

---

① 朱寿朋编《光绪朝东华录》（五），总第 4998—5000 页。

② 朱寿朋编《光绪朝东华录》（五），总第 5128 页。

音，停罢科举。”[①]因这一建议，清廷才有前述立即于1906年停止科举的决策。

由此可见，1905年9月清廷决定停止科举一事，对1905年留日学生的迅猛增加起主要作用的论断，是缺乏说服力的。主要原因，还是日本在日俄战争中获胜对国人的刺激。甚至清廷骤然决定立停科举考试，也是因受“日之胜俄”的刺激而做出的。1906年，中国留日学生继续居高不下，保持在8000人的数目，则除了日本强盛的刺激外，清廷废止科举的作用，就明显了。

总之，1896年以后，中国留日学生在1902年、1905—1906年两次激增，是中国青年看到日本雄视东方的实力一再体现的结果。中国朝野上下，都想了解日本致强之由。与留学生人数激增的同时，清廷接连派大员赴日考察政治，正是这一想法的体现。

二

近代中国留日学生，从1896至1937年[②]，大约有10万人之谱。大约同一时期，中国人留学美国和欧洲各国的人数[③]，都不能与留日人数相比肩。这些留日学生，尤其在早期，无论是官费生、自费生，无论是革命派、改良派还是随大流者，大多是抱着救国的目的浮海东渡的。他们在日本求学期间，或者在回国以后，对中国的社会生活影响至大至巨，尤其是政治、军事和基础教育方面，更是令人刮目相看的。

近代中国第一次资产阶级性质的革命——辛亥革命，其发动和鼓

---

① 朱寿朋编《光绪朝东华录》（五），总第5390—5391页。

② 这是实藤氏著作的起止时限。根据王奇生的研究，七七事变后，中国还有一些自费生赴日留学，伪政权组织及伪满洲国也曾派公费生留日，总数在三四千之间。直到1945年4月，日本政府为了进行所谓“大东亚决战”，通令日本各学校停课一年。中国留学生大多因此返国。至抗战结束，留日学生只剩下456人。见王奇生《中国留学生的历史轨迹：1872—1949》，第116—120页。

③ 梅贻琦和程其保调查了1850—1953年中国留美学生总数约为2万人，见王奇生《中国留学生的历史轨迹：1872—1949》，第44、45页。留学欧洲各国的中国学生，向无精确统计，据王奇生估计，约为2万人，同上书，第90页。

吹，与中国留日学生关系极大。除了国内的社会基础和阶级基础外，这一革命的策划和组织，可以说基本上是在日本的留学生中进行的。孙中山奔走海外有年，组织发动革命功不可没，但进展不是很大。只是在他于1905年接触了欧洲的中国留学生，并在其后融入了日本的中国留学生之后，尤其是在东京留学生组建了中国革命同盟会后，革命形势的发展就一日千里，一发不可收拾了。中国同盟会的主要干部，几乎都是留日学生。辛亥革命，完全可以说，是在中国同盟会的组织、发动、号召和直接参与下取得成功的。这方面，已有许多论著做了研究，无须多加证明①。

以下我们通过一些统计数字，来观察留日学生与中国政治生活的关系。

实藤氏注意到，1911年武昌起义后的云南起义中，以昆明陆军高级干部为中心的40人中，有31人有留学日本的经历②。其实，武昌起义的主要领导人中，曾去日本留学的人也不少。1911年12月，出席17省南京会议的代表45人中，留日者占了大半，在这次会议上，孙中山被选举为中华民国临时大总统。1912年元月就任的中华民国南京临时政府内阁成员（包括总长、次长）18人，留日学生有9人，占了50%。以劝进袁世凯当皇帝而臭名远扬的“筹安会六君子”，除严复为留英外，其余杨度、孙毓筠、刘师培、胡瑛、李燮和五人均为留日学生。

根据刘寿林编《辛亥以后十七年职官年表》③，列出从北京临时政府的唐绍仪内阁起到北洋军阀控制的最后一届内阁止，其历届内阁成员中留日学生数，可作一有意义的观察。

---

① 据近十余年的研究，立宪派的政治活动，在取得辛亥革命胜利的过程中，也发挥了一定的积极作用。关于留日学生在立宪运动中的活动，张学继做了较为详尽的研究。见《论留日学生在立宪运动中的作用》，《近代史研究》1993年第2期。作者在该文文末发表他的研究结论说：“留日学生是立宪派中最活跃的一个群体。他们是立宪宣传的主力军，立宪运动的主要组织者和领导者，在整个立宪运动中扮演了主要角色。”

② 实藤惠秀：《中国人留学日本史》，第351页。

③ 《辛亥以后十七年职官年表》，中华书局，1966。编者刘寿林为中国社科院近代史研究所史料编辑专家，已作古。另，判断留学经历，以徐友春主编《民国人物大辞典》（河北人民出版社，1991）为限。以下除特别注明外，均同此。

表 1　北洋时期历届内阁成员留学情况

内阁名称	存续时间	内阁成员数	留学欧美人数	留学日本人数	留日生占总数的比例（%）
唐绍仪内阁	1912. 3. 13—6. 27	30	11	11	36. 6
陆徵祥内阁	1912. 6. 29—9. 22	39	12	19	48. 7
赵秉钧内阁	1912. 9. 25—1913. 7. 16	34	12	10	29
段祺瑞内阁	1913. 7. 19—7. 31	26	8	9	34. 6
熊希龄内阁	1913. 7. 31—1914. 2. 12	45	9	19	42
孙宝琦临时内阁	1914. 2. 12—5. 1	26	6	14	53. 8
徐世昌内阁	1914. 5. 1—1916. 4. 22	44	9	16	36
段祺瑞内阁	1916. 4. 22—6. 29	45	11	18	40
段祺瑞内阁	1916. 6. 29—1917. 5. 23	60	13	27	45
伍廷芳临时内阁	1917. 5. 23—5. 28	23	4	10	43
李经羲内阁	1917. 5. 28—7. 2	29	5	13	44. 8
段祺瑞内阁	1917. 7. 2—11. 22	39	5	19	48. 7
汪大燮临时内阁	1917. 11. 22—11. 30	22	1	12	54. 5
王士珍临时内阁	1917. 11. 30—1918. 3. 23	27	2	12	44
.段祺瑞内阁	1918. 3. 23—10. 10	29	4	13	44. 8
钱能训临时内阁	1918. 10. 10—12. 12	22	4	11	50
钱能训内阁	1918. 12. 12—1919. 6. 13	31	5	12	38. 7
龚心湛临时内阁	1919. 6. 13—9. 24	25	5	8	32
靳云鹏临时内阁	1919. 9. 24—11. 5	23	3	6	26
靳云鹏内阁	1919. 11. 5—1920. 5. 14	30	4	9	30
萨镇冰临时内阁	1920. 5. 14—8. 9	30	4	11	36. 6
靳云鹏内阁	1920. 8. 9—1921. 12. 18	47	9	13	27. 6
颜惠庆临时内阁	1921. 12. 18—12. 24	27	8	7	26
梁士诒内阁	1921. 12. 24—1922. 1. 25	30	7	8	26. 6
颜惠庆临时内阁	1922. 1. 25—4. 9	25	7	5	20
周自齐临时内阁	1922. 4. 9—6. 12	33	9	7	21
颜惠庆临时内阁	1922. 6. 11—8. 5	30	7	10	33
唐绍仪临时内阁	1922. 8. 5—9. 19	26	8	11	42
王宠惠临时内阁	1922. 9. 19—11. 29	27	7	12	44
汪大燮临时内阁	1922. 11. 29—12. 11	27	5	13	48
王正廷临时内阁	1922. 12. 11—1923. 1. 4	28	8	12	42. 8

续表

内阁名称	存续时间	内阁成员数	留学欧美人数	留学日本人数	留日生占总数的比例（%）
张绍曾内阁	1923. 1. 4—6. 6	35	9	13	37
高凌霨代理内阁	1923. 6. 13—10. 12	32	6	11	34
高凌霨代理内阁	1923. 10. 12—1924. 1. 12	29	7	11	38
孙宝琦内阁	1924. 1. 12—7. 2	26	9	9	34. 6
顾维钧代理内阁	1924. 7. 2—9. 14	24	9	8	33
颜惠庆内阁	1924. 9. 14—10. 31	27	9	9	33
黄郛临时内阁	1924. 10. 31—11. 25	38	7	19	50
段祺瑞临时执政兼内阁	1924. 11. 25—12. 26	41	13	17	41
许世英内阁	1925. 12. 26—1926. 2. 15	33	8	14	42
贾德耀内阁	1926. 2. 15—4. 20	35	7	18	51
胡惟德临时内阁	1926. 4. 20—5. 13	22	4	9	41
颜惠庆内阁	1926. 5. 13—6. 22	27	4	11	40. 7
杜锡珪代理内阁	1926. 6. 22—10. 1	32	6	10	34
顾维钧代理内阁	1926. 10. 1—1927. 6. 17	33	7	12	36
潘馥内阁	1927. 6. 18—1928. 6. 3	34	5	8	23. 5

表 1 列留日人数中，个别赴日考察和当过留学生监督的人也算在内。统计数字可能并不十分精确，但 1928 年前北洋政府历届内阁阁员中，有 33 届阁员留日生比例达到或超过了 34%，则留日生大体占到 34% 以上，是可信的。前后 17 年，共经历了 46 届内阁，长的不过 2 年，短的只有六七天，这是近代中国历史上一段很特殊的时期。当然，这个统计数字具有一定的参考作用。

有的论者判断，晚清和北洋政权中，留日学生占有优势。国民党政权中，留欧美者超过留日者①。似乎也不尽然。按照我的统计，在广州国民政府（1925. 7—1926. 12）中先后担任过委员的 26 人中，留日学生 14 人，占 54%；在武汉国民政府（1926. 12—1927. 9）中先后担任过委员的 24 人中，留日学生 11 人，占 46%；在南京国民政府（1928. 10—1937. 11）中先后担任过委员的 81 人中，留日生有 40 人，占 49%；在

① 见王奇生《中国留学生的历史轨迹：1872—1949》，第 214 页。

重庆国民政府（1937. 11—1946. 5）中先后担任过委员的66人中，有留日背景的37人，占56%[①]。以上四组政府委员中，有留日背景的，均较有留学美欧或无留学背景的人比例为高。可能，在国民政府以下或以外的政权机构中，留学美欧的人超过留日的，如王奇生根据1948年出版的《中国当代名人传》（其中收录198名国民党党政显要人物）作了统计，其中留美出身者34人，留欧出身者22人，留日出身者32人[②]。这当然是可信的。但是，政府委员中有留日背景的人比例相当高，那么多有留日经历的人处在最高政治决策者的位置上，毕竟是很说明问题的。

如果换一个角度，从国共两党来观察。1921年7月，中国共产党在上海召开第一次全国代表大会，出席大会正式代表12人中，有7人有留学背景，除陈公博留美外，陈独秀、李大钊、李达、董必武、李汉俊、周佛海等6人都是留日学生，占全体代表的50%，只有陈潭秋、毛泽东、王尽美、邓恩铭、何叔衡等5人无留学经历。中国国民党是在中国同盟会、国民党、中华革命党的基础上发展而成的，它在共产国际和中国共产党帮助下，于1924年召开第一次全国代表大会。大会第一天会议，经孙中山提名，推举大会主席团成员5人（胡汉民、汪精卫、林森、谢持、李守常），全部有留日经历。大会选出中国国民党第一届中央执行委员24人，其中有留日背景的17人，占总数的71%；候补中央执行委员17人中，有留日经历的7人，占41%；中央监察委员5人，有留日经历的3人，占60%；候补中央监察委员5人中，4人有留日经历，占80%[③]。这几组统计中的留日生比例，与国民政府中留日生比例大致相若，均较北洋政府中留日生比例为高。又据1929年出版的《中国国民党年鉴》，在63万党员中，大学和专科学校毕业者占1/10强，其中留学欧美者700余人，留学日本者1000余人[④]。这个数字，也是可以说明问题的。

---

① 四组政府委员名单，见刘国铭主编《中华民国国民政府军政职官人物志》，春秋出版社，1989。

② 王奇生：《中国留学生的历史轨迹：1872—1949》，第214页。

③ 名单见荣孟源主编《中国国民党历次代表大会及中央全会资料》上册，光明日报出版社，1985。

④ 转引自王奇生《中国留学生的历史轨迹：1872—1949》，第211页。

近代中国还有一特殊历史现象，即出现于20世纪30—40年代的若干汉奸傀儡政权。在这些汉奸伪政权的头目中，留日学生比例极高。汪精卫、周佛海、王揖唐是其最尤者。王奇生在南京中国第二历史档案馆馆藏档案中，找到一本1941年6月编印的《中华留日同学会同学录》，发现竟是一本汉奸名录，共列名693人，均在伪政权供职。王奇生在著作中列出52人，为其首要者[①]。

日本留学生与中国军界的关系，一点也不比政界差。晚清政府于甲午战争败后开始筹练新军，于八国联军之役后全面推行新政，而以练兵为第一要政。海军学生一般派往欧洲，陆军学生绝大多数出身于日本各级军事学校，主要是初、中等军事学校。清末派赴日本学陆军的人数大约3500人，毕业于军事预备学校（如成城、振武）的有850人，毕业于士官学校的有673人，陆军大学毕业生极少。据统计，1911—1931年间，毕业于日本士官学校的有769人，1931—1937年，日本士官学校的中国毕业生还有119人[②]。

清末对军事留学生控制很严，一般为官费派遣。政府原以为"日本陆军教育，系以忠君爱国顺服长官为宗旨，并无侈言自由与反对政府之弊"[③]，因此对留日军事学生寄为干城之望。事实上，这种希望落空了。士官生在日本参加同盟会的就有100多人。回国后在各地新军中任职的留日士官生，大多响应革命召唤成为推翻清朝统治的积极力量。武昌起义后，各省的兵权大多由留日士官生掌握。舒新城在1926年指出："现在执军权之军人，十之七八可从日本士官学校丙午同学录，与振武学校一览（光绪三十三年）中求得其姓名。军阀如此横行，留日陆军学生自应负重大责任。"[④] 我们只要查一下北洋政府时期将军府的将军名录和国民党政府时期的将军名录，可以相信舒新城的评论是有根据的。蒋介石、张群、何应钦等国民党军事领导人无不有留学日本陆军的经历。

留日学生对中国的基础教育做出了贡献。清末新式教育草创，最严

① 王奇生：《中国留学生的历史轨迹：1872—1949》，第126—128页。

② 以上统计数字，均见于王奇生《中国留学生的历史轨迹：1872—1949》，第225、226、230页。

③ 出使日本大臣杨枢奏，见舒新城《近代中国留学史》，第57页。

④ 舒新城：《近代中国留学史》，第212页。

重的问题是缺乏教师。成千累万的留日学生上日本的预科、速成学校、师范学校，学了一年半载、三年二年，不管毕业还是肄业，大多数只相当于日本的小学、中学程度。他们回国后充实于各地的新式学堂，缓解了教师奇缺的困境。有的研究指出，留学美欧的学生归国后当大学教授、校长、科学家的，远比留日学生多。这是历史时代做出的安排。他们各自为祖国的文化教育事业做出了自己的贡献。

留日学生在日本社会那个万花筒里，大大开阔了眼界，学到了许多在国内的封建禁网下不可能学到的新知识。严复翻译的少数几本西方资产阶级的古典政治社会学著作，在 19 世纪末以后先后出版，使许多年轻人开了眼界。但留日学生在日本社会接触了更大量的西方资产阶级社会政治学说，读到了许多经日本人翻译、删节并加入了日本特色的西学知识。19 世纪末 20 世纪初在西方社会流行的各种社会主义学说启发了他们的思维。马克思主义、科学社会主义的学说，也是他们首先在日本读到，并有选择地介绍给国人的。帝国主义时代的各种社会思潮，装进了留日学生的头脑，并通过他们和他们创办的各种刊物，广泛传播到了国内。时代的启迪，新知的吸纳，使他们增强了民族和国家的观念，增加了他们探索国家前途、寻找国家出路的力量和武器。东西列强的虎视鹰瞵使他们具有了以国家兴亡为己任的危机感。他们怀着各式各样的思想、学说和治国方案，回到国内，接受中国国情的检验，从各个不同的方向上发挥出自己的作用，在不同的历史时期，演出了中国政治、军事、经济、文化舞台上方向各异的悲喜剧。由他们影响并形成的一些社会力量推动了中国社会的进步，由他们影响并形成的另一些社会力量则迟缓了中国社会的进步。

这就是我在上面提到的留日学生在中国政治、军事、文化教育方面发挥不同作用的思想方面的原因。

三

留日学生关心中国政治和中国前途，是一大特点。如果与留美、留欧学生相比较，这一特点就更加鲜明了。实藤氏在研究了这一现象后指出：“中国人留学日本史，一方面是近代中国的文化史，另一方面又是近代中国的政治史。”① 如果再准确一些，还应该说，近代留日学生的历史，又反映了中日两国的国交史。

我把实藤惠秀的《中国人留学日本史》附表一和附表二稍做改制，参以别项资料，并列在一起做一些观察。

表 2 留日学生在学及毕业情况一览

单位：人

时间	在学数	毕业数	回国数
1896	13		
1897	9		
1898	*77*		
1899	*143*		
1900	*159*		
1901	*266*	40	
1902	*727*	30	
1903	*1242*	6	
1904	*2584*	109	
1905	8600	15	2000
1906	(8000)	42	
1907	*6797*	57	
1908	*5217*	623	
1909	*5266*	536	?
1910	*3979*	682	
1911	*3283*	691	
1912	(1400)	260	*2800*
1913	(*5000*)	416	
1914	(5000)	366	
1915		420	?
1916	*2326*	400	?
1917		311	
1918	*3548*	314	*2506*
1919	(2500)	405	

① 实藤惠秀：《中国人留学日本史》，第 339 页。

续表

时间	在学数	毕业数	回国数
1920	(1500)	415	
1921	(2000)	465	
1922	2246	505	
1923	(1000)	413	?
1924		431	
1925		347	
1926		287	?
1927	1924	291	
1928	*2635*	266	?
1929	2485	417	
1930	3049	363	
1931	2972	460	2300
1932	1121	280	660
1933	*1417*	182	
1934	2347	186	
1935	(*8000*)	208	
1936	*5909*	316	
1937	5934	202	*3600*
总计	110675	11757	

注：1. 本表参照实藤惠秀《中国人留学日本史》附表一、附表二制定，有括号者为约数。1905年原表标为（8000），但该书正文第39页肯定该年留日生为8600，是有道理的，现据以改正。

2. 在学数一栏中斜体字，系依据别书补正。其中1904年数，据李喜所《近代留学生与中外文化》，第197—201页；其余各年据王奇生《中国留学生的历史轨迹：1872—1949》，第95、98、102、103、115、118页。其中1913年、1935年两年数字，实藤书已引用原资料，但表中未采用，似不妥。1936年数字，实藤书引用日华学会《留日学生名簿》第5版，王奇生引用的是第10版，更准确些。

3. 回国数非指留日学生正常回国，系指因国内变故或日本侵华事件引起学潮，而致集体回国。数字中的斜体字据王奇生《中国留学生的历史轨迹：1872—1949》，第97、101、103、118页。余据实藤惠秀《中国人留学日本史》。

观察表2，可以得出如下初步印象。第一，留学生在学总数为11万余人，这个数字显然是不精确的，且是缩小了的，因其中有五个年份找不到材料；而毕业生总数为11757人，据实藤氏说明，他是依据1940年10月兴亚院所编《日本留学中华民国人名调》的11个附表统计的，而该《人名调》是依政府各机关委托各学校调查结果编制的，资料应相当正确，由于原编者有意遗漏，如宏文学院1909年停办以前有毕业生3810人，该书无记载，因而这个毕业生人数与实际数字也是有距离的。以两个不准确的数字（前一个缩小的更多些）比较，在学数与毕业数是10与1之比。这说明大体有90%的学生未经毕业而回国了。

第二，在学数多的年份，往往不是毕业生多的年份，或者说，回国数大的年份，往往是毕业生少的年份。而回国往往是采取集体回国的形式。这就是说，差不多九成的留学生未能在日本真正学成。

这就要研究：为什么有90%那样多的留日学生不能毕业？为什么有那么多的学生采用集体回国的形式。

兹依据实藤氏和王奇生所著书提供的材料，将留日学生集体回国的状况表列如下。采自他书的材料，放在注释内。

表3 留日学生集体回国情由

年份	情由
1905—1906	1905年11月2日，日本政府因清政府之请，为抑制留日学生中日益滋长的革命情绪，以文部省名义单独对中国学生颁布了《关于准许清国人入学之公私立学校之规程》（俗称《清国留学生取缔规则》），引起留学生中革命派的强烈抗议，中国留日学生会组织了全体学生的罢课，并议决集体回国，因陈天华蹈海抗议，激成留学生于1905年12月下旬至1906年1月间集体回国。回国人数逾2000人。这是留日学生第一次大规模回国抗议行动。
1909	日俄战争中日本非法修筑安奉军用铁路，1909年日本提出安奉铁路工程改良问题并谋扩大沿线利权，迫使清政府屈服，引起留日学生抗议，部分学生归国策动京津间的抵制日货运动。
1912	武昌起义后，中华民国宣告成立，清室退位，国内局势大变，留学生中的革命派及其他人士大规模回国，据说只有500人滞留未归。① 日本一些实业家曾借钱给驻日使馆，供留学生作旅资。
1915	日本乘第一次世界大战爆发之机，向中国政府提出灭亡中国的“二十一条”，大部分留学生以集体回国形式表示抗议。回国具体人数不详。②
1916	袁世凯帝制失败，因“二次革命”失败亡命日本的国民党人士大举归国，使得留学生人数减为1914年的半数左右。
1918	日本迫中国签订中日军事协定，谋中日共同出兵西伯利亚，以图扼杀新诞生的苏维埃政权，并借机攫取中国利权，留学生再次以集体回国表示抗议，回国人数超过2500人。
1923	因关东大地震，部分留学生归国，人数不详。

续表

年份	情由
1926	12月，留日士官生抗议日本士官学校第18期对中国学生在教学上的歧视，发表退学宣言，集体归国。
1928	5月，留学生抗议日军在济南制造的屠杀事件，大规模集体归国。人数不详。
1931	2月，千余名官费自费生因学费、生活费难筹，纷纷归国。 9月，因日军在沈阳制造九一八事变，留日学生决议全体归国，人数超过2300人，使馆给部分人提供了旅费。已故的中国科学院近代史研究所兼职研究员何干之就是九一八事变后从日本回国集体中的一员。又如已故的中国社会科学院副院长兼法学研究所所长张友渔，已故的著名哲学家艾思奇，已故的著名经济学家、厦门大学前校长王亚南，以及曾任第二、第三、第四届国民参政会参政员，《中央日报》总主笔，现仍生活在台北的胡秋原，都是九一八事变后从日本归国的。③
1932	2月，因日军进攻上海，发动一·二八事变，660名留日学生集体归国。
1937	七七事变，日本全面大举侵华。除伪满留学生外，留日学生全部归国，据说只留下403人。

注：①日本学者摘引当时日本报章的大量报道，反映了自获悉武昌起义消息起至1911年12月上旬，日本各校中国留日学生的归国情况，指出留日学生从武昌起义时的2074人，减少到12月上旬的500人左右。见小島淑男『留日学生の辛亥革命』青木書店、1989、190—192頁。

②据孔凡岭研究，1915年初，日本向中国提出二十一条的消息在日本报章透露后，中国留日学生2000余人立即集会抗议，随后有500余人回国，开展爱国救亡运动。5月，二十一条签字后，留日学生再次集会抗议，李大钊并起草《敬告全国父老书》的电文，但此后回国人数不详。见孔凡岭《留日学生与五四运动》，《齐鲁学刊》1993年第5期。

③据李力在《中华留日学生会与抗日归国运动》一文中提供的资料，中华留日学生会曾在10月5日发表通电，称："留东学生一刻也不能再安心就学，皆集合于本会组织之下，努力从事反日救国工作。又全体大会已决定，一致归国，与亲兄弟们在同一战线上共同行动，决心实行对日经济绝交，政治绝交，以打倒惨忍无道的日本帝国主义。"上文还据10月15日《留日学生会日报》特刊载，张友渔在第四次留学生代表大会上当选为中华留日学生会执行委员。关于归国人数，上文指出，到10月末，达到670人，到1932年2月，达到1700余人。1932年日本外务省调查，除军校以外，在籍的中国留日学生仅有742人。李力文见吉林省社会科学院《学术研究丛刊》1991年第3期。表内所列归国人数多达2300人，据王奇生《中国留学生的历史轨迹：1872—1949》，附录：中国留学史大事记，第384页。但王书大事记1932年内未记归国人数。疑2300人应包括1932年2月归国人数。录此以备考。

以上集体归国事件，总共13次。从1896年至1937年，共42年，平均3.2年一次。13次集体归国事件中，除一次为自然灾害（1923年大地震），一次为留学经费难筹等技术性因素外，其余11次纯为政治性事件引起。在11次政治事件引起的集体归国中，有2次（1912年、1916年）纯属国内政治变故引起，其余均与对日交涉有关。而在9次与对日交涉有关的集体归国中，只有2次（1905年、1926年）是因反对日本文部省或校方对中国留学生的歧视而起，其余7次纯属抗议日本侵略中国的政治事件。其实，1931年初留学经费难筹导致归国事件，表面上是技术性原因，实质上也是政治性因素在起作用。这就涉及庚款助学的不当处理[①]。这是一次隐性政治事件。如果加上这一次，则有10次与对日交涉有关的政治性归国事件，平均4.2年发生一次。如果只算7次抗议日本侵略引起的政治性归国事件，则平均6年一次。由上可见，无论13次也好，11次也好，10次也好，7次也好，都构成了迄今为止世界各国留学史上的独特现象。这是应该令中日两国，尤其是日本国有关人士深长思之的[②]。

派学生去先进国家留学，或相关国家间互派留学生，是今日国际社会国家之间进行文化交流的重要形式。派出国和接受国都希望通过留学生的选派培养国家间的互信感情。接受国更希望替他国培养人才的同时，培养对本国具有亲善感情的人。这是国际通例，也是国际社会可以接受的。前提只有一个，不论国家强弱大小，国与国之间只在平等的基础上交朋友。

为什么世界上接受近代中国留学生最多的国家日本，不能培养中国留日学生对日本国家的亲善感情呢？作为一个问题，日本人在20纪初叶就提了出来，并作为政治问题提到了国会的议事日程上。

1920年日本第43届国会中，清水留三郎等向政府提出的质询书谓："来日之中华民国留学生归国之后，多成为排日论者，而留学美国之归国者却多成为亲美论者，政府将采何种方针？"[③] 政府则表达了将向中国留日学生"谋求种种便利"的意向。议会和政府设想给中国留日学生提供多种经济上的援助，简化入学手续，增加招生名额，改变学校对中国学生的冷漠态度，加强对公寓管理人员的管理，改善一般日本

① 日本部分有识之士看到美国退还部分庚款资助中国人留美学习，效果很好，便推动日本国会于1923年通过了退还部分庚款从事中日文化事业的决议，日本政府在处理这部分庚款中的不当措置，使中国人感到人格国格受到侮辱，又从中感到日本的对华文化侵略野心，拒绝了庚款助学。中国政府并于1930年就此发出专门通知。部分留日学生的经费困难可能与此有关。

② 这里讨论的仅限于留日学生集体归国事件，没有把留学生在日本抗议日本侵华引起日本警察多次镇压事件计算在内。

③ 实藤惠秀：《中国人留学日本史》，第98页。

人对中国学生的轻慢侮辱态度，国会甚至还通过了退还部分庚款以发展对华文化事业的决议，等等。这些如果都能实施，未始不能产生某些好的效果，但尽管如此，也只能是隔靴搔痒、施小惠而言不及义之论，难以从根本上改变中国留学生对日本的感情。

国会议员高桥本吉 1918 年 3 月 20 日在第 40 届国会上发言说："假如有所谓为日本的利益而教育中国人，中国人是不会对此感谢的。我相信只有为中国人的利益而教育，才真正有利于东洋和平。"[①] 这是真知灼见，也是空谷足音，可惜不为日本社会所接纳。日本的留学生政策如故，中国留学生的对日态度如故。

问题的症结何在？不在细枝末节，而在大政方针。日本相关人士所设计的对中国留学生的政策，与其国家秉持的对华根本方针是不合拍的。日本自明治开国以来，进一步说自甲午战争以来，再进一步说从东方会议以来所实行的所谓"大陆政策"，是有计划地、分步骤地、由缓及骤地推行灭亡中国的国策。又要留日学生亲善日本，又要对这些留学生的祖国实施肆无忌惮的侵略，这真好比鱼与熊掌，岂可得兼耶！

1923 年 6 月 26 日中国留日学生总会发表《中华民国留日学生关于排日问题之宣言》，针对日本谋求发展对华文化事业的打算说：

> 日本对华文化事业不容中国人参加意见，只为日本帝国利益打算，全不计及中国人本身的利益。这分明是日本在中国大陆上实施殖民政策的前驱或附属的事业而已！
>
> 假使日本真要为中国人谋求利益，但同时在另一面却又用残忍苛酷的二十一条来迫中国人。这种做法，与在中元节赠物他人，而又夺取其家产以至宅地作为交换的情况，丝毫没有差异。象这样的恩惠或友好，我们无论如何不能接受。[②]

这是中国留学生 1923 年在日本说的话。其实，不在日本的中国人，在一切可能的场合，也在说着同样的话。1923 年以前，日本政府向中国提出的二十一条，并没有如己所愿地一一实现。但是，当 1928 年日本

---

① 实藤惠秀：《中国人留学日本史》，第 96 页。
② 实藤惠秀：《中国人留学日本史》，第 101 页。

军队开进山东并制造济南惨案的时候，当 1931 年日军在沈阳制造九一八事变并在其后三个月占领我国东北的主要城镇的时候，当 1932 年日军在上海附近发动一·二八事变的时候，当 1937 年日军在卢沟桥发动七七事变并把侵略战火推向全中国的时候，还能指望中国留日学生坐在日本各级学校的课堂里，温文尔雅，求师问道，遨游于知识的汪洋大海吗?!

这就是 90% 的中国留日学生不能在日本学校里卒业的真正原因。

但是，11 万中国留日学生在日本社会这个大课堂里，学到了知识，经受了锻炼，应该说，他们是毕业了。他们在日本比在国内更深切地感受到了日本帝国酝酿、形成、发动侵华战争政策的全过程，在一定的意义上，他们比在国内更深切地感受到了将要做亡国奴的切肤之痛，于是一次又一次发起世界留学史上独一无二的集体归国运动，并在最后毫无顾忌地永远走上了回国之途，投入祖国人民抗日的洪流。他们在日本社会的大课堂里上了落后就要挨打这宝贵的一课，却把保卫祖国、建设祖国的毕业答卷，交给祖国去评判。

附论：

中日建交以后，中日两国间的国交与半个世纪前根本不同了。为了实现四个现代化，中国的青年学子大规模地结伴东行。十多年中，留日学生最多时高达 4 万人，大大超出以往任何年代。只有一点与清末相似，即最初派出的往往是年岁偏大的，其后就是真正的青年了。据 1993 年 7 月武汉出版的《新中国留学归国学人大词典》载，留学日本获得博士学位，或者回国后担任教授、研究员等高级专业职务者 460 人，占词典所收 7000 学人的 6.6%。460 位回国人员中，407 人从事与自然科学相关的教学、研究和工程技术工作，占回国总数的 88.5%；从事与社会人文科学相关的教学、研究工作的有 45 人，在政府担任部以下职务的 2 人（按该词典不收担任省部以上职务的人），参加企业工作的有 6 人，以上三项占回国总数的 11.5%。这部词典由中华人民共和国人事部主编，资料截止于 1992 年 3 月，其资料是权威的、准确的。我以为，这个 6.6% 的比例数，在今后应有较大的提高才是。

中日平等国交以及经济、文化的互补关系，已成为中日两国关系的基础。中国青年学生大量赴日留学，在今后一个较长时期也还是不可或免的。回顾半个世纪前的中国学生留日历史，应当使今天处理相关事务的人变得聪明起来。在此基础上，我期望并相信，中日两国互派往对方的留学生，会成为促进两国友好的真正的“民间使节”。

作者按：本文写作，从实藤惠秀《中国人留学日本史》和王奇生《中国留学生的历史轨迹：1872—1949》二书获益最多，书此谨志不忘。

1996年2月18—25日，旧历丙子年春节期间

孙中山社会主义思想研究评说*

一

孙中山的生平事业和思想，一直是中国历史学家注目和研究的对象。孙中山研究学会曾于1985年3月在河北省涿县召开“孙中山研究述评国际学术讨论会”，会后出版了论文集《回顾与展望》，涉及有关孙中山生平事业和思想研究的各个方面。但是，对组成孙中山基本思想的三民主义之一的民生主义——社会主义思想的研究状况，除了与会日本学者狭间直树的《民生主义研究在日本》外，国内学者尚未提供一篇专门评述这个问题的论文。这或许表明，有关民生主义的研究尚未引起评论者的注意。

民生主义是孙中山的基本思想，殆无疑义。民生主义就是社会主义，这是孙中山多次说过的。在孙中山指导制定的同盟会或国民党的正式文件中，只有民生主义的表述，没有社会主义的说法。但在孙中山的文章和演说中，将民生主义与社会主义并用，1912年10月在上海中国社会党的演说，通篇只讲社会主义，而不提民生主义。研究者有从民生主义角度进行研究的，有从社会主义角度进行研究的。自1980年以来，研究孙中山的社会主义思想的论著大大增加了。这一点容易得到解释：

* 本文作于1991年6月，第三部分曾在1991年8月夏威夷纪念辛亥革命80周年国际学术讨论会上宣读，全文提交1991年10月武汉辛亥革命80周年国际学术讨论会，原载《历史研究》1991年第5期；收入《辛亥革命与近代中国——纪念辛亥革命80周年国际学术讨论会论文集》，中华书局，1994。

人们关注孙中山的社会主义思想，是与近代中国发展道路的历史性选择有关的。

近十多年来，侧重于研究孙中山社会主义思想的论文有30多篇，此前侧重研究民生主义的论文中，也有涉及社会主义思想的。在有关民国史、辛亥革命史、孙中山传记和研究专著中，当然也不乏关于孙中山社会主义思想的内容。有的分析了孙中山社会主义思想的历史发展和形成过程①，有的评述了孙中山的社会主义学说②，有的认为孙中山的民生主义学说是社会主义在中国的一种流派③，有的认为孙中山是近代时期社会主义中国化的最早探索者④，有的分析了孙中山的民主社会主义思想⑤。

胡绳《论孙中山的社会主义思想》一文，不仅详细分析了孙中山社会主义思想的发展过程，尤其透彻地分析了“孙中山的主观社会主义中的某些弱点，也是中国共产党人曾经有过，通过实践才逐步加以克服，甚至现在还在克服着的。孙中山和中国共产党人同样生活在中国现代的社会历史条件下，因而某些想法有共同性”⑥，如关于实行社会主义很容易的观点，不仅孙中山身上存在，共产党人身上也存在（直到今天是否已完全克服了?），是对研究者一个重要提示。胡绳是用马克思主义研究中国近代史的大家，他研究孙中山的社会主义思想，与共产党人的社会主义事业联系起来考虑，体现出作者睿智的目光，给人以深刻启迪。陈锡祺《孙中山对民生主义与共产主义关系的论述》⑦，分析周密，也给人以启示。杨天石《孙中山与中国革命的前途》⑧，介绍了民国初年人们对孙中山社会主义思想的批评，并指出孙中山晚年的长期追求，已具备了突破主观社会主义的可能，耐人寻味。

---

① 吕明灼：《孙中山早期社会主义思想的历史发展》，《齐鲁学刊》1983年第2期；王劲：《试论孙中山主观社会主义的形成及其历史意义》，《兰州大学学报》1985年第1期。

② 何振东：《评孙中山的社会主义学说》，《徐州师范学院学报》1981年第4期。

③ 陈汉楚文，载《学习与探索》1982年第1期。

④ 何振东文，载《徐州师范学院学报》1987年第1期。

⑤ 吕明灼文，载《社会科学战线》1988年第1期。

⑥ 见中国孙中山研究学会编《孙中山和他的时代》上册，中华书局，1989，第58页。

⑦ 见《孙中山和他的时代》中册。

⑧ 见《孙中山和他的时代》上册。

二

孙中山的社会主义思想来源驳杂。他在1906年说过，社会主义“流派极多，有主张废资本家归诸国有的，有主张均分于贫民的，有主张归诸公有的，议论纷纷”①。在1912年又说：“考诸历史，我国固素主张社会主义者。井田之制，即均产主义之滥觞；而累世同居，又共产主义之嚆矢。足见我国人民之脑际，久蕴蓄社会主义之精神。”② 分析孙中山的言论，可知他的社会主义思想，主要是以19世纪末20世纪初欧美形形色色的社会主义学说为养料，既受马克思主义的科学社会主义的影响，更受早期空想社会主义、资产阶级社会主义及第二国际改良主义的影响。

进入20世纪80年代，我国学者关于孙中山社会主义思想来源的研究取得了重要进展。以夏良才为例，连续发表了《亨利·乔治的单税论在中国》、《论孙中山与亨利·乔治》、《孙中山的民生主义与摩里斯·威廉的〈社会史观〉》及《孙中山与基尔特社会主义》③ 等文，在这方面做出了令人瞩目的探索。

亨利·乔治是19世纪末美国知名的社会活动家和经济学家，他主张土地国有，以“单税社会主义”著称于世。他的单税论，被孙中山看作社会主义。夏良才研究了乔治的单税论传入中国的经过及其对孙中山的影响，认为孙中山以平均地权为核心的社会主义思想主要接受了亨利·乔治的影响。进而又指出：征收地价增值税来自乔治的单税理论，而核定地价，确定地租中自然增值部分的基数，则来自穆勒④。按照乔治的地税法，不论是自然增值之前，还是自然增值之后，凡是地租都作

① 《在东京〈民报〉创刊周年庆祝大会的演说》，《孙中山全集》第1卷，中华书局，1981，第327页。

② 《在上海中国社会党的演说》，《孙中山全集》第2卷，中华书局，1982，第507页。

③ 夏文分别载《近代史研究》1980年第1期、1986年第6期；《历史研究》1988年第1期；《近代史研究》1991年第2期。

④ 周佛海早已指出，穆勒对于增加地租课税，“就是第一步，要就国内的一切土地，施行估价”，但他未明确指出，这一思想如何影响了孙中山。见周佛海《三民主义之理论的体系》，新生命月刊社，1929，第250页。

为地价税归公共所有，留给业主的是绝少的一点管理费，用乔治的术语说，业主仅在名义上保留权利，只算得上“土地管理者”，这叫“无限单一税制”。而孙中山设计的地税法则是征收自然增值的部分，叫“有限单一税制”，它较乔治的办法，带有更温和的色彩[①]。细腻地指出这些很重要，它说明孙中山采纳西方思想时并非拘泥于一人一派，在形成自己的学说时，不是生吞活剥，而是经过了改造的。孙中山自称：“余乃极端之社会党，甚欲采择显理佐治氏（按即亨利·乔治）之主义施行于中国。”[②] 从上面论述看，孙中山的思想较乔治是打了折扣的，他结合中国情况，更多地照顾了地主的利益，并非那么极端。更有意思的是，夏良才根据梁启超和章炳麟的记载，指出孙中山在 1899 年和 1902 年的谈话中，提出过“必能耕者而后授以田”[③]、“不稼者，不得有尺寸耕土”[④] 的思想，但在接受亨利·乔治的单税论后所提出平均地权的一套办法中，“耕者有其田的内容消失了”[⑤]，直到 1923 年才恢复这一思想，结论是：“以亨利·乔治单税论为中心的平均地权的主张，确实是从耕者有其田的思想上后退了一步。”[⑥] 孙中山是否一直坚持“耕者有其田”的思想，平均地权主张是否是耕者有其田思想的倒退，都是可以讨论的。但 1903 年以后 20 年间，孙中山确乎没有再提“耕者有其田”，平均地权主要是指城市地租问题，尚未及于广大农村。这就提出一个疑问：一向关注农民生活和命运的孙中山，为什么在接受亨利·乔治的思想提出平均地权主张后，反而对“耕者有其田”这一关涉农民切身利益的主张冷淡了？一直到 20 年后才又重新提出？这是否能用平均地权是发展资本主义的纲领加以解释？这个问题仍值得提请研究者进一步思考。夏良才还认为，在半殖民地半封建社会里，实行核定地价、照价征

---

① 夏良才：《亨利·乔治的单税论在中国》，《近代史研究》1980 年第 1 期。杨天石在《孙中山与中国革命的前途》一文中也持相同看法，指出孙中山的平均地权“是一个折衷的、温和的改良主义方案，较之亨利·乔治显然又有所后退”。见《孙中山和他的时代》上册，第 118 页。

② 《在上海答〈文汇报〉记者问》，《孙中山全集》第 2 卷，第 331 页。

③ 梁启超：《杂答某报》，《新民丛报》第 4 年第 14 号。

④ 章炳麟：《定版籍》，《章太炎政论选集》上册，第 188 页。

⑤ 《近代史研究》1980 年第 1 期。李新主编《中华民国史》也得出了大致相同的看法，见该书第 1 编上册，中华书局，1981，第 347 页。

⑥ 对上述观点，有的研究者表示了怀疑，认为“平均地权”“是一种进步，而并非倒退”。见何振东《评孙中山的社会主义学说》，《徐州师范学院学报》1981 年第 4 期。

税、“重价之地必完重价之税”的政策，对发展资本主义未必有利，这一见解也是值得重视的。

孙中山在1924年8月所作《民生主义》讲演中，多次引用被他称为马克思信徒的美国人威廉的观点，认为这个人所谓“经济问题之生产与分配，悉当以解决民生问题为依归”“民生问题就是生存问题”云云，“适与吾党主义若合符节”[①]。孙中山去世后，威廉声称，孙中山正是在1924年4—8月读了他的《社会史观》一书后，从一个马克思主义者变成反马克思主义者。一些中外研究者也附和这一说法。参加1986年11月在中山市翠亨村举办的“孙中山研究国际学术讨论会”的日本学者中村义对此提出了质疑，夏良才又进一步做了研究，基本弄清了《社会史观》传入中国的情况，并指出，孙中山确曾接受了威廉的某些思想，并且在他的民生主义讲演中多处引用，从孙中山思想的发展看，明显受到《社会史观》影响的，是他的消费论。《社会史观》的中心议题是，人类谋求生存问题的解决，归根结底就是满足人们的消费欲望。威廉认为消费是社会进化的决定性因素，社会主义就是民生主义加消费主义。平均地权和节制资本作为孙中山社会主义理论的核心，本来是不包括消费问题的。由于受威廉的启发，孙中山才把消费论引入他的民生主义——社会主义理论中来。他说：“实业的中心是在什么地方呢？就是在消费的社会，不是专靠生产的资本”，“消费是什么问题呢？就是解决众人的生存的问题，也就是民生问题”。[②] 他根据威廉所说必须淘汰商人制度，由国家或合作社来组织分配的原则，提出由公众或国家成立各类协作社或合作社，在买卖制度中取消商人从中赚取佣金的中间环节，使消费者避免不必要的损失。按夏良才的说法，叫作“设计了实施民生主义的最后一道工序”[③]。

认为消费是社会进化的决定性因素，用消费来刺激生产，并不是社会主义，而是资产阶级经济学家为调整资本主义的生产结构、为挽救资本主义的危机开出的药方。社会主义社会当然重视消费，重视满足人们日益增长的消费要求，但那首先是建立在社会生产发展的大前提下。孙中山不明此理，以为在资本主义制度下可以尽量满足人们的消费欲望，

---

① 《孙中山全集》第9卷，中华书局，1986，第112、365页。

② 《三民主义·民生主义第一讲》，《孙中山全集》第9卷，第376—377页。

③ 夏良才文，引语见《历史研究》1988年第1期。

是一种幼稚的想法，以为实现分配社会化，就是实行社会主义，更是一种误解。

孙中山一生接触过社会主义的各种流派，对随时兴起的一些新学说，也能引起注意。夏良才关于孙中山和基尔特社会主义的最新研究，使我们了解到英国基尔特社会主义运动的奠基人之一的柯尔及其著作在中国的传播和对孙中山的影响。可以看出，孙中山在第一次世界大战后关于阶级合作，关于劳工运动的新认识，显然受到基尔特社会主义的影响，但他的思想与基尔特社会主义有距离，以至说过“尚不足使吾人坚持此项制度”①，对基尔特社会主义作为一种未来的社会制度表示了婉拒。

从以上叙述可知，关于孙中山接触的各种社会主义流派的研究，可以说取得了某些重要的进展，它使我们在认识和评价孙中山的社会主义思想时，增加了许多重要的背景知识。孙中山的社会主义思想还同欧文、傅立叶的空想社会主义，费边社会主义，俾斯麦的国家社会主义等有联系。如果运用上述比较研究方法，对孙中山与上述几种社会主义流派展开研究，必能更全面揭示孙中山与各种社会主义流派的关系，更加深我们对孙中山思想的理解。

三

孙中山一生密切注意过科学社会主义的发展，注意从马克思主义的思想宝库中吸取营养。对孙中山与科学社会主义思想的联系，也应做实事求是的分析。孙中山在 1912 年说过：社会主义学说在欧洲兴起时，无政府主义曾得逞于当时，以致真正纯粹之社会主义，反湮没于云雾之中，其后“有德国麦克司（按：今译马克思）者出，苦心孤诣，研究资本问题，垂三十年之久，著为《资本论》一书，发阐真理，不遗余力，而无条理之学说，遂成为有统系之学理。研究社会主义者，咸知所本，不复专迎合一般粗浅激烈之言论矣”②。1924 年又说过：社会主义

① 《与约翰·白莱斯福的谈话》，《孙中山全集》第 6 卷，中华书局，1985，第 636 页。

② 《在上海中国社会党的演说》，《孙中山全集》第 2 卷，第 506 页。

学说分乌托邦派和科学派，马克思的学说是社会主义中的科学派，“主张用科学的方法来解决社会问题”，“全凭事实，不尚理想”，“故马克思所求出解决社会问题的方法，就是科学的社会主义”[①]。可见，孙中山一向是了解科学社会主义的发展历史的，是很赞扬科学社会主义的学说的。他对社会主义学说的发展史，对共产主义运动的发展史，是有所闻的。研究孙中山在多大程度上接受过科学社会主义的影响，要结合社会主义学说的历史，结合共产主义运动的历史进行分析。可以研究一下，孙中山究竟直接阅读过马克思主义的哪些著作？朱执信在《民报》上介绍过的《共产主义宣言》和《资本论》，孙中山是否读过？我们知道，孙中山的西学知识丰富，读过西方各种社会科学的著作，尤其是各派社会主义学者的著作。除了在演讲中大量介绍外，从他给儿子孙科的家信中可以看出他曾大量定购西学新书[②]，现存上海孙中山故居的藏书中，还有不少西方社会主义学者的著作[③]。但似乎还未见这样的记载：孙中山直接阅读过哪些马克思主义经典作家的著作？孙中山是在 19 世纪末到第一次世界大战前后一段时间接触社会主义学说的。这正是资本主义发展到帝国主义的时候，也正是马克思、恩格斯逝世后，共产主义运动发生分裂的时候，孙中山看到了“马克思的信徒在欧战以后便大家争论起来”的现象：“彼此互相击攻，互相诋毁”，“这一派攻击那一派，这一国的社会党攻击那一国的社会党”。[④] 1905 年，孙中山于欧游途中在布鲁塞尔拜访第二国际书记处，以中国社会主义者代表的姿态，要求加入第二国际。这表明，孙中山在第二国际影响下，有卷入第二国际社会主义运动的可能性。我以为，孙中山这时候读到的恐怕主要不是马克思主义的经典著作，而是第二国际时代的社会主义学说。他主要是通过这些社会主义学说了解马克思主义的基本主张的。这个想法需要论证。看孙中山下面的话：“各国社会主义学者鉴于将来社会革命之祸，岌岌提倡麦克司之学说，主张分配平均，求根本和平之解决，以免激烈

---

① 《三民主义·民生主义第一讲》，《孙中山全集》第 9 卷，第 362、363 页。

② 许师慎：《国父全集未刊载之重要史科》，《研究中山先生的史料与史学》，台北：中华民国史料研究中心，1975，第 179—180 页。

③ 夏良才：《孙中山与基尔特社会主义》，《近代史研究》1991 年第 2 期。

④ 《三民主义·民生主义第一讲》，《孙中山全集》第 9 卷，第 364 页。

派之实行均产主义，而肇攘夺变乱之祸。”[①] 是不是可以看出某种迹象呢？

关于孙中山接受马克思主义的科学社会主义的影响的研究，已有人在进行。韦杰廷在《孙中山与科学社会主义》[②] 一文中，谨慎地估计了孙中山在两方面受到科学社会主义的影响。一是“资本公有”说，认为孙中山关于“大资本尽为公有”的理论“显然来源于马克思的科学社会主义”[③]。二是“按劳分配”说，作者根据孙中山关于“分配人工酬报之多寡，应视其劳心劳力之多寡；其劳动大，则酬报多，其劳动小，则酬报亦小”[④] 的观点，认为这种“按劳分配”的主张，是孙中山完全赞成的[⑤]。韦杰廷还认为，科学社会主义在俄国的实践对孙中山有着影响。孙中山说俄国革命“不独推翻君主专制，且实行打破资本家专制”，把极大的财产收到政府手中，把全国的田土分到一般农民，让耕者有其田。这对孙中山形成节制资本、耕者有其田的思想是有影响的。这些评论是有见地的。

实在说，这个问题的研究还要多下些功夫。孙中山的社会主义主张不等于科学社会主义，但确实受到科学社会主义思想的影响。需要将两者做出仔细对照、比较和恰当的分析评论。如有关人类社会发展的历史，孙中山认为人类历史经历了原人共产制度、奴隶制度、封建制度、资本制度，“大概社会变化和资本发达的程序，最初是由地主，然后由地主到商人，再由商人才到资本家”[⑥]。“因为有了机器，生出了极大的资本家，国内无论什么事都被资本家垄断，富人无所不为，穷人找饭吃的方法都没有。”[⑦] “资本家有了机器，靠工人来生产，掠夺工人的血汗，生出贫富极相悬殊的两个阶级。这两个阶级常常相冲突，便发生阶级战争。”[⑧] 这样的社会是极不公平的，要解决这一问题，“必要再回复

① 《在上海中国社会党的演说》，《孙中山全集》第 2 卷，第 520 页。
② 文载《益阳师专学报》1989 年第 4 期。
③ 《益阳师专学报》1989 年第 4 期。
④ 《在上海中国社会党的演说》，《孙中山全集》第 2 卷，第 517 页。
⑤ 《益阳师专学报》1989 年第 4 期。
⑥ 《三民主义·民生主义第二讲》，《孙中山全集》第 9 卷，第 382 页。
⑦ 《对驻广州湘军的演说》，《孙中山全集》第 9 卷，第 503 页。
⑧ 《三民主义·民生主义第二讲》，《孙中山全集》第 9 卷，第 380 页。

到一种新共产时代”①，这就是“各尽所能，各取所需”的共产主义社会。在孙中山看来，共产主义是数千年后的事，在共产主义之前必须经历民生主义即社会主义时代，“共产主义本为社会主义之上乘”②，对于解决社会问题来说，“共产主义就是最高的理想”，所以，如果说要区分共产主义和民生主义（社会主义）的话，“可以说共产主义是民生的理想，民生主义是共产的实行”③。孙中山关于人类社会历史的这种认识，虽然不是根据经济发展规律做出的科学论证，但它受马克思主义的科学社会主义的影响是肯定的。韦杰廷在研究了孙中山对社会历史发展的认识后指出：“由此可见，孙中山实际上已经从人类社会发展规律的高度肯定了资本主义制度的暂时性，而这一点正是资产阶级社会学家千方百计加以否认的”，“若与空想社会主义者傅立叶相比，孙中山还是略胜一筹”④。这个评论是不夸张的。基于此，我们可以进一步说，在这个问题上孙中山确是受到了马克思主义的科学社会主义学说的影响的。

张玉法在评论孙中山的欧美经验对中国革命的影响时说：“孙的民生主义，是采取了亨利·乔治的学说，而摈斥了马克思的学说。”⑤ 这一论断似失之笼统，而不尽合孙中山的本意，尚须再加推敲。平均地权当然采取了亨利·乔治的学说，同时也采取了约翰·穆勒的学说。且民生主义从其完整的意义来说，不仅包括平均地权，还包括节制资本，甚至如夏良才所说，还采纳了威廉的消费论。节制资本是为了防止大资本垄断国民生计，当然不能说取法于亨利·乔治。节制资本虽不能说是取法于马克思的学说，但至少受到19世纪末20世纪初欧洲社会主义运动包括马克思学说的启迪。孙中山说：“亨氏之土地公有，麦氏之资本公有，其学说得社会主义之真髓”，“为谋国是者所赞许”⑥。孙中山理解的资本公有，是对关系国计民生的大工业实行国有，即国家社会主义，也就是节制资本的本意，不能说它与马克思的学说毫无关系，不能说是

---

① 《三民主义·民生主义第二讲》，《孙中山全集》第9卷，第381页。

② 《在上海中国社会党的演说》，《孙中山全集》第2卷，第508页。

③ 《三民主义·民生主义第二讲》，《孙中山全集》第9卷，第381页。

④ 韦杰廷：《孙中山社会历史观研究》，湖南人民出版社，1986，第45页。

⑤ 张玉法：《孙中山的欧美经验对中国革命的影响》，1990年8月孙中山与亚洲国际学术讨论会论文。

⑥ 《在上海中国社会党的演说》，《孙中山全集》第2卷，第518、520页。

摈斥了马克思的学说。不可讳言，孙中山对马克思的唯物史观、剩余价值学说和阶级斗争学说是采取批判的态度的，但其方法也还是分析的，并不是攻其一点不及其余。孙中山说："在不均的社会，当然可用马克思的办法，提倡阶级战争去打平他；但在中国实业尚未发达的时候，马克思的阶级战争、无产专制便用不着。所以我们今日师马克思之意则可，用马克思之法则不可。"① 这就并不是否定阶级斗争学说，而是说马克思的阶级斗争、无产专制等办法在当时的中国用不着，而马克思的理想还是要师从的。周佛海在1928年评论孙中山的民生主义时也承认"不应该站在盲目的否认阶级和阶级斗争的立场上，去反对阶级斗争"②。

至于摩里斯·威廉所说孙中山是在1924年4月读了他的《社会史观》以后，变成了一个反马克思主义者，则完全不符合事实。正如夏良才指出的，孙中山作为中国资产阶级民主主义革命家，从来没有以马克思主义者自居，他的思想修养和哲学观点有其整体性和一贯性的表现，"虽在前期与后期之间有一定程度的发展变化，但没有出现根本性的突变，基本上仍是资产阶级的社会史观"③。还应当指出：孙山1924年1月在中国国民党第一次全国代表大会上所做关于民生主义的演说，已经介绍了威廉的《社会史观》，并不是如威廉所说是在1924年4月读了《社会史观》后才在8月的民生主义系列演讲中介绍《社会史观》的。在1月、3月讲民族主义、民权主义，与在8月讲民生主义，对马克思主义的态度并未发生重要变化。孙中山不是马克思主义者，却是马克思主义的好朋友。他对马克思主义的唯物史观、阶级斗争和剩余价值学说的态度是一贯的，并不是1924年8月表示反对，在此前则表示赞成。这只要看看1924年8月以前孙中山的文章、演说，看看1912年孙中山关于民生主义——社会主义的各次演说，就会了然。有一个事实可以肯定，1924年8月以前，孙中山从未像8月演说民生主义那样系统地谈论马克思主义。在8月的系列演说中，孙中山全面评价了马克思主义，他对马克思主义的批评是明确的（较之从前的态度），他对马克思主义的赞扬是真诚的（强化了从前的态度）。他在批评马克思主义的同时，用

① 《三民主义·民生主义第二讲》，《孙中山全集》第9卷，第392页。

② 周佛海：《三民主义之理论的体系》，第222页。

③ 见《孙中山的民生主义与摩里斯·威廉的〈社会史观〉》，《历史研究》1988年第1期。

明确的语言表明了对马克思学说的崇拜。试举二例：一、他说过“马克思所著的书和所发明的学说，可说是集几千年来人类思想的大成”；二、又说“研究社会问题的人不下千百家，其中研究最透彻和最有心得的，就是大家所知道的马克思”，“现在研究社会问题的人，也没有那一个不是崇拜马克思做社会主义中的圣人”[①]。可以这样说，如果孙中山不批评马克思主义，孙中山就不成为三民主义的孙中山，而成为马克思主义的孙中山了。孙中山是在19世纪末20世纪初的国际背景下，在半殖民地半封建中国那样的舞台上从事革命活动的，他身上充满着对中国贫苦劳动人民的深切同情，这决定了他对马克思主义、社会主义的态度，对资本主义、帝国主义的态度，对封建统治的忿恨和对在中国发展有节制的、全民都能得到富裕的资本主义的企盼。陈锡祺在《孙中山对民生主义与共产主义关系的论述》一文中说，孙中山的思想体系是在长期革命斗争中形成的，他对这个思想体系充满自信，“无论从当时的情势，从孙中山的经历、个性以及他长期形成的领袖地位来看，他都不会成为一个马克思主义者，他坚信他的思想体系是唯一正确的，对所有其他思想都作了批评”[②]。这一评论是中肯的。张磊分析了孙中山在剩余价值方面所持的不正确观念，对理解资本主义制度的实质带来了消极后果。而正确理解剩余价值，只有科学社会主义才能完成[③]。

指出下面的事实也许不无意义。摩里斯·威廉从一个自称笃信科学社会主义和马克思主义的人变成了一个反对马克思主义、反对社会主义的学者。孙中山似乎并未理解他的这一重要转变。他把威廉当作社会主义的同道和马克思的信徒。面对国民党内对改组的种种议论和对民生主义与社会主义的种种非难[④]，孙中山认为为了说服党内同志，有必要引用西方马克思主义者、社会主义者的最新学说，一方面充实自己的理论；一方面寻求外国的支持，以证明自己的正确。民生主义演说的主

① 《三民主义·民生主义第一讲》，《孙中山全集》第9卷，第362、360页。

② 《孙中山和他的时代》中册，第1133页。

③ 张磊：《孙中山论》，广东人民出版社，1986，第317页。

④ 韦慕廷（C. Martin Wilbur）在《孙中山——壮志未酬的爱国者》一书第八章和陈锡祺在《孙中山对民生主义与共产主义关系的论述》一文中对此都给予注意，并做了评述。

旨，不在于反对马克思主义，也不在于反对社会主义，在于说明“共产主义与民生主义毫无冲突”，“本党既服从民生主义，则所谓‘社会主义’、‘共产主义’与‘集产主义’，均包括其中”①。有什么值得反对的理由呢？正如陈锡祺指出的：孙中山对马克思主义的批评，与他平息国民党内的反共浪潮有联系。“孙中山是国民党最高领袖，他认为自己有责任团结全体新老党员，他在讲民生主义与共产主义关系时实际上是考虑到党内各派人士可以接受的程度”，“他反复讲民生主义和共产主义的一致性，是要强调国共合作有思想基础的一致性；他对马克思主义的批评，是为了消除部分国民党人的疑虑”，“尽管孙中山说了一些批评马克思主义的话，但这与他同共产主义、共产党人的友好态度是并不冲突的”②。

四

孙中山的社会主义究竟是什么？

孙中山是一个伟大的革命先行者，是一个伟大的思想家、理想家。他从 1903 年正式揭出社会主义的旗帜，二十多年来，孜孜以求，屡仆屡进，毫不懈怠。他认为，民生主义就是社会主义，他是把民生主义和社会主义作为 Socialism 的不同译称看待的；他认为译民生主义更符合中国传统文化，更有创造性，更为允当。但在他晚年，说法稍有差别。如说民生主义是社会主义的本题，民生主义包含社会主义，民生主义就是共产主义，就是社会主义，共产主义是民生主义的好朋友，等等。

从孙中山的全部言论看，他所理解并准备实行的社会主义是国家社会主义。他把某些资本主义国家一时实行的国有化政策当成国家社会主义来加以赞扬。他认为实行土地国有、大资本国有，就是实行国家社会主义，或者又叫集产社会主义。许多研究者认为，这种国家社会主义就是国家资本主义③。人们习惯于指出，孙中山的经济纲领的实质是最大

① 《关于民生主义之说明》，《孙中山全集》第 9 卷，第 112 页。

② 《孙中山和他的时代》中册，第 1134 页。

③ 见李泽厚《论孙中山的“民生主义”思想》，《历史研究》1956 年第 11 期。又见李泽厚《中国近代思想史论》，人民出版社，1986，第 342 页。

限度地发展资本主义。杨天石认为，这一概括未能准确地反映孙中山的思想特色，“最大限度地发展国家资本主义”[①] 才是孙中山社会主义经济思想的实质。社会主义必须实行国有化，但国有化不一定是社会主义。李泽厚认为：“不彻底解决国家政权问题，就很难彻底解决国民经济的社会主义的发展方向问题，人民不真正当家作主，就很难有真正的社会主义的国有化。”[②] 胡绳指出，“如果是资产阶级国家，国有制决不是社会主义”[③]。孙中山以为在资产阶级共和国的框架内依靠土地和大资本的国有化，造成社会主义的经济结构，就是社会主义。这是一种误解。他不懂得，在资产阶级国家体制下，“资本”并不是一个自然物，可以随意安排，“资本”是要吃人的，它的本性就是剥削、奴役劳动群众，不管是中小资本家还是国家资本主义，都阻挡不住垄断资本的产生，国家权力和行政手段固然是很重要的，如果长期超经济地发挥，就要被经济本身的发展规律突破。胡绳深刻地总结了中国在无产阶级领导之下实行社会主义经济改造和建设的经验教训，认为简单地看待社会主义，以为把各种产业收归国有，实行国营就是实现社会主义的想法和做法，很容易造成单纯依靠国家权力，通过行政手段来建设社会主义经济的错误倾向。

列宁在 1912 年评论孙中山的思想时高度评价了它的进步意义，同时批评了它在学理上的反动性，指出“中国民粹主义者的这种战斗的民主主义思想体系，首先是同社会主义空想、同使中国避免走资本主义道路、即防止资本主义的愿望结合在一起的”[④]。20 世纪 50 年代以后，主观社会主义、空想社会主义、民粹主义，便成为我国历史学家评论孙中山社会主义思想的经典用语。1985 年姜义华在《孙中山与民粹主义研究述评》中，对孙中山思想是否具有民粹主义思想倾向问题提出了质疑。姜义华仔细分辨了我国学者在这一问题上所持的观点，指出一部分学者在研究中采用了列宁的提法（如李泽厚在《论孙中山的“民生主义”思想》一文中，胡绳在《从鸦片战争到五四运动》一书中等），另一部分学者在研

① 《孙中山与中国革命的前途》，《孙中山和他的时代》上册，第 121 页。

② 《中国近代思想史论》，第 343 页。

③ 《论孙中山的社会主义思想》，《孙中山和他的时代》上册，第 60 页。

④ 《中国的民主主义和民粹主义》，《列宁选集》第 2 卷，人民出版社，1972，第 425 页。

究中回避了这个提法[①]，或采用了折中的态度[②]。姜义华根据列宁对俄国民粹主义所下的定义，指出“孙中山不认为资本主义在中国是衰落、退步，不认为旧式的农民村社制度是比资本主义更高、更好的东西，相反，他热烈要求以现代化大生产取代分散落后的小生产，以商品经济取代自然经济，以资本主义取代封建主义”[③]，俄国民粹主义是小资产阶级的社会主义，孙中山的社会主义是资产阶级的社会主义[④]。

说孙中山的社会主义是资产阶级的社会主义，我以为是合适的。《共产党宣言》关于资产阶级的社会主义下的定义是：“社会主义的资产者愿意要现代社会的生存条件，但是不要由这些条件必然产生的斗争和危险。他们愿意要现存的社会，但是不要那些使这个社会革命化和解体的因素。他们愿意要资产阶级，但是不要无产阶级。在资产阶级看来，它所统治的世界自然是最美好的世界。资产阶级的社会主义把这种安慰人心的观念制成半套或整套的体系。它要求无产阶级实现它的体系”，“资产阶级的社会主义归结起来就是这样一个论断：资产者之为资产者，是为了工人阶级的利益”。[⑤] 孙中山的社会主义思想，与这种评价差相近似。孙中山并不承认自己是资产者，似乎也不承认中华民国是资产阶级的共和国[⑥]。早年说中国的

---

① 李时岳：《论民生主义——近代中国革命民主派对资本主义的批判及其预防资本主义祸害的主观社会主义》，《史学集刊》1956 年第 1 辑；李时岳、赵矢元：《孙中山与中国民主革命》，辽宁人民出版社，1981。以上论文和著作在引述列宁对孙中山的评论时，都回避了民粹主义的提法。

② 姜义华：《孙中山与民粹主义研究述评》，见孙中山研究学会编《回顾与展望——国内外孙中山研究述评》，中华书局，1986，第 247—248 页。张磊虽有“民生主义涂饰以主观社会主义－民粹主义色彩”的提法，另处却明确指出：“孙中山不同于民粹派之类的小资产阶级社会主义者。”见张磊《孙中山论》，第 293、299 页。

③《回顾与展望——国内外孙中山研究述评》，第 249 页。

④ 姜义华在 1980 年第 1 期《复旦学报》发表的《论近代中国的小资产阶级的社会主义》一文中，曾认为“同盟会中孙中山一派，主要反映了小资产阶级中随着资本主义的发展，经济地位有所上升的那一部分阶层与集团的利益与愿望”，是小资产阶级的社会主义。这一观点在此似已做了修改。

⑤《马克思恩格斯选集》第 1 卷，人民出版社，1972，第 280、281 页。

⑥ 晚年接受十月革命的影响，思想有所变化。他在 1922 年说：“法美共和国皆旧式的，今日惟俄国为新式的。吾人今日当造成一最新式的共和国。”1924 年国民党“一大”宣言称：“近世各国所谓民权制度，往往为资产阶级所专有，造成为压迫平民之工具。若国民党之民权主义，则为一般平民为共有，非少数者所得而私也。”杨天石对前者评价为“在国家问题上向旧世界告别的一个重要宣言”，对后者评价为“明白无误地显示，孙中山所要建立的乃是与欧美不同的人民共和国”。见《孙中山与中国革命的前途》，《孙中山和他的时代》上册，第 122 页。

资本家尚未出世，晚年说大资本家尚未出世，似乎他的全部努力，都是为着全体人民的。但是，我们分析孙中山社会主义思想的全部逻辑，可以看出，他要在中国建立的不是无产阶级领导的社会主义国家，而是资产阶级领导的国家社会主义即资本主义。

孙中山早年说过："我希望看到人民大众的生活状况获得改善，而不愿帮助少数人去增殖他们的势力，直至成为财阀"[①]；"夫中国亦将自行投入实业漩涡之中。盖实业主义为中国所必需，文明进步必赖乎此……余将使劳工得其劳力所获之全部"[②]；"大资本家擅经济界之特权，牛马农工，奴隶负贩，专制既甚，反抗必力，伏流潜势，有一发而不可抑者。盖资本家之专制与政府之专制一也。政府有推翻之日，资本家亦有推翻之日"[③]。孙中山晚年的说法稍有变化，他说："中国不单是节制私人资本，还是要发达国家资本……要解决民生问题，一定要发达资本，振兴实业"；"如果由国家管理资本，发达资本，所得的利益归人民大家所有，照这样的办法，和资本家不相冲突，是很容易做得到的"[④]；"我们实行民生主义来解决中国的吃饭问题，对于资本制度只可以逐渐改良，不能够马上推翻"[⑤]。孙中山看到了西方发达资本主义国家劳资间的斗争状况，看到了中国资本主义很不发达，他一方面谴责资本家专制的流弊；一方面切实地替工农群众着想，正像《共产党宣言》所说的，它的体系标明是为工人阶级的利益的，它要无产阶级实现它的体系。他不允许在中国资本主义发达后再来一次革命，他说："我们要防止永远不再革命，一定要实行三民主义。"[⑥] 一个终生以革命为专业的伟大革命家却发誓要中国实行民生主义后永远不再革命。胡绳说"如果说孙中山的民生主义就是社会主义，那么这是避免社会主义革命的社会主义"[⑦]，真是透彻极了。把谋求避免社会主义革命的社会主义说成资产阶级的社会主义，是很贴切的。还要进一步指出，在近代中国资产

---

① 《中华民国》，《孙中山全集》第 2 卷，第 393 页。

② 《中国之铁路计划与民生主义》，《孙中山全集》第 2 卷，第 492 页。

③ 《在上海中国社会党的演说》，《孙中山全集》第 2 卷，第 520 页。

④ 《三民主义·民生主义第二讲》，《孙中山全集》第 9 卷，第 391、393 页。

⑤ 《三民主义·民生主义第三讲》，《孙中山全集》第 9 卷，第 410 页。

⑥ 《在桂林军政学七十六团体欢迎会的演说》，《孙中山全集》第 6 卷，第 8 页。

⑦ 《试论孙中山的社会主义思想》，《孙中山和他的时代》上册，第 48 页。

阶级的组成中，孙中山的社会主义思想代表的是正在发展中的、受到严重压抑的、政治经济势力都很软弱的、渴望同官僚垄断势力和外国资产阶级争平等地位的中国民族资产阶级的利益。

从以上的评论可以看出，孙中山的社会主义思想本身存在着深刻的内在矛盾。他真心诚意地在中国呼唤社会主义，却又极力预防社会主义革命；他真心同情劳工阶级，又反对无产阶级成为未来社会主义国家的领导阶级；他在中国极力筹谋非资本主义发展道路，却又设身处地设计发展资本主义的政策措施；他高度评价马克思主义对人类的贡献，极力赞佩科学社会主义和共产主义理想，却又明确反对马克思主义的唯物史观、剩余价值理论和阶级斗争学说，极力反对用阶级斗争的手段达致社会主义的目的。孙中山思想的内在矛盾，已为学术界所注意。李泽厚在《论孙中山的“民生主义”思想》一文中，胡绳在《论孙中山的社会主义思想》一文中，金冲及在《建国以来的孙中山研究工作》[①] 一文中都指出过。但是专论尚付阙如。如果有人就孙中山社会主义思想的内在矛盾专文讨论，定会加深人们对孙中山思想的认识。

孙中山在中国革命史上的特殊地位，孙中山民生主义——社会主义思想的内在矛盾，造成了中国近现代政治思想史上一个特殊的现象：孙中山的民生主义——社会主义思想引起了广泛的震动，几乎为中国各派政治势力和集团所利用。梁漱溟说过：“三民主义可以从《大学》、《中庸》来训释，而以孙中山继孔子（如戴季陶）；又可以从《资本论》来训释，而化孙中山为马克思（如甘乃光等）。高呼要破除宗法社会观念，打倒封建社会思想，而在三民主义总理遗教里面正不少发现。……中国的现社会原来是‘集古今中外之大成’的大杂烩。所以孙先生的《三民主义》、《五权宪法》亦就是‘集古今中外之大成’的大杂烩。”[②] 姑不论梁氏的评论是否确当，梁氏所说各派政治势力都可以从孙中山的思想中寻求支持则近似。孙中山的高倡社会主义，确曾引起过一些人的误会，国民党内且不说，美国人摩里斯·威廉就说过 1924 年 1—4 月孙中山讲民族主义、民权主义，“完全是马克思主义的语调”[③]。1920 年前

---

① 参见《回顾与展望——国内外孙中山研究述评》，第 20—21 页。

② 《中国民族自救运动之最后觉悟》，第 191—192 页。

③ 夏良才：《孙中山的民生主义与摩里斯·威廉的〈社会史观〉》，《历史研究》1988 年第 1 期。

后，孙中山曾不断争取德、美、英、日等国的援助，均无所成，“部分原因是孙中山的革命主义富有社会主义色彩”①。在日本，也有反对“共产主义者”孙文的人②。

孙中山去世后，对如何执行他的三民主义学说，尤其是他的民生主义——社会主义思想，几乎成为全部中国政治生活的重要议题。国民党人、共产党人都声称自己是孙中山革命思想和革命事业的继承人。国民党内胡汉民、戴季陶、周佛海、蒋中正等人，都撰写过论述三民主义的著作，反映了国民党内各派系的观点，就民生主义——社会主义思想而言，其要义不外尽量阐发孙中山思想中符合资产阶级需要的方面，阐发不利于中国革命事业发展的消极、保守方面，说什么共产主义不符合中国国情，民生主义包含共产主义，只要一个主义（三民主义）一个党（国民党）就行了，马克思主义是民生主义的仇敌等等。共产党与此不同。毛泽东在1940年发表《新民主主义论》，高度评价了孙中山革命三民主义的积极意义，精辟地解说了新三民主义与共产主义的联系和区别。毛泽东指出：“中国的经济，一定要走‘节制资本’和‘平均地权’的路，决不能是‘少数人所得而私’，决不能让少数资本家少数地主‘操纵国民生计’，决不能建立欧美式的资本主义社会，也决不能还是旧的半封建社会。”③ 很明显，在这里毛泽东极其准确地概括了孙中山在民生主义演说中的基本思想。说到共产主义与民生主义的联系，那是极其明显的。中国的共产主义者并不是要用阶级斗争的手段在中国硬造一个社会主义革命，不是一开始就要在中国实施社会主义革命。毛泽东说，中国革命必须分两步走，第一步是要变半殖民地半封建的社会形态为民主主义的社会。走这一步，共产主义者的纲领和政策与孙中山的民生主义——社会主义理想是基本一致的，所以孙中山一再强调，民生主义就是社会主义，就是共产主义，共产主义是民生主义的好朋友。区别在于，中国革命还必须走第二步，即完成社会主义革命，建立社会主义社会。孙中山以为他的民生主义就是一个最美好的社会，不需要再进

---

① 张玉法：《孙中山的欧美经验对中国革命的影响》，第8页。

② 狭间直树：《民生主义研究在日本》，《回顾与展望——国内外孙中山研究述评》，第197页。

③ 《毛泽东选集》第2卷，第672页。

行社会主义革命[①]。中国社会最终要进入共产主义，又是孙中山与共产主义者完全相同的。

历史已经翻过去了一页。这场争论，孰是孰非，从尊重历史、尊重科学的角度来观察，是再明显不过的，本不需要多置一词。某些论者今天仍主张以三民主义统一中国，就使人感到有点桃花源人的味道，“不知秦汉，无论魏晋”，缺乏历史感。这三民主义如果指的是孙中山早期的三民主义，就更不妥，因为它已被新三民主义代替了；如果指的是孙中山在国民党“一大”上郑重声明“其真释具如此”的三民主义，则“耕者有其田”“节制资本”的政策在中国绝大部分地区早已实现了，现正在进行的是社会主义现代化的伟大事业。美国著名中国近代史学者韦慕廷在其《孙中山——壮志未酬的爱国者》一书末章（第九章：最后的追求探索）写下的最后一句话是“他为中国谋求解放的梦想，只是在半个世纪以后才逐步地实现的”[②]，已经为孙中山遗愿的结局作了肯定的结论。要再把它拉回到“平均地权”“节制资本”的时代，岂不是无的放矢？这三民主义如果指的是背叛了孙中山“真释”的反共的“三民主义”，则早已遭到中国绝大多数人民的唾弃，要用它来统一中国，无异梦呓。

在中国人民选择社会主义道路的历史途程中，孙中山是先知先觉者。他的高倡社会主义，早在中国共产党成立之前。在这个问题上，他是共产党人的先生。共产党人把孙中山称作革命的先行者，是有充足理由的。正如杨天石所说，当中国革命还在起步的时候，孙中山就勇敢地揭露西方资本主义社会的腐朽，认为中国不能再走欧美老路，革命应有新的特点，必须避免资本主义祸害，它的前途应该是社会主义。“这是一个对中国革命有重大历史意义的观点，提出这一观点是孙中山的历史

① 有学者认为，“民主主义革命与社会主义革命并举”，是孙中山“举政治革命、社会革命毕其功于一役”的思想（见吕明灼《孙中山的民主社会主义思想》），实在是一种误解。孙中山不主张在中国来一次社会主义革命。“举政治革命、社会革命毕其功于一役”，是政治革命与经济革命同时进行的意思。“社会革命”不是社会主义革命，是指社会经济领域的变革。

② 韦慕廷：《孙中山——壮志未酬的爱国者》，杨慎之译，中山大学出版社，1986，第297页。

功绩之一。”[①] 孙中山虽然不是马克思主义者，不是科学社会主义论者，但他是一位真心实意要在中国推行社会主义的理想家、革命家，他的思想为中国人开启了一条既要发展大工业实现国家工业化，又要避免西方资本主义的新的思维方式，预示着马克思主义的科学社会主义必将在中国代之而起，必将在中国主观的、空想的社会主义破产的基础上开辟胜利的道路。李泽厚指出孙中山的社会主义是世界上最邻近马克思主义的最后的一种空想社会主义[②]。这个提法是很有见地的。

---

① 杨天石文，见《孙中山和他的时代》上册，第 124 页。

② 《中国近代思想史论》，第 362 页。

试论孙中山“民生主义”的真谛*

民生主义是孙中山三民主义的归宿①，是三民主义思想中最具特色的部分。在孙中山看来，民生主义就是社会主义，他经过反复斟酌，认为还是把由日本传来的西方词语社会主义译为民生主义更为允当。孙中山钟情于民生主义，要为在中国实现民生主义而奋斗终生。但是，在三民主义的整个体系中，正是民生主义最为引起人们的误解和诟病。在提出三民主义原则的二十年中，孙中山不得不花去许多精力，去解释和阐发他的民生主义。这就为后人研究他的民生主义思想，留下了许多重要的资料。

孙中山说，“国人往往误解民生主义真谛”②，不了解民生主义为何物，“故盲然为无谓之反对耳”③。误解什么？孙中山以为，人们误解他提倡民生主义——社会主义，是要“反对资本家”，是要“均贫富”④，是要“劫富济贫，扰乱社会秩序”⑤。他说：“现在留心世道底人，多说中国目下没有资本家，用不着讲社会主义，或又说待有资本家产生，再

---

* 本文是作者于1996年5月在京都孙文研究会主持的学术报告会上做的演讲，载日本孙文研究会会报《孙文研究》第21期，1997年1月；《中国社会科学院研究生院学报》1996年第5期。

① 参见《在上海中华实业联合会欢迎会的演说》，《孙中山全集》第2卷，中华书局，1982，第339—340页。

② 《在中国国民党本部特设驻粤办事处的演说》，《孙中山全集》第5卷，中华书局，1985，第476页。

③ 《在上海南京路同盟会机关的演说》，《孙中山全集》第2卷，第338页。

④ 《孙中山全集》第2卷，第340页。

⑤ 《在国民党成立大会上的演说》，《孙中山全集》第2卷，第408页。

讲社会主义。"[①] 因之，对孙中山的民生主义——社会主义主张，颇有反对之意。

人们的误解不是没有根据的。孙中山在阐释民生主义的过程中，说了许多批评资本家和资本主义制度的话。诸如，"资本家者，以压抑平民为本分者也，对于人民之痛苦，全然不负责任者也。一言蔽之，资本家者无良心者也"[②]。又说，"土地一日不平均，又受大地主、大资本家无穷之专制耳，遗害子孙，何堪设想"[③]；"资本家之专制与政府之专制一也。政府有推翻之日，资本家亦有推翻之日"[④]；"从前的皇帝贵族压制百姓，他们有时候还负些责任，这种大资本家压制小百姓，他们是毫不负责任的呀!"[⑤] "富人的财产过多，总是用资本的势力操纵全国政权，来压制穷人"[⑥]；等等。

从上引孙中山的这些话中，人们不难得出民生主义是均贫富、是要反对资本家的看法。所以孙中山一再解释，民生主义并不是要反对资本、反对资本家，只是要反对少数人对社会财富的垄断，防止资本家垄断所产生的社会流弊。这种社会流弊主要表现在富可敌国，穷无立锥，造成资产阶级与无产阶级之间阶级战争的社会痛苦。

下面，我们再从孙中山在辛亥革命后的言论中摘出一些话，看他给民生主义下出了怎样的定义。

1912 年 4 月 16 日，孙中山在上海南京路同盟会机关发表演说，称："民生主义者，非反对资本，反对资本家耳，反对少数人占经济之势力，垄断社会之富源耳。……民生主义，则排斥少数资本家，使人民共享生产上之自由。故民生主义者，即国家社会主义也。"[⑦]

同年 4 月 17 日，在上海中华实业联合会欢迎会上发表演说，称："实行民生主义，而以社会主义为归宿，俾全国之人，无一贫者，同享

---

① 《在中国国民党本部特设驻粤办事处的演说》，《孙中山全集》第 5 卷，第 476—477 页。

② 《在武昌十三团体联合欢迎会的演说》，《孙中山全集》第 2 卷，第 333 页。

③ 《在广州报界欢迎会的演说》，《孙中山全集》第 2 卷，第 356 页。

④ 《在上海中国社会党的演说》，《孙中山全集》第 2 卷，第 520 页。

⑤ 《在桂林军政学七十六团体欢迎会的演说》，《孙中山全集》第 6 卷，中华书局，1985，第 8 页。

⑥ 《在广州欢宴各军将领会上的演说》，《孙中山全集》第 8 卷，中华书局，1986，第 470 页。

⑦ 《孙中山全集》第 2 卷，第 338—339 页。

安乐之幸福，则仆之素志也。”①

同年9月4日，在北京共和党本部欢迎会上的演说中说：“民生主义，并非均贫富之主义，乃以国家之力，发达天然实利，防资本家之专制。”②

同年10月10日，在《中国之铁路计划与民生主义》一文中，孙中山提出：“惟民生主义之意义维何？吾人所主张者，并非如反动派所言，将产业重新分配之荒谬绝伦。但欲行一方策，使物产之供给，得按公理而互蒙利益耳。此即余所主张之民生主义的定义。”③

1921年2月1日，在国民党粤省支部成立会上的演说中说：“民生主义须趁此资本家、地主不多之际，行资产国有制，借机器以兴实业，普利一般人民，消灭阶级战争。”④

同年12月7日，在桂林军政学七十六团体欢迎会的演说中称：“怎么样享受生活上幸福的道理，便叫做民生主义。”又说，“民生主义就是平民反对资本家，穷人反对富人的反动”⑤。

1922年1月4日，在桂林广东同乡会欢迎会上演说：“民生主义，即贫富均等，不能以富者压制贫者是也。”⑥

1924年1月23日，中国国民党第一次全国代表大会发表宣言称：“国民党之民生主义，其最要之原则不外二者：一曰平均地权；二曰节制资本。”⑦

同年2月23日，在对驻广州湘军的演说中，他说：“民生主义是对谁去打不平呢？是对资本家打不平的。”⑧

同年3月10日，在广州对东路讨贼军的演说中，他说：“要把全国的贫富都打到平等，便要应用民生主义。”⑨

同年8月3日，在民生主义第一讲中，孙中山说：“什么叫做民生

---

① 《孙中山全集》第2卷，第340页。
② 《孙中山全集》第2卷，第442页。
③ 《孙中山全集》第2卷，第492页。
④ 《孙中山全集》第5卷，第460页。
⑤ 《孙中山全集》第6卷，第3—4页。
⑥ 《孙中山全集》第6卷，第56页。
⑦ 《孙中山全集》第9卷，中华书局，1986，第120页。
⑧ 《孙中山全集》第9卷，第503页。
⑨ 《孙中山全集》第9卷，第570页。

主义呢？……我今天就拿这个名词来下一个定义，可说民生就是人民的生活——社会的生存、国民的生计、群众的生命便是。”又说，“民生就是政治的中心，就是经济的中心和种种历史活动的中心”①。

同年8月10日，在民生主义第二讲中，孙中山说：“共产主义是民生的理想，民生主义是共产的实行；所以两种主义没有什么分别，要分别的还是在方法。”又说，“这种把以后涨高的地价收归众人公有的办法，才是国民党所主张的平均地权，才是民生主义。这种民生主义就是共产主义。……因为三民主义之中的民生主义，大目的就是要众人能够共产”。“人民对于国家不只是共产，一切事权都要共的。这才是真正的民生主义。”②

同年8月17日，在民生主义第三讲中，孙中山说：“我们要实行民生主义，还要注重分配问题。我们所注重的分配方法，目标不是在赚钱，是要供给大家公众来使用。”又说：“我们的民生主义，目的是在打破资本制度。……所以，民生主义和资本主义根本上不同的地方，就是资本主义是以赚钱为目的，民生主义是以养民为目的。”③

以上关于孙中山对民生主义定义的解说，并非全部，却是最重要的一些部分。从这些解说中，我们看到民生主义就是社会主义，或是国家社会主义、集产主义，或是共产主义；民生主义不反对资本、资本家，而是防资本家之专制，有时又说是排斥少数资本家，是平民反对资本家，或是对资本家打不平的；有时说民生主义即贫富均等，要把全国的贫富都打到平等，有时说均贫富是误会；有时说民生主义是不用革命手段，以消弭社会革命于未然，或消灭阶级战争；有时说民生主义是享受生活上幸福平等，是社会财富公平分配；有时说民生主义是人民的生活、社会的生存、国民的生计、群众的生命，或是一种世界观，一种历史观，或是一种政策，一幅社会发展蓝图或理想。民生主义究竟是什么？孙中山并未给我们一个准确的定义，他的一些说法有时是前后矛盾，互有差异的。19世纪末20世纪初西方社会流行的有关资本、资本家、垄断、社会主义、集产主义、共产主义那样一些概念，在孙中山的民生主义学说里都可以找到。孙中山并画图表明，社会主义、集产主

① 《孙中山全集》第9卷，第355、377页。

② 《孙中山全集》第9卷，第381、389、394页。

③ 《孙中山全集》第9卷，第409、410页。

义、共产主义，都包括在他的民生主义之中。时人理解歧异，后人评说纷纭，原因就在这里。由于民生主义学说中蕴含有若干与社会主义相近的设想，民生主义往往被评价为社会主义。有人说，孙中山“是在帝国主义时代，接受和提出了避免西方资本主义道路的社会主义”①，“民生主义是介于社会主义与资本主义之间的主义”，“它可以显现社会主义的特性，也可以显现资本主义的特性”②。还有人说，“最大限度地发展国家资本主义”③，才是孙中山社会主义经济思想的实质。有人主张民生主义是资本主义的④。还有人认为，民生主义所主张的国有社会主义，是“将资本主义生产与社会主义分配相结合”⑤。

民生主义的真谛究竟是什么？换言之，按照民生主义学说，中国究竟应该建设成一个怎样的社会？下文要就此做一些讨论。

孙中山是在19世纪末期开始观察并研究欧美资本主义社会模式的。这时的欧美社会，正是通常所说自由资本主义发展到垄断资本主义的时候。工业革命以后，实业的迅速发展所带来的社会流弊，日甚一日。“不见今日欧美之托拉斯乎？一国之需要，皆取给于数托拉斯，一国之民生权，遂为数托拉斯所握。”⑥ 由此引起劳资关系紧张，工人罢工频仍，社会革命其将不远。面对欧美社会现实，孙中山不能不对中国如何实施资本主义的发展战略做出认真地思索。

孙中山认识到，在那时的时代潮流之下，中国不可避免地要走上资本主义道路，“建立有助于资本成长与流通的新实业”⑦，中国将“自行投入实业漩涡之中”，“实业主义为中国所必需，文明进步必赖乎此，

① 李泽厚：《论孙中山的“民生主义”思想》，金冲及主编《孙中山研究论文集 1949—1984》下册，四川人民出版社，1986，第799页。有人说，“民生主义是一种社会主义，也是均贫富的主义”。张玉法：《孙中山与近代中国革命运动》，《历史讲演集》，台北，东大图书公司，1991，第189页。

② 张玉法：《转型的时代：三十年来的台湾》，《历史讲演集》，第442页。

③ 杨天石：《孙中山与中国革命的前途》，中国孙中山研究学会编《孙中山和他的时代》上册，中华书局，1989，第121页。

④ 陈独秀的意见。见杨玉清《解放前孙中山三民主义思想研究浅略述评》，孙中山研究学会编《回顾与展望——国内外孙中山研究述评》，中华书局，1986，第223页。

⑤ 山本幸夫的意见。见狭间直树《民生主义研究在日本》，《回顾与展望——国内外孙中山研究述评》，第200页。

⑥ 《在广州对报界公会主任的谈话》，《孙中山全集》第2卷，第364页。

⑦ 《中华民国》，《孙中山全集》第2卷，第393页。

非人力所能阻遏，故实业主义之行于吾国也必矣”[①]。实业主义就是资本主义，这是不言而喻的。“近世资本主义之天然演进，对于劳动者常与以不平之待遇”，这是欧美社会已经发生的事实。如果不加控制，任其发展，中国在十年以后，必至有十万人以上之资本家，那时，中国必然重陷欧美社会的老路。中国又要发展资本主义，又要避免资本家垄断社会财富、压制人民群众，办法在哪里？鉴于中国实业发展未久，大资本家还未出现，也还没有资本家垄断社会经济的现象，这就为孙中山设计中国式的资本主义发展战略提供了合适的客观环境。孙中山认为，只要实行以土地国有和节制资本为主要内容的一系列民生主义政策，就能够避免出现大资本家，就能防止社会财富集中于少数人手中，就能防止资本家专制。民生主义的出发点，是防止垄断性的大资本家出现，反对大资本家垄断社会财富。孙中山在革命之初制定的革命方略中就严正指出“敢有垄断以制国民之生命者，与众弃之”[②]，即是为此。当然，没有资本家的社会不是资本主义社会。反对大资本家不是不要资本家。“不知资本家应维持，如何反对，特资本家之流弊，则不能不防备。”[③]像欧美那样，“土地权全操之于少数大资本家，其势必流于资本专制”[④]，那是万万要不得的。可见，孙中山所要建立的，不是没有资本家的社会，而是不要大资本家的资本主义社会。

中国未来的社会里不要大资本家，不要垄断资本家，孙中山说过很多话，上文已有引证。以下分析孙中山的平均地权政策。民生主义主张通过平均地权实现土地国有，是要限制大地主、大资本家对土地权的垄断。平均地权，又是通过地主自报地价，国家按价收税、按价收买，以及涨价归公的办法来实现。这种设计在实施过程中，必然遇到许多困难。在广大农村、山区，地价不可能很快增长，国家不可能从地主手中按价尽收土地，地主仍将相当牢固地控制着土地所有权。在法律上、理论上，地主土地所有制被取消，土地实现国家所有。但在习惯上、实际上，农村土地大部分仍为地主所掌握。由于地主仍掌握土地原价，且在相当长时间内国家不可能从地主手中收购土地，这种土地制度是事实上

---

① 《中国之铁路计划与民生主义》，《孙中山全集》第 2 卷，第 492 页。

② 《中国同盟会革命方略》，《孙中山全集》第 1 卷，中华书局，1981，第 297 页。

③ 《在上海中华实业联合会欢迎会的演说》，《孙中山全集》第 2 卷，第 340 页。

④ 《在广州行辕与各界的谈话》，《孙中山全集》第 2 卷，第 372 页。

有限制的地主土地所有制，换一个角度，是不完全的土地国有制。尽管如此，平均地权仍是对封建地主土地所有制的严重冲击，其最大实效，可能正是造成农民和土地的分离，造成游离于土地之外的农村无产者，他们正是正在发展中的现代工业企业的产业后备军①。

实现平均地权，照孙中山看来，就算完成了民生主义的一半。完成另一半，就要靠发达资本。他说，“要解决民生问题，一定要发达资本，振兴实业”。振兴实业的办法，无非是发展铁路等交通事业、发展矿业、发展机器工业。发展的办法，就靠节制资本。节制资本，并不是节制资本主义生产，而是节制私人资本的发展。如果任由中国私人或者外国商人来经营，将来的结果也不过是私人资本发达起来，也要生出大富、大贫等阶级的不平。仅仅节制资本，也不是解决民生问题的唯一办法。“中国不单是节制私人资本，还是要发达国家资本”，“由国家管理资本”，全国人民便享资本的利，不受资本的害②。

实行土地国有、节制资本、发达国家资本的政策，能防止大资本家为祸社会，也能刺激中等资本家——中产阶级的活力。孙中山正是呼吁、企盼中国社会产生中产阶级。他说过，“欧美社会与我国异，人民只有贫者、富者二种，无中产阶级，是以常起劳资竞争”③，意在企盼中国产生中产阶级，以调和劳资纠纷。1920 年 4 月，孙中山在美国《独立周报》发表文章，向美国人民呼吁：“美国人必须认清：北京政府不能代表这个国家；广州政府（原编著按：指岑春煊、陆荣廷控制下的广州军政府）也同样不能代表中国。比较能代表中国的，倒是上海的商人，以及正在长成中的中产阶级——他们不多过问政治，而只想把国家的实业建立起来。”④ 正在成长中的中产阶级，正是孙中山所渴望的，是实施民生主义、避免社会弊病的阶级基础。可以说，民生主义所要代表的是正在发展中的、受到严重压抑的、政治经济势力都很软弱的、渴

① 胡汉民（民意）根据孙中山口授意见撰写的《告非难民生主义者》一文中说：“其人倘并锹锄斧斤之属而亦无之，其不能不为他人作嫁固耳。若其有农具之资本，足以施于农事，则自可向国家请愿而租地……必其继续二年以上不能纳者，始请求废其契约。”见《民报》第 12 号，第 119 页。中国农村这样的无产者、半无产者（所谓贫雇农）是很多的，他们租不到田地，很容易被抛出土地之外。

② 《三民主义·民生主义第二讲》，《孙中山全集》第 9 卷，第 391、393 页。

③ 《在广东省第五次教育大会上的演说》，《孙中山全集》第 5 卷，第 561 页。

④ 《中国人之直言》，《孙中山全集》第 5 卷，第 247 页。

望同官僚垄断势力和外国资产阶级争取平等地位的中国民族资产阶级的利益。

孙中山说："现在我不单是用革命去扫除那恶劣政治，还要用革命的手段去建设"，"我们革命就是要将政治揽在我们手里来作"①。孙中山从事革命活动，从同盟会到中国国民党，20 年来，是一直注意将革命领导权掌握在自己手里的，但很少像这样用明确的语言强调革命的领导权问题。这个"我们"，指的是代表中产阶级利益的政治力量。就是说，无论是革命还是建设，即实施中国资本主义发展战略，不能大权旁落，要把领导权"揽在我们手里"。

孙中山对中国劳动大众充满了深切同情，又是一个一辈子为社会平等而奋斗的革命家。他深恶痛绝欧美社会里出现的劳资间的阶级斗争，不希望这种社会病态在中国出现。民生主义的归结点，是社会和平协调发展，永远消弭劳资间的阶级斗争，永远防止无产阶级为向资产阶级争取政治、经济平等权益而发动的"社会革命"，或曰"第二次革命"。在他看来，欧美资产阶级在完成夺取政权的政治革命后，未能防止实业发展后出现的社会革命，是一大缺憾，中国社会应未雨绸缪，设计新的发展战略，预防"西方国家劳资间的不协调以及劳工大众所处的困境"② 那样的局面，做到"举政治革命、社会革命毕其功于一役"，甚至使民族、民权、民生革命一次完成，一劳永逸，就可保证中国社会永臻大同之域。

孙中山认为，"社会革命的惨痛，比政治革命流血更多"③，为了免除这种痛苦，消弭社会革命于未然，就要"建设一个极和平、极自由、极平等的国家"④，方才可以实现没有阶级冲突、阶级竞争的社会图景，从而可以永远不再革命。这种设想，准确地反映了中产阶级要求在和平、稳定、协调的社会环境中发展资本主义的愿望。

孙中山认为，只要实行民生主义，经济生活上人人平等，共同富裕，就能保证中国永远不再革命。"仆之宗旨在提倡实业，实行民生主

---

① 《在上海中国国民党本部会议的演说》，《孙中山全集》第 5 卷，第 400 页。

② 《中华民国》，《孙中山全集》第 2 卷，第 392 页。

③ 《在中国国民党本部特设驻粤办事处的演说》，《孙中山全集》第 5 卷，第 480 页。

④ 《与戴季陶的谈话》，《孙中山全集》第 5 卷，第 69 页。

义，而以社会主义为归宿，俾全国之人，无一贫者，同享安乐之幸福。”[①] 从早年到晚年，孙中山都十分关心工人、农民的生活。他说，“我希望看到人民大众的生活状况获得改善，而不愿帮助少数人去增殖他们的势力，直至成为财阀”[②]。因此，他赞成“得社会主义真髓”的亨氏土地公有、麦氏资本公有办法，就是希望造成“所得的利益归人民大家所有”，又“和资本家不相冲突”[③] 那样的社会局面。这就是他理想中的民生主义——社会主义社会模式。陈义高尚，理想圣洁，无可批评。当然，孙中山追求的社会主义，是他常加称赞的德国俾斯麦的国家社会主义，是“不能够马上推翻”[④] 资本制度的社会主义，是劳资和平协调发展而不致引起社会主义革命的社会主义。这种社会主义，不是马克思主义学说中经过社会主义革命的社会主义。我以为，可以姑且称之为民生社会主义。

这种民生社会主义，实际上是孙中山设计的一种有中国特色的资本主义发展模式。这种模式的特点：一是以国家资本为社会的主要经济构成，不允许大资本垄断社会经济现象的存在；二是以中产阶级为支撑社会发展的阶级基础，社会发展目标由代表中产阶级利益的政治代表所掌握；三是融入了社会主义的分配办法，力求全社会和平协调发展，全民都得到富裕，防患社会革命于未然；四是在政治方向和社会发展目标上，公开声称与马克思主义的社会主义、共产主义理想不相冲突，而且是好朋友。

民生社会主义上述特点，反映了孙中山的个人特色，且其主要方面，已为中国国民党第一次全国代表大会宣言所接受。如果国家统一，政治稳定，政策得力，官吏清廉，在国家发展中取得一定成效是很有可能的。但是，孙中山在确立自己的社会理想时，对国情的估计尚有若干不足。

第一，自鸦片战争以来，外国资本主义——帝国主义的政治、经济甚至军事势力控制了中国，中国几乎国将不国，它们不能容许孙中山在这块土地上试验自己的理想。这方面，自 1912 年初南京临时政府成立

---

① 《在上海中华实业联合会欢迎会的演说》，《孙中山全集》第 2 卷，第 340 页。

② 《中华民国》，《孙中山全集》第 2 卷，第 393 页。

③ 《三民主义·民生主义第二讲》，《孙中山全集》第 9 卷，第 393 页。

④ 《三民主义·民生主义第三讲》，《孙中山全集》第 9 卷，第 410 页。

以来，孙中山已经有了许多切身体会，并且已经认识到："我们要解决民生问题，如果专从经济范围来着手，一定是解决不通的。要民生问题能够解决得通，便要先从政治上来着手，打破一切不平等的条约，收回外人管理的海关，我们才可以自由加税，实行保护政策。"[①] 国家、民族不能独立，一切仁人志士要想实践自己的理想都是不成功的。要建国必须先救国。只有驱逐帝国主义出中国，建国的目标才有可能实现。在帝国主义和封建军阀统治中国局面不改变的情况下，建国蓝图越具体，就越具有空想性。当 1924 年 9 月 18 日，孙中山代表中国国民党发表北伐宣言，明确宣布，辛亥革命以后之国内战祸，"直接受自军阀，间接受自帝国主义"，"此战之目的不仅在推倒军阀，尤在推倒军阀所赖以生存之帝国主义"[②]。只有如此，中国才能脱离次殖民地之地位，以造成自由独立之国家，才具有实现三民主义的条件。到这时，孙中山的认识才得到了校正。

第二，孙中山强调中国只有大贫和小贫，意在模糊中国社会的阶级差异。他没有深刻认识中国农民对土地的渴望，没有体察到农民和地主阶级之间阶级斗争的存在。他虽以"洪秀全第二"自居，却没有认识到太平天国起义正是 19 世纪 50 年代农民和地主阶级斗争激化的表现。尤其是，19 世纪 70 年代以来，中国社会里资本主义生产关系正在成长，民族资产阶级（孙中山所企望的中产阶级）的经济势力到 19 世纪末 20 世纪初，已经在中国社会的经济、政治生活中有相当影响，官办企业也有了可观的发展，外国资本主义的独资企业已经控制了中国经济的走向。这些资本主义的生产、金融、交通企业对中国传统社会的冲击力是很大的。现代工业企业中的劳资关系已经存在[③]。对这些估计不足而设计民生社会主义的美丽图景，颇有些单向度思考的意味。试想，在中国的现实情况下，土地公有、资本公有能否实现？实现以后能否防止垄断性的大资本家产生？如何保证社会全体成员公平分配、人人幸福？

---

① 《民生主义第四讲》，《孙中山全集》第 9 卷，第 424 页。

② 《中国国民党北伐宣言》，《孙中山全集》第 11 卷，中华书局，1986，第 76 页。

③ 1924 年 5 月 1 日，孙中山在广州市工人代表会的演说中，说本国的资本家还没有压迫工人的能力，这显然是曲解，但他又说，中国工人反想种种办法来压迫本国资本家，中国工人常常和本国资本家发生交涉，中国工人是驾于本国资本家之上。从这种曲解中，我们看到孙中山实际上承认劳资矛盾的现实情况。见《孙中山全集》第 10 卷，第 148—149 页。

是否能避免劳资间阶级斗争的产生？怎么能做到工人和资本家不发生冲突，农民得益、地主不受损失？这都是些未可肯定答复的问题。孙中山以为阶级斗争是社会发展的病态，是可以人为地加以医治的。殊不知阶级斗争是社会经济发展过程中，由于阶级利益差异之驱使必然产生的客观存在，人们不可主观上想象去消灭它的。阶级斗争有时激化，有时缓和，在根本的阶级利益差异消失前是不可消灭的。有远见的政治家、政党可以引导社会阶级斗争的发展方向，却不可能像外科医生一样，把阶级斗争这个毒瘤从社会病体上割去。按照马克思主义的观点，在资本主义发展到一定阶段时，社会主义革命的到来不可避免。设想避免阶级斗争，避免社会革命，政治革命与社会革命毕其功于一役，作一劳永逸之计，是主观的、空想的、幼稚的。虽然对于孙中山的毕生奋斗来说，这是一种很崇高的理想，但是，作为观察孙中山提出民生主义以来中国社会发展的历史研究者来说，对孙中山设计民生主义蓝图的不足之处，不能不指出来。

50 年来中国大陆对孙中山的纪念与评价*

一　引子

1998 年初，我曾应邀在台北《历史月刊》发表文章①，文中有如下一段话：

> 中华人民共和国成立以后，党和国家在多种政治性的纪念场合，大规模地、大张旗鼓地纪念辛亥革命、纪念孙中山；在“文化大革命”中严厉批判所谓资产阶级的时候，也没有忘记召开大会纪念孙中山。在天安门广场，在庆祝国庆节的时候，总有孙中山的巨幅画像树立正中，甚至在八十年代中期以后不再树立马、恩、列、斯画像时，孙中山的画像仍安然不动。所有涉及辛亥革命、孙中山的出版物，都对辛亥革命和孙中山表示了必要的尊重。中小学的历史教科书都要正面讲述辛亥革命和孙中山的历史作用。在台湾科研机构和大专院校的三民主义研究所都已改换名称并且不大讲三民主

* 本文是应邀出席台北孙中山纪念馆召开的第四届孙中山与现代中国学术研讨会而写作的，原载“国父纪念馆”编印《第四届孙中山与现代中国学术研讨会论文集》，台北，2001 年 5 月；台北《中央日报》2001 年 3 月 3 日 22 版摘要刊登。又载北京《党的文献》2001 年第 5 期。

① 拙著：《关于中国近代历史发展规律的认识和对若干史实的解说》，台北《历史月刊》第 121 期，1998 年。

义的时候，大陆的学者们却在为研究孙中山和孙中山的学说召开一系列讨论会，撰写了大量的论文和著作。

检读上文，似言犹未尽，兹借出席台北孙中山纪念馆举办之孙中山研讨会的机会，翻检资料，援上文之意，谨就 50 年来中国大陆对孙中山的纪念和评价，从政治高层的角度，补充若干史料并略加申述，以求教于诸位先进。

二 十年纪念的一般概况

大陆党政最高层 50 年来对孙中山先生的纪念，以及对辛亥革命的纪念，都是以最高规格来进行，少有移易。一般而言，每年逢到孙中山的生辰与忌辰，全国政协以及各地，均要举办纪念活动，以示凭吊与怀念。每逢十年，必在北京举办高规格的纪念活动，鲜有例外。每年举办的生辰与忌辰纪念，本文不论。各地举办的纪念活动，本文亦不论。学术界举办的各种学术讨论会，本文亦不论。谨就十年一届的高层纪念活动，作一演示文稿。请以忌辰、生辰和辛亥革命的纪念为序。

忌辰纪念：

1955 年 3 月 12 日，是孙中山先生逝世 30 周年。中国共产党机关报《人民日报》于当天头版发表重要社论《纪念伟大的民主主义革命家——孙中山》。前一天下午，中国人民政治协商会议全国委员会在北京中南海怀仁堂举行了有 1000 多人参加的孙中山先生逝世 30 周年纪念大会，政协主席周恩来主持会议，政协副主席董必武、中国国民党革命委员会主席李济深以及孙中山的生前友好彭泽民在大会上讲话，政协副主席郭沫若、彭真、沈钧儒、黄炎培、何香凝、陈叔通、章伯钧等，全国人民代表大会常务委员会委员长刘少奇、副委员长林伯渠、达赖喇嘛等，以及中共和各民主党派的负责人出席了会议。

1965 年 3 月 12 日，是孙中山逝世 40 周年。民革中央副主席蔡廷锴率民革中央常务委员一行晋谒了孙中山纪念堂。

1975 年 3 月 12 日，首都各界人士在北京中山堂举行仪式，纪念孙中山先生逝世 50 周年。中共中央副主席、政协副主席叶剑英，中共中央政治局委员、全国人大常委会副委员长吴德，以及全国人大常委会副委员长乌兰夫、阿沛·阿旺晋美、周建人、许德珩、胡厥文等，国务院副总理王震等出席了纪念仪式。

1985 年 3 月 12 日，北京各界在中山堂纪念孙中山先生逝世 60 周年，乌兰夫代表中共中央献花篮，中共中央政治局委员习仲勋、王震、杨尚昆，全国人大常委会副委员长许德珩、彭冲、王任重、阿沛·阿旺晋美、班禅额尔德尼·确吉坚赞、周谷城、严济慈，国务院副总理田纪云，全国政协副主席杨静仁、程子华、康克清、胡子昂、王昆仑、董其武等出席了仪式。

1995 年 3 月 12 日，北京各界人士以及参加人民代表大会和政协的“两会”代表在中山堂举行了纪念孙中山逝世 70 周年的仪式，民革中央名誉副主席贾亦斌主持了纪念仪式，全国人大常委会副委员长李沛瑶、倪志福、费孝通、雷洁琼、王光英、程思远、卢嘉锡、吴阶平，全国政协副主席洪学智、邓兆祥、钱伟长、孙孚凌、万国权等出席了纪念仪式。

生辰纪念：

1956 年 11 月 12 日，是孙中山先生诞辰 90 周年。此前，北京组成了孙中山先生诞辰 90 周年纪念大会筹备委员会，筹备委员会决定，诞辰日那天，全国各大城市和省会、自治区首府所在地要普遍举行纪念大会。国务院通知，诞辰日，全国省会、自治区首府、各直辖市以及拉萨等地均悬挂国旗，以示纪念。11 月 11 日，北京举行极其隆重的纪念大会，大会宣布了毛泽东等 78 人组成的大会主席团名单。大会还邀请华侨和港澳同胞 40 多人、30 多个国家的 160 多位来宾出席大会。政协主席、国务院总理周恩来主持会议，中共中央政治局委员林伯渠，中国国民党革命委员会主席李济深、副主席何香凝以及各国来宾先后讲话。12 日，以朱德为团长、李济深为副团长的中央谒陵代表团晋谒了南京中山陵；同日，周恩来、何香凝等一行 600 人参谒了香山碧云寺中山纪念堂。在这一天，毛泽东发表了专文《纪念孙中山先生》。

1966 年 11 月 12 日，北京各界和红卫兵 1 万多人在人民大会堂隆重纪念孙中山诞辰 100 周年。华侨和港澳同胞以及在京外国友人和各国驻华使节出席了会议。国家副主席董必武主持了大会，国务院总理周恩来、国家副主席宋庆龄、民革中央主席何香凝、日中友好协会理事长宫崎世民先后在大会讲话。

1976 年 11 月，北京刚刚粉碎“四人帮”，此前的 7 月 28 日发生唐山大地震，9 月 9 日毛泽东逝世，北京万事待兴，高层工作极为紧张的时候，12 日，北京各界在中山公园中山堂隆重纪念了孙中山诞辰 110 周年。全国政协副主席沈雁冰主持了纪念仪式，全国人大常委会副委员长徐向前、阿沛·阿旺晋美、周建人、许德珩、胡厥文，国务院副总理王震，全国政协副主席沈雁冰以及邓颖超、廖承志等出席了仪式。

1986 年 11 月 12 日，北京各界 1 万多人在人民大会堂隆重纪念孙中山诞辰 120 周年。政协主席邓颖超主持大会，全国人大常委会委员长彭真、民革中央代主席屈武、无党派民主人士周谷城、民族宗教界代表班禅额尔德尼·确吉坚赞、台湾同胞代表林丽韫、宫崎滔天的孙女宫崎蕗苳、孙中山的孙女孙穗英先后在大会上讲话。中共中央总书记胡耀邦等各界领导人均出席了会议。

1996 年 11 月 12 日，全国政协在北京人民大会堂举行了孙中山诞辰 130 周年纪念大会，政协主席李瑞环主持会议，中共中央总书记、国家主席江泽民发表了重要讲话，民革中央主席何鲁丽、台盟中央主席蔡子民也讲了话。绝大多数党和国家领导人出席了会议。《人民日报》在这一天的第 1 版发表了社论《更高举起振兴中华的伟大旗帜——纪念孙中山先生诞辰 130 周年》。

辛亥革命纪念：

第一次举行大规模辛亥革命纪念是在 1961 年。9 月 15 日，政协全国委员会常务委员会第 21 次会议决定隆重纪念具有伟大历史意义的辛亥革命 50 周年，决定成立辛亥革命 50 周年纪念筹备委员会，由国家副主席、中共中央政治局委员、辛亥革命元老董必武任主任委员，宋庆龄、吴玉章、何香凝、沈钧儒、李维汉、程潜、黄炎培、班禅额尔德尼·确吉坚赞、包尔汉、郭沫若、陈叔通、张奚若、马叙伦任副主任委员，邵力子任秘书长。10 月 9 日，北京各界 1 万多人在人民大会堂隆重举行纪念大会，首都各界人士、海外华侨、各地参加过辛亥革命的老人以及在北京访问的各国外宾和驻华使节参加会议。国家主席刘少奇和各方面领导人出席了会议。政协主席周恩来主持会议。大会执行主席 21 人，他们是：周恩来、宋庆龄、董必武、朱德、何香凝、沈钧儒、郭沫若、黄炎培、彭真、陈毅、李维汉、程潜、陈叔通、赛福鼎、班禅额尔德尼·确吉坚赞、林枫、包尔汉、帕巴拉·格列朗杰、阿沛·阿旺晋美、吴玉章、张奚若。周恩来致开会词，董必武、何香凝发表了长篇讲话。

第二次举行大规模辛亥革命纪念活动是1981年。1981年10月9日，北京各界1万多人在人民大会堂集会纪念辛亥革命70周年，党和国家领导人叶剑英、邓小平、赵紫阳、华国锋、彭真、邓颖超、王震等，全国政协的各位副主席，以及参加过辛亥革命和在孙中山先生身边工作过的人、华侨和港澳同胞、外国友人等出席会议。叶剑英作为中共中央副主席、全国人大常委会委员长、大会筹备委员会主任委员主持了会议，中共中央主席胡耀邦在会上做了主题报告，民革中央副主席屈武、中国民主建国会中央委员会主任委员胡厥文、从美国专程来京出席纪念大会的原国民党高级将领李默庵、政协常务委员缪云台先后讲话。《人民日报》在头版头条发表了社论《统一祖国　振兴中华——纪念辛亥革命七十周年》。

第三次举行大规模辛亥革命纪念活动是1991年。10月9日，北京各界5000多人在奥林匹克中心体育馆隆重集会纪念辛亥革命80周年。中共中央总书记江泽民，国家主席杨尚昆，全国人大常委会委员长万里，国务院总理李鹏，中共中央政治局常委乔石、宋平、李瑞环，中共中央政治局、中央顾问委员会、全国人大、全国政协、各民主党派中央有关方面负责人，以及无党派民主人士代表、辛亥革命老人、华侨和台港澳同胞、孙中山先生和黄兴先生的亲属等出席了会议。全国政协副主席王任重主持大会。国家主席杨尚昆发表了主题报告，民革中央名誉主席屈武讲话。《人民日报》在第1版发表社论《继往开来　振兴中华——纪念辛亥革命80周年》。

以上10年一次的重大纪念活动，共有15次机会，实际举行了13次。只有1951年10月辛亥革命40周年、1971年10月辛亥革命60周年未曾纪念。我想理由很简单：1951年，新中国建立不久，百废待举，抗美援朝在紧张进行，注意力未曾及此；1971年，“文革”正在进行中，林彪“九一三事件”刚刚发生，政情紧张，注意力未能及于此。在已经举行的13次中，只有1965年的忌辰，由民革中央主持，没有中共中央主要负责人出席，级别稍低一点，其余12次，全是最高规格的，看了以上列出的名单，当能认可。

三 不同年代纪念和评价的主调概述

简报十年纪念的一般状况，只是一个表象。重要的是要对这些纪念活动的内容做出研究。以下对纪念活动和对孙中山的评价情况做出概述。

20 世纪 50 年代有两次重要纪念活动：1955 年纪念孙中山逝世 30 周年，1956 年纪念孙中山诞辰 90 周年。周恩来在 1955 年纪念会上的开会词中对孙中山的评价是“中国伟大的民主主义革命家”，周恩来说：“中国人民崇敬孙中山先生，因为他是中国民主革命的先行者，是一个伟大的爱国者，是为我们祖国的独立和自由而奋斗终生的战士。”“我们今天来纪念孙中山先生，抱着崇敬和怀念的心情。他对中国人民的伟大贡献，在中国历史上是不会磨灭的。”[①] 1956 年的纪念会上，周恩来说：“孙中山先生是领导推翻封建帝制、为建立民主共和国而奋斗的英勇战士、是反对帝国主义侵略、为祖国的独立自由而斗争的爱国者。他在晚年，又进一步采取联合苏联、联合共产党、扶助工农运动的三大政策，把旧的三民主义发展为新的三民主义。他是伟大的革命家和政治家。”[②] 50 年代对孙中山的评价，最重要的来自毛泽东。毛泽东在 1956 年孙中山诞辰时发表《纪念孙中山先生》一文，特别指出孙中山值得纪念之处在于三方面：他在中国民主革命的准备时期，以鲜明的中国革命民主派立场，同中国改良派作了尖锐的斗争，他在这一场斗争中是中国革命民主派的旗帜；他在辛亥革命时期，领导人民推翻帝制、建立共和国的丰功伟绩；他在第一次国共合作时期，把旧三民主义发展为新三民主义的丰功伟绩[③]。林伯渠在 1956 年纪念大会的讲话中指出：“孙中山先生是中国历史上第一个用民主主义纲领来号召革命的民族英雄，是中国人民在争取解放的艰苦斗争中的一个伟大的先行者。”[④] 以上这些评价，

① 《中国人民政协全国委员会举行纪念大会，纪念孙中山先生逝世 30 周年》，《人民日报》1955 年 3 月 12 日，第 1 版。

② 周恩来：《在孙中山先生诞辰九十周年纪念大会上的开会词》，《光明日报》1956 年 11 月 12 日，第 2 版。

③ 毛泽东：《纪念孙中山先生》，《光明日报》1956 年 11 月 12 日，第 1 版。

④ 林伯渠：《在孙中山先生诞辰九十周年纪念大会上的讲话》，《光明日报》1956 年 11 月 12 日，第 2 版。

大体上是对孙中山一生业绩的基本评价，并基本上贯穿在50年来历次纪念活动中，不同的时期提法可能略有变化，但很少有实质上的改变。

纪念孙中山，不仅是为了纪念他对历史的贡献、他的人生业绩、他的为人品格，也是为了从他的历史经验中吸取有益的营养，使得现代或当代中国的发展有所借鉴。从这一点来说，由于时代条件不同，面临的历史任务有别，不同时期的纪念所强调的孙中山的精神可能不一样，每次纪念大会的旨趣可能不一样。20世纪50年代强调了孙中山的反对帝国主义，强调了他的“以俄为师”、孙中山是苏联的好朋友，强调了孙中山“对亚洲许多实行民族独立、民主革命的国家，也发生了不小的影响。亚洲地区、阿拉伯国家，以及拉丁美洲的许多同情孙中山先生的思想和事业的、可尊敬的爱国者和有见识的政治家们，也正在致力于维护本国的民族独立，反对殖民主义的统治，驱逐帝国主义者的侵略势力”。与此同时，还强调了台湾问题。周恩来说：“中国的领土台湾还受着美国的侵略。一切爱国者，一切孙中山先生的忠实信徒，应当共同努力，实现台湾的和平解放。”[①] 1955年《人民日报》社论强调了蒋介石对孙中山主张和革命事业的背叛，谴责蒋介石“为了反苏反共，他们在十年内战时期和抗日战争时期毫不知耻地大片大片地抛弃祖国的领土”，等等[②]。

20世纪60年代，一次纪念辛亥革命50周年，一次纪念孙中山诞辰100周年。这两次纪念，除了肯定孙中山对辛亥革命所起的作用，对孙中山表示极大的尊敬外，还指出了辛亥革命作为资产阶级领导的旧式的民主革命，是不彻底的，资产阶级共和国的方案在中国是行不通的；指出孙中山通过革命实践，吸收经验教训，接受中国共产党的帮助，采取了联俄、联共、扶助农工的三大政策，把旧三民主义发展为新三民主义，“这是一个伟大的不朽的功绩”，号召继续高举革命和团结的旗帜，奋勇前进[③]。

---

① 周恩来：《在孙中山先生诞辰九十周年纪念大会上的开会词》，《光明日报》1956年11月12日，第2版。请注意，这里指的是“和平解放”，绝不是一些人说的什么“血洗台湾”。

② 社论：《纪念伟大的民主主义革命家——孙中山》，《人民日报》1955年3月12日，第1版。

③ 周恩来：《在纪念辛亥革命五十周年大会上的开会词》，《光明日报》1961年10月10日，第1版。参见同日关于纪念大会的报道。

20 世纪 70 年代的纪念没有特色，不足述。80 年代，国内外、海峡两岸形势都在发生变化，1981 年纪念辛亥革命 70 周年，1986 年纪念孙中山诞辰 120 周年，其纪念旨趣都有变化，都有了新的内容。1978 年底，中国共产党决定把工作重点转移到社会主义现代化建设上来，明确提出了在经济建设中实行改革开放的总方针。1979 年元旦，全国人大常委会发表了《告台湾同胞书》，1981 年 9 月 30 日，叶剑英委员长发表谈话，就台湾回归祖国、实现和平统一提出了九条方针。1981 年 10 月 9 日《人民日报》以《统一祖国 振兴中华》为题发表纪念辛亥革命 70 周年的社论，在论述了孙中山的贡献和辛亥革命以来中国所发生的翻天覆地的变化后，指出："半个多世纪的历史证明：中国共产党是孙中山先生革命事业的真正继承者，中华人民共和国是辛亥革命发展的硕果。"[①] 胡耀邦在纪念辛亥革命 70 周年的大会报告中除了指出"我们共产党人和全国各族人民，都把新民主主义和社会主义的胜利看做辛亥革命的继续和发展"，还特别指出，对于孙中山先生的崇敬和怀念，至今仍然是把中国大陆和台湾联系在一起的强大的精神纽带，指出目前大陆的内外任务是三件大事：实现四化建设、保卫世界和平、完成统一大业。胡耀邦以中共中央负责人的身份，呼吁进行第三次国共合作，以便建设一个统一的祖国。他特别欢迎蒋经国等台湾当局负责人和台湾各界人士到大陆走一走，到故乡看一看。他向台湾同胞说，孙中山陵墓一再修葺，奉化茔墓修复一新，庐山美庐保养如故，难道蒋经国先生就不想把蒋介石先生的灵柩迁移到奉化蒋氏墓地来？"中山先生生前号召'和平，奋斗，救中国'，我们今天为什么不大声疾呼'和平，奋斗，兴中国'呢？"[②] 1986 年纪念孙中山诞辰 120 周年，彭真在纪念大会讲话，除了表达对孙中山先生的崇敬之外，还强调了孙中山先生维护国家统一的主张。他着重指出"台湾的出路在于祖国统一，国民党的前途系于国共合作"，他呼吁国共两党进行对等谈判，并且真诚地希望同台湾一切

① 社论：《统一祖国 振兴中华——纪念辛亥革命七十周年》，《人民日报》1981 年 10 月 9 日，头版头条。

② 胡耀邦：《在首都各界纪念辛亥革命七十周年大会上的讲话》，《人民日报》1981 年 10 月 10 日。

主张祖国统一的党派、团体和社会人士交换意见①。

20 世纪 90 年代的纪念，继续强调祖国统一和振兴中华。1991 年《人民日报》社论引证孙中山所说“统一是全体国民的希望”，表达了对早日实现祖国和平统一大业的期待。社论指出：“辛亥革命是我们共同纪念的日子，孙中山先生是我们共同敬仰的伟人，统一祖国是我们共同盼望的目标，中华强盛是我们共同奋斗的理想，有什么理由不合作、不统一呢?”② 社论还呼吁，共产党和国民党作为对 20 世纪中国命运影响最大的政党再度携手，为了把我们的祖国建设得更加强大，实现第三次国共合作。国家主席杨尚昆在纪念大会的讲话中，对祖国的统一事业未能完全实现深感不安，认为实现祖国统一，是中华民族根本利益所在，是全国人民包括台湾同胞、港澳同胞和海外侨胞的共同愿望，也是孙中山先生的遗愿。他警告岛内姑息纵容“台独”活动的行为，谴责“台独”势力分裂民族、分裂国家的行动践踏了海峡两岸同胞的意愿。他表示：“希望台湾当局明大义，识大局，顺应潮流，做促进国家统一的历史功臣，不做分裂祖国的千古罪人。不然的话，何以面对列祖列宗，何以面对中山先生!”③ 1996 年，中共中央总书记、国家主席江泽民在纪念孙中山诞辰 130 周年大会上讲话，称赞孙中山代表一个时代，称赞孙中山先生给中华民族、中国人民留下了许多宝贵的精神遗产，特别是他的爱国思想、革命意志和进取精神，值得我们永远学习、继承和发扬。江泽民在讲话中，注意引用孙中山有关国家建设和国家统一方面的思想：“孙中山第一个喊出了‘振兴中华’的响亮口号。他明确提出‘建设是革命的唯一目的’，并在《建国方略》等著作中擘画了建设现代工业、交通和农业的蓝图，显示了对未来中国发展的卓越见解和宏伟气魄。他认为，要赶超西方经济发达国家，应该实行‘开放主义’，‘要学外国的长处’，同时强调‘发展之权，操之在我则存，操之在人则亡’。他坚决主张维护国家主权和统一，反对一切分裂祖国的行为，指出‘统一是中国全体国

① 彭真：《在首都各界纪念孙中山先生诞辰 120 周年大会上的讲话》，《人民日报》1986 年 11 月 13 日。

② 社论：《继往开来 振兴中华——纪念辛亥革命八十周年》，《人民日报》1991 年 10 月 10 日，第 1、3 版。

③ 杨尚昆：《在纪念辛亥革命八十周年大会上的讲话》，《人民日报》1991 年 10 月 10 日，第 1、3 版。

民的希望。能够统一，全国人便享福。不能统一，便要受害’。”他认为，这种伟大的爱国主义精神和思想，“对正在为建设社会主义现代化国家而奋斗的中国人民，对一切有志于实现祖国富强、完成祖国统一的海内外同胞，仍然有着巨大的启迪、教育和鼓舞作用”[①]。

四 回顾孙中山纪念的意义和启示

以上对中国大陆 50 年来纪念孙中山先生的情况做了一个简要的回顾。根据这个回顾，我们至少可以得出如下认识：

一、50 年来，中国大陆对孙中山的纪念（包括辛亥革命在内）极为重视，始终一贯，除了每年例行纪念外，每逢十年对孙中山的生辰和忌辰以及对辛亥革命都有大规模的纪念活动。50 年中共有 15 次机会，纪念活动举行了 13 次。13 次中，国家和政府主要负责人、中共中央主要负责人出席或者主持会议的有 9 次。余下四次中，除 1965 年一次外，另外三次均有中共中央、国务院负责人出席。这说明，对孙中山和辛亥革命的纪念，是 50 年来中国大陆政治生活的重要组成部分。50 年来大陆变化很多，但纪念孙中山始终如一，没有变化。

二、50 年来，中国大陆始终给予孙中山崇高的评价。基本的评价是：孙中山是伟大的民族英雄，伟大的爱国主义者，中国民主革命的伟大先驱，是为我们祖国的独立和自由而奋斗终生的战士。中国共产党始终把自己看成孙中山事业的支持者、合作者、继承者、发扬者，把 50 年来中国大陆所取得的成就看成孙中山和辛亥革命事业所结出的硕果。中共中央总书记江泽民在中共第十五次全国代表大会上所做的政治报告，回顾百年来中国前进道路上经历的三次历史性巨大变化，这三次巨大变化产生了三位站在时代前列的伟大人物，其中第一位就是孙中山。[②] 把孙中山、毛泽东、邓小平看成百年来站在时代前列的代表性人

① 江泽民：《在孙中山先生诞辰一百三十周年纪念大会上的讲话》，《人民日报》1996 年 11 月 13 日，第 1 版。

② 参见江泽民《高举邓小平理论伟大旗帜，把建设有中国特色社会主义事业全面推向二十一世纪——在中国共产党第十五次全国代表大会上的报告》，《人民日报》1997 年 9 月 22 日，第 1 版。

物，是影响百年来中国历史进程最大的人物，应当是符合历史事实的评价。

三、孙中山不仅对近代中国有过重大影响，而且对现代中国或者当代中国仍然发挥着影响力。很显然，不只是历史学家在谈到近代中国的历史时不能不谈到孙中山在推动历史前进中的作用，当今的政治家在谈论现实政治时也不能不谈到孙中山。孙中山的思想、主张，他的革命精神、三民主义、现代化设计、统一中国的理念，都在影响着当代中国的发展，影响着海峡两岸的关系。正是存在着这种影响，当今社会在前进中，还要不时回顾这位历史人物。一位伟大的人物之所以成为伟大的人物，其奥妙正在这里！现实政治的需要与历史学家的书斋生活大不一样。对于历史学家来说，几乎一切有文字可考的历史、一切有文字可考的历史人物都可能成为在书斋里玩摩、研究的对象；而现实政治并不那么轻易去光顾每一位历史人物。

四、有的台湾朋友有一种不理解，他们说按照共产党和马克思主义的教条，"资产阶级是人民的敌人，必须打倒、消灭"，"资本主义既然是必须埋葬的，当然是坏的了"，既然要埋葬资产阶级，又要把孙中山的活动都安上资产阶级的名字，这不是有意用"用语选择"来误导读者、来贬低读者对孙中山思想的认识吗？① 这位评论的朋友不了解马克思主义和唯物史观，他本人的理解存在着很大的误会。

1966 年 11 月，在北京纪念孙中山诞辰 100 周年的大会开幕词中，国家副主席董必武说："我们已经做的和正在做的，已经超过了我们的前人。但是，我们是历史唯物主义者，我们是在前人奋斗的基础上创立了我们的事业的，我们是孙中山先生革命事业的继承者。因此，我们永远不会忘记孙中山先生对中国革命事业所作出的伟大贡献。"这里已经把问题解释得很清楚了。简单地说，历史唯物主义对于人类的历史过程，认为有一定的规律可循，认为历史的发展是不间断的，不能随意分割。毛泽东说过，从孔夫子到孙中山，都应该总结。在世界和中国历史上，资产阶级都曾经有过很大的贡献。马克思主义高度评价资本主义、资产阶级在历史上起过的积极作用。在中国近代史上，孙中山及其战友

---

① 朱坚章：《评张磊著：孙中山思想研究》，见"国史馆"编《中国现代史书评选辑》（2），台北，"国史馆"，1991，第 25—26 页。

在推翻封建帝制、建立资产阶级共和国的过程中起过决定性的作用，大大推进了近代中国历史的发展。仅此一条，我们就有充分的理由尊敬他们，积极评价他们的历史功绩。当然历史并没有终结在资本主义时代，历史还要向前发展。从历史发展的眼光来说，马克思主义认为，资本主义是要被埋葬的。但是这将是人类历史发展中一个很长的过程。从理想和现实的角度，我们都没有轻视前人作用的理由。如果以前存在过那种轻视，那是愚蠢的。理由很简单，否认前人的创造，就等于否认今人的努力。这种对待历史的虚无主义态度，是我们不取的。

孙中山民生主义理论体系的内在矛盾*

——兼议孙中山阶级观点问题

孙中山是20世纪初期推进中国历史进步的伟大人物。他在中国近代革命史、近代政治史上有着崇高的地位，在中国近代思想史上的地位也不容低估。

孙中山在思想史上的理论贡献，主要体现在他的三民主义学说。三民主义是孙中山社会改革思想的核心。同盟会时期的三民主义和中国国民党一大时期的三民主义，在内涵上是有连续性的，也是有发展的，有不同的历史背景和历史内容。中国同盟会时期的三民主义，是指导推翻清朝统治的基本思想和纲领；国民党一大时期的三民主义，则是实行国共合作，反对帝国主义、反对封建军阀的基本思想和纲领。中国同盟会时期、国民党一大时期，都有一些人对三民主义有不同的理解。他们认为，民族主义好理解，民权主义也还好理解，唯有民生主义不好理解。有人拥护民族主义，故称一民主义；有人拥护民族主义和民权主义，故称为二民主义。许多人则反对民生主义。照孙中山看来，民生主义是三民主义的归宿。在孙中山的一生中，民族主义、民权主义，或者部分地、局部地得以实现。唯有民生主义是他终生奋斗的目标。在三民主义的整个体系中，正是民生主义最容易引起人们的误解和批评。孙中山不得不花去许多精力，去解释和阐发他的民生主义。

研究孙中山的三民主义，可以有两个视角。从革命史视角，研究者可以充分肯定三民主义在推翻清朝统治，在反帝反封建斗争中的革命作

---

* 本文曾于2016年11月提交在中山市举办的纪念孙中山诞辰150周年国际学术讨论会，同年12月在福州举办的第二届中华思想通史高峰论坛“唯物史观视阈下的思想史研究”学术会议上，作者曾就此话题发言。发表于《历史研究》2018年第1期。

用。从思想史视角，则必须分析三民主义思想，特别是其中的民生主义思想的理论体系、逻辑体系是否一以贯之，是否有内在矛盾。本文从思想史角度研究孙中山的民生主义。

一 孙中山民生主义理论体系的内在矛盾

孙中山的民生主义，作为一种理论学说，本身存在着深刻的内在矛盾，存在若干不能自圆其说的理论陷阱。中国共产党人对孙中山三民主义思想的矛盾，早有评论。周恩来针对蒋介石抓住三民主义旗帜，贩卖法西斯主义私货，指出："从蒋介石这一切思想体系中，我们只能看出中国法西斯主义，决看不出孙中山的革命的三民主义。孙中山的思想中的唯心观点、消极因素，被蒋介石拿来发展成为他今天的思想体系；但孙中山的思想中还有某些合理的因素，更多的革命观点，尤其在他晚年接近了共产党，采取了俄国革命的某些办法后，他的三民主义便成为革命的三民主义了。"[①] 周恩来的评论，主要是从政治上着眼的。董必武的评论就涉及思想层面。董必武说："中山先生的著作关于三民主义的部分却有许多矛盾的地方，有些论点是保守的，是武断的。如民族主义中之以大汉族为中心同化其他的小民族，以宗教为民族的基本组织；民权主义中权与能的划分；民生主义中批评马克思是一个社会的病理学家，并说马克思主张的不是共产主义，蒲鲁东、巴枯宁等所主张的才是真正的共产主义等等。总而言之，孙中山先生的三民主义是伟大而欠精深的一部著作。"[②]

从学术的角度说，孙中山思想的内在矛盾，已为学术界所注意。李泽厚的《论孙中山的"民生主义"思想》[③]、胡绳的《论孙中山的社会

---

① 《论中国的法西斯主义——新专制主义》，《周恩来选集》上卷，人民出版社，1980，第 150 页。

② 董必武：《共产主义与三民主义》，《解放周刊》第 1 卷第 6 期，1937 年 6 月 14 日。

③ 李泽厚在《论孙中山的"民生主义"思想》中指出："把资本和资本家分开这句天真的话语里却正清晰地表现着'民生主义'矛盾：一方面坚决谴责和反对资本主义的剥削和压迫，勇敢地揭露了资本主义的祸害和罪恶；要求避开资本主义，然而，在当时的历史条件下，孙中山是还不能避开资本主义的。"《历史研究》1956 年第 11 期。

主义思想》、张磊的《论孙中山的民生主义》[①]、金冲及的《建国以来的孙中山研究工作》[②] 等文章中都指出过。笔者在1991年提交纪念辛亥革命80周年学术讨论会的文章，也特别指出了这一点。[③] 2010年11月，中国孙中山研究会在中山市召开“孙中山·辛亥革命研究回顾与前瞻”高峰论坛时，笔者提交了一篇短文，题为《孙中山民生主义的内在矛盾值得研究》，指出：“学术界对民生—社会主义[④]思想本身存在的矛盾，还缺乏认真研究。开展这一项研究，对于全面把握孙中山的思想，尤其是把握他的民生—社会主义思想，了解19世纪末、20世纪初国际国内思想界的动态，把握孙中山去世后对于三民主义尤其是民生主义的各种解读有很大关系。”[⑤] 笔者初步地，也是系统地提出了民生主义理论体系内在矛盾问题。

民生主义理论体系内在矛盾，可以列举如下：

---

① 张磊在《论孙中山的民生主义》一文中指出：“意味深长的是，民生主义自身似乎存在着尖锐的矛盾。它涂饰着‘主观社会主义’——‘民粹主义’的色彩，但实质上却是最大限度发展资本主义的经济纲领。”张磊：《孙中山——愈挫愈奋的伟大先行者》，广东人民出版社，1996，第173页。

② 参见孙中山研究学会编《回顾与展望——国内外孙中山研究述评》，中华书局，1986，第20—21页。

③ 张海鹏：《孙中山社会主义思想研究评说》，《历史研究》1991年第5期；《张海鹏自选集》，学习出版社，2012，第373—400页。

④ 笔者在1991年撰写的纪念辛亥革命80周年的文章中，把民生主义社会主义连在一起（张海鹏：《孙中山社会主义思想研究评说》，《历史研究》1991年第5期）；笔者在1996年撰写的《试论孙中山“民生主义”的真谛》中提出孙中山的“社会主义，不是马克思主义学说中经过社会主义革命的社会主义”，“实际上是孙中山设计的一种有中国特色的资本主义发展模式”，笔者建议在论述孙中山的民生主义或者社会主义思想时，可以称之为“民生-社会主义”，以区别于科学社会主义概念下的社会主义。（《中国社会科学院研究生院学报》1996年第5期，又载日本孙文研究会编《孙文研究》1997年1月号）吴雁南等主编《中国近代社会思潮（1840—1949）》（湖南教育出版社，1998）第2卷第六编第一章，论述了民生社会主义的发展，也是用了这样的提法，但未专门对此做出定义。2012年，贾乾初出版了《孙中山民生社会主义思想研究》一书，以研究“民生社会主义”为主题，作者不同意民生主义是资产阶级社会主义或者主观空想社会主义的观点。作者在论述中认为“只有少数学者采用‘民生社会主义’来命名来指称孙中山的民生主义思想（如董四代）”。（贾乾初：《孙中山民生社会主义思想研究》，中国书籍出版社，2012，第50页。董四代是作者的博士生指导教师。笔者没有查到董四代何时在何文中提出“民生社会主义”的概念）

⑤ 张海鹏：《孙中山民生主义的内在矛盾值得研究》，中国孙中山研究会、孙中山故居纪念馆编《孙中山·辛亥革命研究回顾与前瞻高峰论坛纪实》，社会科学文献出版社，2011，第98页。

——民生主义与社会主义。民生主义就是社会主义，这是孙中山自己说过的。注重民生，批判资本主义制度，提出共同富裕，这些与科学社会主义在理论上有共通之处。但是，科学社会主义主张打碎旧的国家机器，主张生产资料全民所有制，这些，孙中山是不采纳的。孙中山真心诚意地在中国呼唤社会主义，却又极力预防社会主义革命的发生。这在理论上是很难说通的。说民生主义是社会主义，民生主义理论却规定了它不是科学社会主义。如果不是科学社会主义，它就不是社会主义，或者说形式上是社会主义，实质上不是社会主义，而是如《共产党宣言》指出的那样，是资产阶级的、小资产阶级的社会主义。由于理论上的矛盾，民生社会主义不能准确地定义为社会主义。

——尊崇马克思主义与批判马克思主义。在 20 世纪初，孙中山给马克思主义很高的评价。这样的评价，在那个时代是不多的。同时，孙中山也对马克思主义提出了严厉的批判。他高度评价马克思主义对人类的贡献，极力赞佩科学社会主义和共产主义理想，却又明确反对马克思主义的唯物史观、剩余价值理论和阶级斗争学说，极力反对用阶级斗争的手段达致社会主义的目的。所以他同意“师马克思之意”，却否认“马克思之法”。马克思论证了资本主义生产方式的内在矛盾，这种矛盾必然导致无产阶级与资产阶级的阶级斗争，这种阶级斗争必然导致革命，导致无产阶级专政，导致社会主义的产生。这就是“马克思之法”，也是“马克思之意”。否定了马克思的这个法，怎么去“师”马克思的意呢？南辕而北辙，否了这个“法”，也就否了那个“意”。

——共产主义是最高的理想与不能在中国实行共产主义制度。孙中山有时说共产主义是民生主义的最高理想，有时又把社会主义、共产主义包括在民生主义之内，甚至放在民生主义之下。他有时说几千年后总要实行共产主义，但在现实中，他又明确表示中国不能实行共产制度。这一点最明显地体现在 1923 年 1 月孙中山和苏联特使越飞在上海共同发表的《孙文越飞宣言》，宣言第一点即表示“孙逸仙博士以为共产组织，甚至苏维埃制度，事实均不能引用于中国。因中国并无使此项共产制度或苏维埃制度可以成功之情况也”[①]。这一点事实上成为以后国民

① 《孙文越飞宣言》（1923 年 1 月 26 日），广东省社会科学院历史研究所等编《孙中山全集》第 7 卷，中华书局，1985，第 51—52 页。

党政治家和学者号召“反共”的依据。社会主义、共产主义包括在民生主义之内，这一点也成为当时和后来国民党右派“反共”的口实。既然民生主义已经包括了共产主义，何必还要共产主义呢？这是民生主义理论体系逻辑不周严产生的后果。

——节制资本与大贫、小贫。孙中山严厉批判资本主义制度，主张打破大资本专制。但他又认为中国还没有大资本家，中国只有大贫与小贫，因此中国不会发生社会主义革命。孙中山主张用革命推翻清朝统治，但反对用革命推翻资本主义。近代中国从 19 世纪末叶开始产生民族资本主义和民族资产阶级，到 20 世纪 20 年代初，这个阶级的力量已经有了一定增长，虽然仍旧在外国资本主义和本国封建主义的压迫之下，中国暂时还没有产生像欧美那样的垄断资本家，但是，用大贫、小贫是不能准确概括那时中国资本主义势力的发展态势的[①]。

——批判资本主义与推行资本主义。孙中山有许多批判资本主义的言论，以至于人们对他的民生主义产生了误会。孙中山说，“国人往往误解民生主义真谛”[②]，不了解民生主义为何物，“故盲然为无谓之反对耳”[③]。误解什么？孙中山以为，人们误解他提倡民生主义——社会主义，是要“反对资本家”，是要“均贫富”[④]，是要“劫富济贫，扰乱

---

① 笔者在《试论孙中山“民生主义”的真谛》（《中国社会科学院研究生院学报》1996 年第 5 期）一文中曾指出：孙中山强调中国只有大贫和小贫，意在模糊中国社会的阶级差异。他没有深刻认识到中国农民对土地的渴望，没有体察到农民和地主阶级之间阶级斗争的存在。孙中山也没有认识到民族资产阶级（孙中山所企望的中产阶级）的经济势力到 20 世纪初，已经在中国社会的经济、政治生活中有相当影响，官办企业也有了可观的发展，外国资本主义的独资企业已经控制了中国经济的走向。这些资本主义的生产、金融、交通企业对中国传统社会的冲击力是很大的。现代工业企业中的劳资关系已经存在。1924 年 5 月 1 日，孙中山在广州市工人代表大会的演说中，说本国的资本家还没有压迫工人的能力，这显然是曲解，但他又说，中国工人反想种种办法来压迫本国资本家，中国工人常常和本国资本家发生交涉，中国工人是驾于本国资本家之上。从这种曲解中，我们看到孙中山实际上承认劳资矛盾的现实情况。参见广东省社会科学院历史研究所等编《孙中山全集》第 10 卷，中华书局，1986，第 148—119 页。

② 《在中国国民党本部特设驻粤办事处的演说》，广东省社会科学院历史研究所等编《孙中山全集》第 5 卷，中华书局，1985，第 476 页。

③ 《在上海南京路同盟会机关的演说》，广东省社会科学院历史研究所等编《孙中山全集》第 2 卷，中华书局，1982，第 338 页。

④ 《在上海中华实业联合会欢迎会的演说》，《孙中山全集》第 2 卷，第 340 页。

社会秩序”[①]。他说：“现在留心世道底人，多说中国目下没有资本家，用不着讲社会主义，或又说待有资本家产生，再讲社会主义。”[②]

孙中山在言论上大力批判资本主义，尤其是垄断资本主义，试图在中国筹谋非资本主义发展道路，又设身处地设计发展资本主义的政策措施。孙中山认为，只要实行以土地国有和节制资本为主要内容的一系列民生主义政策，就能够避免出现大资本家，就能防止社会财富集中于少数人手中，就能防止资本家专制。避免出现大资本家，是要为发展中小资本家让路。提倡国家资本主义，反对大资本垄断，主张发展中小资本，实际上是主张自由资本主义。

孙中山所要建立的，不是没有资本家的社会，而是不要大资本家的资本主义社会，这就是他的民生主义的真谛。这个设计所透漏的理论缺陷很明显，如何防止中小资本家不发展为大资本家呢？孙中山未能提出答案，他也未能取得这样的实践经验，他只是想当然地提出未来的设计。

——孙中山真心同情劳工阶级，又反对无产阶级成为未来社会主义国家的领导阶级。孙中山说：“我们革命就是要将政治揽在我们手里来作。”[③] 孙中山从事革命活动，从同盟会到中国国民党，20 年来，是一直注意将革命领导权掌握在自己手里的，但很少像这样用明确的语言强调革命的领导权问题。这个“我们”，指的是代表中产阶级利益的政治力量[④]。就是说，无论是革命还是建设，即实施中国资本主义发展战

① 《在国民党成立大会上的演说》，《孙中山全集》第 2 卷，第 408 页。

② 《在中国国民党本部特设驻粤办事处的演说》，《孙中山全集》第 5 卷，第 476—477 页。

③ 《在上海中国国民党本部会议的演说》，《孙中山全集》第 5 卷，第 400 页。

④ 笔者在《试论孙中山“民生主义”的真谛》（《中国社会科学院研究生院学报》1996 年第 5 期）一文中引用孙中山 1920 年 4 月在美国《独立周报》发表文章说：“美国人必须认清：北京政府不能代表这个国家；广州政府（原编著按：指岑春煊、陆荣廷控制下的广州军政府）也同样不能代表中国。比较能代表中国的，倒是上海的商人，以及正在长成中的中产阶级——他们不多过问政治，而只想把国家的实业建立起来。”（《中国人之直言》，《孙中山全集》第 5 卷，第 247 页）笔者指出：正在成长中的中产阶级，正是孙中山所渴望的，是实施民生主义、避免社会弊病的阶级基础。可以说，民生主义所要代表的是正在发展中的、受到严重压抑的、政治经济势力都很软弱的、渴望同官僚垄断势力和外国资产阶级争取平等地位的中国民族资产阶级的利益。参见《试论孙中山“民生主义”的真谛》，张海鹏：《追求集：近代中国历史进程的探索》，社会科学文献出版社，1998，第 324 页。

略，不能大权旁落，要把领导权“揽在我们手里”，即中产阶级手里。劳工的处境是值得同情的，劳工的利益是需要照顾的，但是劳工不能成为领导阶级。

民生主义理论体系内在矛盾，有一个问题还需要展开深入讨论，这个问题就是阶级观点与阶级斗争问题。

二　孙中山的阶级观点与阶级斗争论述

孙中山在民生主义的大题目下，也涉及阶级和阶级斗争问题。孙中山在阶级和阶级斗争问题上的认识也是矛盾的。

研究孙中山民生主义的学者一般认为，孙中山反对阶级斗争学说。台湾学者蒋永敬也有类似的观点①。最近的说法见杨天石在共识网的演讲②。孙中山自己说过：“阶级战争不是社会进化的原因，阶级战争是社会当进化的时候所发生的一种病症。”③ 所以孙中山批评马克思是一个“社会病理学家”，不是一个“社会生理学家”。这是一般学者所指孙中山反对阶级斗争学说的基本根据。张磊对孙中山民生史观中涉及阶级斗争的观点做了较为系统的分析，指出：“孙中山撇开了人的社会性，撇开了社会历史的发展而抽象地去理解所谓社会—民生问题”，“缺乏阶级分析观点乃是‘民生史观’的主要缺陷”，“始终没有认识阶级斗争是人类社会历史发展的原动力”④。很少有学者专门针对孙中山有关阶级斗争问题认识进行分析，张磊的文章是较早的一篇。

笔者在较早前的一篇文章中也做出了类似的分析：“孙中山以为阶

---

① 蒋永敬在讨论孙中山与“三大政策”的文章里提道：“至于农工政策，系依据其民生主义而定，载于国民党一全大会宣言的对内政策中，与共产党之借农工运动以行阶级斗争，尤不能混为一谈也。”参见蒋永敬《孙中山与中国革命》，台北，“国史馆”，2000，第236页。

② 杨天石：《孙中山为何要批评马克思的阶级斗争学说?》，共识网，2016年7月20日，http://www.21ccom.net/html/2016/hyhd_0720/5914_3.html（引者按：这是否杨天石自己拟定的演讲题目，笔者不敢判定，也许这是网络编辑为了吸引眼球加上的标题）。

③ 《三民主义·民生主义第一讲》，广东省社会科学院历史研究所等编《孙中山全集》第9卷，中华书局，1986，第369页。

④ 《论孙中山的哲学思想》，张磊：《孙中山——愈挫愈奋的伟大先行者》，第244、245页。

级斗争是社会发展的病态，是可以人为地加以医治的。殊不知阶级斗争是社会经济发展过程中，由于阶级利益差异之驱使必然产生的客观存在，人们不可主观上想象去消灭它的。阶级斗争有时激化，有时缓和，在根本的阶级利益差异消失前是不可消灭的。有远见的政治家、政党可以引导社会阶级斗争的发展方向，却不可能像外科医生一样，把阶级斗争这个毒瘤从社会病体上割去。按照马克思主义的观点，在资本主义发展到一定阶段时，社会主义革命的到来不可避免。设想避免阶级斗争，避免社会革命，政治革命与社会革命毕其功于一役，作一劳永逸之计，是主观的、空想的、幼稚的。"①

到目前为止，上述说法是研究民生主义的学者对孙中山的阶级观点评述最多的。对孙中山民生史观中涉及阶级斗争的观点评述到这里，似乎应该不算结束。仔细研读孙中山民生史观各项论述，我们可以发现，孙中山有关阶级斗争观点是割裂的、主观的，是一厢情愿的。

讲清孙中山的阶级斗争观点，首先必须明确孙中山是否有阶级观点。从孙中山的论述看，孙中山是承认社会存在阶级的。

孙中山在《中国国民党第一次全国代表大会宣言》中指出："曾几何时，已为情势所迫，不得已而与反革命的专制阶级谋妥协。……夫当时代表反革命的专制阶级者实为袁世凯……夫袁世凯者，北洋军阀之首领，时与列强相勾结，一切反革命的专制阶级如武人官僚辈，皆依附之以求生存；而革命党人乃以政权让渡于彼，其致失败，又何待言！"

"自革命失败以来，中等阶级频经激变，尤为困苦；小企业家渐趋破产，小手工业者渐致失业，沦为游氓，流为兵匪；农民无力以营本业，至以其土地廉价售人，生活日以昂，租税日以重。如此惨状，触目皆是，犹得不谓已濒绝境乎？"

"国内之军阀既与帝国主义相勾结，而资产阶级亦眈眈然欲起而分其馂余，故中国民族政治上、经济上皆日即于憔悴。……其所恃为后盾者，实为多数之民众，若知识阶级、若农夫、若工人、若商人是已。盖民族主义对于任何阶级，其意义皆不外免除帝国主义之侵略。"

"近世各国所谓民权制度，往往为资产阶级所专有，适成为压迫平

---

① 《试论孙中山"民生主义"的真谛》，张海鹏：《追求集：近代中国历史进程的探索》，第 328 页。

民之工具。”

“中国以农立国，而全国各阶级所受痛苦，以农民为尤甚。”

“盖国民党现正从事于反抗帝国主义与军阀，反抗不利于农夫、工人之特殊阶级。”

“实行普通选举制，废除以资产为标准之阶级选举。”①

这个宣言里出现了专制阶级、特殊阶级、资产阶级、中等阶级、知识阶级、工人阶级、农民阶级的阶级概念，除了地主阶级外，上述阶级包含了当时社会的各个阶级。应该说，在这个文件里，社会阶级概念是很清晰、明确的。当然，这个文件不是孙中山本人写出的，是共产国际代表鲍罗廷主持起草的。根据周恩来和张国焘的回忆，宣言是鲍罗廷起草，瞿秋白翻译，汪精卫润色的。实际上参与宣言讨论的还有胡汉民、廖仲恺等人。孙中山还指定了9人组成的大会宣言审查小组，成员包括胡汉民、戴季陶、叶楚伧、茅祖权、李大钊、恩克巴图、王恒、黄季陆、于树德，其中李大钊、于树德是共产党员。审查中有争论，其中由于党派不同产生的争论较多，参与审查的国民党党员黄季陆认为“属于理论上争论并不如我们想象之大”②。根据黄彦的研究，分歧和争论“主要集中在土地问题以及对帝国主义的态度上面”③，也许有关阶级观念的争论不大。总之，宣言虽然不是孙中山本人写成，却是在孙中山指导下写成的，得到了孙中山同意，并在中国国民党第一次全国代表大会上通过。该宣言基本上反映了孙中山的观点④。

一大会后不久，孙中山在广州对驻军演说中提道：“在现在的俄国，什么阶级都没有，他们把全国变成了大公司，在那个公司之内，人人都

---

① 《中国国民党第一次全国代表大会宣言》，《孙中山全集》第9卷，第114—115、118—119、120、121、124页。

② 黄季陆：《划时代的民国十三年——第一次全国代表大会的回忆》，转引自林家有《孙中山与近代中国的觉醒》，中山大学出版社，2000，第239页。

③ 黄彦：《关于国民党“一大”宣言的几个问题》，中国孙中山研究学会编《孙中山和他的时代》中册，中华书局，1989，第1217页。

④ 黄彦经过研究后得出的认识是：“对孙中山来说，作为宣言的第一作者和思想指导者，这个宣言自然较多地体现了他的思想观点，这既包括他原来所具有的或加以发展的观点，也包括他过去所没有的但心甘情愿地接受的新观点。当然，还会有一些虽写在宣言上面却令他颇感格格不入的观点。他本人的部分基本观点由于不宜被别人所接受，而未写进宣言或经过加工改造后才写进宣言。”黄彦：《关于国民党“一大”宣言的几个问题》，《孙中山和他的时代》中册，第1221页。

可以分红利。”[①] 可见，社会分成阶级，这样的认识，在孙中山看来是不成问题的。况且，孙中山关于阶级的论说，所在皆有。顺便指出，孙中山对苏俄“什么阶级都没有”的这个认识是很不准确的。斯大林宣布苏联没有阶级是在 1938 年。十月革命后，苏俄社会存在着资产阶级和工人阶级，是很明显的事实。

如前所述，孙中山是承认社会分成阶级的。我们再看孙中山对欧洲近代历史的叙述，孙中山没有否定欧洲历史上出现过阶级斗争。

孙中山 1924 年在广州演讲三民主义学说时，叙述自己民生主义思想形成的过程，常常联系欧洲近代历史。他说：“就欧洲战争的历史说，从前常发生国际战争……经过这次大战之后，世界上先知先觉的人，逆料将来欧洲没有烧点可以引起别种国际战争，所不能免的或者是一场人种的战争……但是那种战争，不是起于不同种之间，是起于同种之间，白种与白种分开来战，黄种同黄种分开来战。那种战争是阶级战争，是被压迫者和横暴者的战争，是公理和强权的战争。”[②] 这里所谓阶级战争，就是我们通常所指的阶级斗争。他认为欧洲大战之后，接着来的就是被压迫者和横暴者之间的阶级斗争。

“到了十九世纪的后半，在德法战争以后，世界上不但是有民权的战争，并且发生经济的战争。在那个时候，民权的狂热渐渐减少，另外发生一种什么东西呢？就是社会主义。这种主义，就是我所主张的民生主义。人民得了这种主义，便不热心去争民权，要去争经济权。这种战争，是工人和富人的阶级战争。”[③] 这里是说，欧洲资产阶级革命完成后，资本主义发展起来，就要发生经济的战争，就要出现社会主义运动，这就是“工人和富人的阶级战争”，也就是我们通常所说的无产阶级与资产阶级的阶级斗争。

“现在资本家有了机器，靠工人来生产，掠夺工人的血汗，生出贫富极相悬殊的两个阶级。这两个阶级常常相冲突，便发生阶级战争。”[④] 这里有关无产阶级与资产阶级之间斗争的原因，大体上是讲得清楚的。

“社会主义之发生已经有了几十年。但是这几十年中，欧美各国对

---

① 《对驻广州湘军的演说》，《孙中山全集》第 9 卷，第 505—506 页。

② 《三民主义 · 民族主义第一讲》，《孙中山全集》第 9 卷，第 191—192 页。

③ 《三民主义 · 民权主义第四讲》，《孙中山全集》第 9 卷，第 310 页。

④ 《三民主义 · 民生主义第二讲》，《孙中山全集》第 9 卷，第 380 页。

于社会主义，还没有找出一个解决方法，现在还是在剧烈战争之中”；“欧战没有发生以前，世界各国只有赞成社会主义和反对社会主义的两种人。反对的那种人，大多数都是资本家。所以从前只有反对社会主义的资本家同社会党来战争”①。这里是说欧洲社会主义运动中剧烈进行的无产阶级政党与资产阶级的阶级斗争。

“至于这种大生产所得的利益，资本家独得大分，工人分得少分。所以工人和资本家的利益常常相冲突，冲突之后，不能解决，便生出阶级战争。照马克思的观察，阶级战争不是实业革命之后所独有的，凡是过去的历史都是阶级战争史。”“如果照马克思的学说来判断，自然不能不说是由于阶级战争。社会上之所以要起阶级战争的缘故，自然不能不说是资本家压制工人。资本家和工人的利益总是相冲突，不能调和，所以便起战争。”② 这里是依据马克思主义理论，解释产生无产阶级与资产阶级的阶级斗争的原因，是因为阶级利益常相冲突。

“这是资本家和工人的利益相调和，不是相冲突。社会之所以有进化，是由于社会上大多数的经济〈利益〉相调和，不是由于社会上大多数的经济利益有冲突。……人类求生存，才是社会进化的原因。阶级战争不是社会进化的原因，阶级战争是社会当进化的时候所发生的一种病症。”③ 在这里，孙中山承认阶级斗争的现实，但他主张阶级调和，不主张阶级斗争，认为阶级斗争不是社会进化的原因，只有阶级调和才是社会进化的原因，只有求生存才是历史进化的原动力。这里，孙中山把阶级调和与阶级斗争完全对立起来。事实上，历史上的阶级利益冲突，经常性的解决办法是阶级调和，只有在阶级矛盾激化而不可调和的时候，才出现暴风骤雨般的阶级斗争，或者就是革命。在阶级矛盾激化而不可调和的时候，推动历史前进的就是阶级斗争。把人类求生存当作社会进化的原因是一种表面的看法，不是实质性看法，是不符合历史发展规律的一种认识。在这里，求生存是一个理论陷阱，它掩盖了社会矛盾，掩盖了阶级矛盾，是阶级调和论的理论根据。富人要求生存，穷人要求生存，地主要求生存，农民也要求生存，资产阶级要求生存，无产阶级也要求生存。仅从这一点来说，似乎是有道理的。但是必须指出，

---

① 《三民主义·民生主义第一讲》，《孙中山全集》第 9 卷，第 358、359 页。

② 《三民主义·民生主义第一讲》，《孙中山全集》第 9 卷，第 366、368 页。

③ 《三民主义·民生主义第一讲》，《孙中山全集》第 9 卷，第 368—369 页。

不同阶级的人所求的生存是不一样的。富人田连阡陌，穷人求一瓢食而不可得。求生存者之间的利益冲突就是问题所在。同处在一个社会里，要求生存的各阶级就会发生利益冲突。社会各阶级发生利益冲突，是历史的存在，这种冲突依靠阶级调和而不可解决，就只能用阶级斗争的办法解决，或者只能用革命的办法来解决。因此，求生存是表象，在斗争中求生存才是实质。把求生存解释为社会进化的原因，是用社会表象掩盖了社会实质。

孙中山还说："就令在一个工业极发达的国家，全国的经济利益不相调和，发生冲突，要起战争，也不是一个工人阶级和一个资本阶级的战争，是全体社会大多数有用有能力的分子和一个资本阶级的战争。"①孙中山在这里退了一步，承认阶级矛盾也有不相调和的时候，也要发生阶级斗争，但是他认为，那将不是一个工人阶级和一个资本阶级的斗争，而是社会大多数"有用有能力的分子"和资本阶级的斗争。这是一种猜想。在这里，用大多数"有用有能力的分子"模糊了阶级概念。在资本主义社会里，如果发生阶级对抗，两军对阵，主要是无产阶级与资产阶级的阶级斗争。

总之，孙中山在观察欧洲社会时，看到了那里出现过阶级斗争，他没有否定，而是肯定那些阶级斗争事实的。

面对欧洲出现无产阶级与资产阶级斗争的残酷现实，孙中山在理论上动摇了，没有把他有关阶级和阶级斗争的认识贯彻下去，他采取的态度是：希望避免在中国出现无产阶级与资产阶级的阶级斗争。

19 世纪末 20 世纪初，正是世界上资本主义发展到帝国主义的时代。马克思主义已经产生并且在欧美有很大影响。推动共产主义运动的第一国际、第二国际、第三国际都在这一时期相继建立。社会主义、共产主义运动蓬勃发展。面对欧美社会的急剧变化，学者们提出了各种解决社会难题的方案，反映这些方案的是大量政治经济社会学著作。孙中山正是这时候在欧美各国游历，不仅观察了、考察了欧美各国的社会政治，也大量阅读了各种社会科学书籍，包括一些马克思主义经典作家的著作。他看到了欧洲的革命，看到了工人阶级与资产阶级的阶级斗争。他对照欧洲，反复思考中国的出路。这正是他酝酿三民主义学说的时

---

① 《三民主义·民生主义第一讲》，《孙中山全集》第 9 卷，第 370 页。

期。到 1905 年前后，孙中山挽救中国的战略思考开始成熟，这就是他组织中国同盟会，提出三民主义学说的时候。

孙中山的思考，首先是实行民族主义，推翻清朝统治。如果仅是推翻清朝统治，那就与中国历史上的改朝换代没有什么区别。民族主义加上民权主义，把封建帝国改成民国，引进民主立宪体制，这就与改朝换代有本质区别了。仅有民族主义、民权主义，中国社会面貌还是难以发生根本改变，孙中山认为还要引进资本主义生产力，引进资本主义生产制度，这就要实行民生主义。孙中山看到了资本、资本主义制度对欧洲社会面貌的改变，也看到了资本主义引起剧烈和残酷的阶级斗争。他在残酷的阶级斗争面前产生了畏惧情绪。因此，他在思考阶级斗争理论问题时止步了。

有鉴于此，孙中山希望在中国革命成功后实行民生主义，他为此设计了一套方案，主观上希望在中国发展资本主义，发展机器生产，又要避免中国社会未来出现无产阶级反对资产阶级的斗争。这是孙中山设计民生主义方案的基本出发点。

1905 年 5 月，孙中山在比利时访问第二国际的领导机关国际社会党执行局，与执行局主席王德威尔德和书记胡斯曼谈话，孙中山针对欧洲社会主义运动的现实状况说："我们黄种的同志希望改进这种制度，使之同我们党的原则更趋一致，防止往往一个阶级剥夺另一个阶级，如象所有欧洲国家都曾发生过的那样。""中国社会主义者要采用欧洲的生产方式，使用机器，但要避免其种种弊端……"① 孙中山以"中国的社会主义者"自称，要求国际社会党执行局接受他的党为成员②。这是孙中山在中国同盟会成立前在欧洲的谈话，重点表明了他对在中国实行民生主义的思考。思考的重点在于，采用欧洲的生产方式，但要防止出现一个阶级剥夺另一个阶级的现象。这是一个良好的愿望，是一个脱离社会实际而主观性极强的愿望。

一年后，孙中山在东京纪念中国同盟会机关报《民报》发行周年

---

① 孙中山的谈话见于访问国际社会党执行局的谈话报道，参见广东省社会科学院历史研究所等编《孙中山全集》第 1 卷，中华书局，1981，第 273 页。

② 孙中山的谈话出自记者的报道，刊登于比利时社会党机关报《人民报》。胡绳认为，从孙中山后来发表的有关言论看，这篇报道大体上是可信的。参见胡绳《论孙中山的社会主义思想》，《孙中山和他的时代》上册，第 47 页。

时的演讲中说："社会问题在欧美是积重难返，在中国却还在幼稚时代，但是将来总会发生的。到那时候收拾不来，又要弄成大革命了。革命的事情是万不得已才用，不可频频伤国民的元气。我们实行民族革命、政治革命的时候，须同时想法子改良社会经济组织，防止后来的社会革命，这真是最大的责任。"① 他这时候的想法与一年前在国际社会党执行局的想法有所变化，即认为中国将来资本主义发展时，也可能出现欧美那样的社会问题，所以要及早收拾，改良社会经济组织，防止社会革命的发生。但是，如何改良，如何防止，还是空想。

1919 年上海《星期评论》刊载孙中山《中国实业如何能发展》一文，哀叹中国实业不振，商战失败，民穷财尽，举国枯涸。他提出"发展实业为挽救之方"，也提出了从外国输入资本即机器、输入人才的构想，同时提出："惟所防者，则私人之垄断，渐变成资本之专制，致生出社会之阶级、贫富之不均耳。……以国家实业所获之利，归之国民所享，庶不致再蹈欧美今日之覆辙，甫经实业发达，即孕育社会革命也。此即吾党所主张民生主义之实业政策也。"②

以上设想，孙中山在 1919 年还强调过几次。他在题为《三民主义》的文章中写道："由是富者愈富，贫者益贫，则贫富之阶级日分，而民生之问题起矣。此问题在欧美今日，愈演愈烈，循此而往，至发生社会之大革命不止也。俄国已发其端，德国又见告矣，英、美诸国将恐不免也。惟中国之于社会革命也，则尚未种其因，如能思患预防，先为徒薪曲突之谋，则此一度之革命，洵可免除也！此民生主义之所以不得不行也。中国之行民生主义，即所以消弭社会革命于未然也。"③ 他在对桂林军学各界的演说中说："本大总统观察世界的大势，默想本国的情形，以为实行民族革命、民权革命，必须兼顾民生主义，才可以免将来的经济革命，这便是防患于未然。"④ 消弭革命于未然，思患预防，等等，陈义甚高，但是在历史发展过程中，只要以发展实业，即发展资本主义为前提，孙中山所设想的这个"经济革命"所引起的剧烈的阶级斗争，

---

① 《在东京〈民报〉创刊周年庆祝大会的演说》，《孙中山全集》第 1 卷，第 326 页。

② 《中国实业如何能发展》，《孙中山全集》第 5 卷，第 135 页。

③ 《三民主义》，《孙中山全集》第 5 卷，第 191 页。

④ 《在桂林军政学七十六团体欢迎会的演说》，广东省社会科学院历史研究所等编《孙中山全集》第 6 卷，中华书局，1985，第 6 页。

都是难以消弭的。

孙中山认识到，中国不可避免地要走上资本主义道路，“建立有助于资本成长与流通的新实业”，中国将“自行投入实业漩涡之中”，“实业主义为中国所必需，文明进步必赖乎此，非人力所能阻遏，故实业主义之行于吾国也必矣”①。实业主义就是资本主义，这是不言而喻的。中国要发展资本主义，又要避免出现资本垄断，引起阶级斗争，孙中山设计的解决方案就是实行国家资本、节制资本、平均地权这些办法。他认为只有使用这些控制办法，才可避免十年后出现 10 万人的资本家。已经有学者分析，孙中山所谓国家社会主义，实际上就是国家资本主义；所谓节制资本、平均地权，也是为扶持中小资本的发展。孙中山是否有能力控制垄断资本的出现，以及出现垄断资本时，如何去节制资本，他的方案中看不出有效办法。

实际上，终孙中山之世，终国民党在中国大陆统治之世，节制资本、平均地权未能实施，国家资本却成了四大家族的官僚垄断资本。阶级斗争不是消弭了，而是加剧了。

三 理论与实践的割裂

从理论体系来分析，孙中山民生主义思想体系中存在系列内在矛盾。有关阶级斗争的理论是其中之一。

孙中山有关阶级斗争理论的矛盾包括两个方面。一个是承认欧美社会在资本主义发展过程中已经出现、还将继续出现工人阶级与资产阶级的阶级斗争，却在主观上设计在中国避免出现同样性质的阶级斗争；另一个是他的阶级斗争理论和阶级斗争的实践是割裂的。

孙中山的阶级斗争理论带有主观性，又具有割裂的特征。承认欧洲资本主义发展历史上和现实社会存在着剧烈的阶级斗争，这种认识反映了客观事实；如果把这种承认欧洲阶级斗争的客观认识贯彻到底，就要承认中国走向资本主义的过程中必然要发生阶级斗争。面对

① 《中华民国》《中国之铁路计划与民生主义》，《孙中山全集》第 2 卷，第 393、492 页。

这个即将在中国发生的阶级斗争，孙中山主观上动摇了，他产生了否定阶级斗争是历史发展直接动力的思想，他提出了“民生”是历史发展动力的主张，他设计了在中国防止或者避免发生欧洲那样阶级斗争的方案。这个方案完全是主观主义的，是脱离中国阶级斗争实际的。孙中山对实现这个方案充满了信心。但是这个方案是否行得通，是否达到设计者的设计目标，孙中山没有做出必要的评估，也没有实现这个方案的历史机遇。这一观点，列宁早在1912年就指出了。列宁说：“中国民粹主义者那里，这种战斗的民主主义思想首先是同社会主义空想、同使中国避免走资本主义道路即防止资本主义的愿望结合在一起的，其次是同宣传和实行激进的土地改革的计划结合在一起的。”列宁又说：“中国社会关系的辩证法就在于：中国的民主主义者真挚地同情欧洲的社会主义，把它改造成为反动的理论，并根据这种‘防止’资本主义的反动理论制定纯粹资本主义的、十足资本主义的土地纲领！”[①] 这里，列宁已经把孙中山民主主义思想的本质点明了。列宁所谓“反动理论”是从学理上说的，是针对马克思主义的科学社会主义理论说的，不是从政治上说的。

从认识论来说，承认欧洲的阶级斗争是唯物主义的，那么，主观上要去防止中国资本主义过程中产生阶级斗争，则是唯心主义的。如果说民生史观是二元论，在阶级斗争认识论上也体现了这种二元论。如果从主观上防止中国资本主义发展过程中出现阶级斗争看，孙中山民生史观的唯心主义色彩是很明显的。

孙中山阶级斗争理论的割裂性特征很明显。上面说过的二元论认识是割裂性的一个表现。另一个表现为认识与实践的割裂。他在主观上设计防止阶级斗争的出现，实践上却不断地进行着阶级斗争。从推动反清革命来说，他提出的同盟会16字纲领，他进行的所谓10次武装起义，他领导的宣传舆论工作，他领导中华民国南京临时政府的工作，哪一项不具有阶级斗争的性质呢？从二次革命开始，他领导并实际参与的反袁斗争、护国运动、护法斗争，他开府广州，坚持收回粤海关“关余”，讨伐陈炯明，讨伐西南军阀，推动北伐，改组中国国民党，推动国共合作，召开国民党一大并通过一大宣言，号召反对帝国主义和北洋军阀，

① 《列宁选集》第2卷，人民出版社，2012，第292、294页。

支持工农运动等，哪一项不是在进行阶级斗争？可以说，孙中山在阶级斗争的实践上是坚决的，在阶级斗争的理论上是动摇的。产生这种坚决与动摇的割裂性特征，在于他未能对中国国情有正确的认识。限于篇幅，当另文阐释[①]。

总之，对孙中山的阶级斗争理论与阶级斗争实践需要做出符合实际的分析，一般地认为孙中山反对阶级斗争、拒绝阶级斗争学说，是过于简单的。

---

① 关于孙中山对国情认识的不足，笔者曾在一篇文章里提到过，参见《近代中国历史发展的特点与转折》，张海鹏：《中国近代史基本问题研究》，中国社会科学出版社，2013，第51—53页。这个问题还可以展开研究。

试论毛泽东的历史观*

毛泽东是伟大的马克思主义者，是中国无产阶级的伟大的革命家、政治家、理论家。描述毛泽东的革命事功、理论贡献、政治作为、思想演变的传记、著作，成百累千。但是，专门分析毛泽东的历史观的研究著作所见不多。在毛泽东诞辰110周年之际，尝试探讨毛泽东历史观的形成和发展，借以纪念这位历史伟人，并求教于方家。

所谓历史观，指人们对人类社会历史发展进程的一般看法，是指导人们观察社会历史的基本指导思想，也指观察和研究社会历史现象的基本的方法论。例如社会历史是否客观存在？历史发展是否有某种客观规律？推动历史前进的基本原因和基本动力是什么？等等。有什么样的世界观，大体上也就有什么样的历史观。毛泽东一生熟读中国历史，视野始终关注古今中外，他在思考和运筹革命和社会改造大计的时候，熟练运用历史知识之妙，为古今中外革命家所罕有。但是，除了专门研究、论述辩证唯物主义的哲学著作《实践论》和《矛盾论》，他没有专门写作过阐述历史观的文章和著作。毛泽东作为一个终身致力于认识中国社会、改造中国社会的伟大的革命家、政治家，我们应该怎样看待他的历史观呢？

从唯心史观到唯物史观的转变

在社会革命实践中学习并接受马克思主义以前，青年毛泽东是一个

* 本文是为中国社会科学院召开的“纪念毛泽东同志诞辰110周年学术讨论会”写作的，《中国社会科学院院报》2003年12月25日出版的第96期发表过摘要。原载《中共党史研究》2004年第5期。收入张海鹏《东厂论史录——中国近代史研究的评论与思考》，广东人民出版社，2005。

在近代中国历史巨变中追求进步，追寻新式知识的旧式知识分子。1917年，24 岁的青年毛泽东在致密友的信函中描述自己的理想、信念的时候写道：

> 今之论人者，称袁世凯、孙文、康有为而三。孙、袁吾不论，独康似略有本源矣。然细观之，其本源究不能指其实在何处，徒为华言炫听，并无一干竖立、枝叶扶疏之妙。愚意所谓本源者，倡学而已矣。惟学如基础，今人无学，故基础不厚，时惧倾圮。愚于近人，独服曾文正，观其收拾洪杨一役，完满无缺。使以今人易其位，其能如彼之完满乎？天下亦大矣，社会之组织极复杂，而又有数千年之历史，民智污塞，开通为难。欲动天下者，当动天下之心，而不徒在显见之迹。动其心者，当具有大本大源。①

这一段话，典型地反映了那时读过一些新书的青年知识分子的心理状态。对于青年毛泽东来说，袁世凯、孙文、康有为虽然是前辈，但毕竟是同时代人；袁世凯因称帝遭到全国人民反对，1916 年 6 月在护国战争的风云中气急而死，孙文和康有为都正活跃在政治舞台上。唯曾国藩（1811—1872）已死 45 年，是湖南先辈。曾国藩因组织湘军镇压太平天国造反有功，使得清朝统治免于被农民起义所倾覆，时人称他为“中兴重臣”，死后荣获“文正”谥号；又因他服膺程朱理学，有桐城派后期领袖之虚誉，颇得一般青年士子尤其是湖南青年的尊崇。毛泽东此处表示袁、孙、康不论，“独服曾文正”，正是当时一般青年的心理。“独服曾文正”什么？不仅服其“收拾洪杨一役，完满无缺”，而且服其“具有大本大源”。毛泽东具有宏大的志愿，希望“动天下之心”，即改变天下人的思想，而不在乎具体的事功，如议会、宪法、总统、内阁、军事、实业、教育等，他认为，这一切都是枝节。只有得大本大源，才能动天下之心，根本改变世界。什么人具有大本大源？“民智污塞，开通为难”，显然普通老百姓不具备大本大源。他又说：“圣人，既得大本者也；贤人，略得大本者也；愚人，不得大本者也。圣人通达

---

① 《致黎锦熙信》（1917 年 8 月 23 日），《毛泽东早期文稿》，湖南出版社，1990，第 87 页。

天地，明贯过去现在未来，洞悉三界现象，如孔子之‘百世可知’，孟子之‘圣人复起，不易吾言’。孔孟对答弟子之问，曾不能难，愚者或震之为神奇，不知并无谬巧，惟在得一大本而已。”① 很清楚，只有孔孟才具有大本大源。只有孔孟思想才能治理天下。只有孔子才能明贯过去现在未来，“百世可知”。这完全是中国封建社会几千年流传下来的基本思想。有学者把毛泽东追求的大本大源解释为“显然是指历史发展的客观规律”②，恐怕是误解了毛泽东在这里所说大本大源的含义，不恰当地估计了青年毛泽东的思想高度。

我们再看在这期间毛泽东所写的《〈伦理学原理〉批注》。《伦理学原理》是德国哲学家泡尔生（1846—1908）的著作《伦理学体系》中的一部分，日本人蟹江义丸把其中的一部分翻译成日文，以《伦理学原理》之名出版。蔡元培将日译本再译成中文出版。湖南省立第一师范教师杨昌济以这本书作为教材。毛泽东在学习中在书本上写下了大量批注。从这些批注中可以看出青年毛泽东的哲学观、历史观。其中一则批文说：

> 予谓人类只有精神之生活，无肉体之生活。试观精神时时有变化，肉体则万年无变化可以知也。
>
> 予谓理想之本体亦有深浅。
>
> 精神发展，理想分化。
>
> 观念造成文明，诚然，诚然。③

这里说的是精神和物质的关系。批注者认为，精神是第一性的，“观念造成文明”。

另一处批注又写道：

> 余曰：我即实在，实在即我。我有意识者也，即实在有意识者也，我有生活者也，即实在有生活者也。④

---

① 《致黎锦熙信》（1917 年 8 月 23 日），《毛泽东早期文稿》，第 87 页。

② 王子今：《毛泽东与中国史学》，中共中央党校出版社，1993，第 36 页。

③ 《〈伦理学原理〉批注》（1917—1918 年），《毛泽东早期文稿》，第 168 页。

④ 《〈伦理学原理〉批注》（1917—1918 年），《毛泽东早期文稿》，第 267—268 页。

世界固有人有物，然皆因我而有，我眼一闭，故不见物也。①

这里是说我的意识决定了存在，没有我的意识就无所谓“实在”。无我则无物。

又一处批注写道：

是故治乱迭乘，平和与战伐相寻者，自然之例也。伊古以来，一治即有一乱，吾人恒厌乱而望治，殊不知乱亦历史生活之一过程，自亦有实际生活之价值。②

这里很明白地说出了历史循环论的传统看法。一治一乱，治乱迭乘，都是历史生活的正常的过程。自古以来，中国的知识分子都是用这种循环论的观点看待历史进程的。

毛泽东在 1915 年 9 月致友人的信中说道：“历史者，观往迹制今宜者也，公理公例之求为急。一朝代之久，欲振其纲而挈其目，莫妙觅其巨夫伟人。巨夫伟人为一朝代之代表，将其前后当身之迹，一一求之至彻，于是而观一代，皆此代表人之附属品矣。”③ 研究历史，说到底，最重要的是寻找到代表那个朝代的“巨夫伟人”，其他不过是其附属品而已。这是典型的英雄史观。

由上不难看出青年毛泽东的历史观是什么了。所谓圣人创造历史（孔孟得大本大源，可知百世），老百姓是愚人，很难开通。观念造成文明，意识决定存在。治乱兴衰，历史循环发展。学习传统儒学，尤其是宋明理学、陆王心性之学，形成这样一种历史观是不难理解的。但这是陈旧的历史观，是唯心主义的历史观。

一般来说，毛泽东从唯心史观到唯物史观的转变，是 1920 年。毛泽东自己回忆说：“1920 年冬天，我第一次从政治上把工人们组织了起来，在这项工作中马克思主义理论和俄国革命史的影响开始对我起指导作用。我第二次到北京期间，读了许多关于俄国所发生的事情的文章。我热切地搜寻当时所能找到的极少数共产主义文献的中文本。有三本书

① 《〈伦理学原理〉批注》（1917—1918 年），《毛泽东早期文稿》，第 148 页。
② 《〈伦理学原理〉批注》（1917—1918 年），《毛泽东早期文稿》，第 185—186 页。
③ 《致萧子升信》（1915 年 9 月 6 日），《毛泽东早期文稿》，第 22 页。

特别深刻地铭记在我的心中，使我树立起对马克思主义的信仰。我接受马克思主义、认为它是对历史的正确的解释，以后，就一直没有动摇过。这三本书是：陈望道译的《共产党宣言》，这是用中文出版的第一本马克思主义的书；考茨基著的《阶级斗争》，以及柯卡普著的《社会主义史》。到1920年夏天，我已经在理论上和在某种程度的行动上，成为一个马克思主义者，而且从此我也自认为是一个马克思主义者了。”① 1921年1月21日毛泽东复信给在法国的蔡和森，开宗明义第一句话就是：“唯物史观是吾党哲学的根据，这是事实，不象唯理观之不能证实而容易被人摇动。”② 唯物史观四个字第一次出现在毛泽东的文字中，这是表明毛泽东在初步学习了马克思主义的著作后出现的思想转变。

毛泽东思想上出现的这个重大转变，与20世纪初期中国社会的剧烈变化息息相关。长沙的抢米运动，保路运动，武昌起义，湖南独立，孙中山为首的南京临时政府难以支持下去，国家为清末的大官僚（直隶总督、内阁总理）袁世凯所控制，军阀当道，湖南亦为军阀所掌控，当时有社会责任感的爱国进步青年为帝国主义侵略下的国家前途忧心如焚。面对国家和社会现状，在短短几年间，毛泽东读了梁启超主办的改良派刊物《新民丛报》、革命派的《民报》和《民立报》，接着又读到了激进民主主义者创办的《新青年》，读到了马克思主义的书籍，接受了李大钊、陈独秀等早期马克思主义者的指导；他经历了皇帝、总统、都督和督军，看到了社会的强烈动荡和民不聊生的种种情状；他和他的一班青年朋友日夜探讨和磋商国家的前途和民族的命运，进行了初步的社会调查，开始了切实认识中国国情的艰苦过程，组织了进步团体新民学会，创办了青年学生期刊《湘江评论》，发出了“民众的大联合”的呼号，推动了湖南的“驱张运动”，提出了“湖南共和国”的幼稚的政治口号，从事了改造中国与世界的初步的政治运动实践。正是在这种强

---

① 吴黎平整理《毛泽东一九三六年同斯诺的谈话》，人民出版社，1979，第39页。1941年9月在延安，毛泽东对中央妇委和中共中央西北局联合调查团的谈话中也讲到了这个意思。见《关于农村调查》，《毛泽东文集》第2卷，人民出版社，1993，第378页。

② 《致蔡和森》（1921年1月21日），《毛泽东书信选集》，人民出版社，1983，第15页。

烈社会动荡和初步政治实践的经验中，他的思想完成了从保皇派[①]、资产阶级改良派到革命派的转变[②]，又进一步实现了从唯心主义世界观到唯物主义世界观的转变，唯物史观开始成为他观察和分析社会、改造中国与世界的方法论与基本工具。

毛泽东历史观的基本内容

唯物主义历史观是人们对历史认识的一种最一般的观念。通俗地说，唯物史观认为，有史以来的人类历史，是客观存在的，不是主观形态的；历史现象虽然千姿百态、纷繁复杂，却不是虚无缥缈的，人们虽然不能像自然科学那样在实验室里重复制造历史过程，但在掌握了尽可能多的历史资料以后，是可以对过往的历史过程加以描述、加以认识，并获得对往史的较为近真的影像的；历史现象虽乱如丝麻，却是可以理出头绪的，并且显示了一种由低级到高级的发展过程，人们从茹毛饮血到今天享受现代化的信息公路，很自然地说明了这个过程的一个重要方面，而马克思、恩格斯指出的五种社会发展形态，则是对这一过程的最一般的描绘；人类的经济生活是社会生存的基本方式，社会依生产力的发展、前进而发展、前进，生产力和生产关系的矛盾运动推动着社会的前进，决定着人们依赖其中的社会政治、经济、阶级关系和文化从属的基本面貌；物质生产和精神生产（科学实验是物质生产和精神生产的综合反映）是社会运行的主要内容，物质生产的状况决定了精神生产的状况，劳动者是物质生产的主体，是决定历史前进方向的终极力量；人们（包括劳动群众和社会精英）创造了一定的历史环境，一定的历史环境反过来又决定了生活其中的人们的面貌。在阶级社会中，生产力和生产关系的矛盾运动集中反映为阶级之间的斗争。这就是唯物史观的基本内

① 毛泽东后来回忆说，当宣统皇帝登基两年的时候，他还不是一个反对帝制的人。见《毛泽东一九三六年同斯诺的谈话》，第 16 页。

② 毛泽东回忆说，他在 1911 年到长沙进驻省中学读书，第一篇发表政见的作文，提出请孙中山担任总统，康有为任国务总理，梁启超任外交部长。但到 1918 年湖南省立第一师范毕业时，他已经抛弃了康、梁，而非常佩服胡适和陈独秀的文章了。《毛泽东一九三六年同斯诺的谈话》，第 18、31 页。

容。它所概括出来的人类社会发展的基本规律虽未穷尽真理，却指示了社会发展的一般方向及其未来。同时也应该说，它只是提出了社会发展的一般方向和未来走向，不可能指出各地区各国家历史发展的具体方向。各地区各国家的社会历史发展的具体途径，依各地区各国家具体的历史环境去决定。

毛泽东是共产主义者。马克思主义者用历史唯物主义观察人类历史的发展，必然得出共产主义是人类历史发展的美妙的将来的结论。人类社会是一个历史地发展的过程，随着物质生产的进步，社会由低级向高级发展。人类历史大体经历了原始社会、奴隶社会、封建社会、资本主义社会，还将发展到社会主义、共产主义社会去。毛泽东在 1940 年驳斥反共顽固派的时候说："共产主义是无产阶级的整个思想体系，同时又是一种新的社会制度。这种思想体系和社会制度，是区别于任何别的思想体系和任何别的社会制度的，是自有人类历史以来，最完全最进步最革命最合理的。封建主义的思想体系和社会制度，是进了历史博物馆的东西了。资本主义的思想体系和社会制度，已有一部分进了博物馆（在苏联）；其余部分，也已'日薄西山，气息奄奄，人命危浅，朝不虑夕'，快进博物馆了。惟独共产主义的思想体系和社会制度，正以排山倒海之势，雷霆万钧之力，磅礴于全世界，而葆其美妙之青春。"① 就是到了共产主义社会，也不是一成不变了。共产主义社会也要分成许多阶段。"由社会主义过渡到共产主义是一场斗争，是一个革命。进到共产主义时代了，又一定会有很多很多的发展阶段。从这个阶段到那个阶段的关系，必然是一种从量变到质变的关系。"②

歌颂共产主义，并不是要把共产主义以前的社会历史阶段加以否定。"现在看来，奴隶制度、封建制度、资本主义制度都不好，其实它们在历史上都曾经比原始公社制度要进步。这些制度开始时是进步的，到后来就不行了，所以就有别的制度来代替了。"③ 这就是唯物主义历史观对待历史发展的辩证法。《共产党宣言》宣称共产主义制度一定要

---

① 《新民主主义论》（1940 年 1 月），《毛泽东选集》第 2 卷，人民出版社，1991，第 686 页。

② 《又红又专》（1958 年 1 月），《毛泽东著作选读》下册，人民出版社，1986，第 804 页。

③ 《关于中华人民共和国宪法草案》（1954 年 6 月 14 日），《建国以来毛泽东文稿》第 4 册，中央文献出版社，1990，第 504 页。

代替资本主义制度，但是称赞了资本主义制度创造了历史上空前的社会财富。一切反共的宣传家、理论家总是想尽一切办法诋毁、攻击共产主义的思想和社会制度。从这一点来说，马克思主义者比反共的宣传家要客观、冷静得多。

毛泽东的历史唯物主义观点还表现在，他不像那些资本主义的辩护士那样声称资本主义是永恒的，而是认为阶级、国家、政党、无产阶级专政等，都是一定历史发展阶段上的产物，在另一定历史发展阶段上，这些东西都是要消亡的。他说：

> 人到老年就要死亡，党也是这样。阶级消灭了，作为阶级斗争的工具的一切东西，政党和国家机器，将因其丧失作用，没有需要，逐步地衰亡下去，完结自己的历史使命，而走到更高级的人类社会。我们和资产阶级政党相反。他们怕说阶级的消灭，国家权力的消灭和党的消灭。我们则公开声明，恰是为着促使这些东西的消灭而创设条件，而努力奋斗。共产党的领导和人民专政的国家权力，就是这样的条件。不承认这一条真理，就不是共产主义者。没有读过马克思列宁主义的刚才进党的青年同志们，也许还不懂得这一条真理。他们必须懂得这一条真理，才有正确的宇宙观。他们必须懂得，消灭阶级，消灭国家权力，消灭党，全人类都要走这一条路的，问题只是时间和条件。全世界共产主义者比资产阶级高明，他们懂得事物的生存和发展的规律，他们懂得辩证法，他们看得远些。资产阶级所以不欢迎这一条真理，是因为他们不愿意被人们推翻。①

他又说：

> 共产党和民主党派都是历史上发生的。凡是历史上发生的东西，都要在历史上消灭。……消灭就是那么不舒服？我看很舒服。共产党，无产阶级专政，哪一天不要了，我看实在好。我们的任务就是要促使它们消灭得早一点。这个道理，过去我们已经说过多

---

① 《论人民民主专政》（1949年6月30日），《毛泽东选集》第4卷，人民出版社，1991，第1468—1469页。

次了。

> 但是，无产阶级政党和无产阶级专政，现在非有不可……否则，不能镇压反革命，不能抵抗帝国主义，不能建设社会主义，建设起来也不能巩固。[①]

他还说：

> 按照辩证法，就象人总有一天要死一样，社会主义制度作为一种历史现象，总有一天要灭亡，要被共产主义制度所否定。如果说，社会主义制度是不会灭亡的，社会主义的生产关系和上层建筑是不会灭亡的，那还是什么马克思主义呢？那不是跟宗教教义一样，跟宣传上帝不灭亡的神学一样？[②]

阶级、国家、政党等历史上发生过的东西，将来在历史上都是要消灭的。现在的努力，是要为将来消灭这些东西创造条件。如果空谈消灭而不为它将来的消灭创造条件，也不是共产主义者，不是马克思主义者。正是从这种彻底的历史唯物主义的观点出发，毛泽东和中国共产党人在中国民主革命的关键时刻提出了新民主主义革命的完整理论。这个理论，概括来说就是：现时进行的革命是新民主主义革命，这个革命的实质是资产阶级民主主义革命，所要完成的任务是资产阶级民主主义革命的任务，但是这个革命的领导者不是资产阶级而是无产阶级，革命的前途是争取转变为社会主义革命。毛泽东下面两段话把这个问题说得很清楚：

> 这种新式的民主革命，虽然在一方面是替资本主义扫清道路，但在另一方面又是替社会主义创造前提。中国现时的革命阶段，是为了终结殖民地、半殖民地、半封建社会和建立社会主义社会之间的一个过渡的阶段，是一个新民主主义的革命过程。这个过程是从第一次世界大战和俄国十月革命之后才发生的，在中国则是从一九一九年五四运动开始的。所谓新民主主义的革命，就是在无产阶级

---

① 《论十大关系》（1956 年 4 月 25 日），《毛泽东著作选读》下册，第 734 页。

② 《在省市自治区党委书记会议上的讲话》（1957 年 1 月），《毛泽东选集》第 5 卷，人民出版社，1977，第 356 页。

领导之下的人民大众的反帝反封建的革命。中国的社会必须经过这个革命，才能进一步发展到社会主义的社会去，否则是不可能的。[①]

中国共产党领导的整个中国革命运动，是包括民主主义革命和社会主义革命两个阶段在内的全部革命运动；这是两个性质不同的革命过程，只有完成了前一个革命过程才有可能去完成后一个革命过程。民主主义革命是社会主义革命的必要准备，社会主义革命是民主主义革命的必然趋势。而一切共产主义者的最后目的，则是在于力争社会主义社会和共产主义社会的最后的完成。只有认清民主主义革命和社会主义革命的区别，同时又认清二者的联系，才能正确地领导中国革命。[②]

完成新民主主义革命，就是要为资本主义的发展扫清障碍，为社会主义革命创造物质条件。革命是为了解放生产力，不仅社会主义革命是为了解放生产力、发展生产力，中国新民主主义革命（中国式的资产阶级民主革命）也是为了使帝国主义、封建势力束缚下的落后的生产力得到解放，"改变买办的封建的生产关系，解放被束缚的生产力"[③]，使中国走上工业化的道路。但是由于中国经济的落后，新民主主义经济并不是一般地反对资本主义，而是反对殖民地、半殖民地、半封建的经济，容许资本主义经济（操纵国民生计的除外）有一定程度的发展。毛泽东说："有些人怀疑中国共产党人不赞成发展个性，不赞成发展私人资本主义，不赞成保护私有财产，其实是不对的。民族压迫和封建压迫残酷地束缚着中国人民的个性发展，束缚着私人资本主义的发展和破坏着广大人民的财产。我们主张的新民主主义制度的任务，则正是解除这些束缚和停止这种破坏，保障广大人民能够自由发展其在共同生活中的个性，能够自由发展那些不是'操纵国民生计'而是有益于国民生计的私人资本主义经济，保障一切正当的私有财产。"[④] 他解释说："有些人不了解共产党人为什么不但不怕资本主义，反而在一定的条件下提倡它

① 《中国革命和中国共产党》（1939 年 12 月），《毛泽东选集》第 2 卷，第 647 页。

② 《中国革命和中国共产党》（1939 年 12 月），《毛泽东选集》第 2 卷，第 651—652 页。

③ 《目前形势和我们的任务》（1947 年 12 月 25 日），《毛泽东选集》第 4 卷，第 1254 页。

④ 《论联合政府》（1945 年 4 月 24 日），《毛泽东选集》第 3 卷，第 1058 页。

的发展。我们的回答是这样简单：拿资本主义的某种发展去代替外国帝国主义和本国封建主义的压迫，不但是一个进步，而且是一个不可避免的过程。它不但有利于资产阶级，同时也有利于无产阶级，或者说更有利于无产阶级。现在的中国是多了一个外国的帝国主义和一个本国的封建主义，而不是多了一个本国的资本主义，相反地，我们的资本主义是太少了。”① 这样的设计，正是根据马克思主义关于社会发展规律的认识，根据历史唯物主义的基本原理做指导的。

用唯物史观指导中国的革命，预言中国的未来，在毛泽东留下的文字中比比皆是。这里再举一个例子，是延安时期毛泽东与秦邦宪通信，讨论中国农村家庭，并进而讨论革命的目的以及中国现代化道路的问题。毛泽东在给秦邦宪的信中说：“……民主革命的中心目的就是从侵略者、地主、买办手下解放农民，建立近代工业社会。……农民的家庭是必然要破坏的，进军队进工厂就是一个大破坏，就是纷纷‘走出家庭’。……所以，根本否定五四口号，根本反对走出家庭，是不应该也不可能的。”“此外，新民主主义社会的基础是工厂（社会生产，公营的与私营的）与合作社（变工队在内），不是分散的个体经济。分散的个体经济——家庭农业与家庭手工业是封建社会的基础，不是民主社会（旧民主、新民主、社会主义，一概在内）的基础，这是马克思主义区别于民粹主义的地方。简单言之，新民主主义社会的基础是机器，不是手工。我们现在还没有获得机器，所以我们还没有胜利。如果我们永远不能获得机器，我们就永远不能胜利，我们就要灭亡。现在的农村是暂时的根据地，不是也不能是整个中国民主社会的主要基础。由农业基础到工业基础，正是我们革命的任务。”② 这样的讨论在正式的文件和论文中并不多见。但这是非常重要的讨论。从唯物史观关于历史发展规律的观点出发，毛泽东和中国共产党人不仅提出了完整的新民主主义革命的理论和实施步骤，提出了社会主义革命的前途，而且明确认识到：我们现在的革命根据地在农村，这是暂时的现象，我们长远的根据地是在城市，是在工业化，是在现代化。小农经济作为封建经济的基础在革命的过程中，在争取社会主义前途的时候，是不能长久保存的，小农经济

① 《论联合政府》（1945 年 4 月 24 日），《毛泽东选集》第 3 卷，第 1060 页。

② 《致秦邦宪》（1944 年 8 月 31 日），《毛泽东书信选集》，第 237—239 页。

状态下的农村家庭是不能长期维持的。社会主义要以工业化和现代化作为自己经济的基础。任何试图维持或者不破坏小农经济和小农经济状态下的农村家庭的想法，都是民粹主义的想法，与以工业化、现代化为基础的社会主义制度、体系是不相容的。1945 年，毛泽东在中共七大作关于《论联合政府》的报告中预言：“将来还要有几千万农民进入城市，进入工厂。如果中国需要建设强大的民族工业，建设很多的近代的大城市，就要有一个变农村人口为城市人口的长过程。”①报告再次提出中国工业化道路问题：“在新民主主义的政治条件获得之后，中国人民及其政府必须采取切实的步骤，在若干年内逐步地建立重工业和轻工业，使中国由农业国变为工业国。新民主主义的国家，如无巩固的经济做它的基础，如无进步的比较现时发达得多的农业，如无大规模的在全国经济比重上占极大优势的工业以及与此相适应的交通、贸易、金融等事业做它的基础，是不能巩固的。”② 这些关于中国现代化道路的十分准确的设计和对中国现代化前景的科学的预测，今天的中国正在经历着这样的过程，验证了这些预言的正确性。

对于发展中国的工业化，实现中国的现代化，就是发展中国的新生产力，不论是在新民主主义阶段，还是在社会主义阶段，毛泽东都是很清楚的。1944 年在延安，毛泽东就强调指出，“共产党是要努力于中国的工业化的”，他说：“老百姓拥护共产党，是因为我们代表了民族与人民的要求。但是，如果我们不能解决经济问题，如果我们不能建立新式工业，如果我们不能发展生产力，老百姓就不一定拥护我们。”③ 这是把是否实现中国的工业化，作为老百姓拥护不拥护的政治问题提出来的。1954 年毛泽东号召：“准备在几个五年计划之内，将我们现在这样一个经济上文化上落后的国家，建设成为一个工业化的具有高度现代文化程度的伟大的国家。”④ 1956 年，毛泽东指出：“社会主义革命的目的是为了解放生产力。农业和手工业由个体所有制变为社会主义的集体所

① 《论联合政府》，《毛泽东选集》第 3 卷，第 1077 页。

② 《论联合政府》，《毛泽东选集》第 3 卷，第 1081 页。

③ 《共产党是要努力于中国的工业化的》（1944 年 5 月 20 日），《毛泽东文集》第 3 卷，人民出版社，1996，第 146、147 页。

④ 《为建设一个伟大的社会主义国家而奋斗》（1954 年 9 月 15 日），《毛泽东著作选读》下册，第 715 页。

有制，私营工商业由资本主义所有制变为社会主义所有制，必然使生产力大大地获得解放。这样就为大大地发展工业和农业的生产创造了社会条件。”① 1963 年毛泽东又说：“我们必须打破常规，尽量采用先进技术，在一个不太长的历史时期内，把我国建设成为一个社会主义的现代化的强国。”② 1954—1964 年所说的话，与 1944 年说的话，所处的历史背景不一样，时代条件不一样，但强调解放生产力，强调中国的工业化、现代化，是一样的，因为在历史发展规律的认识上，在唯物主义历史观的指导思想上是一致的。针对这一点，毛泽东特别指出：“中国一切政党的政策及其实践在中国人民中所表现的作用的好坏、大小，归根到底，看它对于中国人民的生产力的发展是否有帮助及其帮助之大小，看它是束缚生产力的，还是解放生产力的。”③《论联合政府》一文不仅代表中国共产党向全国人民宣示了自己在历史新时期的思想理论和方针政策，而且是说给当时国内所有党派首先是中国国民党听的。它把是否帮助中国人民发展生产力当作衡量中国政治舞台上所有政党和政治派别作用的基本准则。这是把唯物史观应用于中国政党作用的十分典型、十分贴切的分析。这是检验中国所有政党作用的试金石。这个论点至今仍未过时，在政党存在的年代里都不会过时。

毛泽东的历史观的主要内容当然不止这些。但是关于历史发展规律的认识是他的历史观的基础。以此为基础，关于生产力和生产关系的矛盾运动的观点，关于是英雄创造历史还是人民群众创造历史的观点，关于文化反映经济基础又反作用于经济基础的观点，等等，都可以详加论证。限于篇幅，就不细说了。

毛泽东历史观的基本支撑点

讨论毛泽东的历史观，必须进一步讨论支持毛泽东历史观的两个最

---

① 《社会主义革命的目的是解放生产力》（1956 年 1 月 25 日），《毛泽东著作选读》下册，第 717 页。

② 《把我国建设成为社会主义的现代化的强国》（1964 年 12 月），《毛泽东著作选读》下册，第 849 页。

③ 《毛泽东选集》第 3 卷，第 1079 页。

基本的观点。这两个最基本的观点，第一是阶级斗争史观，第二是人民史观。

毛泽东从接受唯物史观开始，就接受了阶级斗争的观点。他在1941年说过：“记得我在一九二〇年，第一次看了考茨基著的《阶级斗争》，陈望道翻译的《共产党宣言》，和一个英国人作的《社会主义史》，我才知道人类自有史以来就有阶级斗争，阶级斗争是社会发展的原动力，初步地得到认识问题的方法论。可是这些书上，并没有中国的湖南、湖北，也没有中国的蒋介石和陈独秀。我只取了它四个字：‘阶级斗争’，老老实实地来开始研究实际的阶级斗争。”[①] 从此以后，他在中国社会实际中用阶级斗争的理论和方法研究和分析社会现象，看出了中国历史和中国社会中一系列阶级存在和阶级斗争存在的现象，由此提出并制定一系列推进中国革命的重大原则和方略。我把他的这种研究方法和观察中国社会的角度，称作“阶级斗争史观”。他用这种阶级斗争史观，或者阶级斗争的分析方法，分析了中国社会实际的阶级斗争，分析了中国历史上的阶级斗争，无往不证明阶级斗争理论的正确性，终生乐此不疲。在批判美国白皮书的时候，他写下了如下的名言：“阶级斗争，一些阶级胜利了，一些阶级消灭了。这就是历史，这就是几千年的文明史。拿这个观点解释历史的就叫做历史的唯物主义，站在这个观点的反面的是历史的唯心主义。”[②] 就是这个阶级斗争史观，他在党内、人民群众中、历史研究者中大加倡导，着力推行[③]。

毛泽东的阶级斗争史观的分析方法，最精彩之笔是对新民主主义革命时期中国社会的分析。这种分析的精到独特及其所取得的成功，已经完全为标志着新民主主义革命胜利的历史经验所证明。毛泽东从中国所

---

① 《关于农村调查》，《毛泽东文集》第2卷，第378—379页。

② 《丢掉幻想，准备斗争》（1949年8月14日），《毛泽东选集》第4卷，第1487页。

③ 如他在写给章士钊的讨论章著《柳文指要》一书的信中指出：“大问题是唯物史观问题，即主要是阶级斗争问题。但此事不能求之于世界观已经固定之老先生们，故不必改动。嗣后历史学者可能批评你这一点，请你要有精神准备，不怕人家批评。”见《致章士钊》（1965年7月18日），《毛泽东书信选集》，第602页。1958年在《为印发〈张鲁传〉写的批语》中说：“中国从秦末陈涉大泽乡（徐州附近）群众暴动起，几乎没有停止过。同全世界一样，中国的历史，就是一部阶级斗争史。”这个《张鲁传》及其批语是印发给参加中共八届六中全会会议的人员的。见《为印发〈张鲁传〉写的批语》（1958年12月7日、10日），《建国以来毛泽东文稿》第7册，中央文献出版社，1992，第629—630页。毛泽东关于中国历史是阶级斗争的历史的论述很多，此处不再引述。

处的社会是殖民地、半殖民地、半封建的社会出发，从中国新民主主义革命（或者说是中国无产阶级通过中国共产党领导的资产阶级民主革命）的目的是推翻殖民地、半殖民地、半封建统治势力的需要出发，确定了革命的对象和革命的动力。推翻殖民地、半殖民地、半封建统治势力的总任务在整个新民主主义革命时期是不变的，但是在革命的不同的历史阶段，革命的对象和革命的动力是不完全一样的。“在中国资产阶级民主革命过程中，有中国社会各被压迫阶级和帝国主义的矛盾，有人民大众和封建制度的矛盾，有无产阶级和资产阶级的矛盾，有农民及城市小资产阶级和资产阶级的矛盾，有各个反动的统治集团之间的矛盾等等，情形是非常复杂的。”[①] 这些矛盾是与他们在各自相联系的生产关系中的阶级地位决定的。在不同的历史阶段，如在国共合作反对军阀统治的阶段，在十年内战的历史阶段，在抗日民族统一战线的历史阶段，在第三次国内革命战争的阶段，由于阶级斗争形势的变化，民族矛盾和阶级矛盾的转换，主要矛盾和次要矛盾的不同，革命的对象和革命的动力时有变化，革命的策略时有不同。总的目标是壮大自己、孤立敌人。这就要根据“马克思主义的最本质的东西，马克思主义的活的灵魂”，“具体地分析具体的情况”[②]。在不同的历史阶段，针对不同的革命目标，如何处理农民阶级和地主阶级的矛盾，如何处理工人阶级和资产阶级的矛盾，如何处理农民、城市小资产阶级和民族资产阶级的矛盾，如何处理民族资产阶级和买办的大资产阶级的矛盾，如何处理不同的帝国主义支持的大资产阶级利益集团之间和统治阶级之间的矛盾，就有许多文章可做。只是在做好了这些文章后，革命才最终取得胜利。做好这些文章，基础的东西就是阶级分析，就是阶级斗争的理论。这些文章在马克思主义的本本上，是读不到的，它是马克思主义与中国革命实际相结合的结果，是中国共产党人奋斗的结果，尤其是毛泽东运用阶级斗争的理论和阶级分析的方法所获得的创造性的结果[③]。

毛泽东的阶级斗争史观的哲学基础基于他的矛盾论学说，基于他的

---

① 《矛盾论》，《毛泽东选集》第 1 卷，人民出版社，1991，第 311—312 页。

② 《矛盾论》，《毛泽东选集》第 1 卷，第 312 页。

③ 关于毛泽东的阶级分析方法，有学者认为那是基于阶级分析方法的“敌我分析法”，参见李君如《毛泽东与当代中国》，福建人民出版社，1991，第 176—177 页；王也扬：《我们关心的历史》，中国社会科学出版社，2003，第 145 页。

矛盾的普遍性和矛盾的特殊性。在阶级社会中，阶级矛盾既具有它的普遍性，又具有它的相对性和特殊性。阶级对抗、阶级斗争，是阶级社会矛盾运动的特殊表现。在新民主主义革命胜利以后，在农业、手工业和资本主义工商业的社会主义改造完成以后的社会主义时期，在社会上的主要的剥削阶级已经不存在的情况下，在急风暴雨式的群众阶级斗争已经成为过去的情况下，在社会上和意识形态领域里还存在阶级斗争的情况下，如何看待和处理社会主义时期的阶级斗争问题？这是马克思主义的本本里没有讲过的，也是苏联经验未曾提供过的。毛泽东提出了两类不同性质矛盾的概念，提出了正确处理人民内部矛盾的学说，这是阶级斗争史观在新的历史时期的运用。他解释说："在我们国家里，工人阶级同民族资产阶级的矛盾属于人民内部的矛盾。工人阶级和民族资产阶级的阶级斗争一般地属于人民内部的阶级斗争，这是因为我国的民族资产阶级有两面性。在资产阶级民主革命时期，它有革命性的一面，又有妥协性的一面。在社会主义革命时期，它有剥削工人阶级取得利润的一面，又有拥护宪法、愿意接受社会主义改造的一面。民族资产阶级和帝国主义、地主阶级、官僚资产阶级不同。工人阶级和民族资产阶级之间存在着剥削和被剥削的矛盾，这本来是对抗性的矛盾。但是在我国的具体条件下，这两个阶级的对抗性的矛盾如果处理得当，可以转变为非对抗性的矛盾，可以用和平的方法解决这个矛盾。如果我们处理不当，不是对民族资产阶级采取团结、批评、教育的政策，或者民族资产阶级不接受我们的这个政策，那末工人阶级同民族资产阶级之间的矛盾就会变成敌我之间的矛盾。"① 由于国际国内、主观客观等各方面的原因，毛泽东对社会主义时期阶级矛盾的估计不够客观，由此产生的战略、策略措置失当，形成了阶级斗争扩大化、以阶级斗争为纲的错误。但他基于矛盾论学说，提出的两类不同性质矛盾的概念以及正确处理人民内部矛盾的方针，在理论上是对马克思主义的创新，在实践上为整个社会主义时期处理人民内部矛盾问题提出了解决的指南针，也为我们认识社会主义时期的阶级斗争问题提出了非常重要的意见。

关于人民史观，还很少有人提出这个概念。李君如从人民与敌人的

---

① 《关于正确处理人民内部矛盾的问题》（1957 年 2 月 27 日），《毛泽东著作选读》下册，第 758—759 页。

角度提出了人民概念问题，认为这是马克思不那么喜欢的一个概念，马克思从欧洲的情况出发，喜欢的是“阶级”，而不是“人民”[①]。这里提出人民史观，是从毛泽东的历史观的角度提出问题的。就是说，像阶级斗争这个概念一样，人民这个概念在毛泽东的历史观中具有同等的地位。阶级斗争和人民两个词，是毛泽东语言中运用最为广泛的词。人民、人民群众、人民利益、人民的逻辑、为人民服务、人民的生产力、人民战争、人民军队、人民解放军、人民共和国、人民政府、人民代表大会、人民民主专政、人民内部矛盾，等等，不一而足。在中华人民共和国的政治术语中，“人民”是使用频率最高的、最尊贵的词。共产党的纲领、主义、政策、奋斗，是否代表人民的利益，是否为人民所拥护，始终是毛泽东首先考虑的问题。不是一时一事，而是始终从人民出发，研究、分析社会现象和历史，提出路线、纲领、主义、政策和策略。毛泽东通过一生的革命实践深信：

> 人民，只有人民，才是创造世界历史的动力。[②]

人民是创造世界历史的动力，这是唯物史观的根本观点，是毛泽东的历史观的根本着眼点。毛泽东在从唯心史观转变为唯物史观的过程中，在初步参加了社会政治实践的时候，就已经领悟到了这个重要观点。他首先从俄罗斯的十月革命中受到了启发：“俄罗斯以民众的大联合，和贵族的大联合资本家的大联合相对抗，收了‘社会改革’的胜利以来，各国如匈，如奥，如截，如德，亦随之而起了许多的社会改革。虽其胜利尚未至于完满的程度，要必可以完满，并且可以普及于世界，是想得到的。”因此他大声呼唤“我们应该起而仿效，我们应该进行我们的大联合！”[③] 针对当时一般人（包括他自己）有关“民智污塞，开通为难”的唯心主义历史观，他认为：“俄国的政治全是俄国的工人农人在那里办理。俄国的工人农人果都是学过政治法律的吗？大战而

---

① 参见李君如《毛泽东与当代中国》，第177—179页。

② 《论联合政府》，《毛泽东选集》第3卷，第1031页。毛泽东《在延安文艺座谈会上的讲话》中还指出：“对于人民，这个人类世界历史的创造者，为什么不应该歌颂呢？”见《毛泽东选集》第3卷，第873页。

③ 《民众的大联合（一）》（1919年7月21日），《毛泽东早期文稿》，第339、341页。

后，政治易位，法律改观。从前的政治法律，现在一点都不中用。以后的政治法律，不装在穿长衣的先生们的脑子里，而装在工人们农人们的脑子里。他们对于政治，要怎么办就怎么办。他们对于法律，要怎么定就怎么定。"① 这种说法虽然过于简单化，不够准确，但是反映出他的思想的变化。他对时局的评论，进一步说明了他的思想变化："中国之乱，连亘八九年了。乱不足奇，乱而毫没有半点结果乃是大奇。社会的腐朽，民族的颓败，非有绝大努力，给他个连根拔起，不足以言摧陷廓清。这样的责任，乃全国人民的责任，不是少数官僚政客武人的责任。"② 挽救国家的危难，是全国人民的责任，不是少数人的责任，这与他民众的大联合的呼唤，是很切近了。

从此以后，人民史观作为毛泽东的历史观的基本核心地位就建立起来了。在《论联合政府》一文中，毛泽东说："我们共产党人区别于其他任何政党的又一个显著的标志，就是和最广大的人民群众取得最密切的联系。全心全意地为人民服务，一刻也不脱离群众；一切从人民的利益出发，而不是从个人或小集团的利益出发；向人民负责和向党的领导机关负责的一致性；这些就是我们的出发点。"③ 为人民服务，从人民的利益出发，这是共产党人的出发点，也是共产党人的落脚点。除此而外，共产党人还有自己的利益吗？没有的。由此出发所制定的新民主主义革命的总路线，建立抗日民族统一战线，组织和动员人民战争的汪洋大海，制定新民主主义的政治纲领、经济纲领、文化纲领，建立人民民主专政的国家，建设社会主义的四个现代化，等等，都是以人民的利益为依归。

什么是人民？毛泽东在《关于正确处理人民内部矛盾的问题》一文中有具体的说明。他说："人民这个概念在不同的国家和各个国家的不同的历史时期，有着不同的内容。拿我国的情况来说，在抗日战争时期，一切抗日的阶级、阶层和社会集团都属于人民的范围，日本帝国主义、汉奸、亲日派都是人民的敌人。在解放战争时期，美帝国主义和它的走狗即官僚资产阶级、地主阶级以及代表这些阶级的国民党反动派，都是人民的敌人；一切反对这些敌人的阶级、阶层和社会集团，都属于

---

① 《释疑》（1920 年 9 月 27 日），《毛泽东早期文稿》，第 519 页。

② 《湖南人民的自决》（1920 年 6 月 18 日），《毛泽东早期文稿》，第 486 页。

③ 《论联合政府》，《毛泽东选集》第 3 卷，第 1094—1095 页。

人民的范围。在现阶段，在建设社会主义的时期，一切赞成、拥护和参加社会主义建设事业的阶级、阶层和社会集团，都属于人民的范围；一切反抗社会主义革命和敌视、破坏社会主义建设的社会势力和社会集团，都是人民的敌人。”[①]显然，这个人民，实际上占了全部人口的百分之九十以上。为占人口百分之九十以上的人民服务，一切纲领、路线、政策、主义，都从他们的利益出发，都要取得他们的满意与拥护，什么事情不能办成呢！

一切从人民出发的人民史观，对中国共产党的影响是深远的。党的十六大通过把“三个代表”重要思想与马克思列宁主义、毛泽东思想、邓小平理论一起作为党的指导思想，显然是人民史观在新的历史时期的延续。它与毛泽东思想是一脉相承的。

2003 年 11 月 27 日 22：21 于东厂胡同一号

① 《关于正确处理人民内部矛盾的问题》，《毛泽东著作选读》下册，第 757—758 页。